dumont taschenbücher

Ernesto Grassi, geb. 2. Mai 1902, war von 1948 bis zu seiner Emeritierung Professor der Philosophie in München. Einem größeren Publikum wurde er bekannt als Herausgeber der beiden Reihen »rowohlts deutsche enzyklopädie« (rde) und »Rowohlts Klassiker«. Publikationen u. a.: Il problema della metafisica platonica (1933); Vom Vorrang des Logos (1946); Verteidigung des individuellen Lebens, Studia humanitatis als philosophische Überlieferung (1947); Vom Ursprung der Geistes- und Naturwissenschaften (1950); Reisen ohne anzukommen. Südamerikanische Impressionen (1955); Kunst und Mythos (1957); Die zweite Aufklärung. Enzyklopädie heute; Die Theorie des Schönen in der Antike (1962; DuMont Dokumente); Macht des Bildes, Ohnmacht der rationalen Sprache (1970, ^{2}1979); Humanismus und Marxismus (1973); Die Macht der Phantasie (1979). Grassis Arbeiten wurden ins Englische, Französische, Spanische, Portugiesische, Serbokroatische und Japanische übersetzt.

Ernesto Grassi

Die Theorie des Schönen in der Antike

DuMont Buchverlag Köln

Umschlagabbildung Vorderseite: Kult-Vase aus Alabaster. Um 1600 v. Chr. (vgl. Abb. 14)
Umschlagabbildung Rückseite: Ernesto Grassi
Frontispiz: Ausschnitt aus Abb. 21

Dem unvergeßlichen Freund

ERNST ROWOHLT

zum Gedächtnis

In der Erinnerung
an einen Winterspaziergang,
bei dem er mir
das Leben rettete

CIP-Kurztitelaufnahme der Deutschen Bibliothek

Grassi, Ernesto:
Die Theorie des Schönen in der Antike / Ernesto Grassi. – Neuausg. – Köln: DuMont, 1980.
(DuMont-Taschenbücher; 90)
ISBN 3-7701-1164-8

Neuausgabe
Erstmals erschienen in der Reihe I:
Kunstgeschichte · Deutung · Dokumente,
hrsg. v. Ernesto Grassi und Walter Hess
(DuMont Dokumente)

Druck und buchbinderische Verarbeitung: Boss-Druck, Kleve

Printed in Germany ISBN 3-7701-1164-8

Inhalt

I Das Schöne als Glanz und Macht der Urwirklichkeit. Die ontologische Bedeutung des Schönen

II Die Verurteilung der Kunst. Platon

III Die Entstehung der Ästhetik. Aristoteles

Vorwort zur zweiten Ausgabe

Seit der ersten Ausgabe dieses Buches (1962) hat sich die Situation der gegenwärtigen Kunst weiter verändert. Diese Wandlungen zeigen sich auch in ihren theoretischen und programmatischen Aussagen. Auch und gerade im Hinblick auf die jüngste Entwicklung der Kunst müssen wir jedoch feststellen, daß das Problem, auf das unsere Abhandlung hinweist, nichts von seiner Aktualität eingebüßt hat. Es ist jenes Problem einer nicht ästhetisierenden Kunst, das uns sowohl in Aussagen wegweisender moderner Künstler als auch in den Theorien des Schönen in der Antike begegnet.

Der parallele Denkansatz: jede ästhetisierende Auffassung abzulehnen, in der die Kunst nur als mögliche, unverbindliche und damit subjektive Deutung der Realität erscheint. Auffallend ist ein weiterer Aspekt in dieser Parallelität: Sowohl die von uns zitierten modernen Künstler als auch die antiken Autoren unterscheiden grundsätzlich zwischen dem »Seienden« (der Natur, den Menschen, den Dingen), so wie es im Alltag erscheint, und dem tieferen »Sein«, das den Erscheinungen zugrunde liegt und den eigentlichen Gegenstand der Kunst darstellt.

Zum Problem des Seins finden sich in den Äußerungen der modernen Künstler – auf die wir in dieser Arbeit hinweisen – zwei unterschiedliche Richtungen: Die eine bestimmt das »Sein«, die »Urrealität« – zu der die Kunst zurückführen soll – als die Verpflichtung des Menschen gegenüber der eigenen Geschichtlichkeit. Demnach stelle Kunst eine existentielle Engagiertheit dar. Dichtung als »Anti-literatur«: Malerei und Bildhauerei als »Anti-kunst«: die Deutung erstreckt sich in verschiedenen Variationen von Baudelaire bis zu den theoretischen Programmen des Surrealismus.

Die zweite Richtung – der in unserer Arbeit erwähnten modernen Äußerungen über Kunst – fordert, daß sich der Künstler in seinen Werken von der Darstellung des »Seienden« – also vom gegenständlichen Bereich – entfernen müsse, um zum tieferen Wesen des ursprünglichen »Sein« zu gelangen. Diese Richtung wird von den Künstlern des »Blauen Reiter« sowie später auch von Kandinsky, Mondrian und dem »Suprematismus« vertreten.

Im Zusammenhang mit unserem Problem kommen also vier Grundthesen zu Wort: einmal die Unterscheidung des »Seienden« vom »Sein«; dann die Behauptung, daß die prinzipielle Aufgabe der Kunst in der Aufdeckung des ursprünglichen »Seins« bestehe; endlich die zwei verschiedenen Auffassungen dieses ursprünglichen »Seins«.

Wir finden die prinzipielle Unterscheidung zwischen »Seiendem« und »Sein« in der Antike, z. B. bei den Vorsokratikern, formuliert und unmittelbar »bildlich« dargestellt.

Die Vorsokratiker bestimmen das »Sein« als das ursprünglich Waltende, Wachsende (phyein), als Physis, was in keiner Weise jedoch aus unserer heutigen Auffassung dieses Begriffs als »physische Natur« gedeutet werden darf. Die »Physis« der Vorsokratiker ist das jeweils in einzelnen, immer verschiedenen Gestalten Entstehende, Bestehende und Vergehende; das »Sein« (die Physis) ist also niemals mit den einzelnen Formen seines Erscheinens – also mit dem jeweiligen »Seienden« – identisch.

Die antiken Äußerungen besagen: In der ursprünglichen Physis, im ursprünglichen »Sein« ist gleichzeitig alles gleich und ungleich, groß und klein, langsam und rasch. Deswegen läßt sich das Sein nicht mit irgendeiner Einzelbestimmung der »Physis« identifizieren. »Werden und Vergehen ist dasselbe ... Was dem Zeus Licht ist, ist Finsternis dem Hades, was dem Hades Licht ist, ist Finsternis dem Zeus.« (Hippocratis Opera, Littré, VI, 477).

Im selben »Corpus Hippocratis« wird das »Sein«, die »Physis« als Identität von Entstehen und Vergehen, also durch einen logischen Widerspruch bestimmt. Bezeichnenderweise verwendet der Autor für seine Deutung des Seins eine Metapher. »Männer sägen Holz, der eine zieht, der andere stößt. Es ist dieselbe Arbeit, die beide damit verrichten: indem sie verringern, vermehren sie.« (Hippocratis Opera, Littré, VI, 479). Empedokles kann dementsprechend behaupten, daß das ursprüngliche »Sein« sich weder vermehren noch verringern kann, denn wodurch sollte es auch zugrunde gehen?« (Empedokles, Frg. 17).

Wie aber deuten die antiken Texte dann das »Seiende« in seinem Unterschied zum »Sein«? Wir finden folgende Antwort: Das »Sein« erscheint als »Seiendes« allein innerhalb eines jeweiligen »diastema«, in einem »Zwischen-raum« und in einer »Zwischen-zeit« – also innerhalb von Grenzen. Ein Beispiel: Im Rahmen einer Untersuchung über das Wesen einer Blume – also nur in Hinblick auf sie als ein einzelnes Seiendes – ergibt sich die Möglichkeit, vom Entstehen, Bestehen und Vergehen zu sprechen. Diese Bestimmungen erweisen sich aber als sinnlos im Hinblick auf das vegetative Leben als waltendes Ganzes, bei dem das Sterben der Blume und das Entstehen von Früchten zum Werden (phyein) des vegetativen Zyklus gehört: Die isolierenden Bestimmungen von Leben und Tod, die das einzelne Seiende betreffen, fallen hier außer Betracht. Weiterhin ist das jeweilige »diastema«, in dem das »Seiende« erscheint – bzw. besteht und vergeht – im vegetativen, sensitiven oder rationalen Bereich ganz unterschiedlich geartet.

In diesem Zusammenhang ist auf eine aus der Gegenwart stammende philosophische Erörterung über das Wesen der Kunst hinzuweisen, wo die Unterscheidung zwischen »Sein« und »Seiendem« in prinzipieller Weise vorgetragen wird. Da wir in der vorliegenden Arbeit selbst nicht auf jene Erörterung eingegangen sind, ihre Fragestellung uns aber im Hinblick auf die Beziehung zwischen der antiken Kunstauffassung und bestimmten modernen Kunstrichtungen von Bedeutung zu sein scheint, wollen wir diesen Hinweis im Vorwort zu dieser zweiten Ausgabe nachholen. Sie scheint uns von prinzipieller Wichtigkeit.

M. Heidegger hat sich eingehend der prinzipiellen Aufgabe gewidmet, die Unterscheidung zwischen ursprünglichem »Sein« und »Seiendem« (ontologische Differenz) zu begründen (vgl. M. Heidegger, Der Satz vom Grund, Pfullingen 1957). Er kam dabei zur Erkenntnis, daß die fundamentale Tragweite dieser These bereits von den Vorsokratikern ins Licht gestellt wurde.

Heidegger hat nun diese These in engste Beziehung gebracht zu dem Problem der Kunst. Er behauptet: »Wer der Mensch ist, das bekommen wir nicht durch eine gelehrte Definition zu wissen, sondern nur so, daß der Mensch in die Auseinandersetzung mit dem Seienden tritt, indem er es in sein Sein stellt, d. h. ein Neues (noch nicht Anwesendes) entwirft, d. h. ursprünglich dichtet, dichterisch gründet.« (M. Heidegger, Einführung in die Metaphysik, 1976, S. 110).

Allein die Kunst ermöglicht es – so Heidegger –, daß das waltende Aufgehen des Seins, in dem das Seiende »aufsteht«, zum Scheinen gelangt. »Durch das Kunstwerk als das seiende Sein wird alles sonst Erscheinende und noch Vorfindliche erst als Seiendes oder als Unseiendes bestätigt und zugleich denkbar und verstehbar.« (Op. cit. S. 122).

Aus welchem Grund aber wird nach Heideggers Ansicht das Sein durch die Kunst und nicht – wie es die Tradition will – durch das rationale Denken erschlossen? Wie kommt er zu dieser These, die der Kunst plötzlich eine ganz prinzipielle, führende Rolle zuschreibt?

Heidegger weist darauf hin, daß die antike Metaphysik, die mit dem platonischen Sokrates ansetzt – und *gerade nicht* auf die Vorsokratiker zurückgreift, ja sogar mit ihrem Denken bricht –, die Auffassung vertritt, nur das rationale Denken biete die Lösung, um zur Wahrheit des »Seienden« zu gelangen. Damit erhielte das Problem der logischen Wahrheit den Vorrang vor jedem anderen Problem in der Philosophie, mit der weiteren Folge, daß Kunst und Dichtung im philosophischen Bereich keinerlei prinzipielle Funktion beanspruchen konnten.

Heidegger setzt dieser Auffassung folgende These entgegen: Das Problem der Wahrheit tritt dort auf, wo Seiendes bereits gegeben ist, und zwar in der Beziehung von Subjekt und Objekt, die beide dem »Seienden« zugehören. Nun drängt sich aber die Frage des »Seins« als die der »Unverborgenheit« – in der jeweils das Seiende in Erscheinung tritt, denn jedes Seiende ist eine Spezifizierung des Seins (wir sagen: Der Mensch »ist«, der Baum »ist«, das Tier »ist«) – *vor* dem Problem der Wahrheit des Seienden auf. Denn die Frage nach der Wahrheit setzt die der Unverborgenheit, der »Lichtung« des Seins – in der Seiendes erscheint – *voraus.* Daher ist das ursprüngliche Problem der Philosophie *nicht das der logischen Wahrheit* bzw. die rationale Bestimmung des Seienden, sondern das Problem der »Lichtung«.

Heidegger führt aus: »Das Substantiv ›Lichtung‹ geht auf das Verbum ›lichten‹ zurück. Das Adjektivum ›licht‹ ist dasselbe wie ›leicht‹. Etwas lichten bedeutet: etwas leicht, etwas frei und offen machen von Bäumen. Das so entstehende Freie ist die Lichtung. Das Licht im Sinne des Freien und Offenen hat weder sprachlich noch in der Sache etwas mit dem Adjektivum ›licht‹ gemeinsam, das ›hell‹ bedeutet ... Niemals schafft das Licht erst die Lichtung, sondern jenes, das Licht, setzt diese, die Lichtung, voraus. Indes ist die Lichtung, das Offene, nicht nur frei für Hell und Dunkel, sondern auch für das Tönen und Verklingen. Die Lichtigkeit ist das Offene für alles An- und Abwesende.« (M. Heidegger, Zur Sache des Denkens, Tübingen 1976, S. 72).

Erst innerhalb der »Lichtung« entstehen Dinge, Menschen, Götter, Institutionen: Sie zeigen sich erst in der Geschichtlichkeit des Da-seins und ermöglichen so die Fragen, die sie betreffen. Statt »Lichtung« wendet Heidegger auch – wie wir schon erwähnten – den Terminus »Unverborgenheit« an, der seiner Ansicht nach die ursprüngliche Bedeutung des irrtümlich mit Wahrheit übersetzten griechischen Wortes »aletheia« wiedergibt.

Nun läuft Heideggers Behauptung darauf hinaus, daß das Werk des Künstlers, des Dichters für jede Epoche als die »Lichtung« des Seins aufzuweisen sei. Als »Lichtung«, in der jeweils die Menschen, ihre Institutionen und ihre Geschichte erscheinen, bestehen und vergehen sie, gerade weil sie – als Seiendes – niemals das Sein in seiner waltenden Macht erschöpfen können.

Im Hinblick auf die Thesen der modernen Künstler, mit denen sich unsere Arbeit beschäftigt, finden wir hier die ganz prinzipiell vollzogene Begründung für die These, daß Kunst und Dichtung keine »Zerstreuung«, keine rein »literarischen« Werke darstellen, sondern eine grundsätzliche Funktion und Bedeutung besitzen.

Heideggers Grundthese weist uns darauf hin, daß sich durch die Kunst, durch ihre Entwürfe die Urgeschichtlichkeit des Menschen – das Seiende in seiner jeweils verschiedenen Bedeutung – entbirgt. Dies bedeutet zweierlei zugleich: einerseits, daß alles Seiende allein in der »Lichtung« der Macht des Seins durch die Kunst in Erscheinung tritt; andererseits, daß sich – weil das Seiende nie das Sein erschöpft – das Sein jeweils in dem entborgenen Seienden verbirgt.

Erörterungen über eine Tradition rechtfertigen sich nur dann, wenn sie zur Auseinandersetzung mit den uns wirklich angehenden Problemen beitragen, nicht aber, wenn sie ausschließlich mit einer toten, rein historischen Dokumentation sich begnügen. Ich glaube, daß die Thesen Heideggers, die wir hier nur andeutungsweise erwähnt haben, sowohl bei der Lektüre der antiken Texte wie auch beim Nachdenken über die Problematik der angeführten modernen Künstler zur weiteren Diskussion mit herangezogen werden müssen.

E. Grassi, München 1979

Vorwort

Der vorliegende Beitrag zur »Theorie des Schönen in der Antike« versucht immer wieder Beziehungen herzustellen zu einigen Problemen der gegenwärtigen Kunst. Dieses Letztere mag manchen Leser zunächst befremden, und es scheint dem Verfasser angezeigt, das Verfahren vorweg kurz zu begründen.

Wenn man die antiken Theorien über das Schöne in den großen geschichtlichen Darstellungen der antiken ›Ästhetik‹ (z. B. denen von J. WALTER oder E. MÜLLER) verfolgt, so wird man feststellen, daß dort zwar der nicht-ästhetische Charakter des antiken Schönheitsbegriffs zum Ausdruck kommt, daß aber dennoch immer der Terminus ›Ästhetik‹ wie etwas Selbstverständliches beibehalten wird. Daß tatsächlich erst bei ARISTOTELES – bei PLATON jedoch noch keineswegs – die Ansätze einer Ästhetik im eigentlichen Sinne aufzuweisen sind, die dann im Hellenismus überraschenderweise wieder völlig verschwinden, war diesen Autoren offenbar nur wenig bemerkenswert.

Der nicht-ästhetische Charakter als ein entscheidendes Merkmal der antiken Philosophie des Schönen war es nun, der mich zu der Frage veranlaßt hat, ob von der grundsätzlich anti-ästhetischen Einstellung gewisser Richtungen der Gegenwartskunst her nicht eine lebendige Beziehung zur antiken ›Ästhetik‹ hergestellt werden könnte. Sollte dies zutreffen, so wäre dadurch ein neuer Weg sowohl zum Verständnis der antiken Tradition als auch zur Beurteilung gewisser Probleme der modernen Kunst erschlossen.

Dieser Ansatz steht offenbar in Widerspruch zu dem Gesamttitel »Geschichte der Ästhetik«, dem sich der vorliegende Band als erster, die Antike betreffender Teil einordnen soll. Dieser Widerspruch ist traditionsbedingt; man muß sich überlieferter Schemata bedienen, um beweisen zu können, wie überholt sie sind, und eben dies soll geschehen durch eine Untersuchung, die bei den anti-ästhetischen Zügen einiger gegenwärtiger Theorien der Kunst und des Schönen anknüpft, um zum nicht-ästhetischen Charakter antiker Schönheitsbegriffe hinzuführen.

Eine weitere naheliegende Frage ist die nach dem Verhältnis zwischen der theoretischen Auseinandersetzung mit dem Problem des Schönen und der Kunst einerseits und dem künstlerischen Schaffen in der Antike andererseits, die Frage ferner, ob und wieweit etwa die Theorien die Kunstwerke beeinflußt haben. Die Beantwortung dieser Frage kann nicht Gegenstand der vorliegenden Arbeit sein. Die Ausübung der Kunst und das Schaffen von Werken, die das Schöne verwirklichen, stehen nicht notwendig in Analogie oder Wechselwirkung mit den philosophischen Ideen. Auch reicht das Schaffen von Bildwerken, die wir heute dem Gebiet der Kunst zurechnen – wieweit zu Recht, diese Frage wird ebenfalls ein Gegenstand unserer Untersuchung sein –, geschichtlich viel weiter zurück als die Entstehung irgendwelcher Theorien des Schönen.

Noch in zwei anderen Punkten Mißverständnissen vorzubeugen erscheint mir ratsam. Die Hinweise auf gegenwärtige Kunst – das möchte ich besonders hervorheben – *beanspruchen in keiner Weise eine Gesamtcharakterisierung,* die mir weder als Forschendem noch vom Thema her zukäme. Die Arbeit hat mit kunstgeschichtlichen Untersuchungen nichts zu tun, die Zusammenhänge liegen ganz anders: Die Interpretation der antiken Zeugnisse führt zu Ergebnissen, die zum Verständnis des künstlerischen Denkens *einiger* – ich betone einiger – Richtungen gegenwärtiger Kunst beizutragen vermögen. Ein solcher Beitrag ergibt sich im übrigen auch für die Beurteilung mittelalterlich-sakraler Werke, was die Untersuchung nur flüchtig andeutet.

Des weiteren dürfen die Ergebnisse dieser Arbeit keinesfalls als eine Mißbilligung des ›Ästhetischen‹ verstanden werden. Wenn eine Kritik dieser Kategorie in den antiken Theorien des Schönen immer wieder zu vernehmen ist – außer bei Aristoteles –, so erscheint es unerläßlich, auf bestimmte ähnliche Äußerungen von Künstlern unserer Zeit – wenn sie auch nicht mehr unter religiösem, sondern profanem Vorzeichen stehen – hinzuweisen. Damit wird durchaus nicht deren Überlegenheit oder ein höherer Wert ihrer Werke gegenüber ›ästhetisch‹ bestimmten Richtungen behauptet. Es geht nur um den Vergleich von Theorien und Denkweisen, und dabei ergibt sich, daß einzelne Künstler der ›Moderne‹ – ganz gleich, wie man ihre Werke bewerten mag – in erstaunlicher, durch Einflüsse nicht erklärbarer Art, und ohne sich dessen bewußt zu sein, zu Anschauungen über die ontologische Funktion der Kunst gelangten, die denen der Antike verwandt erscheinen.

Dies vorweg zu erwähnen hat mir eine briefliche Diskussion mit meinem Freund HUGO FRIEDRICH noch besonders nahegelegt, dem ich – wie auch W. SZILASI und W. HESS – wichtige Bemerkungen zu dieser Arbeit verdanke. Es gehört zur Sache, wenn ich Friedrichs Formulierungen zur Verteidigung des Ästhetischen zitiere: »Ich kann ohne Dichtung nicht leben und bin doch sehr weit davon entfernt, mich von ihr ›existentiell verpflichtet‹ zu fühlen. Ich genieße die Vielheit der dichterischen und der künstlerischen Möglichkeiten, weil sie die notwendige Vielheit des nie in einem einzigen Punkt realisierten Verhältnisses des Geistes zum Dasein sind: spielendes Verhältnis, fliehendes Verhältnis, deutendes, sängerisches, klagendes Verhältnis und noch tausendfach andere Verhältnisse. Um diese Vielheit zu finden, bin ich von gelehrter Neugierde, von neugieriger Gelehrsamkeit ... lese lateinische Aristoteles-Kommentare des 16. Jahrhunderts, um herauszubekommen, welcher von ihnen der Initiator des barocken Manierismus ist, grabe hinter dem Satanismus Baudelaires herum, nach neuzeitlichen Kanälen des Manichäismus, entdecke einige Raffinessen in der Reimtechnik des 12. Jahrhunderts ... meditiere über die lyrische Frage, tue dies, tue jenes, –

kurzum, bin genau der Ästhet ohne Existenzverpflichtung, gegen den in Germanien so wuchtige Tiefsinnigkeiten geworfen wurden ...«

Nein, so ist es nicht – und ein persönlicher Ton darf wohl in diesem Vorwort noch anklingen –, es geht nicht darum, eine »tempelheilige existentielle Verpflichtung« Germaniens noch einmal geltend zu machen, sondern um die Aufdeckung von Beziehungen, die auf *theoretischem* Boden zwischen antiken Bestrebungen und *einigen* Richtungen der gegenwärtigen Kunst bestehen.

Die in meiner Arbeit vertretenen Positionen haben noch eine andere Diskussion ausgelöst (durch einen Aufsatz, den ich in der »Neuen Rundschau«, Februar 1962, veröffentlicht habe, in dem sie schon umrissen waren), und zwar mit HANS SEDLMAYR, der allerdings verschiedene Einwände bei näherer Aussprache schon sehr eingeschränkt hat. Ich bin ihm um der sachlichen Klärung willen zu großem Dank verpflichtet, und es scheint mir für den Leser nützlich, die Diskussion hier kurz zu umreißen.

Sedlmayr meinte, daß meine Thematik nur auf die *Ideologie* bestimmter Richtungen der Gegenwartskunst Bezug nehme, nicht auf die *Praxis* der ›Moderne‹. »In der Praxis«, schreibt er, »vollzieht sich aber gerade ein dialektischer Umschlag ins Ästhetische, ins rein Ästhetische, wie noch nie. An die Stelle der Kunstwerke tritt das ›ästhetische Objekt‹, deutlich erkennbar daran, daß es jetzt Ausstellungen geben kann, in denen soi-disant ›Kunstwerke‹ mit beliebigen Objets trouvés aus der modernen Umwelt oder der niederen Natur unterschiedslos gemischt werden.« Dazu muß ich noch einmal betonen, daß meine Untersuchung – von einem Philosophen, nicht von einem Kunsthistoriker unternommen – sich *nur mit den theoretischen Äußerungen* über das Schöne beschäftigt, bei den Hinweisen auf die Gegenwart ebenso wie in bezug auf die Antike. Die Praxis der modernen Kunst berührt unsere Fragestellung nicht. Trotzdem halte ich es für unzulässig, z. B. Werke von Mondrian oder von anderen Theoretikern, auf die ich mich beziehe, rein ästhetisch zu deuten. Auch die Surrealisten haben ihre Objets trouvés nicht mit ästhetischen Absichten auf Ausstellungen geschickt, sondern vielmehr gerade – wie sie ständig betonen –, um die ästhetische Einstellung zu sprengen. Mit vielen Äußerungen von Breton und aus seinem Kreis läßt sich das belegen.

Sedlmayr bestritt ferner meine These, daß man Mondrians Theorie der ›Neuen Gestaltung‹ *nicht* ästhetisch verstehen kann. Er schrieb mir: »Nach Mondrian wird die Kunst verschwinden, wenn das ganze moderne Leben ästhetisch geworden ist . . .« Ich glaube die Unzulässigkeit einer solchen Auslegung in meiner Arbeit erwiesen zu haben. Mondrian proklamiert den Kampf gegen alles Ästhetische, er meint, der Tag werde kommen, an dem wir uns aus der Scheinwelt, in der wir jetzt leben und zu der auch das Ästhetische gehört, herauslösen und zur Urwirklichkeit vorstoßen. Dann werde die Kunst als ästhetisches Element überflüssig werden, weil der Mensch wieder in jener Urwirklichkeit lebe, zu deren Elementen Mondrian theoretisch und praktisch vorzudringen sucht.

Sehr wichtig scheint mir, als Anlaß zur Klärung möglicher Mißverständnisse, ein dritter von Sedlmayr erhobener Einwand: »Ganz falsch – ein mir kaum verständlicher Trugschluß – scheint es mir, daß die bildenden Werke jener Epochen, welche nach einer magischen oder religiösen Wirklichkeit streben, *deshalb* keine Kunstwerke sein können.« Es geht um die kunstwissenschaftliche Frage – deren Untersuchung nicht zum Gegenstand meiner Arbeit gehört und für die ich nicht zuständig bin –, in welcher Weise sakrale und mythische Werke dennoch *auch* künstlerisch gestaltet sind. Ich behaupte nirgends, und das läge mir auch völlig fern, solche Werke müßten auf Grund ihrer mythisch-religiösen Intention unkünstlerisch sein. Übrigens werden auf vielen Gebieten menschlichen Schaffens Werke hervorgebracht, die ihren Intentionen nach nichts mit Kunst zu tun haben und trotzdem eine ästhetische Betrachtung erlauben.

Schließlich wirft Sedlmayr mir eine »Verwechslung des Künstlerischen mit dem Ästhetischen« vor. »Zum Künstlerischen gehört wesentlich ein Transzendieren des Nur-

Ästhetischen ... Ich kann nicht verstehen, wie ein Humanist der Renaissance eine nur ästhetische Grundhaltung zuschreiben kann ... Das rein Ästhetische gibt es erst seit der Moderne.« Wahrscheinlich geht es hier zum Teil um eine rein terminologische Frage. Ich glaube in dieser Arbeit bewiesen zu haben, daß ein Werk in seinen Intentionen aufhört mythisch-religiös zu sein, wenn es Gegenstand einer unverpflichtenden Betrachtung wird oder eine subjektive, relative Deutung der Wirklichkeit darstellt. Seine Intention ist dann nicht mehr, Wirklichkeit zu offenbaren, sondern deren *mögliche* Deutung wird nun der Sinn der Kunst, wie es bereits Aristoteles formuliert hat. Das ist aber zugleich das Wesen jeder ästhetischen Einstellung, genau im gleichen Sinne, wie es noch Kierkegaard in »Entweder – Oder« dargestellt hat. Das Ästhetische ist also nicht ein spezifisches Phänomen der Moderne – wie Sedlmayr meint –, sondern es existiert als Theorie seit Aristoteles' Definition der Kunst, was ich in dieser Arbeit zu zeigen bemüht bin.

Es bleibt in diesem Zusammenhang der mögliche Einwand, daß ausgerechnet ich als Humanist »der Renaissance eine nur ästhetische Grundhaltung zuschreibe«. Ich vergesse aber keineswegs, daß die meisten Theorien der Kunst im Zeitalter des Humanismus immer noch vom Neuplatonismus bestimmt sind, und zwar durch den Einfluß Ficinos. Ich kann auch verstehen, aus welchen Gedankengängen Sedlmayrs Einwand entsteht. In einem genialen Aufsatz »Zur Revision der Renaissance« hat er zu zeigen versucht, wie von dem Begriff des ›Triumphs‹ her, nämlich des Triumphs über den Tod durch die Auferstehung, die Bejahung des Irdischen durch das Christentum der Renaissance und die Wiedergeburt der antiken leiblichen Vollkommenheit tiefer zu verstehen sind. Gleichwohl aber bleibt es unbestreitbar, daß seit dem späten Mittelalter die Werke der Künstler wieder zu einer subjektiven Deutung der Phänomene zu werden beginnen und nicht mehr eine ontologische Funktion besitzen.

Endlich möchte ich hier noch betonen, daß ich in keiner Weise die Absicht habe, »der revolutionären modernen Kunst durch einen noblen Stammbaum in der Antike eine Legitimität zu verschaffen« – wie Sedlmayr mir schreibt –, während sie selbst doch mit allem ganz neu beginnen will. Mir liegt nur daran, zu zeigen, daß von den ontologischen Problemen der Antike her das Verständnis bestimmter, klar ausgesprochener ontologischer Bestrebungen mancher Richtungen der Moderne größer werden kann. Die Tatsache wiederum, daß die Vertreter dieser Richtungen in keiner Weise sich der theoretischen und historischen Zusammenhänge bewußt sind, bzw. daß sie ab ovo wieder anzufangen glauben, ist ein historischer Irrtum, den ich durch meine Arbeit aufzudecken versuche.

Ich möchte noch bemerken, daß im ersten Kapitel der Abschnitt über die ›ontologische Bedeutung des Schönen bei Homer‹ eine von mir gekürzte Untersuchung von ECKHARD KESSLER darstellt, die in meinem Seminar entstanden ist; gleicher Herkunft ist auch die Übersetzung ausgewählter Stellen aus der Schrift »Imagines« des Philostratos von H. HERRIG. Ich füge diese Beiträge um so lieber ein, als sie aus der gemeinsamen Auseinandersetzung mit dem Problemkreis der vorliegenden Arbeit an der Münchener Universität hervorgegangen sind.

Mein besonderer Dank gilt Herrn PROF. DR. WALTER HESS für die große Mühe, die er sich mit der deutschen Fassung meines Manuskriptes gegeben hat.

Zur Bebilderung

Es ist unmöglich, zur Entwicklung der Theorien dieses Bandes eine Abbildungsreihe von Werken der bildenden Künste in Parallele zu setzen. Es besteht kein wirksamer Zusammenhang zwischen den philosophischen Bestimmungen des Schönen und dem Schaffen der Künstler, sobald die mythische Sphäre verlassen wird. Die vorliegende Arbeit soll zeigen, daß die antike Theorie des Schönen sich auf eine ontologische Struktur der Wirklichkeit bezieht. Will man diese Position im Bild veranschaulichen, so kommen dafür nur Werke in Frage, welche die allwaltende Ordnung des Kosmos, die zeitlose Urwirklichkeit, das Sakrale und Mythische darstellen; andererseits Zeugnisse der Natur selbst. Da wir die antike Theorie des Schönen in Beziehung setzen zu bestimmten anti-ästhetischen Konzeptionen der gegenwärtigen Kunst, die eine neue Bewertung des Naturschönen mit sich gebracht haben, sind für die Abbildungen auch einige Wiedergaben gewählt, die Naturschönes von ›nicht-ästhetischem‹ Charakter sinnfällig zu machen vermögen.

Einleitung

1 Sind die Gebiete des Schönen und der Kunst identisch?

Die Aufgabe

Unsere Untersuchung gilt der Theorie des Schönen und der Kunst in der Antike. Das dafür gebräuchliche, aus dem Griechischen stammende Wort ›Ästhetik‹ bedeutet ursprünglich (in seiner Ableitung von *αἴσθησις* = Wahrnehmung) die Lehre von den Sinneswahrnehmungen; diese Bedeutung ging jedoch spätestens seit BAUMGARTEN (1714–1767) völlig verloren, und der Terminus bezeichnet heute die Theorien über das Wesen der Kunst und des Schönen, wie sie im Lauf der Geschichte entwickelt worden sind.

Nicht ein rein historisches Interesse leitet uns jedoch bei unserem Vorhaben, dieses zielt vielmehr letztlich auf die Frage, was Kunst sei, und will dazu beitragen, die mannigfaltigen Aspekte zu erhellen und zu erschließen, unter denen die Kunst und ihre Geschichte interpretiert wurden und werden. »Die Geschichte der Kunst aber«, so sagt L. VENTURI[1], »bedarf eines klaren Bewußtseins vom Wesen der Kunst ... um unterscheiden zu können, ob ein Bild oder eine Skulptur Kunstwerke – oder rationale, ökonomische, moralische, religiöse Werke sind.«

Aktualität der Kunst

Die Phänomene der Kunst und die mit ihnen zusammenhängenden Probleme wecken in der Gegenwart das Interesse eines so breiten Publikums wie kaum je in früheren Zeiten. Noch nie waren Ausstellungen so besucht wie heutzutage, kaum jemals haben Diskussionen, zumal über zeitgenössische Kunst, die Geister so bewegt und sie aus der Gleichgültigkeit gerissen, die gegenüber anderen Lebenserscheinungen herrscht. Kaum eine religiöse, soziale oder politische Frage fesselt – wenigstens in unserer abendländischen Welt – die Menschen so sehr, und man hat deshalb auch gesagt, die Kunst sei für viele an die Stelle der Religion getreten. Wie kann sie das, in welchem Wesenszug der Kunst liegt diese Möglichkeit beschlossen? Die Kunst der Neuzeit – d. h. seit dem italienischen Humanismus – ist stets eine mögliche Sinndeutung von Gegenständen, Handlungen oder Haltungen. Dem Künstler, der für unentdeckte Aspekte der Realität den Blick hat und sie aus der geschlossenen, nicht sinnerfüllten, ›kontingenten‹ Mannigfaltigkeit der Erscheinungen herausreißt und auslegt, billigen die heutigen Menschen ein besonderes Wirkungsfeld und eine besondere Wichtigkeit zu. Die umgreifenden, von übergeordneten Lebensmächten auch dem Künstler vorgegebenen Weltentwürfe, alle bisher gültigen Dogmen, sind in ihrer Allverbindlichkeit gefallen, nicht etwa durch die Aktivität einer skeptischen oder ›existenzialistischen‹ Philosophie –, diese selbst vielmehr spiegelt die geistige Situation und ist ihr Ausdruck. Wie nie zuvor fühlt sich der gegenwärtige Mensch einer Vielfalt *möglicher* Sinndeutungen, Haltungen und Handlungen ausgeliefert, die ihm alle ehrliche Chancen zu bieten scheinen. Die künstlerische Sicht, die künstlerische Aussage, mit ihrer Weise, den Sinn der Dinge zu offenbaren, kommt einer solchen geistigen Lage entgegen und entspricht einem aktuellen Bedürfnis.

Kunst in existentieller Bedeutung, als Gestaltung der Lebenswirklichkeit

Da jede menschliche Tätigkeit ein Gestalten im weitesten Sinne, nämlich unserer selbst und der Welt ist, so erfüllt die Kunst zweifellos in dem Prozeß der bewußten Gestaltung des Realen eine unmittelbare Funktion. Die Erfahrung der künstlerischen Schöpfung liefert Grundmodelle, Vorstellungsformen, mit denen wir Eindrücke der Außenwelt einfangen, in denen wir sie gegliedert und in sinnvollen Zusammenhängen wahrnehmen. Schon deswegen kann die Kunst nicht einfach als ein bloßes Vernehmen des Realen betrachtet werden, denn sie trägt wesentlich zur Entwicklung unserer Auffassungs- und Wahrnehmungsweise selbst bei. In dieser Sicht ist die Kunst mehr und etwas anderes als eine idealisierte Vor- oder Darstellung der Realität, der sie sich gewissermaßen gegenüberstellen würde; wir selbst gehören zu jener Realität, die in und durch uns weitergestaltet wird. Das menschliche Bewußtsein besteht nicht vor den Erfahrungen und überdauert sie auch nicht, sondern es entsteht und wächst mit unseren Handlungen und Haltungen, und damit formt es die Wirklichkeit, in die es ursprünglich eingebettet ist und die es gleichzeitig transzendiert.

Welcher Stufe, welcher besonderen Form des Bewußtseins, der Gestaltung der Wirklichkeit, entspricht aber Kunst? Unsere Existenz entfaltet sich vor allem unter dem unmittelbaren Andrang der Realität, die bestimmt und beherrscht werden muß. Dieses Bestimmen und Beherrschen ist unsere Existenzverwirklichung.

Kunst – so sagt CARLO ARGAN[2], indem er Ideen des Architekten GROPIUS und des Bauhauses interpretiert – »entspringt dem Leben selbst, dem gewohnten täglichen Umgang der Menschen mit den Dingen, mit denen sie leben und derer sie sich bedienen, vom bescheidenen Gerät in stetiger Entwicklung bis zum Gebäude und zum funktionellen, das Leben der Gemeinschaft bestimmenden Verband von Gebäuden, zur Stadt und zur Festlegung sämtlicher Aspekte einer organisierten Welt.« »Architektur stellt die aufbauende Tätigkeit des Bewußtseins selber dar, sie klärt die verworrene Erscheinung der Welt. Sie ist Arbeit von Menschen für Menschen, bei allen Akten unserer Existenz gegenwärtig; sie entwickelt und bedingt die Lebensbeziehungen der Menschen zur Wirklichkeit ... sie ist ein zweiter Leib, den sich die Menschen für das höhere nicht mehr natürliche, sondern geschichtliche, soziale Leben geben.«

Die Kunst also kann nicht mehr als der Ausdruck der Genialität von wenigen oder als ein Luxus betrachtet werden; sie muß vielmehr als ein entscheidender Aspekt der menschlichen Existenz erkannt und in dieser Funktion verstanden werden. Das Problem der künstlerischen Gestaltung und ihrer Auslegung tritt auch unzweifelhaft immer mehr in den Vordergrund des allgemeinen Bewußtseins, und es scheint auf dem Weg, alle Bereiche des menschlichen Daseins – von der industriellen Formgebung bis zur Stadtplanung – zu durchdringen.

Ist Kunst etwas Selbstverständliches?

Hat es nun aber die Kunst im heutigen ästhetischen Sinne des Wortes immer gegeben? Die Frage pflegt bejaht zu werden. So ist der Kunstwissenschaft die Bezeichnung ›Prähistorische *Kunst*‹ geläufig, und Kopien von Felsmalereien aus der menschlichen Frühzeit, die Tiere, Menschen, übermenschliche Wesen und Handlungen darstellen, werden in Kunstmuseen aufbewahrt. Ist aber nicht zu überlegen, ob dabei nicht Gebilde als Kunstwerke betrachtet werden, die weder der Intention ihrer Schöpfer noch der Ausführung nach jemals solche waren?

Die Frage ist nicht müßig, denn ihre Beantwortung ist die Voraussetzung für die Veröffentlichung, Einordnung und Bewertung solcher bildnerischen Zeugnisse unter künstlerischen Gesichtspunkten. Es gibt Welten und Kulturen, in denen nicht nur keine Kunstwerke (im neuzeitlichen Sinne des Wortes) je existiert haben, sondern in denen es sie auch gar nicht geben durfte: mythische Welten, die nicht nur in der Frühzeit, sondern immer wieder im Laufe der Geschichte, z. B. in der Zeit des christlichen Mittelalters, bestanden haben. Hinzu kommt noch, daß gerade Werke aus jenen mythischen Epochen in der Gegenwart offenbar das stärkste Interesse finden, daß sie besonders häufig und zahlreich publiziert und ohne weiteres als ›Kunstwerke‹ betrachtet werden. Eine solche Wertschätzung wäre noch vor hundert Jahren ganz undenkbar gewesen, man hätte sich nie vorgestellt, daß ein Kunstfreund geneigt sein könnte, beispielsweise die Ottonische Buchmalerei – die erst im zwanzigsten Jahrhundert überhaupt in diesem Sinne wieder ›entdeckt‹ wurde – höher zu schätzen als etwa die Kunst Raffaels. Diese Vorgänge lassen auf Schwankungen in den Kategorien schließen, die eine Überprüfung unserer landläufigen Vorstellungen von der Kunst notwendig erscheinen lassen.

MALRAUX[3] hat darauf hingewiesen, daß es falsch wäre, z. B. den Christus von Monreale (also ein byzantinisches Mosaik) unter denselben Kategorien zu betrachten, nach denen wir neuzeitliche Gebilde als Kunstwerke würdigen. Die letzteren, so meint er, sehen wir stets in dem Bewußtsein, einer Fiktion, der »*Illusion* einer ins Ideal erhobenen Welt«, gegenüberzutreten. Der Christus von Monreale ist aber religiöse Wirklichkeit. »Jede Fiktion beginnt mit einem ›Angenommen, daß . . .‹ Der Christus von Monreale ist aber kein ›Angenommen, daß . . .‹, ebensowenig wie Giottos Begegnung an der Goldenen Pforte. Doch eine Madonna von Lippi oder Botticelli beginnt damit: und eine Madonna Leonardos ist es bereits ganz. Ein Kruzifix von Giotto ist ein Zeugnis. Leonardos Abendmahl eine erhabene Erzählung. Im 13. Jahrhundert war diese Fiktion noch ganz aus dem Bereich religiöser Kunst ausgeschlossen.«

Der sakrale Charakter solcher Werke macht es auch verständlich, daß es in jener Zeit nicht darauf ankam, ob die Gebilde ›schön‹ waren, noch ob sie an unzugänglichen, schlecht beleuchteten Orten angebracht oder überhaupt nicht sichtbar waren. Sollen wir aber nun sagen, daß Giottos Gemälde oder

der Christus von Monreale keine Kunstwerke seien, oder werden wir ihnen, falls sie es doch sind, mit unseren geläufigen künstlerischen Kategorien gerecht?

D. H. KAHNWEILER schreibt in einem Aufsatz »Grenzen der Kunstgeschichte«: »Der ägyptische Bildhauer wollte ein Isis-Bild schaffen, der mittelalterliche Maler ein Bild Christi. Unter Kunst verstanden sie einfach das handwerkliche Können, die Bewältigung dieser Aufgabe. Wohl schufen sie, was wir Kunstwerke nennen, ästhetische Güter, denn sie waren Künstler, begnadete Menschen, die ihren Werken Schönheit mitteilten. Aber sie teilten sie ihnen unbewußt mit ... Die gleichzeitigen Beschauer andererseits konnten sicher nicht heilige Bilder, an die sie sich ehrfurchtsvoll schauernd, mit inbrünstigen Gebeten wandten, kalten Blutes als ›ästhetische Gegenstände‹ betrachten. Tatsächlich kommt der Ausdruck ›Kunst‹ in den Schriften des mittelalterlichen Abendlandes nur im Sinne von ›Können‹ vor.«

Theorie der Kunst und Ästhetik

Nach den bisherigen Erwägungen ist zu fragen, ob der Gegenstand unserer Untersuchung, die Theorie des Schönen in der Antike, überhaupt ein eindeutiges Thema darstellt. Wir neigen dazu, den Begriff der Kunst mit dem des Schönen zu identifizieren, in dem Sinne, wie es klassische Geschichten der Ästhetik (wie jene von J. WALTER oder von EDUARD MÜLLER[4], um nur zwei Beispiele zu nennen) tun, und vorauszusetzen, daß mit Erörterungen über das Schöne in der Antike ›Ästhetik‹ im neuzeitlichen Sinn des Wortes beginne.

Zu prüfen ist, ob diese Identifizierung des Schönen mit den Produkten der Kunst begründbar ist, ob sie sich nicht vielmehr als eine Übernahme traditioneller Schemata erweist. Die Beantwortung dieser Frage ist wichtig, denn ohne sie laufen wir Gefahr, Theorien und Erörterungen über das Schöne als Beiträge zu einer Theorie der Kunst und zur Ästhetik anzusehen, obwohl sie nichts mit Kunst zu tun haben.

Dann entsteht die Frage: Wann und warum beginnt die Kunst gegenüber dem Bezirk des Schönen als etwas Selbständiges aufzutreten? Was ist überhaupt ursprünglich in der Antike der Bezirk des Schönen? Äußerst aktuell ist die Klärung dieser Fragen, denn uns gilt das Ästhetische als die Welt, die keine verpflichtende Macht über den Menschen ausübt; es ist der Bereich des Unverbindlichen, der eine Zuflucht vor der Strenge und dem Ernst der Wirklichkeit bietet, so wie KIERKEGAARD in »Entweder – Oder« den Ästhetizismus gedeutet hat.

Existentielle Deutung der Kunst und Reaktion gegen den Ästhetizismus

In unserer Zeit nun haben einige Richtungen der Gegenwartskunst eine radikale Wendung vollzogen. Die künstlerische Gestaltung schlechthin ist zu einer Form der menschlichen Schöpfungsfähigkeit, der menschlichen Poiesis geworden; sie ist die Fähigkeit, Wirklichkeit zu verwandeln, das Vermögen, sie in ihrer unmittelbaren Gegebenheit und nicht nur durch eine ›Deutung‹ zu transzendieren. Die immer tiefere Einsicht in diese Wahrheit hat zu einer radikalen Kritik des Ästhetizismus von seiten der Künstler selbst geführt.

Die Dichtung ›als Literatur‹ wird verneint, man verkündet ihr Ende, dem künstlerischen Tun wird eine umfassende existenzielle Bedeutung zugesprochen, es soll nicht mehr ein ästhetisch ›Schönes‹ zum Ziel haben, die Kunst und das Schöne fallen als ästhetisch-literarische Kategorien nicht mehr zusammen. Das menschliche Transzendieren will sich in Werken offenbaren, die unmittelbar am Vollzug des Lebens teilhaben, an seiner verpflichtenden Macht. Damit trennen sich aber unseres Erachtens diese Strömungen der *gegenwärtigen* Kunst von der sogenannten *neuzeitlichen,* von der mit dem italienischen Humanismus einsetzenden Epoche. Mit dieser Unterscheidung – ›neuzeitlich‹ und ›gegenwärtig‹ – soll in keiner Weise ein Werturteil ausgesprochen sein.

2 Das Ende der Dichtung als ›Literatur‹

Baudelaire: Der Dichter als Zeuge der Transzendenz

Die Auseinandersetzung mit der Entwicklung der Kunstauffassung in der Dichtung, wie sie von BAUDELAIRE über RIMBAUD und LAUTRÉAMONT verläuft, führt zu bedeutsamen Feststellungen. Um das zu zeigen, folge ich im wesentlichen dem Gedankengang eines unveröffentlichten Manuskriptes von GOFFREDO JOMMI.

Es ist ein entscheidendes Grundmotiv im künstlerischen Denken Baudelaires, daß Dichtung kein unverbindliches Spiel in einer fiktiven Welt sei, sondern daß sie aus der Tiefe der menschlichen Existenz entspringe. Gewiß haben auch andere Dichter vor ihm das dichterische Wort als gestaltenden Faktor des Lebens verstehen wollen, Baudelaire aber unternimmt es – mit seinen Werken, seiner Dichtungstheorie, aber auch durch seine menschliche Haltung, durch die ganze Praxis seiner Existenz –, das Dichterische dem literarischen Bereich schlechthin zu entreißen. Er erklärt programmatisch, Dichtung wurzele im Körper, in den physischen Fähigkeiten, im Leben[5]. »*La poésie touche à la musique par une prosodie dont les racines plongent plus avant dans l'âme humaine que ne l'indique aucune théorie classique*« (S. 1383). Wenn Dichtung Verwandlung der Wirklichkeit, Transzendieren der Gegebenheit bedeutet und dies zum Wesen des Menschen gehört, dann stellt das rein Literarische keine adäquate Ausdrucksform dar; das menschliche Transzendieren kann und muß sich in vielen anderen Formen verwirklichen. Dieser Einsicht entspricht bei Baudelaire die Theorie des Dandy. »*Le dandysme est le dernier éclat d'héroïsme dans les décadences*« (S. 908), denn: »*Dans le trouble de ces époques quelques hommes déclassés, dégoûtés, désœuvrés, mais tous riches de force native, peuvent concevoir le projet de fonder une espèce nouvelle d'aristocratie, d'autant plus difficile à rompre qu'elle sera basée sur les facultés les plus précieuses, les plus indéstructibles, et sur les dons célestes que le tra-*

vail et l'argent ne peuvent conférer« (S. 908). *»On voit que, par de certains côtés, le dandysme confine au spiritualisme et au stoïcisme«* (S. 907). Baudelaire weiß, daß Dichtung – und Kunst überhaupt – keineswegs Vollendung des Menschlichen bedeutet; gezwungen zu wählen, entscheidet er sich für den Eingriff in die Wirklichkeit, und so formuliert er den sehr aufschlußreichen Satz: *»Aucun respect humaine, aucune fausse pudeur, aucune coalition, aucun suffrage universel, ne me contraindront à parler le patois incomparable de ce siècle, ni à confondre l'encre avec la vertu«* (S. 1381).

Baudelaires Interpretation des Dandysmus entspricht ein völlig neuer Stil: die Erfindung von Gesten, Handlungen, Worten, die das Vorhandensein des Dichters unter den Menschen immer wieder bekunden. Das bedeutet: der Dichter verwandelt sich in einen lebendigen Zeugen der Transzendenz, er erweist seine Fähigkeit, alles zu übersteigen und zu verwandeln. Der ›Dandy‹ leugnet und löst auf, alles, was schon institutionalisiert und konstituiert dasteht; und die Auflösung tritt mit dem Antlitz des Absurden in Erscheinung. Das Risiko, dem der Dichter sich ausliefert, wird nicht allein in seinem Werk dargestellt, sondern unmittelbar und andauernd in seiner ganzen Existenz verwirklicht, erlitten und erlebt. Es geht um die Erfahrung und die Durchführung einer Existenzform, die der alltäglichen Realität, dem Konventionellen, durch Wort und Tat sich entgegensetzt. Der Dandysmus verlangt vom Poeten – dem Menschen, der zur ›Poiesis‹ fähig ist –, nicht in den künstlichen Garten der ›Literatur‹ zu flüchten (und damit die tiefere Wirklichkeit des Menschen, sein Sich-Verwirklichen unangetastet zu lassen), sondern vielmehr die künstlerischen Grenzen in bewußtem Verzicht zu überschreiten und sich als ganzer Mensch zu verpflichten.

Rimbaud: Die Verlagerung der poetischen Tat vom literarischen Werk in die Existenz

Das Grundwerk des Dichters besteht für Rimbaud in der poetischen Existenz, so daß das Poem nur ein Moment seines Handelns ist: Der Dichter muß sich der Entfaltung der ganzen Realität hingeben, bis er ihre und damit die eigene Vollendung erreicht hat. Deswegen wird der Dichter zum Arbeiter; Rimbaud hat diese Erfahrung ganz durcherlebt. »Die poetische Tat, sofern sie in der eigenen Existenz experimentiert und verwirklicht wird, führt zu anderen Formen als denen der Sprache eines Poems« (Jommi). *»Point de cantiques: tenir le pas gagné«*[6], sagt er sich selbst als Dichter. Die Arbeit verwandelt sich in eine tiefere Pflicht, der zufolge er für immer die Literatur verlassen wird. *»Moi! moi qui me suis dit mage ou ange, dispensé de tout morale, je suis rendu au sol, avec un devoir à chercher, et réalité rugueuse à étreindre! ... Eh bien! je doit enterrer mon imagination et mes souvenirs! Une belle gloire d'artiste et de conteur emportée!«* (S. 243). Rimbaud spricht in den abschließenden Worten der »Saison en enfer« seinen tiefsten Wunsch aus: *» ... et il me sera loisible de posseder la vérité dans une âme et un corps«* (S. 244). Dafür gab er das Schreiben auf; »Saison en enfer« ist das Poem, welches das Verlassen der Dichtung als Literatur zum letztenmal dichtet.

Dieses letzte Poem vor der endgültigen Verlagerung der poetischen Tat in die Existenz wird für die folgende Dichtung so bedeutsam, weil auch sie Anti-Literatur, Anti-Kunst sein will. »These, Erfahrung und Zeugnis Rimbauds schlagen eine entscheidende Bresche in den traditionellen Begriff der Dichtung. Die Auffassung, welche Dichtung wesentlich mit dem literarischen Poem verknüpft, gerät in eine Krise ... Die Dichtung kann auf die Realität durch Formen und Mittel wirken, die keinen literarischen Charakter mehr haben ... Rimbaud war ein Literat und hörte auf, einer zu sein, ohne deswegen aufzuhören, ein Dichter zu sein ... Einer der Grundzüge gegenwärtiger Dichtung ist die ständige Ankündigung des Verlassens, ja der Sinnlosigkeit der Literatur, sofern sie den

Anspruch erhebt, der einzige Ausdruck der Dichtung als ›poetischer‹ Tätigkeit zu sein« (Jommi).

Lautréamont: Die Selbstverleugnung der Dichtung

»La poésie doit avoir pour bout la vérité pratique«, sagt Lautréamont[7]. Dichtung ist unmittelbar Betätigung der schöpferischen menschlichen Natur, die unausgesetzt ihre eigene Welt gestaltet. Der subjektiven Erlebnisse, der Tränen persönlicher Sentimentalität muß sie sich enthalten, um die Sphäre des Objektiven zu erreichen, die Beziehungen zwischen Menschen und Dingen zu verwirklichen – und das bedeutet, der Wahrheit zu dienen. Dies Ziel verlangt die gemeinsame Arbeit vieler, die allein das Objektive erreichen, durch die sich Wahrheitsgehalt kristallisieren kann. *»La poésie personelle a fait son temps de jongleries relatives et de contorsions contingentes. Reprenons le fil indestructible de la poésie impersonelle«* (S. 372). *»Le plagiat est nécessaire. Le progrès l'implique. Il serve de près la phrase d'un auteur, se sert de ses expressions, efface une idée fausse, la remplace par l'idée-juste«* (S. 381). *»La poésie doit être faite par tous. Non par un«* (S. 386).

Das neue Ziel bestimmt die Form der Dichtung: *»La poésie doit avoir pour but la vérité pratique. Elle énonce les rapports qui existent entre les premiers principes et les vérités secondaires de la vie«* (S. 377). Deswegen wird nicht mehr der Vers die Form der neuen Dichtung (Poiesis!) sein: *»Faut-il que j'écrive en vers, pour me séparer des autres hommes? Que la charité ... prononce«* (S. 393).

Sowohl bei Rimbaud wie bei Lautréamont besingt die Dichtung sich selbst als die menschliche Fähigkeit des Transzendierens, erklärt sich aber zugleich als reiner ›Gesang‹ für unzureichend, dies wesentliche Moment der menschlichen Natur zu verwirklichen. Die Verleugnung ihrer selbst als Werk verleiht der Dichtung eine Bedeutung, welche die Grenzen eines Poems überschreitet. Die poetische Tätigkeit erfaßt und verpflichtet den Menschen als ganzen. Die »Chants de Maldoror«, die nicht ›nur‹ Literatur sein, sondern das Transzendieren als Wesen der menschlichen Natur vollziehen wollen, können nicht mehr ›künstlerisches Werk‹ im traditionellen Sinne sein. Durch die Dichtung soll – wie Rimbaud wollte – das Leben in der Richtung des Guten und des Wahren umgestaltet werden. Einen großen Teil seines Prologs verwendet Lautréamont dazu, jede Dichtung zu verdammen, die sich darauf beschränkt, Leidenschaften zu besingen. Dichtung ohne moralischen Wert – das heißt hier ohne Wahrheit erobernde Bedeutung – wird verworfen.

Surrealismus als Anti-Literatur und Anti-Kunst

Dabei entsteht nun aber eine eigentümliche Problematik: Diese Kunst will nicht mehr ›Literatur‹, ästhetisches Werk sein, dann scheint ihr jedoch nichts weiter übrigzubleiben als zu einem Moment der Praxis, des Handelns, der Politik herabzusinken. Gewisse programmatische Thesen des Futurismus, Dadaismus und Surrealismus, der ›*poésie engagée*‹, oder auch die Hingabe an eine politische Bewegung wie den Kommunismus, können nur von hier aus verstanden werden.

»Der Surrealismus«, sagt NADEAU[8], »wird von seinen Gründern nicht als eine neue künstlerische Schule aufgefaßt, sondern als ein Mittel der Erkenntnis, vor allem der Erkenntnis bisher noch nie systematisch erforschter Kontinente; es sind: das Unbewußte, das Wunderbare, der Traum, der Wahnsinn, die halluzinatorischen Zustände, mit einem Wort – wenn man noch das Phantastische und das in der Welt verstreute Verwunderliche hinzunimmt – das Gegenteil des logisch Geordneten.« »Die Poesie ist nicht mehr eine Zerstreuung von Epheben mit Wachstumsbeschwerden, sondern eine Praxis, welche die Persönlichkeit in ihrer Ganzheit und Ursprünglichkeit offenbart und auf andere zu wirken gestattet durch Mittel, die bisher verborgen geblieben waren. Der Dichter ist zu demjenigen geworden, ›der inspiriert‹, der neue *Handlungen,* unbekannte Gedanken, verwandeltes Leben heraufbeschwört. Er arbeitet nicht mehr in einem Elfenbeinturm, er wirkt auf natürliche Weise im täglichen Leben aller, in das er einbezogen ist und von dem er ständig neue Anregungen fordert« (S. 88).

Man könnte dem Surrealismus einander widersprechende Bestrebungen vorwerfen: einerseits bemüht er sich, Anti-Literatur, Anti-Kunst zu sein, die Ebene der ›Kunst‹ im traditionellen Sinne des Wortes zu verlassen; andererseits scheint er aber doch zu einer neuen Dichtung, einer neuen bildenden Kunst zu gelangen. Auf dem Wege zu einer Nicht-Kunst kommt er scheinbar wieder zu einer Kunst; oder sollen wir vielleicht sagen, seine Produkte seien keine Kunstwerke? Aber was sind sie dann?

An die Stelle ›poetischer‹ Formen tritt die ›*écriture automatique*‹, das Diktat des Unbewußten ohne ›künstlerische‹ Kontrolle, ohne ›Schönheit‹. Aber man muß sich vor Mißverständnissen hüten, denen oft Kunsthistoriker und sogar Verteidiger des Surrealismus verfallen, indem sie die Intentionen dieser Bewegung verkennen. So ist es z. B. nicht statthaft, den vielzitierten ›Flaschentrockner‹ von MARCEL DUCHAMP[9] als Beleg für die Absurdität dieser ›Kunst‹ anzuführen, als wäre er geschaffen mit dem Anspruch, ein Kunstwerk zu sein.

Was will Duchamp mit einem solchen Gebilde? Nadeau beantwortet die Frage: »Was ist ein surrealistischer Gegenstand? Ganz allgemein könnte man sagen: jeder verfremdete[10] Gegenstand ist es, das heißt jedes Ding, das aus seinem gewohnten Rahmen getreten und zu anderem Gebrauch verwendet wird als zu den Zwecken, für die es bestimmt war, oder dessen Gebrauchszweck man nicht kennt. Also jeder Gegenstand, der willkürlich hergestellt zu sein scheint, zu keiner anderen Bestimmung als der Befriedigung seines Herstellers, und das will sagen: jeder nach den Wünschen des Unbewußten, des Traumes hergestellte Gegenstand. Und erfüllen die ›ready-mades‹ von Marcel Duchamp nicht im Grunde diese Bedingungen? ... Man betrachte einen Flaschentrockner, an sich ein ganz banaler Gegenstand, man lege ihm als sein unumschränkter Gebieter einen künstlerischen Sinn bei, indem man ihn aus seiner gewohnten Umgebung herausrückt und ihn isoliert [z. B. ihn wie eine Plastik auf einen Sockel stellt], man appelliere so an das Unbewußte der Betrachter, diesen Gegenstand als selbständiges Wesen zu betrachten und seinen Gebrauchszweck zu vergessen: dann hat man ein fremdartiges Objekt geschaffen, mit all diesen nach oben gerichteten, in immer engeren Kreisen angeordneten Spitzen, ein Objekt, das als Katalysator wirkt für eine Menge unbewußter Wünsche« (S. 212).

Was Duchamp mit seinem verfremdeten Gebilde, das nicht ›Kunstwerk‹ sein will, proklamiert, kann man auch die unbeschränkte Fähigkeit des Transzendierens nennen, die sich vor dem Unerhörten, dem Unerwarteten bewährt, vor einem beliebigen banalen Gegenstand, der durch die einfache Wahl, den bloßen Willensakt des Künstlers auf jenen ehrenvollen Platz erhoben wurde, den zuvor das nun mit Widerwillen abgelehnte Kunstwerk innehatte. Dieses Gebilde tritt in ungeahnte neue Beziehungen, weckt Assoziationen, evoziert eine Welt von Metaphern als Sphäre der ›Kunst‹. Jeder ›intellektuelle‹, ›feinfühlige‹, ästhetisierende Begriff des Schönen wird zugleich verworfen; in jeder Handlung und Haltung, in jedem Ereignis und jedem Eingriff in die Wirklichkeit kann das menschliche Transzendieren sichtbar werden.

Und welche Leidenschaft steckt in jeder dieser anti-künstlerischen, anti-ästhetischen Äußerungen, in jeder Proklamation, die das Ende der Dichtung als Literatur beteuert!

VACHÉ schreibt in seinen »Lettres de guerre« (1919): »Wir lieben weder die Kunst noch die Künste (nieder mit Apollinaire ...), wir ignorieren ohne Haß Mallarmé: er ist tot. Wir kennen Apollinaire nicht mehr, denn wir haben den Verdacht, daß er zu bewußt Kunst *macht,* daß er die Romantik mit Telefonleitungsdraht zusammenflickt.« ANDRÉ BRETON in seinen »Caractères d'évolution moderne« (1922) bezieht sich auf Rimbauds Verzicht auf die Kunst. »Es schleichen gegenwärtig in der Welt einige Individuen herum, für die die Kunst aufhört ein Ziel zu sein.« Er weist darauf hin, wie Rimbaud ein solches war: »Sein Werk verdient es, wie ein Wahrzeichen auf unserem Weg zu bleiben«, denn er hat zum Ausdruck gebracht »ein Unbehagen, das viele Generationen gespürt haben, aber nur er hat ihm eine Stimme verliehen, die noch in unserem Ohr klingt.«

NADEAU zitiert die »Déclaration du 27. janvier 1925« der Surrealisten, worin unter anderem folgendes steht: »1. Wir haben nichts mit Literatur zu tun. Wir sind allerdings durchaus fähig, sollte es notwendig sein, uns der Literatur zu bedienen wie jeder. 2. Der Surrealismus ist kein neues oder leichteres Mittel des Ausdrucks, auch keine Metaphysik der Dichtung. Er ist ein Mittel zur totalen Befreiung vom Geiste und allem, was ihm ähnlich ist. 3. Wir sind entschlossen, eine Revolution zu vollziehen« (S. 104).

In diesem Sinne schreibt ARAGON in »Fragments d'une conférence prononcée à Madrid à la ›Residencia des Estudiantes‹« am 18. April 1925 (veröffentlicht in: Révolution surréaliste, Nr. 4): »Wir werden mit allem fertig werden, und vor allem werden wir diese Zivilisation, die euch so lieb ist und in der ihr wie Fossilien im Gestein eingebettet seid, ruinieren. Abendländische Welt, du bist zum Tode verurteilt. Wir sind die Defaitisten Europas ... Daß endlich der Orient, euer Alptraum, auf unsere Stimme antworten möge. Wir werden überall die Keime der Unordnung und ›malaise‹ beschwören ... Juden, brecht aus den Gettos aus ... Indien, rege dich mit deinen tausend Armen ... Ägypten, deine Zeit ist gekommen ... Schaut, wie trocken diese abendländische Erde ist, wie sie für jeden Brand bereit ist: man möchte sagen, sie sei Stroh« (Nadeau, S. 115).

Im Jahre 1927 geben fünf surrealistische Dichter – ARAGON, BRETON, ELUARD, PÉRET, UNIK – den Ausschluß von ANTONIN ARTAUD und PHILIPPE SOUPAULT aus der Bewegung bekannt: es genügt nicht mehr, gegen die Literatur und die Kunst zu wettern, die Revolution muß ernstlich durchgefochten und vollzogen werden. Es entstehen die Probleme der Beziehungen zwischen Surrealismus und Kommunismus.

Gegenwartsprobleme als Ausgangspunkt für die Befragung antiker Texte

Die hier nur an besonders offenkundigen Beispielen angedeuteten Vorgänge in den gegenwärtigen Künsten – das Fragwürdigwerden des ästhetischen Begriffs der Kunst, das Ende der Dichtung als Literatur, der Drang nach Wirklichkeit anstelle einer fiktiven künstlerischen Welt – sind eine viel umfassendere Erscheinung, als im gegenwärtigen Zusammenhang dargestellt werden kann, sie zeigen sich nicht etwa nur in den zum Surrealismus führenden Entwicklungen, sondern auch in vielen anderen Strömungen der jüngsten Vergangenheit und der Gegenwart. Uns gibt die gekennzeichnete Lage Veranlassung zu der Frage, ob es in der abendländischen Geistesgeschichte eine Überlieferung gibt, in der die gegenwärtigen Strebungen eine Ahnenschaft erblicken könnten. Es mag als eine verwunderliche ›contaminatio‹ erscheinen, daß Probleme der modernen Kunst als Ausgangspunkt gewählt werden zu einer Befragung antiker Texte; Philologen werden die Bezugnahme auf die Moderne absurd finden und sich nicht den geringsten Beitrag zum Verständnis jener Texte davon versprechen; und anderen wird der Rückgriff auf die Antike im Hinblick auf die Probleme der modernen Kunst und deren Interpretation als belanglos erscheinen.

Wir sind jedoch überzeugt, daß gerade die streng philologisch-historische Auseinandersetzung mit PLATON, ARISTOTELES, PLOTIN, QUINTILIAN und selbst mit CICERO ohne Beziehung zu Problemen, die uns heute angehen, im Hinblick auf die Kunst unfruchtbar bleibt. Bedingung der Lebendigkeit einer Wissenschaft ist es, daß sie zu den Fragen, die der Lauf der Geschichte aufwirft, Stellung zu nehmen vermag. Ist sie dazu nicht fähig, so bleibt sie sterile Neugier und gedeiht nur noch in einem verschlossenen Bezirk abseits vom Leben. Andererseits könnten sich aus der Beschäftigung mit der abendländischen Überlieferung klärende Gesichtspunkte ergeben für die unablässige Erörterung jener Fragen, welche die gegenwärtige Kunst aufwirft.

Verwirrung historischer Kategorien.
Notwendigkeit der Tradition

Um für die in dieser Beziehung heute herrschende Verwirrung der Begriffe ein Beispiel zu geben, zitieren wir eine Äußerung von G. MATHIEU[11]. Er schreibt: »Um beim Abendland zu bleiben: vom Beginn der Dekadenz unserer Zivilisation, das heißt vom 13. Jahrhundert an, gehen wir über vom Idealen zum Realen, vom Realen zum Abstrakten, vom Abstrakten zum rein Möglichen.«

Was wird hier unter den Begriffen ›real‹, ›abstrakt‹, ›möglich‹ verstanden? Das ist keine beiläufige Frage, denn jene Begriffe sollen die Etappen der Kunstentwicklung bis zum heutigen Tage bezeichnen. Von Giotto über die italienischen ›Primitiven‹ bis zu Raffael und Tizian, dann von Caravaggio bis zu den Realisten wäre eine Linie zu ziehen, die das immer stärker werdende Sichentfernen vom mittelalterlichen Idealismus und das Entstehen einer realistischen Naturwiedergabe bezeichnen soll. Die nächste Phase wäre dann die Befreiung vom ›photographischen‹ Realismus durch den Impressionismus, die Befreiung der Farbe von ihrem Darstellungswert, die Befreiung der Form vom Illusionismus durch den Kubismus und schließlich der Darstellungsverzicht überhaupt, der zur geometrischen Abstraktion führte.

Die letzte Befreiung ist »diejenige vom Kanon der Schönheit, von den Harmonie- und Kompositionsgesetzen, vom Goldenen Schnitt usw. Das ist der Beginn der letzten Phase. Man könnte sie als den Schritt vom Abstrakten zum Möglichen bezeichnen.«

Diese Entwicklung wird nun anti-aristotelisch genannt, und es wird dazu bemerkt: »Der Hinweis auf solche Selbstverständlichkeit ist notwendig in einer Zeit, in der die Grundirrtümer von Aristoteles und Platon immer noch einen gewissen Einfluß ausüben . . .« Ähnliche Wendungen kann man auch auf anderen Gebieten finden, so auf dem der Dramaturgie, wenn z. B. IONESCO ein Theaterstück bewußt gegen die ›aristotelische‹ Auffassung vom Drama schreiben will. Aber diese ›Revolution‹ ist in ihrer theoretischen Begründung, wenn sie sich antiaristotelisch nennt, ›Pseudo‹-Revolution, denn sie kämpft gegen Pseudo-Begriffe, die durch eine Kette von Mißverständnissen in der geschichtlichen Auseinandersetzung mit dem antiken Kunst- und Schönheitsbegriff entstanden sind. Damit die Überlieferung wahrhaft geschichtsbildend wirke, genügt es nicht, Mißverständnisse zu bekämpfen, sondern es gilt die ursprünglichen Quellen neu zu verstehen und zum Sprechen zu bringen. Die vorliegende Arbeit über die Ästhetik der Antike, ebenso diejenige von Rosario Assunto über die Ästhetik des Mittelalters, wollen Beiträge dazu liefern und zugleich theoretisch und pädagogisch erhellend wirken.

3 Neuzeitliche und gegenwärtige Kunst

Die neuzeitliche Kunst als Weltentdeckung

Bei unseren bisherigen Erörterungen haben wir unterschieden zwischen ›gegenwärtiger Kunst‹, welche sich geradezu als ›Anti-Kunst‹ bezeichnet, den Ästhetizismus bekämpft, das Ende der Dichtung als ›Literatur‹ proklamiert, und ›neuzeitlicher Kunst‹, die gegen 1400 in Italien begann und die bisher geläufigen ästhetischen Begriffe wesentlich bestimmt hat. Was kennzeichnet nun diese letztere im Unterschied zu jenen gegenwärtigen Bestrebungen, die sich programmatisch gegen den Ästhetizismus wenden und mit der poietischen Fähigkeit des Menschen nicht nur unverbindliche menschliche ›Möglichkeiten‹ entdecken, sondern die ganze ›Wirklichkeit‹ des Menschen verwandeln wollen?

Mit der Neuzeit habe die Entdeckung der Welt und des Menschen durch die Kunst begonnen, sagte bekanntlich JACOB BURCKHARDT. Er dachte dabei an die italienische Renaissance; um aber dies ›Entdeckerische‹ als bestimmenden

Zug unseres Neuzeit-Begriffs in der Kunst möglichst deutlich zu kennzeichnen, zitieren wir aus einem Aufsatz von KURT BAUCH über »Anfänge der Neuzeitlichen Kunst«[12].

Wenn heute ein Landschaftsbild ohne weiteres als vollgültiges Kunstwerk akzeptiert wird, so geht diese Einstellung zurück auf jene Blütezeit der niederländischen Malerei im 17. Jahrhundert. »So eine Landschaft [z. B. von Hercules Seghers, um 1630, auf die Bauch sich bezieht] erscheint uns vertraut und selbstverständlich. Damals war es etwas *Unerhörtes*. Wer in Rubens' Sinne auch in der Landschaft körperliche Kompositionen und große Bedeutung suchte, mußte hier jeden Aufbau vermissen. Selbst die früheren kleinen Landschaftsspezialisten, die neben den Großmalern nicht voll mitgerechnet waren, hatten ihre Landschaften plastisch und farbig komponiert. Also nicht einmal so eine Landschaft scheint dieses Bild zu sein ... Hier ist nichts aus Bedeutungen, aus farbigen Körpern aufgebaut, nicht das Göttliche, das Übermenschliche, das Ewige, sondern sie ist um ihrer selbst willen da. Sie steht nicht Modell für andere, übernatürliche Wesenheiten, sondern ihr Bildnis wird gezeigt, als Wesen, als Gegenstand, als Thema.« »Die Welt wird eingeschränkt auf die ›Natur‹, auf das bloß Gegenwärtige ... Sie ist gegenwärtig als Ausschnitt, als das Sichtbare, das Gesehene« (S. 127).

Bauch führt aus, daß ›Bild‹ im Holländischen ursprünglich ›Gebilde, Figur‹ bedeutete, wie im Deutschen der Ausdruck ›Bildwerk‹. Aber seit jener Zeit hat sich der Sinn des Wortes gewandelt: es meint nun ›Abbild‹, Wiedergabe von etwas Vorhandenem: »Hier zuerst wird eine Landschaft rein als Aspekt, als Anblick gegeben« (S. 127). Landschaftliches als Beiwerk in Bildern anderen Themas kannte man schon lange, aber nun wird zum erstenmal die Landschaft als solche entdeckt, und was ein Ausschnitt aus der großen Natur ist, erhält nun eine eigene bildnerische Mitte.

Zur gleichen Zeit haben die Holländer nicht nur die Landschaft, sondern auch das ›ganz Nahe‹, das wirklich Unmittelbarste ›gesehen‹, sie haben das, was den Menschen umgibt, in den Brennpunkt seines Blicks gerückt: sie haben das Stilleben entdeckt. »Auch die kleinen Dinge um uns haben ja ihren Sinn und ihre Form. Uns erscheint das selbstverständlich, aber erst die Holländer haben es künstlerisch ins Bewußtsein gehoben. Bei den früheren, auch bei Rubens, gibt es herrliche Früchte und prachtvolle Blumen, aber immer nur als Nebensache auf großen Figurenbildern. Nie wäre ihm eingefallen, so etwas als Thema anzuerkennen, würdig eines eigenen Gemäldes ... Was hier erscheint, hat durch alle Jahrhunderte seine unmittelbare Frische bewahrt. Das Aussehen dieser Dinge ist mit äußerster Eindringlichkeit beobachtet. Wir werden ganz nahe an ihre Oberfläche herangeführt, dennoch ohne kleinliche Kurzsichtigkeit. Die Schilderung ist fein, sicher und schlicht. Die Zeichnung ist so vorzüglich, daß man gar nicht danach fragt ... Alles hält sich in einem dünnen, frischen, hellen, grünlich kühlen Licht. Diesem feinen, feinschmeckerischen Aroma entspricht der Glanz von Glas, Zinn und Silber ebenso wie der Geschmack von Wein, Hering und Zitrone« (S. 131).

Landschafts- und Stillebenmalerei lösen aus großen Zusammenhängen etwas Bestimmtes heraus, erfassen es selbständig und begründen damit eine neue Sehweise. Die neuzeitliche Kunst ›entdeckt‹ immer wieder neue Gegenstände, neue Themen, neue Sichten, die dann den nachfolgenden Künstlern wie auch den Betrachtern so selbstverständlich und voraussetzungslos erscheinen.

Wandlung von Ort und Aufgabe der Kunst

Die niederländische Malerei des 17. Jahrhunderts – um bei diesem Beispiel zu bleiben – war so umwälzend, daß sie, wie Bauch sagt, nicht nur sich selbst neu schuf, sondern auch die Frage, was Kunst, wo ihr Ort sei, was sie solle, neu beantwortete. Mit der Entdeckung neuer Themen wird auch die Aufgabe der Kunst im Raum neu gesehen.

Das mittelalterliche Bild war irdische Vergegenwärtigung des Jenseitigen, sakraler Gegenstand, es war dem kirchlichen

Kultraum zugeordnet, hatte in ihn hineinzuwirken oder ihn sogar zu beherrschen. Byzantinische Mosaiken und gotische Glasmalereien verwandelten die Wände selbst unmittelbar in bildliches Sichdarstellen des Überirdischen. Das neuzeitliche Staffeleibild ist ein an keinen Raum gebundener, transportabler Gegenstand, den man an jeder Zimmerwand anbringen kann. Des Bildes »Farbe und Körper gehen auf in ihrer eigenen Tonigkeit, statt hinaus in den Raum zu wirken. Ein schwarzer Rahmen teilt es ab von der Wand. Seine Kehlung sammelt den Blick allein auf das Bild. Das Gemälde wird zu einem Fenster, es führt hinaus aus diesem Raum, aus dieser Welt. Denn das Bild hat seine eigene besondere Räumlichkeit, eine eigene Welt. Es ist ganz für sich, es wird deutlich, daß man es abnehmen oder daß man es mit einem Tuch verhängen könnte. Eine Kirche ohne das Altarbild oder eine Stanze mit verdeckten Fresken, das wäre ein unvollständiger, ein unbrauchbarer Raum geworden. Dieser Raum aber bliebe, was er war. Er ist ungegliedert und ungeformt. Die Wand ist weiß wie Kalk, sauber und nüchtern, die rein profane Welt. Denn hier zuerst ist ja der Raum das Zimmer des einzelnen, die private Sphäre des bürgerlichen Alltags. Dieser Raum enthält jetzt zuerst Kunst, ja, er ist der eigentliche Ort dieser neuen Kunst« (S. 134).

Welche geistigen Faktoren der Neuzeit bedingen aber diesen neuen Ort der Kunst, was bedeutet die Abfolge immer neuer Entdeckungen, die Entwicklung der Kunst als eine solche des Sehens von immer wieder anderen Zusammenhängen, die sie in den Blick rückt, die aber nicht beanspruchen, Wirklichkeit zu sein, die vielmehr unserer ›wirklichen‹ Umwelt jeweils nur ausschnitthafte ›bildwürdige‹ Möglichkeiten abgewinnen wollen?

Die neuzeitliche Kunst wird zu einer Funktion in dem Verhältnis des Menschen zu seinem Dasein in der Welt, sie liefert Entwürfe, die, der Entwicklung des menschlichen Verhaltens zu seiner Umwelt und sich selbst entsprechend, der Wirklichkeit sich wandelnde Bedeutungen abgewinnen wollen. Eine solche Konfrontation von Mensch und Wirklichkeit setzt absolute Freiheit voraus, die Bedingung des freien Entwurfs von Seins*möglichkeiten*, die das sich entwickelnde Realitätsverhältnis des Menschen ausdrücken und ihm sichtbare Erscheinung verleihen.

Das Problem der Bedeutung gegenwärtiger Kunst

Es wurden eingangs schon Gründe namhaft gemacht für die Erkenntnis, daß es nicht von jeher die Funktion der Kunst war, ›Möglichkeiten der Realität‹ ins Blickfeld zu rücken und dadurch immer neue Themen und Sichten aus den Zusammenhängen, in denen wir leben und die wir Wirklichkeit nennen, herauszudestillieren. Die Freiheit galt nicht immer als Grundvoraussetzung für das Werk der Kunst, und als deren Gegenstand wurden nicht zu allen Zeiten die unerschöpflichen Möglichkeiten der Geschichtlichkeit des Menschen angesehen. Unser Begriff des gelungenen Kunstwerks, das wir ›schön‹ nennen, hat nicht stets dieselbe Geltung gehabt.

Könnten nun nicht die Ansprüche gegenwärtiger Werke, nicht mehr ›nur‹ Kunst zu sein, von einer Ermüdung durch die unbegrenzten Möglichkeiten zeugen, von einem erlahmten Interesse an den vielfältigen Aspekten der menschlichen Realitätsbeziehung, deren Voraussetzung der Ästhetizismus ist und die keine wirkliche Entscheidung und Verpflichtung bedeuten? Dann würde in der gegenwärtigen Kunst auf unerwartete Weise die Situation des modernen Menschen sich darstellen: Hat die neuzeitliche Kunst – die neuzeitliche, nicht die gegenwärtige – immer neue *mögliche* Bedeutungen des Wirklichen gezeigt, das heißt immer neue Aspekte aus dem Kontext des Gegebenen herausgelöst und sichtbar gemacht, so könnte die gegenwärtige Kunst aus der Erfahrung entsprungen sein, daß alle möglichen Arten, Dinge, Landschaften, Formen und Farben, Haltungen und Handlungen zu sehen, ausgekostet und ausgeschöpft sind, und aus dem unerträglich gewordenen Mangel an Verpflichtung, der die Voraussetzung jenes ästhetischen Verhaltens ist und der nun das Interesse an all den

unverbindlichen Möglichkeiten aufhebt. Das einzige künstlerische Ziel des gegenwärtigen Menschen wäre dann, entweder diese Situation des Desinteressements selbst darzustellen, oder, auf jede Darstellung verzichtend, mit der Tat oder mit von der Kunst neugeschaffenen Gegenständen in die Wirklichkeit einzugreifen. Sollte dies zutreffen, so wären jene Werke unserer Tage keineswegs Ausdruck eines bösartigen Skeptizismus, sondern eine Reaktion auf die Erschöpfung der ›freien‹ Möglichkeiten, welche die Entwicklung der neuzeitlichen Kunst ausgebreitet hat, bzw. der Versuch, wieder eine verpflichtende Wirklichkeit zu berühren. Der gegenwärtige Mensch würde vom Schönen, von der Kunst, vom Gestaltungsgebilde in seinem tiefsten Wesen, in seiner existenziellen Realität getroffen zu werden verlangen. Unsere Frage ist nun, ob eine solche Auffassung von der Kunst und vom Schönen sich etwa auf Bedeutungen berufen kann, die diesem Bereich am Beginn der abendländischen Geistesgeschichte zukamen.

I Das Schöne als Glanz und Macht der Urwirklichkeit. Die ontologische Bedeutung des Schönen

1 Die frühesten Äußerungen über das Schöne und die Kunst

Werden ästhetische Kategorien den ›schönen‹ Werken der Antike gerecht?

Es fällt schwer zu bestimmen, was zu Beginn des abendländischen Denkens, also vor PLATON, den Begriffen ›Kunst‹ und ›das Schöne‹ als theoretische Vorstellung entsprach. Die Bestimmung ist um so schwieriger, als wir an diese Begriffe mit der Frage herantreten, ob in dem griechischen Drang nach dem Schönen der Wunsch verborgen lag, eine bestimmte Stufe der Wirklichkeit zu erreichen, durch die der Mensch in seiner ganzen Existenz zu erfassen war, oder ob es sich auch hier eher darum handelte, ›mögliche‹ menschliche Welten und Sinndeutungen des Wirklichen sichtbar zu machen, in denen nichts Verpflichtendes lag.

Wo sind die antiken Theorien der Kunst und des Schönen aufzuweisen? Wie schon eingangs erwähnt, pflegen wir heute den Begriff des Schönen mit dem der Kunst zu identifizieren und lassen beider Geschichte aus einem gemeinsamen Ansatz hervorgehen. Wieweit ist ein solches Vorgehen berechtigt? Wird die Anwendung ästhetischer Kategorien auf bestimmte Werke der Antike deren Wesen gerecht und ist ihr Grundgehalt auf diese Weise zu erfassen? »Frühe Kulturen empfinden das Bild nicht als bloße Darstellung, sondern als Wirklichkeit, in einer dichten Gegenwart, die unsere ästhetische Betrachtungsweise kaum noch ahnen kann. Die Meerwesen und Pflanzen auf den kretischen Vasen sind selbst göttliches Leben, sie gehören zur großen Naturgöttin, die aus dem Meer geboren ist«[13]. Nach neuzeitlicher Auffassung will die Kunst nicht nur Erfahrungen, die auch andere gehabt haben, darstellen, sondern immer wieder ›Neues‹ ins Blickfeld rücken. Religiöse Darstellungen aber, z. B. die Statue eines antiken Gottes oder die Bildwerke an einer Kathedrale, wollen sie eigentlich etwas ›neu Gesehenes‹ darbieten? Läßt sich das Wesen eines griechischen Tempels – wie man lange versucht hat – mit ästhetischen Kategorien erfassen?

Zur vorplatonischen Auffassung des Schönen und der Kunst

Eine zusammenhängende, durchdachte Auseinandersetzung mit den Begriffen des Schönen und der Kunst, ebenso wie deren Unterscheidung, nimmt erst mit PLATON ihren eigentlichen Anfang. Allerdings knüpft dieser dabei an einzelne Aussprüche von HESIOD, HOMER, SIMONIDES, PINDAR und an solche der Tragiker an; die großen volkstümlichen Dichter gelten ihm als Führer und als Väter der Weisheit. In ihren Werken kommen Termini wie ›schön‹, ›Kunst‹, ›Mimesis‹ (Nachahmung) vor, jedoch nicht in bewußter Reflexion, sondern als unmittelbare Benennungen, wie man sie bei Schilderungen und Abhandlungen verwendet. Auf eine Interpretation der Begriffe, wie sie hier implizite vorliegen, können wir nicht näher eingehen, denn das wäre eher die Aufgabe eines Philologen, ein allgemeiner terminologischer Überblick dieser Art wäre methodisch unserem Gegenstand nicht angemessen. Wir können nur versuchen, mit Hilfe einiger Beispiele gewissermaßen Meilensteine der schwankenden vorplatonischen Entwicklung der Begriffe zu fixieren, deren Bedeutungen dann später von Platon in scharfem Zugriff aufgenommen und auf einen ganz eindeutigen Sinngehalt hingeführt werden.

Man wird bei vorplatonischen Texten zunächst sich bemühen müssen, den Begriff des Schönen von dem des Guten (ἀγαθόν, agathon) oder von Ausdrücken wie ›wohl‹ (εὖ, eu) zu unterscheiden, denn sie fließen oft ineinander; etwa so, wie auch heute im deutschen Sprachgebrauch Dinge und Eigenschaften ›schön‹ genannt werden, für deren Bezeichnung die Silbe ›wohl‹ verwendet wird, wie ›Wohlgestalt‹, ›wohlgebildeter‹ Gegenstand. Andererseits wird in der alltäglichen Redeweise oft ein ganzer Satz mit ›schön‹ – in der Bedeutung von ›gut‹ – beantwortet.

Das Schöne und das Gute. Hesiod

Bei Hesiod kommt dem Terminus ›gut‹ ursprünglich offenbar keine moralische Bedeutung zu, sondern entweder hängt er mit dem Begriff des Nützlichen zusammen – denn Tugend und Tüchtigkeit liegen vorwiegend in der Umsicht, welche die rechten Mittel wählt, um etwas zu seinem Ziel zu führen; so gibt es die guten und schlechten Tage, um etwas zu pflanzen (Op. 781, 783, 317) –, oder das Gute wird als Zweck und Ziel, als Vollendung aufgefaßt (Th. 906; Op. 36, 320, 702). Dann erst erhält das Gute eine moralische Bedeutung in Hinsicht auf eine menschliche Qualität, z. B. die Gerechtigkeit (Op. 24, 236, 356).

Der Begriff des Schönen ist allgemein zunächst auf den nach außen gewandten Sinn, das Auge, bezogen (Schönheit der Form, der Färbung, Schmuck und Zierat), er bezeichnet die sinnfälligen Formen. Aphrodite wurde von einer ›schönen‹ Mutter geboren, Hephaistos versuchte mit seiner Kunstfertigkeit das schön gestaltete Weib Pandora zu schaffen (Th. 17, 120, 194, 201; Op. 63). Es wäre zu prüfen, wie eng das Gute sich mit dem Schönen verknüpft, denn wenn das Gute in der Richtigkeit – z. B. in der richtigen Auswahl der Tage zum Pflanzen – liegt, so erreicht auch die klug wählende Überlegtheit eine gewisse Anschaulichkeit des harmonischen Zusammenspiels, die das Gute ins Gebiet des Schönen rückt. Wird weiterhin jedes Ding nach seinem Zweck bestimmt, so werden dadurch seine Eigenschaften augenfällig, sie fallen als ›schöne‹ ins Auge.

Liegt das Gute eher auf dem Gebiet des Plan- und Zielvollen, des Ordnungsgemäßen, dessen, was der Mensch vollbringt und dadurch ›ersichtlich‹ macht, so scheint auf solche Erfreulichkeit des Anblicks sich wieder der Akzent des Schönen zu legen. Allerdings ist zu fragen, ob das Schöne das Gebiet der äußeren Erscheinung zu überschreiten und auf das des Inneren und des Geistigen hinüberzureichen vermag. Aber wie wäre es sonst zu verstehen, daß Hesiod seinen Gesang, die »Theogonie«, als *eine Gabe der Musen* schön nennt (Th. 22). In welchem Sinne ist das Göttliche schön?

Aus den ungeschiedenen Bedeutungen und verstreuten Elementen eine bestimmtere Antwort zu unserer Fragestellung zu gewinnen ist schwierig. Erst PLATON hat die Termini aufgegriffen und systematisch bestimmt; für ihn ist das Gebiet des Schönen das Sichtbare, es schließt den Begriff des Harmonischen ein und reicht von diesem bis zum Gebiet des Geistigen, welches selbstverständlich an sich harmonisch zu sein hat und sich als solches in Grenzen, in einer Gesetzmäßigkeit zeigt. Indem sich aber bei Platon die Verkettung der Begriffe des Schönen und des Guten entwickelt, setzt er eine lange Tradition fort. Wer schön ist, sagt SAPPHO, ist es nur für das Auge, wer aber gut ist, wirkt auch Schönes. Die Lyrik stellt die Schönheit als einen körperlichen Vorzug dar, in dem aber Seelenschönheit beschlossen liegt, welche aus den Tugenden – als Verwirklichung von Fähigkeiten, die nur dem Menschen eigen sind – hervorgeht (Sappho, fr. D 27a, 36, 49, 116a, 152). Aus der mannigfaltigen Verwendungsart des Terminus ›schön‹ scheint als etwas Einheitliches hervorzugehen, daß mit Schönheit die sichtbare Vollendung und Harmonie einer bestimmten Stufe des Seins bezeichnet wird. Die Unterscheidung von innerer und äußerer Schönheit weist auf verschiedene Seinsstufen hin.

Die ontologische Bedeutung des Schönen bei Homer

Wenn man die Odyssee liest, so fällt zunächst ein scheinbar unmotivierter, häufiger Gebrauch des Wortes ›schön‹ (*καλός*, kalos) auf, und diese scheinbare Absichtslosigkeit – als hätte der Dichter eben einige Dinge, die ihm besonders gefallen haben, schön genannt – versperrt anfangs den Weg zu einer näheren Betrachtung dessen, was Homer über ein Ding aussagen will, wenn er es schön nennt. Hat man sich aber einmal von diesem ersten Eindruck freigemacht, so treten bestimmte Situationen hervor, bei denen der Dichter stets vom Schönen spricht.

Wir wollen von einzelnen konkreten Beispielen ausgehen und durch eine Gliederung der ›schön‹ genannten Dinge zu zeigen versuchen, was diese Bezeichnung bei dem Dichter der Odyssee bedeutet, worauf sie hindeutet.

›Schön‹ und Stimme. Im V. Buch der Odyssee, 55 ff, heißt es: »Doch als er nun zu der Insel gekommen war, der *fernen,* da stieg er aus dem veilchenfarbenen Meer und schritt landeinwärts, bis er zu der *großen* Höhle kam, in der die Nymphe wohnte, die *flechtenschöne.* Sie traf er an, wie sie drinnen war. Ein *großes* Feuer brannte auf dem Herde, und *weithin* über die Insel duftete der Duft von Zeder, *gut spaltbarer,* und Lebensbaum, die da brannten. Doch sie, mit *schöner Stimme singend,* schritt drinnen am Webstuhl auf und ab und wob mit einem *goldenen* Schiffchen. Und ein Wald wuchs um die Höhle, *kräftig sprossend:* Erle und Pappel und auch die *wohlduftende* Zypresse. Da nisteten *flügelstreckende* Vögel: Eulen und Habichte und *langzüngige* Krähen, Wasserkrähen, die auf die Erzeugnisse des Meeres aus sind. Und daselbst um die *gewölbte* Höhle streckte sich ein Weinstock, jugendkräftig, und strotzte von Trauben. Und Quellen flossen, *vier in der Reihe,* mit *hellem* Wasser, *nah beieinander,* und wandten sich, die eine hier-, die andere dorthin. Und ringsher sproßten *kräftig weiche* Wiesen von Veilchen und Eppich.« (Übersetzung von W. Schadewaldt, Reinbek 1958, S. 64)

Was fällt an den Epitheta auf? Groß sind Höhle und Feuer, flechtenschön ist die Nymphe, gut spaltbar das Holz, weit duftet es, wenn es brennt, gut duftet die Zypresse. Üppig wachsen Wald und Wein. Flügelstreckend heißen die Vögel – der Vogel ersteht in seiner ganzen Größe erst, wenn er seine Flügel ausbreitet –, die Seekrähen haben lange Schnäbel. Die vier Quellen führen klares Wasser und laufen nach allen vier Himmelsrichtungen. Drei Vogelarten werden genannt, drei Baumarten, jeweils ein geschlossener Vers, vor dem dritten Glied des Epitheton, während im Vers vorher schon die Gesamtheit mit einem Epitheton belegt ist: nicht die einzelnen Bäume sollen ins Gedächtnis gerufen werden, sondern der Wald, nicht die einzelnen Vögel, sondern Vögel als Belebung des Waldes. Es geht nicht darum, mit jedem Epitheton etwas besonders ›Schönes‹ oder Idyllisches zu bezeichnen (langer Schnabel ist nichts ›Schönes‹, was haben vier Quellen Schönes, wenn sie in alle Himmelsrichtungen auseinanderfließen? Inwiefern ist gut spaltbares Holz schön? usw.). Aber dennoch muß selbst ein Gott staunen; nicht über die Schönheit, sondern über die Vollendung dieser Welt: alles ist *gut, nützlich, geordnet,* er trifft auch die Nymphe an, die ihn kennt und ihm gehorcht.

Diese Nymphe singt mit schöner Stimme und webt mit goldenem Schiffchen. Sicher ist diese Stimme angenehm zu hören, ästhetisch schön, aber darauf liegt nicht das Gewicht der Aussage; wenn die Göttin in ihrer vollendeten Welt mit schöner Stimmt singt, dann stimmt dieses Singen in diese Welt, dann ist ›schön‹ eine Eigenschaft wie langschnäblig, üppig wachsend und gut spaltbar, ein Ausdruck der Vollendung aller Dinge dieser Welt, in die ein Mensch nur durch ein besonderes Schicksal gelangen kann, in der er nicht für immer bleiben kann, weil er Mensch ist. ›Schön‹ dient hier, wie die übrigen Epitheta, zur Bezeichnung dieser höheren Stufe eines göttlichen, vollendeten Seins.

Weben und schön Singen sind auch die Tätigkeiten der Kirke (X 221, 227f). Kirke singt so schön, daß der ganze Boden ringsum erdröhnt. Wollten wir das wieder ästhetisch verstehen, so müßten wir am Geschmack Homers zweifeln. Vergleichen wir es mit dem Singen der Kalypso: dort trifft Gott auf Göttin, er sieht die Vollendung dieser göttlichen Inselwelt und die singende und webende Göttin. Im Zehnten Gesang stoßen Menschen nach Irrfahrt und großer Angst in einem Waldtal auf Kirkes Haus – eine wunderbare, für Menschen ohne göttliche Hilfe verderbliche Welt. Sie sehen nur die webende Göttin und hören ihr Singen und fassen den Mut, zu rufen – sie sehen nicht wie Hermes bei Kalypso die vergöttlichte Welt, sie hören nur das Singen und vertrauen darauf: »Wo jemand singt und webt, da kann es nur eine Göttin oder eine Frau sein«, die schöne Stimme ist also eine göttliche oder eine menschliche Stimme, stets aber verheißt sie alles, was sich mit dem Bild einer Frau und einer Göttin verbindet, nämlich Ruhe und Geborgenheit nach der Irrfahrt, Erlösung von der Unsicherheit und Angst; Liebe und Freundlichkeit im Gegensatz zur Wildheit und Rauheit der Elemente und der Natur. Und daß der ganze Boden von diesem Singen dröhnt, das läßt keinen Rückschluß auf Kirkes Stimmumfang zu, sondern ist Zeichen für die Ausstrahlung dieses Göttlichen, der ›schönen‹ Stimme.

Ein letztes Beispiel des Phänomens ›schön‹ in Zusammenhang mit Stimme (XXI 411): Odysseus hat seinen Bogen in der Hand, er hat geprüft, ob keine Würmer das Horn zerfressen haben, nun versucht er die Sehne: sie singt schön, an Stimme einer Schwalbe gleich. Die Freier erfaßt grausige Furcht, Zeus donnert zum Zeichen, Odysseus freut sich.

Warum werden die Freier von dem *schönen* Singen, einer Schwalbe gleich, erschreckt? Weil Odysseus den Bogen spannen kann: für sie ist der Ton *schrecklich,* nur für Odysseus ist er *schön,* so schön wie das erste Singen der Schwalben im Frühjahr. Für ihn und für die Freier bricht eine neue Zeit an, und Zeus bestätigt es mit seinem Donner.

›Schönes‹ Singen – sicher soll das nicht heißen: schöner, reiner, klarer Ton als *ästhetisches* Moment, sondern vielmehr ein gesunder, starker, Zukunft verheißender Ton, ein Ton, aus dem Odysseus die *Vollendung* des Bogens, das ›*Noch-vollkommen-Sein*‹ zu seinem Zweck, sieht, ein Zeichen, daß die neue Welt, die ihn wieder erheben wird, da ist.

›*Schöne*‹ *Gegenstände.* Stets begegnet uns bei Homer das Wort ›schön‹ bei Gegenständen wie z. B. bei Gastgeschenken, mag sie Helena von der Gattin des Ägypterkönigs, Telemach von Menelaos oder Odysseus von den Phäaken erhalten. Schön sind die Geschenke, golden, silbern, sie sind ehrend und werden gegeben zum Andenken (Odyssee VIII 431: »damit du an mich denkend alle alle Tage den Göttern den Weihegruß darbringst«) und im Austausch: wer früher gegeben hat, hat auch Anspruch darauf, etwas zu bekommen (Odyssee XXIV 283, Laertes zum sich verstellenden Odysseus: »Vergeblich hast du diese Geschenke dargereicht. Wenn er lebte, so würde er im Wechsel dich reich beschenken, denn so gehört es sich.«) In den Gastgeschenken drückt sich ein besonderes Nahverhältnis zwischen Menschen aus, das sich vom Vater zum Sohn vererbt (VX 196f: »Gastfreunde rühmen wir uns unentwegt zu sein von der Freundschaft unserer Väter her.«) Dieses Nahverhältnis der Gastfreundschaft, das zwei Menschen gleichsam auf einer über dem alltäglichen Leben liegenden Ebene verbindet – es gibt keine Rivalität zwischen ihnen, sondern nur sich ehren und anerkennen: es ist die Verbindung der *königlichen Männer* untereinander –, auch das, da es durch Generationen dauernd zeitlich einer eigenen Stufe angehört, drückt sich aus in der formelhaften Verbindung von *schön* und geben, Geschenk (Odyssee I 311f; IV 130, 590f, 614; VIII 419f, 430, 439; XV 75, 113f, 206 usw.).

Was kann *schön* hier besagen? Verstünden wir es als rein sinnlich-schön, so müßten wir eine dauernde formelhafte Wiederholung eines nichtssagenden Ausdrucks, eine eigentümliche Schwäche der epischen Sprache darin sehen. Aber ist es möglich, daß bei der Darstellung einer für das gesellschaftliche Leben so wichtigen Form Homer eine nichtssagende Formel gebraucht? Die Wiederholung weist auf etwas Wichtiges hin. Für Homer steht das Ich der einzelnen Situation nicht als Subjekt seinem Objekt gegenüber, sondern ist, ohne sich wie der moderne Mensch seiner selbst im Gegensatz zur Umwelt bewußt zu sein, Teil dieser Situation, ist nicht der Spieler, der die Saite anschlägt, und damit die Situation schafft, sondern

Resonanzboden, der das Schwingen der Saite verstärkend mitschwingt, der Situation Antwort gibt, und so die augenblickliche Lage mit den eigenen Vorstellungen absolut nimmt.

Von daher bekommt auch die Formel vom schönen Geschenk ihren hohen Sinn. Es ist nicht der Gastgeber, der, es dem Gastfreund zu schenken, ein schönes Geschenk holt, sondern es geht um die Situation. Der Gastfreund scheidet. Die Situation bringt es mit sich, daß der Gastgeber dem Gast ein schönes Geschenk gibt: daß dieses Geschenk *schön* ist, gehört zu der obengenannten *Verabsolutierung der Vorstellungen und der Werte:* Gastfreundschaft ist etwas Hohes, Großes, Schönes; dann muß ihr Ausdruck auch etwas Schönes, Großes, Kostbares sein. Jedes Gastgeschenk ist schön, denn *es existiert in der Sphäre eines über dem Alltäglichen liegenden, überzeitlichen Verhältnisses.* Es ist Ausdruck einer höheren Sphäre des Seins.

So finden wir den Terminus ›schön‹ auch als Glied eines formelhaften Ausdrucks in Verbindung mit Haus: καλὰ δώματα. Schön sind die Häuser des Odysseus, des Laertes (XIV 361), des Vaters des Eumaios, der ein König war (XV 454), Nestors Häuser (III 387), die des Alkinoos (VIII 41) und des Windgottes Aiolos (X 13). In XVII 264ff schildert der verkleidete Odysseus seine Häuser selbst: sie sind leicht unter den übrigen Häusern Ithakas zu erkennen, es gibt einen sorgfältig gebauten Hof mit Mauern und Zinnen und festen, zweiflügeligen Toren, so daß wohl kein Mann sie überwinden könnte, und Penelope sagt in XIX 580 von Odysseus' Haus, es sei voll der Dinge, die zum Leben notwendig sind.

Ein schönes Haus ist also reich, groß, mit festen Mauern und Toren und großem Hof, nicht einnehmbar, aber leicht zu erkennen und allgemein bekannt. Sein Besitzer ist ein königlicher Mann oder gar ein Gott. Ein schönes Haus bedeutet Sicherheit, vor den Sorgen um das tägliche Brot wie vor der Angst vor Feinden, und ein ruhmvolles, angesehenes Leben. Das ›schöne Haus‹ ist Formel, ist Ausdruck der Situation, in der der königliche Mann im Alltagsleben steht, ist seine Umgebung und sein Lebensraum.

Zu den schönen Häusern und schönen Geschenken gehören auch die schönen Kleider. Oft sind schöne Kleider unter den Geschenken (XIX 242), und sie sind so wesentlich, daß Penelope Odysseus nicht erkennt, weil er schlechte Kleider anhat, daß die Bettler allgemein ›schlechtgekleidete‹ heißen (XVIII 41) und Odysseus als Bettler zum Lohn für die Wahrheit seiner Erzählung vom Leben des Odysseus schöne Kleider fordert (XIV 152; XVII 550), daß man ihm beim Bogenkampf um Penelope an deren Stelle schöne Kleider anbietet (XXI 339), daß Odysseus als Bettler die Freier nicht bedienen kann, weil er schlecht gekleidet ist (XV 331). Die Formel ›schöne Kleider‹ bezeichnet ein lichteres Leben, ein Leben, das den Sorgen ums tägliche Brot entrückt ist. Schöne Kleidung: das bedeutet nicht geschmackvolle Kleidung, die allen gefällt, sondern es heißt, einer von den Aristoi zu sein, den Göttern näher und darum mit größeren Möglichkeiten des Lebens begabt. Die schönen Dinge gehören zu einem schönen Leben, sie runden das Bild dieses nach menschlichem Ermessen vollendeten Lebens ab, in dem alles schön ist. Das schöne Leben inmitten der schönen Dinge, das ist *das geordnete, den Göttern nahe Leben;* schöner Becher, das heißt goldener Becher, wertvoller Becher, Becher für Menschen höchsten Wertes, in höchster Situation.

So nennt auch Telemach (XXI 117) den Bogen seines Vaters *schönes* Kampfgerät. Der Bogen ist die Waffe, an der sich die Einzigartigkeit seines Vaters beweist, mit der aus dem Bettler Odysseus der König Odysseus wird, darum muß er schön sein. So werden Waffen immer in einer gewissen Situation schön genannt. Wenn sie ergriffen werden als Siegverheißer, als Mittel, die lang ersehnte Rache zu nehmen, oder die Rettung, an der man schon verzweifelte, zu finden. Die Waffen sind schön: das heißt, der, der sie ergreift, ergreift sie freudig und vertrauend darauf, daß sie *ihm nützen werden.* Schön ist also keine in unserem modernen Sinne ästhetische Eigenschaft der Waffen, sondern bezeichnet die Haltung des gerade Handelnden zu den Waffen; die Eigenschaft, die die Waffen im Augenblick für ihn haben, wird als *objektiv* den Waffen beigelegt.

Schönheit bei Männern und Göttern. In der Odyssee (XIII 156) tritt Athene zu Odysseus, der *nach dem Sieg* über die Freier gewaschen wird, und gießt Schönheit über ihn aus, so daß er größer anzuschauen ist und kräftiger, und krause Haare gibt sie ihm, so daß er einer Hyazinthenblüte gleicht. Umgekehrt geht es in XIII 398 und 430ff um die Verwandlung des Odysseus in einen alten Bettler: Athene will ihm die Glieder krümmen und die schöne Haut schrumpfen lassen, die blonden Haare will sie zum Verschwinden bringen, ihn schlecht anziehen und ihm die Augen trüben, die vorher wunderschön waren, so daß er unwürdig, unansehnlich allen Freiern erscheint. XVIII 67 aber, bei den Vorbereitungen zum Bettlerkampf des Odysseus, werden *schöne und große Schenkel, seine breiten Schultern, die Brust und die starken Arme* sichtbar. Denn Athene stärkt ihm die Glieder, so daß die Freier staunen.

Äußere Dinge bezeichnen die Schönheit, also eine rein sinnliche Schönheitsauffassung scheint zu herrschen, aber diese äußeren Zeichen bekunden, daß dieser Mensch *vollendet* ist. Es ist das Idealbild des jungen, selbstbewußten Menschen, tatendurstig und nichts fürchtend, fähig, allen Gegnern zu widerstehen und sich alles zu verschaffen, was er will. Daher auch die Möglichkeit, einen Menschen durch göttlichen Einfluß jetzt schön und dann wieder häßlich zu machen: Es geht nicht um das von der Umwelt distanzierte schöne Individuum, das seine Schönheit in sinnlich-ästhetischen Fakten besitzt, sondern um eine Rolle, die der einzelne innerhalb der objektiven Situation trägt und die Schönheit verlangt als Vollendung eben dieser Rolle.

Schönheit bedeutet so bei den Menschen größere Fülle vitaler Existenz, größere Möglichkeit, sich und sein Streben zu verwirklichen. Diese Möglichkeit und Fülle haben die Götter durch ihr Sein als Götter, man braucht es bei ihnen nicht besonders hinzuzufügen. Und so hat denn auch jeder Gott seinen Beinamen – Wolkensammler, Erderschütterer, helläugig, fernhin treffend –, der besonders bezeichnet, in welcher Richtung der einzelne Gott *sein Wirken und Sein* besonders ausdehnt. Aber nicht nur die Götter selbst, auch ihre Geräte, wenn die Menschen mit ihnen in Berührung kommen, fallen durch ihre Göttlichkeit, ihre Schönheit auf. Die See, das Bett des Helios, ist wunderschön (III 1), ebenso das Bett der Kirke (X 347); und der Stab des Hermes, mit dem er die Augen der Menschen schließen kann, ist schön und golden (XXIV 2f). Und als Athene unsichtbar Odysseus und Telemach leuchtet, verbreitet sie wunderschönes Licht, so daß die Wände des Hauses schön leuchten und strahlen. Als aber Telemach verwundert nach dem Ursprung dieses schönen Leuchtens fragt, heißt ihn Odysseus schweigen: »es sei das die Art der Götter« (XIX 34). Das Schöne, wo es hervortritt, ist sofort als Göttliches zu erkennen, als Hineinwirken des göttlichen Seins in die Sphäre des Menschlichen.

›Schön‹ ist also nicht ästhetisch-unverbindlich, sondern gerade durch die Objektivität der epischen Situation aktiv mitgestaltend, und zwar als auf die Götter bezogener Teil der Situation, oft das Ziel dieser Situation. Schön ist alles, was für den Menschen in seinem Streben nach gottähnlichem, gesichertem Leben erstrebenswert ist, was Ausdruck eines solchen Lebens ist, was es erwirbt und sichert. ›Schön‹ ist keine Qualität, die einem Sein hinzugefügt ist, sondern die Stufe der Vollendung, und jedes ›Nicht-Schöne‹ ist mangelhaftes Sein.

Heraklit. Empedokles

Aus den wenigen in Betracht kommenden Fragmenten der Vorsokratiker scheint hervorzugehen, daß auch für sie der Begriff der Schönheit die sichtbare Vollendung und Harmonie einer Stufe des Seins bezeichnet. HERAKLIT gibt dem Auge den Vorzug vor dem Gehör, »Augen sind genauere Zeugen als die Ohren« (fr. 101a), für ihn scheint das Schöne vor allem im Gebiet des Anschaulichen zu liegen. Der Vorrang des Sehens und des Lichtes wird von EMPEDOKLES eindrucksvoll ausgesprochen: »Und wie wenn ein Mann, einen Ausgang im Sinne, sich dazu einen Leuchter rüstete durch die winterliche Nacht, des brennenden Feuers Glanz, wobei er entzündete vor allerlei Winden schirmende Laternen; sie zerteilen zwar der blasenden Winde Wehen, doch das Licht drang nach außen durch, weil es soviel dünner (feiner) war, und leuchtete zum Himmel mit unermatteten Strahlen: so barg sich damals (bei der Bildung des Auges) das urewige Feuer in Häute eingeschlossen und in dünne Gewänder hinter dem rundäugigen Mädchen (der Pupille); sie waren mit Kanälen gerade durchbohrt, göttlich-wunderbaren« (fr. 84).

Bei den Vorsokratikern findet man den Begriff der Harmonie als Ursprung alles Offensichtlich-Werdens bestimmt. »Das widereinander Strebende zusammengehend; aus dem auseinander Gehenden die *schönste* Fügung« (Heraklit, fr. 8). HERAKLITS Fragmente enthalten auch einen Hinweis auf die Kunst, die als Nachahmung gekennzeichnet wird, sofern nämlich ihr Vorgehen dem der Natur ähnlich sei: »Auch die Kunst bringt dies (den Einklang aus Entgegengesetztem), offenbar durch Nachahmung der Natur, zustande. Die Malerei mischt auf dem Bilde die Bestandteile der weißen und schwarzen, der gelben und roten Farbe und bewirkt dadurch Übereinstimmung mit dem Vorbild; die Musik mischt hohe und tiefe, lange und kurze Töne in verschiedenen Stimmen und bringt dadurch eine einheitliche Harmonie zustande; die Schreibkunst mischt Vokale und Konsonanten und stellt daraus die ganze Kunst zusammen« (Heraklit, fr. 10).

EMPEDOKLES und die Pythagoreer sprachen, wahrscheinlich als erste, dem Schönen auf der Grundlage einer metaphysischen Theorie ontologische Bedeutung zu. Für Empedokles ist Harmonie Einigung der Stoffe, das Vollkommene und Schöne: Die Bande der Harmonie, welche die einzelnen Stoffe miteinander verknüpfen, sind zugleich die Macht, welche die letzteren überhaupt erst *in Erscheinung* treten läßt. Die Harmonie (das Schöne) ist Bedingung der Gestalt, der Form, des Sichtbarwerdens (Empedokles, fr. 7–9, 15, 17, 20–23, 26, 35, 59, 77, 78, 98; vgl. auch Aristoteles, Metaph. I 984 b 32).

Die Pythagoreer. Der Kanon des Polyklet

Der Lehre von der Zahl und der Proportion, die im Kreise und unter dem Einfluß der Pythagoreer des ausgehenden 5. Jahrhunderts v. Chr. sich verbreitete, ist es zuzuschreiben, daß die Fragen um das Schöne und die Kunst mehr ins Blickfeld der Philosophie gerückt wurden. Die hier entstehenden Theorien waren jedoch – ebensowenig wie der Kanon des Polyklet – keine mathematische ›Kunstlehre‹ ästhetischer Art. Da für die Pythagoreer die Mathematik das Gesetz der Welt darstellt, so liegt in ihr auch das Gesetz des Schönen und der Werke der Schaffenden. Um das zu verstehen, müssen wir auf den ontologischen Sinn der pythagoreischen Zahlenlehre kurz eingehen.

Jede durch die Sinne vermittelte Erscheinung besitzt ein Werden, entweder als Veränderung oder als Bewegung im Raum; das Werden erscheint als ein Grundphänomen im Bereich des Seienden. Das Werden eines Körpers, einer Farbe, eines Tones oder wessen auch immer weist keine an sich seiende Ordnung auf; alles, was die Sinne vermitteln, entsteht und vergeht. Ob etwas als entstehend oder vergehend bestimmt wird, hängt von dem Maßstab ab, auf den man es bezieht. Das Warmwerden z. B. kann als eine Möglichkeit der Wärme oder Kälte betrachtet werden. Es kann vom Werden der Kälte oder der Wärme die Rede sein, wobei die Unterscheidung zwischen dem, was *ist,* und dem, was *wird,* schlechthin relativ ist.

Als die Griechen das Sein als Apeiron, als das Unbegrenzte bestimmten, sahen sie sich veranlaßt, die Grenze, die Gestalt, das Eidos als das anzuerkennen, was die Phänomene hindert, im Unbegrenzten zu zerfließen. Betrachtet man nun die Zahl als den Grenzen setzenden Faktor, so wird sie zum Ausdruck der schlechthin geltenden ontologischen Ordnung. In der Zahl, die *meßbare* Gestalt und Form bestimmt, offenbart sich der Kosmos als ein Ordnungszusammenhang. In der Zahl als dem ordnenden Element im Fließen der Phänomene liegt die Rettung vor dem Chaos. Den Zahlen kam eine sakrale und göttliche Würde zu, ihnen wurde ein Kult geweiht. Als später das Bewußtsein der ontologischen Zusammenhänge verlorenging, entartete die Zahlenlehre allerdings außerhalb Griechenlands, zumal im Orient, zu einer irrationalen Zahlenmagie.

PLATON nannte den Rhythmus »Ordnung der Bewegung« (Nomoi II 665 a). Die Zahl als Ausdruck der ordnenden Macht des Ursprünglichen ordnet Töne (Musik), Farben (Malerei), Proportionen (Plastik), menschliche Bewegungen (Tanz), verleiht diesen Künsten sakralen Rang und macht ihre Werke zu Gestalten, die den Menschen verpflichten. Sie sind nicht Schaustücke, nicht unverbindliche ›schöne Künste‹, sondern Körper, Farben, Töne, Bewegungen, in Zahl und Maß geordnet, sie sind Darstellungen dessen, was den Menschen *ewig* angeht.

Von einem Schüler des PYTHAGORAS stammt der berühmte Satz: »Alles gleicht der Zahl« (*ἀριθμῷ δέ τε πάντ' ἐπέοικεν*, Sextus Emp. Adv. Math. IV 2). Als ordnungstiftendes Zeichen ist die Zahl auf das *Gleichbleibende* gerichtet, das als das Objektive, Allgemeingültige und Ursprüngliche galt. Wenn es im ›Buch der Weisheit‹ heißt: »Gott hat alles durch Maß, Zahl und Gewicht geregelt«, so sind solche Sätze pythagoreischen Ursprungs. Die biblische Exegese hat erwiesen, daß das »Buch der Weisheit« im 2. Jahrhundert von einem alexandrinischen Juden verfaßt wurde, der in Verbindung stand mit der von Alexandria ausgehenden pythagoreischen Erneuerungsbewegung.

Nach der Begründung der Naturphilosophie durch ANAXAGORAS und DEMOKRIT entwickelte der Kreis um ARCHYTAS VON TARENT eine pythagoreische Wissenschaft, die an die Seite der Zahlenmystik trat. ARISTOTELES hat darauf hingewiesen (Met. 1090 a 20), daß die Pythagoreer die Zahlen auf das Wesen der Dinge bezogen, weil sie Zahlenbeziehungen in den Körpern antrafen; und er hebt hervor, daß die Zahlen nicht nur formale, sondern auch materielle Ursachen der Dinge seien (Met. 987 a 15): die Dinge sind sogar Mimesis der Zahlen (Met. 985 b 23).

Die Zahlenlehre handelt also hier von der Urordnung der Wirklichkeit, die Beziehung auf die Welt der Erscheinungen ist der Ursprung einer sakralen und ontologischen Proportions- und Symmetrielehre. Diese Art ›Mathematik‹ ist also nicht eine Wissenschaft mit praktisch-technischen oder ästhetischen Absichten, nicht – wie etwa für GALILEI – ein Mittel, um die Phänomene der Natur zu bewältigen, nicht – wie für den humanistischen Künstler – ein Hilfsinstrument für die Gestaltung des ästhetisch Schönen. Man würde das mythisch-sakrale Denken der Pythagoreer verfehlen, wollte man in ihren Lehren von der Harmonie, dem Schönen und der Proportion eine profane Darstellung ›möglicher‹ Ordnungen, menschlicher Deutungen der Wirklichkeit sehen.

Wie die Natur nach pythagoreischer Auffassung die Zahlen, die ordnenden Mächte nachahmt, so will der Künstler, der Zahlenregeln und Proportionslehren folgt, dem Werk Wert und Geltung verleihen, indem er das Sein, die Urgestalt darstellt. Von den Pythagoreern selbst sind uns keine Äußerungen über die bildende Kunst erhalten, aber eine spätere Quelle, SEXTUS EMPIRICUS, weist knapp auf das Gesetz der Symmetrie hin: »Keine Kunst besteht ohne Analogie, Analogie aber liegt in der Zahl begründet. Alle Kunst besteht also durch die Zahl« (Adv. Dogm. A 106).

Es ist die aus mythischer Zeit stammende Vorstellung, alles sei Zahl, welche zu der von Zahlen bestimmten Symmetrie der Pythagoreer geführt hat. Im 5. Jahrhundert v. Chr. bestand eine Abneigung gegen das durch Zahlen nicht Meßbare, gegen Asymmetrisches (vgl. Demokrit, fr. 102). Für die Pythagoreer waren die Zahlen 4, 6, 10, 12 vollkommen, weil sie leicht teilbar sind. Noch ARISTOTELES erklärt die Oktave für schön, weil ihre Verhältnisse in ganzen Zahlen auszudrücken sind (Probl. 920a 27). PLATON spricht im »Hippias« davon, daß zu allen Künsten die Wissenschaft des Zählens und Messens unablösbar gehöre, denn ohne diese wären sie nur »wertlose Fertigkeiten«. »In der Blütezeit der pythagoreischen Philosopie war das Schöne durchweg mit dem Einfachen und Geordneten gleichbedeutend, auch wo Geometrie oder gar Stereometrie es bestimmten. Dies können wir aus den Nachrichten über Idealzahlen, Idealflächen, Idealkörper schließen, denn etwas Vollkommenes muß ihnen auch als schön erschienen sein. Der Maßstab für die Vollkommenheit und damit Schönheit war die Regelmäßigkeit, oft auch die Beziehung auf einen Mittelpunkt, die Gleichförmigkeit nach vielen Seiten, die in Kreis und Kugel ihren Höhepunkt erreicht. In dieser Auffassung kam der pythagoreischen Symmetrie eine Ordnungsästhetik, wie sie sich aus der handwerklichen Maßüberlieferung ergab, in allgemeiner Weise entgegen«[14]. In diesem Zitat ist nur der Ausdruck ›Ordnungsästhetik‹ irreführend, weil sich mit ihm sofort neuzeitliche Vorstellungen verbinden, die, wie wir gesehen haben, den Sinn des pythagoreischen Denkens völlig verdecken.

Aus der Kenntnis pythagoreischer Lehren entstand nun auch POLYKLETS Theorie des »Kanon«, von der uns nur Hinweise durch PLUTARCH, PHILO und GALEN überliefert sind[15]. »Das Üben des Erkennens liegt in jeder Art Lebewesen bereit, aber in jedem einzelnen Bereich ist das Mittlere (*τὸ μέσον*) nicht Sache eines jeden beliebigen Menschen, sondern in höchstem Maße dessen, der sich müht und durch lange Erfahrung und viel Erkenntnis das Mittlere (die goldene Mitte) aller einzelnen Bereiche herausfinden kann. So malen und formen die Plastiker und Maler und Menschenbildner und Bildhauer das Schönste in jeder Gestalt, wie einen bestgestalteten Menschen oder Pferd, Stier, Löwen, indem sie das Mittlere in jeder Gattung im Auge haben. Und es wird doch auch ein Standbild *des Polyklet gelobt, das man Kanon nennt und das diesen Namen erhalten hat, weil es ganz genau die Symmetrie aller Glieder zueinander einhält«* (Polykleitos, fr. A 3).

Einen weiteren Hinweis finden wir bei PLUTARCH: »Die nun Fortschritte machen, denen schon, wie eines heiligen Hauses und des königlichen Lebens der goldene Grund gelegt ist (Pind. fr. 194 Schr.), lassen nichts ohne weiteres geschehen, sondern vom Logos her wie von einem Richtmaß führen sie alles heran und passen es an, in der Überzeugung, sehr gut sage *Polyklet,* daß am schwierigsten das Werk dann sei, wenn man mit der Tonbearbeitung bis auf Nageldicke gekommen ist« (Polykleitos, fr. B 1, wie A 3 aus Chrysipp).

Genaueres über Polyklets Kanon ist uns kaum bekannt. Der griechische Terminus ›Kanon‹ hat die Bedeutung von ›Norm‹, ›Prinzip‹; Proportionen (*ξυμμετρίαι, ἀναλογίαι, Symmetrien, Entsprechungen)*, die zu einem System erhoben werden, sind bereits ein ›Kanon‹. Die einzige Stelle, die einen gewissen Aufschluß gibt, stammt aus GALEN: »Denn Chrysipp hat dies klargelegt durch die etwas weiter oben niedergeschriebene Rede, in der er sagt, die Gesundheit des Körpers sei eine Symmetrie zwischen dem Warmen und Kalten, dem Trockenen und Feuchten, was offenbar doch die Elemente des Körpers sind. Die Schönheit aber, glaubte er, liege nicht in der Symmetrie der Elemente, sondern in der der Teile, *offenbar des Fingers zum Finger, ihrer aller zur Mittelhand und Handwurzel, dieser beiden zur Elle und der Elle zum Oberarm und aller zu allem, wie es in dem Kanon des Polyklet geschrieben ist.* Denn alle Symmetrien des Körpers uns in jener Schrift lehrend, bekräftigte Polyklet seine Theorie durch die Tat, da er ein Standbild schuf nach den Vorschriften seiner Theorie und dann auch dieses Standbild ebenso wie die Schrift Kanon nannte. Daß also die Schönheit des Körpers in der Symmetrie liege, entspricht den Ansichten aller Ärzte und Philosophen« (Polykl., fr. A 3).

Polyklet gründete also seinen Kanon nicht auf Maße, die dem menschlichen Körper fremd und Ausdruck seiner subjektiven Deutung wären. Aus einem weiteren Fragment des PHILO entnehmen wir aber, daß für Polyklet die Vollendung eines Werkes das Ergebnis von mathematischen Verhältnissen sei und wie schon eine geringe Abweichung davon die Harmonie zerstören würde. Offensichtlich hat diese Auffassung von einem ›Kanon‹ pythagoreische Voraussetzungen, beruht also auf arithmetischen Symmetrien, die den Dingen wesentlich sind. Es heißt bei Philo: »Dazu paßt der von Polyklet an den Bildhauer gemachte Anspruch, wenn man dazu etwas sagen will. Denn er sagte, *das Gelingen komme zustande durch viele Zahlenverhältnisse, wobei Kleinstes den Ausschlag gebe«* (Polykl. fr. B 2). Im »Doryphoros« soll Polyklet ein Beispiel seines

Kanon hinterlassen haben, eine Statue, die eine hohe Stufe der Nachahmung des Wesentlichen darstellt.

Auf Grund zweier Stellen von PLINIUS (N. H. 34, 55f; 34, 65) und aus XENOKRATES VON SIKYON (die Quelle, auf die Plinius wahrscheinlich zurückgegriffen hat) wurde nachgewiesen, daß Polyklet und andere griechische Bildhauer, die sich auf seinen Kanon stützten, ihre Werke auf gewisse *signa quadrata* aufbauten. Die Bedeutung dieser Aussage blieb unklar; lange Zeit wurde angenommen[16], der Ausdruck *quadratus* (τετϱάγωνος) beziehe sich auf die Kräftigkeit, Solidität, Mächtigkeit der von Polyklet geschaffenen Figuren, obwohl man diese Eigenschaften keineswegs allen seinen Werken zuschreiben konnte. Neuerdings ist nachgewiesen worden[17], daß ›quadratus‹ = τετϱάγωνος ein Meßsystem bedeutet, nach dem die Gestalt aufgebaut ist. »Das geometrische Schema, dem Polyklet die Gestalt unterwarf, bestand aus vier Quadraten, die mehr oder weniger regelmäßig eins auf das andere gestellt den vier Hauptteilen des Körpers (Schienbein, Oberschenkel, Brust und Kopf) entsprachen und zueinander verschieden artikuliert wurden« (Steffanini 93). Nicht zu unterschätzen ist dabei die Tatsache, daß die vierfache Wiederholung der ›quadratio‹ gleichzeitig die symbolische Darstellung der Gerechtigkeit, des vollendeten physischen und moralischen Gleichgewichts sein sollte. Diese Beziehung zum ethischen Bereich ist keine bloße Metapher, es ging um die Verwurzelung des Menschen in einer göttlichen Substanz, der Zahl, d. h. der in Zahlen meßbaren geometrischen Figur. Der polykletische Kanon war kein ›künstlerisch-ästhetischer‹ Maßstab, als welchen ihn viel später der Klassizismus verstand.

2 Interpretation zweier Stellen aus Xenophons »Symposion«

XENOPHON ist gewiß der Autor, der vor PLATON am eindeutigsten sich über die Theorie des Schönen und der Kunst geäußert hat.

Xenophon versteht das Schöne ebenfalls als sinnliche, anschauliche Gestalt. Als geübter Jäger ist er mit Gestalt und Lebensgewohnheiten der Tiere vertraut, und die frei lebenden Tiere nennt er schön, selbst tot seien sie schöner als gezähmte lebendige (Kyrup. I 4, 11). An dem von Lysander bewunderten Garten des Kyros hebt er die Schönheit der Bäume hervor, gradlinig und in gleichen Abständen seien sie gepflanzt, und dies alles – sagt Lysander – bewundere er um der Schönheit willen (Oik. 4, 21). Im »Symposion« werden die Begriffe ›Gestalt‹ (μορφή, morphē) und ›Erscheinung‹ (εἶδος, eidos) als gleichbedeutend mit Schönheit gebraucht (Symp. VIII 29, 36).

Bei Xenophon tritt nun – wie wir noch näher sehen werden – das eigentliche Problem der Kunst auf: In Memorabilia III 10,1f wird das Verfahren des Künstlers beim Formen eines schönen Bildes gekennzeichnet als ein Zusammenordnen des in der Natur verstreuten vereinzelten Schönen. Dieses Vorgehen wird ἀπομιμεῖσθαι (apomimeisthai) genannt, es vermag das Geistige nicht unmittelbar, sondern nur durch sein leibliches Spiegelbild – also Sichtbares durch Unsichtbares – darzustellen.

Das Problem

Zwei exemplarische Texte sollen nun erhellen, was die Termini ›schön‹, ›Kunst‹, ›Mimesis‹ (Nachahmung, Darstellung) und ›Ähnlichkeit‹ hier bedeuten, sie sollen die Probleme kennzeichnen, die das vorsokratische Denken bewegen, und ihre Interpretation vermag vielleicht andere Forscher zu weiteren Untersuchungen entsprechender Texte anzuregen.

Unser leitender Gesichtspunkt bleibt die Frage, ob das Schöne in der vorsokratischen Philosophie und Dichtung eine ästhetische Kategorie ist, die vor allem das Gebiet der Kunst und eine von uns ›ästhetisch‹ genannte menschliche Betätigung betrifft, oder ob dieser Terminus sich auf weitere tiefere Werte bezieht und das Subjektive, Individuelle, das nach unserer Vorstellung dem Ästhetischen stets anhaftet, hinter sich läßt.

Die Macht des Schönen

Wir wählen einen Text des Xenophon, der die Macht des Schönen, seine Faszinationsgewalt, in einer Weise betont, die uns eigentlich befremdlich erscheint, weil wir vom Schönen – als von einem Ästhetischen – jene unmittelbar zwingende, existenziell bestrickende Wirkung nicht mehr erfahren. Eine Macht ist es freilich auch für uns, aber keineswegs eine, die in unsere Existenz eingreift, wie das der folgende Text darstellt.

Es handelt sich um die berühmte Stelle in der Einleitung des »Symposion« (I 8ff), wo Xenophon die Wirkung der Schönheit des jungen Autolykos schildert. Die Situation ist folgende: An den Großen Panathenäen – dem alle vier Jahre gefeierten Hauptfest der Stadt, bei dem man der Göttin Athene in feierlichem Zuge zur Akropolis ein neues Gewand darbrachte (der Parthenon-Fries hat den Festzug verewigt) – treffen sich nach dem Pferderennen Kallias, der den jungen Autolykos bewundert und liebt, des letzteren Vater, ferner Nikeratos, Sokrates und andere. Kallias lädt sie alle zu sich ein. Und nun schildert Xenophon die Wirkung der Schönheit des jungen Autolykos auf die Gäste. Sie liegen um den Tisch, je zwei auf einem der Lager, die hufeisenförmig den Tisch umgeben; nur der halbwüchsige Autolykos sitzt neben seinem Vater, wie es die Sittsamkeit von Frauen oder Kindern, wenn sie überhaupt beim Gastmahl zugegen waren, verlangte.

[1] »Wer nun achtgab, was geschah, in dem konnte wohl der Gedanke aufsteigen, wie doch der Schönheit eine Art *natürli-*

ches Königtum zukommt, zumal wenn einer dazu noch Scheu und Sitte hat wie Autolykos damals. [2] (a) Denn gleich *wie ein Licht, das in der Nacht erglänzt,* (b) aller Augen *anzieht,* so leitete damals die Schönheit des Autolykos *alle Blicke auf ihn hin;* (c) auch war von den Schauenden keiner, dem nicht *in seiner Seele etwas widerfuhr durch ihn:* die einen wurden schweigsamer, andere gebärdeten sich irgendwie. [3] Nun ist für uns ja jeder, (a) der *von der Götter einem gebannt ist, ergreifend* anzuschauen; aber während (b) andere Götter die Ihrigen zu wilderen Blicken, schrecklichen Lauten, heftigerem Wesen hinreißen, bekommen die *von einer reinen Liebe Gottbegeisterten* freundlichere Augen, eine sanfte Stimme und freiere Bewegungen. Das erfuhr damals auch Kallias an sich durch seine Liebe, und so ergriff sein Anblick alle, die in die Weihen dieser Gottheit eingeführt waren. (c) *Schweigsam* waren sie nun also beim Mahl, als wäre es ihnen so *von einem Herrn* befohlen«[18].

Gliederung des Textes

Auf den ersten Blick scheint diese großartige Schilderung nichts Theoretisches über den Begriff des Schönen zu enthalten, denn sie wirkt schlechthin als vollkommene ›dichterische‹ Aussage. Formal betrachtet, läßt sie sich in drei Hauptabschnitte gliedern.

Der erste Abschnitt [1] enthält eine Grundbestimmung der Schönheit als eine Art natürlichen Königtums. Der zweite [2] bezeichnet eine Reihe von Eigenschaften der Schönheit unter Anwendung, wie es scheint, von Metaphern. Ihre Aufzählung ergibt die natürliche Unterteilung dieses zweiten Abschnitts: (a) Die Schönheit wird mit dem *Licht, das in der Nacht erglänzt,* verglichen; dasselbe Gleichnis ist bereits bei Heraklit aufzuweisen. (b) Die Schönheit hat die Eigenschaft, *die Augen, den Blick anzuziehen,* bzw. *zu lenken.* (c) Die *Schönheit wirkt auf die Seele,* die durch sie etwas erleidet, Pathos erfährt; die Schönheit übt eine pathetische Wirkung aus.

Der dritte Abschnitt [3] führt zu einer weiteren Bestimmung, die das Schöne mit einer *Gottheit* gleichsetzt; das Schöne ist bannend. Die Unterteilung ergibt: (a) die Bestimmung des Zustandes dessen, der einen schönen Menschen erblickt und dadurch wie von einem Gott gebannt wird: der daraus entstehende Zustand, das Leiden (πάϑος, Pathos), ist *Ergriffenheit;* (b) die Schönheit wird *wegen ihrer begeisternden Eigenschaft mit Eros schlechthin identifiziert.* Dieser bewirkt nichts Schreckliches, sondern verhilft zu einer sanften Stimme und zu freierer Bewegung. (c) Endlich wird zusammenfassend die Schönheit als eine *Macht* bestimmt, vor der nur Schweigen möglich ist.

Die Gliederung erlaubt es, den Abschnitt näher zu kennzeichnen. Offensichtlich geht es um eine Phänomenologie, um eine *Darlegung der Art und Weise, wie Schönheit wirkt,* bzw. wie und wohin sie denjenigen, der sie erblickt, führt: Schönheit als führende Macht.

Schönheit als das Herrschende und Richtunggebende

Im ersten Abschnitt wird, wie wir sahen, die Schönheit als natürliches Königtum bestimmt. Damit ist ihr herrschendes Element hervorgehoben, wobei zu vergegenwärtigen ist, daß das Herrschende als das *erste* in der Reihe der Phänomene gilt. Dabei ist wesentlich die innere Beziehung zwischen Prinzip (lat. *principium*) und dem Herrschenden (lat. *princeps*), welches zugleich das Leitende, das Führende ist, das *in sich Richtung aufweist* und deswegen Richtung anzugeben vermag. Ich betone diesen Aspekt des *principium* als *princeps,* denn der Rationalismus hat das Wirkende darin verdeckt, wodurch es meist nur als Anfang einer Reihe verstanden wird. Das Wesen des eigentlichen Prinzips – also hier der Schönheit – geht aus seinem konkret *wirkenden, führenden und leitenden* Charakter hervor. Es kann nicht erfaßt werden, wenn man es zum *Gegenstand* einer Erörterung macht, statt den Sinn seines *Wirkens* tiefer zu verstehen. Dieser wesentliche Zug der Schönheit, ihre wirkende Macht, wird von Xenophon im ganzen Abschnitt konsequent durchgehalten: die verschiedenen aufgezählten Bestimmungsmomente entspringen aus der Erfahrung, also aus der Wirkung der Schönheit.

Durch ihre *Führung* vermag der Mensch einen Weg, eine Richtung zu finden; zugleich wird er aus der Gleichgültigkeit, aus der Apathie herausgerissen. Das bedeutet zugleich ein Prinzip erkennen, ihm Folge leisten, also sich ihm ausliefern, das heißt einer Methode folgen, einen Weg einschlagen, der – wie es im Text heißt – ›natürlich‹ ist, also objektiv. Wir selbst wollen mit unserer Deutung diesem Weg folgen und am Text, der sich selbst als ›schön‹ offenbart, erfahren, was durch ihn sich uns zeigt.

Der transzendentale Charakter des Schönen

Der zweite Abschnitt bestimmt das Schöne durch eine Metapher – das Licht – und verweist auf den anziehenden, Aufmerksamkeit erregenden, pathetischen Charakter des Schönen: »Denn gleich wie ein Licht, das in der Nacht erglänzt, aller Augen anzieht, so leitete damals die Schönheit des Autolykos alle Blicke auf ihn hin, auch war von den Schauenden keiner, dem nicht in seiner Seele etwas widerfuhr durch ihn.«

Die Schönheit als das Licht, welches in der Nacht erglänzt: das ist eine bedeutungsvolle Metapher, die in der Antike vielfach wiederkehrt. Handelt es sich aber tatsächlich um eine Metapher? Wird nicht vielleicht schon durch diese Bezeichnung ein wichtiges Phänomen verdeckt oder mißdeutet? Schönheit als Licht ist Erleuchtung, die das Sehen ermöglicht, also das Unterscheiden dessen, was sich in Formen, Gestalten und Umrissen zeigt. Seit den ersten Anfängen des abendländischen Denkens wird daher das Phänomen des Schönen mit dem der Gestalt, der Form (εἶδος) innigst verbunden. Bewirkt das Schöne nun das Sehen, so kommt ihm ein transzendentaler, das heißt Erfahrung ermöglichender Charakter zu, ermöglicht das Sehen doch das Erfahren. Das Erfahrungermöglichende kann selbst nicht der Erfahrung des Sehens unterliegen, vielmehr verursacht es jenen Vorgang, durch den eine Mannigfaltigkeit in Erscheinung tritt. Daher identifiziert die Antike immer wieder das Schöne mit dem Strahlenden, Sonnenhaften, das selbst nicht angeschaut werden kann – denn es blendet –, sondern sich nur offenbart, indem durch seine Leuchtkraft die Dinge, die Mannigfaltigkeit der Gestalten uns sichtbar werden. Auch Xenophon faßt die Schönheit auf als ein Prinzip, als ein Herrschendes, und nicht als einen Gegenstand: aus ihrer Wirkung heraus will er sie betrachten und darstellen.

Ebenso wichtig ist der zweite Wesenszug der Schönheit: ihre anziehende Macht, das heißt ihre Kraft, Blicke zu lenken und Ursache der Aufmerksamkeit zu werden. Beides ist sachlich eng verknüpft, denn was uns anzieht, versetzt uns in eine *Spannung,* durch die wir nach etwas drängen: in der Spannung wurzelt unsere *Auf-merksamkeit.* Der anziehenden und die Blicke lenkenden Macht der Schönheit verbindet sich auch das *pathetische Element,* auf das Xenophon nachdrücklich hinweist: »Auch war von den Schauenden keiner, dem nicht *in seiner Seele etwas widerfuhr.*« Offensichtlich reißt uns die Schönheit aus der Gleichgültigkeit, aus der Indifferenz heraus.

Ist also nun die Bestimmung der Schönheit als ›Licht‹ nur eine Metapher? Wir neigen zu dieser Auffassung, weil wir im alltäglichen Leben berechtigterweise in der Vorstellung verharren, daß die Dinge sind, unabhängig davon, ob sie beleuchtet und dadurch sichtbar werden oder nicht. Das Licht aber, von dem Xenophon spricht, hat eine viel ursprünglichere und eine metaphysische Bedeutung. Auf jeder Stufe des Lebens treten Dinge auf Grund der biologischen Spannung, innerhalb derer die einzelnen Lebewesen existieren, in Erscheinung. Jedes Tier gewahrt dasjenige Ding oder diejenigen Formen und Gestalten, die durch die ihm eigenste *Lebensspannung* eine Bedeutung erhalten. Auch die Sinne, sofern sie Phänomene erschließen, sind Organe, Werkzeuge, die diese Lebensspannung anzeigen. Das Lebendige variiert entsprechend den verschiedenen Stufen der jeweiligen Lebensspannung: aber selbst auf gleichen Lebensstufen treten die Bedeutungen, die Gestalten

– ›Nahrungs- und Paarungsgegenstände‹ – auf Grund des ›biologischen Triebrhythmus‹ auf und verschwinden wieder.

Die Schönheit – welche anziehend, blicklenkend, Aufmerksamkeit erregend und dadurch Leidenschaften beschwörend wirkt – ist daher tatsächlich Licht, welches Sehen ermöglicht. Xenophon versteht sie wörtlich als die Lenkkraft, die aus der Gleichgültigkeit und der Undifferenziertheit (der Nacht) führt. Damit fällt die konventionelle Auffassung, Schönheit sei etwas Beiläufiges, das dem Seienden nur als gelegentliches Attribut zukommen kann, *denn sie erweist sich mit dem Erscheinen des Seienden, mit dem Sich-Zeigen,* als innigst verbunden. Diese Bestimmungen stellen das Phänomen des Schönen auf eine neue, ungewohnte Ebene: die ontologische.

Der erotische Charakter des Schönen

Die abschließende Bestimmung, die Xenophon der Schönheit zuspricht, identifiziert ihr Walten mit dem eines *bannenden* Gottes. Abermals eine Metapher? Was ist mit dem Gottesbegriff hier gemeint? Offensichtlich das, was als Herrschendes das Erste im Sinne des Führenden und des im Führen sich Bekundenden ist. Das Ursprüngliche kann als solches nicht durch etwas anderes gezeigt werden (der Vorgang des Beweisens wäre *ἀπόδειξις*; *ἀποδείκνυμι* heißt: etwas auf Grund von etwas, also von etwas her, zeigen), es zeigt sich schlechthin durch sich selbst. Zwar wird der Ausdruck ›Offensichtlichkeit‹, Evidenz, wohl auch auf Gegenstände bezogen; alles Prinzipienhafte, Ursprüngliche jedoch kann *nicht diese Art von Evidenz aufweisen.* Die Evidenz des Ursprünglichen führt mit sich eine eigenartige Gewalt, von der wir uns nicht lösen können, das heißt, *die sich uns aufdrängt;* wie Xenophon sagt: *die uns bannt.* Aristoteles spricht im selben Sinne den Prinzipien ›elenchischen‹ Charakter zu; das heißt, sie können nicht auf Grund von etwas anderem bewiesen werden, sondern *nur durch sich selbst, und zwar so, daß sie ihre Macht über uns zeigen:* Wie wir uns auch verhalten mögen, wir können uns ihnen nicht entziehen, denn jedes Verhalten setzt sie voraus; ἐλέγχειν heißt ursprünglich ›am Pranger angebunden sein‹, das heißt ausgesetzt sein.

Das Bannende, das, was sich zeigt, indem es uns nötigt (und daher in sich Not-Wendigkeit hat), waltet also in unserer Ergriffenheit (»nun ist für uns ja jeder, der von der Götter einem gebannt ist, ergreifend anzuschauen«). Diese Ergriffenheit führt daher sachgemäß zu einem weiteren Bestimmungsmoment: *zum erotischen Charakter der Schönheit,* denn was ist Eros anderes als ein Drang, zu unterliegen.

Das Schöne ist nicht subjektive Schöpfung eines Individuums, sondern ontologische Realität

Die Deutung des Xenophontischen Textes führt uns zu einem ersten Ergebnis: der Schönheit, von der hier gesprochen wird, kommt eine ontologische Bedeutung zu. Schönheit gehört in den Bereich des Sich-Zeigens, des Seins, des Ursprünglichen, des Göttlichen. Diese besondere Macht des Schönen, die die Antike, von jeder Form des Ästhetizismus weit entfernt, entdeckte, bildet den Kern unserer Frage.

Die Pantomime von Ariadne und Dionysos

Von der erotischen Ausstrahlung des Schönen, wie sie bei den Griechen zu Wort kommt, ist in besonderem Maße ein Text geprägt, der hier angeführt sei und den wir weiter nicht zu interpretieren haben. Es handelt sich um eine Schilderung am Schluß des Xenophontischen Symposion (IX 2ff).

Sokrates hat seine Lobrede auf den Eros – durch die er den Unterschied zwischen Sinnenlust und Seelenfreundschaft verdeutlicht hat – beendet; bevor sich die Gesellschaft auflöst, als Abschluß des Symposion, wird eine kurze Pantomime von Ariadne und Dionysos aufgeführt, die die sinnlich-erotische Macht des Schönen meisterhaft darstellt.

»Darauf wurde im Saal zuerst ein Sessel hingestellt; dann kam der Syrakuser wieder herein und sagte: Ihr Männer, Ariadne kommt jetzt herein in ihre und des Dionysos Brautkammer. Darauf kommt Dionysos – er hat bei den Göttern schon etwas getrunken – und besucht sie, und beide spielen dann miteinander. – Nun trat zuerst Ariadne auf im Brautschmuck und setzte sich auf den Sessel; und bevor Dionysos noch erschien, stimmte die Flöte den bakchischen Rhythmus an. Da waren alle begeistert von der Erfindung des Spieles: denn sobald Ariadne die Töne hörte, bewegte sie sich so, daß jeder merken konnte, mit welcher Lust sie zuhörte. Sie ging ihm nicht entgegen und stand nicht einmal auf, doch hielt sie deutlich nur mit Mühe an sich. Als dann Dionysos sie erblickte, tanzte er in der äußersten Verzückung auf sie zu, setzte sich auf ihre Knie und umfing und küßte sie. Sie schien voll Scham, doch erwiderte sie zärtlich die Umarmung. Bei diesem Anblick klatschten die Männer und riefen wieder durcheinander. Dionysos aber stand auf und zog Ariadne mit sich empor, und nun bot sich ihnen allen ein Schauspiel von Küssen und Liebkosungen, daß sie wie entrückt hinschauten: so schön war der Dionysos, so blühend die Ariadne, und sie küßten sich nicht nur zum Schein, sondern wirklich auf die Lippen, und man hörte Dionysos fragen, ob sie ihn liebe, und hörte ihre Beteuerungen, die so waren, daß alle Anwesenden und nicht nur der Dionysos mitgeschworen hätten, wahrlich, der Knabe und das Mädchen liebten einander. Es war, als ob ihnen nicht Gebärden eingelernt worden wären, sondern als hätte man ihnen erlaubt zu tun, wonach sie sich schon lange sehnten. Als schließlich die Gäste das Paar umschlungen und wie hin zum Brautbett miteinander hinausgehen sahen, da schwuren die bisher noch Ehelosen, sie würden heiraten, und die Verheirateten bestiegen ihre Pferde, um zu ihren Frauen heimzureiten und das Glück auch zu genießen. Aber Sokrates und die andern, die noch da waren, gingen hinaus, wo Lykon und sein Sohn mit Kallias spazierengingen, und schlossen sich ihnen an. Das war das Ende jenes Gastmahls.«

Die Macht des Schönen als Grund der historischen menschlichen Gemeinschaft

Die Interpretation des Schönen in seinem herrschenden Charakter hatte den Begriff als einen ontologischen und existenziellen bestimmt. Schönheit ist hier in keiner Weise Produkt eines subjektiven Schöpfungswillens, sondern Auswirkung einer transzendentalen, also Erfahrung ermöglichenden Macht des Ursprünglichen. Daher gibt es auch keine Scheidung zwischen Schönheit und Existenz: letztere wird von der ersteren bestimmt, sie muß sich von der Macht der Schönheit führen lassen und sich ihr fügen.

Ist aber eine These von so schwerwiegender Bedeutung durch die Interpretation einer einzigen Xenophon-Stelle ausreichend begründet, ruht sie nicht auf zu schmaler Basis? Um die ganze metaphysische Tragweite dieser Theorie vom Schönen weiter zu begründen – was um so dringlicher ist, als man gerade dem Xenophon allgemein eine wirklich philosophische Bedeutung kaum beimißt –, soll eine weitere Stelle des Symposion genau erörtert werden. Xenophon behauptet da überraschenderweise, das Schöne und seine Macht – das Erotische – seien der einzige Grund der sozialen, ja sogar der politischen und damit historischen menschlichen Gemeinschaft.

Der Text

Unter den vielen Rednern des Gastmahls kommt Kritobulos auf die eigene Schönheit zu sprechen. Gleichaltrig mit Kleinias, einem Vetter des Alkibiades, ist er dessen glühender Bewunderer. Wie nun im Verlauf des Gespräches jeder sich über seine besonderen Eigenschaften und Fähigkeiten äußert, da lobt Kritobulos die eigene Schönheit und begründet, warum sie ihm so viel bedeutet. Diese Rede steht in auffallender Parallele zur Phaidros-Rede in PLATONS »Symposion«[19], in der Eros als der Urheber der größten Güter gepriesen wird. Durch die Macht der Schönheit – so heißt es im platonischen Text –

vermag er u. a. junge Menschen zu Hingabe und Opferbereitschaft zu führen: »Könnte man also irgend bewirken, daß ein Staat oder ein Heer aus Liebhabern und Geliebten bestände, so wäre es ja unmöglich, beides besser zu verwalten, indem alle sich alles Schändlichen enthalten und sich gegenseitig umeinander beeifern. Und miteinander fechtend würden auch nur wenige solcher, um es geradeheraus zu sagen, alle Menschen besiegen ... ja gar füreinander sterben mögen Liebende allein, und nicht Männer nur, sondern sogar Frauen« (178e). Auch Xenophon hebt diesen Aspekt der Schönheit hervor, und es gilt nun, die zunächst paradox erscheinende platonische These an Hand des Xenophontischen Textes zu interpretieren (IV 10ff).

[1] »Nun begann Kritobulos: So wäre es also an mir, zu sagen, *wieso ich auf meine Schönheit so stolz bin*. – Sprich, sagten sie. – Wenn ich freilich nicht schön bin, wie ich mir einbilde, so könntet ihr füglich wegen Betrugs vor Gericht kommen; denn ohne daß euch jemand einen Eid abforderte, schwört ihr immerzu, ich sei schön. [2] So glaub ich's denn, weil ich euch als rechtschaffene Männer ansehe. Bin ich aber wirklich schön, und empfindet ihr für mich dasselbe, wie ich für den, der mir schön vorkommt, so schwör ich bei allen Göttern, (a) *daß ich nicht für das ganze persische Königreich meine Schönheit eintauschen wollte.* (b) Denn jetzt schaue ich den Kleinias lieber an als alle sonstige Schönheit der Welt, und gerne *wollte ich für alles andere blind sein, wenn ich's nur für den einen Kleinias nicht bin;* ich hasse die Nacht und den Schlaf, weil ich da ihn nicht sehe, aber dem Tag und der Sonne weiß ich den größten Dank, weil sie mir den Kleinias wieder zeigen. (c) Dann dürfen wir Schönen uns auch darauf etwas zugute tun, daß der Starke sich durch *Arbeit* sein Gut erwirbt, der Tapfere durch *Gefahr,* der Kluge durch *Rede;* wer aber *schön* ist, kann, ohne einen Finger zu rühren, alles erreichen. [3] Ich wenigstens, so gut ich weiß, wie gern man Geld besitzt, (a) ich würde lieber, was ich habe, dem Kleinias *schenken,* als von einem anderen etwas geschenkt bekommen, (b) und lieber wäre ich *Knecht* als frei, wenn Kleinias mein Herr sein wollte. (c) *Ar-*

beit für ihn wäre mir leichter als Erholung, (d) und *Gefahr* um seinetwillen willkommener als ein gefahrloses Leben. Wenn du also, Kallias, stolz bist auf deine Kunst, die Menschen gerechter zu machen, so habe ich noch mehr Grund: *zu jeder Tugend kann ich sie führen. Indem wir Schönen nämlich die Liebenden begeistern, werden sie freigebiger mit dem Geld, strengen sich lieber an, halten sich rühmlicher in der Gefahr und werden vor allem züchtiger und keuscher,* wenn sie doch sogar dessen sich schämen, was sie so sehnlich begehren. Völlig verblendet ist es auch, *daß man nicht die Schönen zu Feldherren wählt;* ich für mein Teil würde mit Kleinias sogar durchs Feuer gehen, und ihr mit mir gewiß auch. Zweifle also nicht mehr, Sokrates, *ob meine Schönheit den Menschen etwas nützen kann.* [4] *Auch ist das kein Grund, die Schönheit zu verachten, daß sie so rasch verblüht.* Denn wie das Kind seine Schönheit hat, so der Jüngling, der Mann und der Greis. Denkt nur daran, daß sie zum Tragen der Laubzweige für Athene die schönen Greise aussuchen, weil offenbar die Schönheit durch alle Altersstufen mit einem geht. [5] Und wenn es süß ist, *seinen Wunsch freiwillig erfüllt zu bekommen,* so weiß ich wohl, daß ich jetzt z. B. rascher, und ohne ein Wort zu sagen, den Jungen hier und das Mädchen dazu brächte, mich zu küssen, als du, Sokrates, mit noch so vielen klugen Reden ... – [6] Wirst du denn nie aufhören, des Kleinias zu gedenken? – Und wenn ich seinen Namen nicht nenne, fragte Kritobulos, glaubst du, daß ich darum weniger seiner gedenke? (a) Weißt du nicht, daß ich ein so deutliches Bild von ihm in der Seele trage, daß, (b) wenn ich ein Maler oder ein Bildhauer wäre, ich geradesogut auf dies Bild wie auf ihn selber schauen könnte, um die Ähnlichkeit zu treffen. – (c) Wenn dem so ist, erwiderte Sokrates, warum dann in aller Welt plagst du mich immer und schleppst mich hin, wo du ihn, immer nur ihn, sehen kannst? – Weil, Sokrates, sein eigener Anblick froh macht, während der seines Bildes keine Lust bringt und nur Sehnsucht weckt« (S. 28ff).

Gliederung des Textes

Thema des Textes ist offensichtlich die Macht des Schönen, allerdings nun in Hinblick auf die verschiedenen Fähigkeiten (ἀρεταί, Tugenden des Menschen), die es hervorzubringen vermag. Einige Motive, die uns schon aus den vorausgegangenen Untersuchungen bekannt sind, tauchen hier wieder auf.

Der Text kann in sechs Hauptteile gegliedert werden.

Der erste Abschnitt [1] stellt das allgemeine Thema auf: der Stolz auf die eigene Schönheit, den die Lobrede auf die Schönheit des Kleinias begründen wird.

Dann folgen [2] die einzelnen Argumente: (a) Kritobulos würde die eigene Schönheit gegen nichts eintauschen: sie ist ihm etwas Primäres, Entscheidendes, Bestimmendes; (b) die Schönheit gilt ihm als das Wertvollste, weil sie ihm den Blick für den Gegenstand seines Eros eröffnet (»gerne wollte ich für alles andere blind sein, wenn ich es nur für den Kleinias nicht bin«). Wieder taucht hier die enge Beziehung zwischen Schönheit und Eros auf: die Schönheit des Kleinias wird Objekt seines Sehnens, sie eröffnet ihm den Blick, wobei die schon erwähnte Parallelität von Schönheit, Licht und Tag beibehalten wird (»Ich hasse die Nacht und den Schlaf, weil ich da ihn nicht sehe, aber dem Tag und der Sonne weiß ich den größten Dank, weil sie mir den Kleinias wieder zeigen«). (c) Die Schönheit wirkt von sich aus: ohne Mühe, ohne Arbeit erweckt sie die guten Fähigkeiten des Menschen.

Unmittelbare Wirkung der Schönheit

Stärke, Tapferkeit, Klugheit sind menschliche Fähigkeiten: sie sind mit Mühe zu erwerben, sie erfordern Arbeit, Anstrengung oder kluge Rede, man kann – wie ARISTOTELES später sagen wird – zu ihnen gelangen, indem man durch Wiederholung bestimmter Handlungen schließlich die entsprechende Haltung erreicht. Die menschliche Welt ist also nicht von Anfang an vorhanden, sie entsteht durch einen bestimmten Prozeß, durch das, was wir Geschichte nennen.

Unter den vielfältigen Eigenschaften des Menschen nimmt nun die Schönheit einen einzigartigen Platz ein: sie vermag ihr Ziel ohne Mühe, unmittelbar zu erreichen: sie liegt gewissermaßen sämtlichen Bemühungen zugrunde und rechtfertigt sie zugleich. Schönheit und Eros treten hier erstmalig als die einzige Grundlage des menschlichen Geschehens auf.

Auch PLATON weist – im »Phaidros« – auf diesen geheimnisvollen Charakter der Schönheit, auf die Unmittelbarkeit ihres Wirkens, hin. Beim Ritt über die Grenze der Welt erblicken die Seelen die ewigen, ungeschichtlichen Werte; unter ihnen ist es die Schönheit – nicht die Wahrheit –, die, wenn sie erblickt wird, den Stachel, den Drang – Eros – nach der überirdischen Welt hinterläßt; der Mensch wird erst durch den Eros zum Aufbau seiner Welt getrieben. »Denn das Gesicht ist der schärfste aller körperlichen Sinne, vermittels dessen *die Weisheit zwar nicht geschaut wird* – denn sehr heftige Liebe würde sie wohl erregen, wenn uns von ihr ein so helles Ebenbild dargeboten würde für das Gesicht – noch auch das andere Liebe Erweckende; sondern *nur der Schönheit* ist dies zuteil geworden, daß sie uns das Hervorleuchtendste ist und das Liebreizendste ... Und aus dieser Unruhe gerät die Seele in geistige Verwirrung, und bei diesem Wahnsinn kann sie weder des Nachts schlafen noch bei Tage irgendwo ausdauern, sondern sehnsüchtig eilt sie immer dahin, wo sie den, der die Schönheit besitzt, zu erblicken hofft«[20].

Die Schönheit und ihre Macht – Eros – als Quelle der Fähigkeiten des Menschen

Der Schönheit kommt also eine primäre Rolle zu, sofern das Dranghafte die Wurzel des Aufbaus unserer Welt bildet. Dieser Gedanke, der gewissermaßen implizite im letzten Abschnitt des zweiten Teils der Kritobulos-Rede enthalten ist, wird nun im dritten [3] ausführlich entwickelt und verlangt eine nähere Untersuchung. Der Abschnitt enthält die Aufzählung der Fähigkeiten, welche durch die Schönheit beschworen werden. (a) Die Tugenden, die der erotischen Wirkung folgen, sind: die *Freigebigkeit* (»ich würde lieber, was ich habe, dem Kleinias schenken, als von einem anderen etwas geschenkt bekommen«), (b) die Bereitschaft zur *Unterwerfung* (»lieber wäre ich Knecht als frei«), (c) die *Liebe zur Arbeit* (»Arbeit für ihn wäre mir leichter als Erholung«), (d) der *Mut* (»Gefahr um seinetwillen wäre mir willkommener als ein gefahrloses Leben«). Bemerkenswert ist, daß im Text die Wirkung der Schönheit, also des Eros, in jeweils verschiedenen Formen aktualisiert, das heißt beispielhaft dargestellt ist, und zwar stets in bezug auf Kleinias. Erst danach wird dasselbe Thema in abstrakter Weise erörtert: »Ich (der Schöne) kann zu jeder Tugend (Fähigkeit) führen: ... die Liebenden werden freigebiger mit dem Geld, strengen sich lieber an, halten sich rühmlich in der Gefahr ...«

Von hier aus klärt sich auch der tiefere Sinn der Lobrede des Phaidros auf den Eros in PLATONS »Symposion«. Eros wird dort als Ursprung sämtlicher menschlicher Fähigkeiten gepriesen, ja sogar als das einzige wahre Fundament eines Heeres, des Staates, was doch für uns – gelinde gesagt – befremdend klingt. Platon schöpft aus denselben Gedankengängen, die bei Xenophon aufzuweisen sind, der den Kritobulos die fast paradox anmutende Forderung erheben läßt, nur die Schönen zu Feldherren zu wählen. Also auch hier die metaphysische, ontologische Bedeutung des Schönen in seiner erotischen Auswirkung.

Kunst und Künstler

Der vierte Abschnitt betont, daß die Vorzüge der Schönheit nicht nur der vergänglichen Jugendschönheit zukommen, sondern alle Altersstufen begleiten; ein Beweis dafür, daß die erotischen Wirkungen der Schönheit *sich nicht allein auf die sinn-*

liche Ebene beziehen. »Denn wie das Kind seine Schönheit hat, so der Jüngling, der Mann und der Greis.«

Der fünfte Abschnitt hebt noch einmal die Unmittelbarkeit der Schönheitswirkung hervor: jeder Wunsch des Schönen wird freiwillig erfüllt, seine Wirkung ist ›natürlich‹.

Der sechste und letzte Abschnitt enthält den ersten für uns wichtigen Hinweis auf die Kunst und auf Kunstwerke. Die Schönheit bewirkt Eros und öffnet den Blick, die Sicht: daher trägt der Liebende *in sich* das Bild (εἶδος) des Geliebten (»Weißt du nicht, daß ich ein so deutliches Bild von ihm in der Seele trage?«). Dieses *In-sich-Tragen eines Bildes* hat eine doppelte Bedeutung: einerseits ist jenes Drängen, das sinnliche wie das geistige, das Erleben einer Unruhe, die geklärt werden muß, denn sie hat in sich die ursprüngliche Anregung, zu der wir bestimmt sind. Das In-sich-Tragen eines Bildes ist aber zugleich ein Bestimmungsmoment des Künstlers, der durch den Vergleich zwischen diesem inneren Bild und der äußeren Gestalt in den eigenen Werken die Ähnlichkeit zu treffen hat: »Wenn ich ein Maler oder ein Bildhauer wäre, könnte ich geradesogut auf dies Bild wie auf ihn selber schauen, um die Ähnlichkeit zu treffen.« Als Ziel der Kunst wird die *Ähnlichkeit* bestimmt, als Gegenstand der Kunst kann ein innerliches (was von entschiedener Wichtigkeit für die spätere Bestimmung der Kunst sein wird) oder ein äußerliches Bild genannt werden. Dabei bleibt jedoch eines wichtig: das äußere wie das innere Bild wird erst sichtbar durch den Eros, den die Schönheit weckt.

Dieser Aussage folgt nun eine wesentliche Einschränkung hinsichtlich der Macht und Beschaffenheit des Kunstwerkes: als Ab-Bild ist es bedeutend schwächer, unrealer als das Original, das einen froh stimmt und Lust hervorbringt, während das Abbild nur Sehnsucht erweckt. Demnach wird Kunst hier als blasse Wirklichkeit verstanden, der bereits jenes Schattenhafte, Unwirkliche eigen ist, auf das dann PLATON näher eingehen wird. Auf die Frage des Sokrates, warum Kritobulos immer zu Kleinias gehen und ihn nie verlassen wolle, obwohl er doch erklärt habe, daß er durch den Eros ein inneres Bild seiner Gestalt in sich trage, lautet die Antwort: »Weil, Sokrates, sein eigener Anblick froh macht, während der seines Bildes keine Lust bringt und nur Sehnsucht weckt.«

Platon wird viel eingehender und tiefer als Xenophon das Verhältnis zwischen Schönheit, Eros, innerem und äußerem Bild durchdenken. Er wird auch zeigen, wie der Eros, *sofern er blickeröffnend ist, eigentlich das primär Bildhafte in sich aufweist,* so daß das äußerliche Bild nur ein Schatten des inneren – das heißt der inneren ursprünglichen Realität – ist.

Die umfassende ontologische Bedeutung des Schönen

Durch diese zweite Interpretation wird deutlicher, wie das Problem des Schönen zunächst bei Xenophon eine ontologische Bedeutung erhält. In diesem Zusammenhang sei hier noch eine Stelle angeführt, aus der die Angst vor der sinnlichen Wirkung des Schönen – in seinem existenziellen Sinne – zutage tritt. In den »Memorabilien« (I 3,12) heißt es: »Weißt du nicht, fiel ihm Sokrates ins Wort, daß die Spinnen, die nicht einen halben Obolus groß sind, lediglich durch Berührung des Mundes die Menschen durch Schmerzen quälen und ihnen den Verstand rauben? – Ja, bei Gott, meinte Xenophon, die Spinnen spritzen bei einem Biß etwas ein. – Du Tor, entgegnete Sokrates, glaubst du nicht, daß auch die Schönen beim Kuß etwas einspritzen, was du nicht siehst? Weißt du nicht, daß dies Tier, das man einen schönen blühenden Jungen nennt, soviel furchtbarer ist als die Spinnen? Denn jene berühren nur, dieses Tier aber braucht nicht zu berühren, sondern wenn jemand es nur ansieht, dann spritzt es etwas ein, und zwar ganz aus der Ferne, so daß es zum Rasen bringt. Vielleicht nennt man ja auch die Eroten deswegen Bogenschützen, weil die Schönen auch aus der Ferne verwunden. Also ich rate dir, lieber Xenophon, fliehe eiligst, wenn du einen schönen Jungen siehst. Dir aber, mein Kritobulos, rate ich, ein Jahr lang zu verreisen, du kannst nämlich kaum in kürzerer Zeit von dem Biß gesund werden. – Er glaubte nämlich, daß Menschen, die in der Liebe ihrer selbst nicht sicher seien, das lieben müssen, wozu ihre Seele sich nicht hingezogen fühlte, wenn es der Körper nicht dringend verlange; wenn er es aber nötig habe, dann keine Schwierigkeiten mache. Er selbst war aber offenbar in dieser Beziehung so gewappnet, daß er sich leicht des schönsten und blühendsten Knaben enthielt, so wie die anderen der häßlichsten und unreifsten«[21].

Diesen Stellen ist etwas Entscheidendes zu entnehmen. Was auch Xenophon unter dem Begriff des Schönen verstehen mag – es ist noch nicht restlos geklärt –, fest steht jedenfalls bereits, daß es eine sich unserer bemächtigende, überwältigende Macht ist, ein jede Subjektivität Übersteigendes und daher *Objektives,* das uns im Eros erregt und verpflichtet. Durch den *sinnlichen Drang* suchen wir *im Anderen* eine Ergänzung. Platon wird hinweisen auf die biologische Bedeutung der sinnlichen Ergänzung, die auf dieser Stufe des Lebens durch die Fortpflanzung an der Ewigkeit teilhaben läßt; der *geistige* Eros hingegen drängt zu einer geistigen Vollendung, zu einer Ergänzung unseres Selbst im Anderen, die zur Aufrichtung einer *menschlichen Welt,* das heißt zur Geschichte führt. Dem Schönen kann also hier ursprünglich *keine ästhetische Bedeutung* zugesprochen werden, denn es umfaßt die ganze menschliche Existenz.

3 Schönheit der Natur und Schönheit der menschlichen Werke. Das Problem der Kunst bei Xenophon

Die sinnliche Voraussetzung des Schönen

Unsere Interpretation weiterführend, müssen wir prüfen, auf welchem Wege sich für Xenophon das Schöne bekundet: Zunächst *durch die Sinne,* die wie offene Kanäle dargestellt werden (entsprechend der Stelle bei EMPEDOKLES, die wir schon im Zusammenhang mit der Funktion des Auges zitiert haben, fr. 84); das durch diese Kanäle Wahrgenommene sind Farben, Gestalten, Machtäußerungen, Besitz, Sinnbilder von Ordnung und Macht. Xenophon unterscheidet (a) die Wahrnehmung durch den einzelnen Sinn; (b) die durch den ganzen Körper; (c) die durch die Seele. Diese Theorie handelt als ästhetische Wahrnehmungslehre (im griechischen Sinne des Wortes *αἴσθησις* = Wahrnehmung) von der sinnlichen Voraussetzung des Schönen. In »Hieron« heißt es: »Die gewöhnlichen Bürger, Hieron, erhalten, wie ich bemerkt zu haben glaube, vermittels der Augen durch die Gegenstände des Gesichts, vermittels der Ohren durch die Gegenstände des Gehörs, vermittels der Nase durch die Gegenstände des Geruchs und vermittels des Mundes durch Speisen und Getränke angenehme und unangenehme Empfindungen, den Liebesgenuß aber durch die Glieder, die wir ja alle kennen. Dagegen die Unterscheidung zwischen kalt und warm, hart und weich, leicht und schwer wird meines Erachtens durch den ganzen Körper getroffen und Empfindung von Lust und Unlust. Ebenso werden wir vom Guten und Bösen das eine Mal vermittels der Seele allein, das andere Mal vermittels Seele und Leib gemeinsam teils angenehm, teils unangenehm berührt. Daß der Schlaf etwas Angenehmes für uns ist, das glaube ich zu fühlen, aber wie und wodurch und wann, das glaube ich noch entschiedener zu wissen. Auch ist es wohl gar kein Wunder, wenn wir deutlichere Eindrücke von dem erhalten, was im wachen Zustand als was im Schlaf uns vorkommt«[22].

Die Schönheit als Eigenschaft der Dinge

Die verschiedensten Dinge können als ›schön‹ gelten: Schmuck, Schätze, Kleider, Häuser, Dörfer und Städte, Landschaften, Berge, künstliche Gärten, menschliche Handlungen und menschliche Gestalten. Man muß sich dazu einige Belegstellen gegenwärtig halten, um den besonderen, etwas orientalisch anmutenden Geschmack zu spüren und die Faszinationsmacht, die für Xenophon das Schöne besitzt.

Er berichtet z. B. von Kyros und Astyages, die sich schön gemacht hatten: »Indes, soviel wir sehen, ging Kyros von der Ansicht aus, der Beherrscher müsse sich von den Beherrschten nicht bloß durch wirkliche Vorzüge unterscheiden, sondern auch eine Art von zauberischem Eindruck auf sie zu machen suchen. So nahm er wenigstens nicht nur persönlich die medische Tracht an, sondern beredete auch dazu die Großen seines Hofes. Sie schien ihm nämlich geeignet, auch etwaige körperliche Gebrechen zu verdecken und ihre Träger gar schön und groß erscheinen zu lassen: denn auch die dazugehörige Fußbekleidung ist derart, daß man ganz unbemerkt etwas unterlegen kann und so größer aussieht, als man ist. Auch das Untermalen der Augen ließ er zu, damit diese schöner erschienen, als sie sind, und ebenso das Schminken, damit die Hautfarbe ein schöneres Aussehen bekomme, als sie von Natur hat. Ebenso hielt er sie an, ... (nicht) nach irgend etwas sich umzusehen, als Leute, die nichts in Erstaunen setzt. Dies alles, meinte er, werde dazu beitragen, sie in den Augen der Untergebenen um so achtungsgebietender erscheinen zu lassen«[23].

Wir könnten nun die Stellen häufen, in denen von schönen Schalen, Bechern, Schmuck gesprochen wird (Kyrupädie V 2,7; V 5,39; VIII 2,8). Im »Oikonomikos« (IV 13ff) wird von der Schönheit der Gärten, Paradiese genannt, gesprochen: »In diesen hält sich meistenteils der König auf, um das Schöne der Bäume und alles, was die Erde hervorbringt, zu genießen.«

Was der Mensch schafft, kann, ebenso wie die Natur, schön sein; im »Symposion« (V 3) steht: »Gibt es nach deiner Meinung Schönheit nur bei Menschen oder auch sonst? – Schön, sagte Kritobulos, kann doch, weiß Gott, auch ein Pferd sein und viele unbelebte Sachen. Man spräche doch sonst nicht von einem schönen Schild oder Schwert oder Speer« (a. a. O. S. 42).

Die Naturschönheit wird z. B. bei seinen berühmten Pferdeschilderungen hervorgehoben; bekanntlich widmete Xenophon dem Pferd, ebenso wie der Jagd, eine Schrift. »Ein sich bäumendes Pferd ist aber auch in der Tat etwas so Schönes, Furcht Gebietendes und Wundervolles, daß es die Augen aller Zuschauer ... fesselt. Jedenfalls kann niemand von ihm loskommen und sich an ihm sattsehen, solange es sich in vollem Glanz zeigt« (Peri Hippikes XI 9).

Schönheit, Größe, Gestalt, Ordnung

Μέγεϑος (megethos) und σχῆμα (schema), Größe und Gestalt, sind oft verwendete Maßstäbe für die Schönheit, z. B. für die Schönheit einer Frau wie die Susierin, das schönste Weib Asiens (Kyrupädie V 1,4ff). In der Erzählung von Herakles am Scheidewege erscheint die sinnliche Lust in Gestalt einer herrlichen Frau (Memorabilia II 1,22; vgl. die Übersetzung der beiden Stellen in den Textdokumenten).

Das Qualität bezeichnende καλός (schön) wird auch mit Vorliebe quantitativen Begriffen zugesellt. Die Analogie von Größe und Schönheit macht sich in einer Wortbildung wie μεγαλοπρεπής (einem großen Manne gemäß, edel) bemerkbar. Nahezu alle Dinge, die schön genannt werden, heißen gleichzeitig auch groß. Eine weitere Eigenschaft des Schönen ist die *Ordnung*. Gemeint ist das reale Geordnetsein, und verwendet wird der Terminus τάξις (taxis): Das Heer, in Schlachtordnung aufgestellt, ist ein herrlicher Anblick, sowohl für den Feldherrn wie auch für die Zuschauer – und auch die Reiterei wird am schönsten reiten, wenn sie in Ordnung ihre Bewegung vollzieht. Aber auch ein Garten ist schön durch die Aneinanderreihung von Bäumen (Oikonomikos IV 21).

Ich möchte hier noch eine Stelle des »Oikonomikos« anführen: »Die schönste und wohlberechnetste Ordnung von Gerätschaften aber, Sokrates, glaube ich einmal bei der Besichtigung der großen phönizischen Handelsschiffe gesehn zu haben. Denn eine unermeßliche Menge von Geräten habe ich hier in einem höchst kleinen Raume *ordnungsgemäß* aufgestellt gesehen« (Oikonomikos VIII 11). In derselben Schrift kommt Xenophon, indem er den Hausvater seiner Frau den Segen der Ordnung preisen läßt, zu dem Schluß, daß alles, was *geordnet* ist, auch schön sei, unabhängig von der Schönheit der einzelnen Objekte: »Wie schön sieht es aus, wenn die Schuhe in einer Reihe stehen, mögen sie auch beschaffen sein, wie sie wollen, wie schön . . . auch, was vielleicht nicht ein Ehrenmann, wohl aber ein Witzbold mehr als alles andere lächerlich finden mag, daß auch die Töpfe sich gut ausnehmen, wenn sie in Ordnung aufgestellt sind. So sieht auch alles übrige schön aus, wenn es in Ordnung steht« (VIII 19–20).

Auch von der Ordnung des Chors wird gesprochen. Der Begriff der Ordnung gehört hier zum Schönen, sofern alles das, was an seinem Ort ist, so ist, *wie es sein soll:* dieses Bestimmungsmoment weist wiederum, nur aus etwas anderer Richtung, auf die ontologische Bedeutung des Schönen hin. Ordnung ist nicht etwas Formales, sondern bedeutet, daß die Hierarchie, die Beziehungen, die Gliederungen, die das Gestaltete sichtbar werden lassen, als ein Seinsmoment des Schönen sich offenbaren. Die Ordnung erhält Unabdingbarkeitscharakter.

Die Schönheit menschlicher Werke

Hier stoßen wir auf das eigentliche Problem. Die Schönheit gilt auf jeder Stufe des Natürlichen, denn in der Natur walten jene Gesetzmäßigkeit, Proportion, Ordnung und jenes Maß, die dem Sein in seinem Sich-Offenbaren im mannigfaltig Seienden zukommen. Wie steht es aber mit der Schönheit menschlicher Werke und Handlungen? Wir müssen uns vergegenwärtigen, daß für Xenophon nicht nur reale Dinge und Körper schön sind, sondern auch Aktionen, Verhaltensweisen, Zustände und Werke des Menschen. Wann können auch diese schön genannt werden?

Hier führt das Problem des Schönen auf das Gebiet der Anthropologie. Auf die Frage, ob alles Schöne schön an sich sei oder *in Hinblick auf etwas* (zu klären bleibt: in Hinblick auf was), lautet Xenophons Antwort folgendermaßen: Die Gegenstände, das Besitztum, die Farben, das seltene und edle Material usw. sind schön *nicht nur in Hinblick auf die Ordnung der Natur* – wie wir bisher gesehen haben –, *sondern auch in Hinblick auf das, was der Mensch daraus macht, also in Hinblick auf seine eigenen Ziele.* Wenn die Gegenstände, die Farben, das Material, nicht zu dem beitragen, wozu sie für den Menschen in seiner Verwirklichung und Behauptung dienen, so werden sie schlecht gebraucht, und *dieselben Gegenstände werden häßlich.* Das Schwergewicht der Frage wird auf das Gebiet *der Anwendung der Gegenstände im Sinne der menschlichen Verwirklichung verlagert.*

»Kannst du etwas Schönes nennen, einen Körper oder ein Gerät oder sonst etwas anderes, das in jeder Beziehung schön ist? – Nein, bei Gott, entgegnete er. – Wird jedes Ding auch zweckmäßigerweise gebraucht, wozu es brauchbar ist? – Ganz sicher, war die Antwort. – Ist es zu etwas anderem schön, als wozu es zweckmäßig ist? – Auf keinen Fall, meinte er. – Das Brauchbare ist folglich schön, wozu es brauchbar ist? – Das scheint mir so« (Memorabilia IV 6,8–10).

Auch an einer schon zitierten Stelle des »Symposion« (V 3f), wo gefragt wird, ob Schönheit nur bei Menschen oder auch sonst auftreten könne, worauf geantwortet wird, daß ein Pferd ebenso wie ein Schild oder Schwert schön sein könne, folgt die Frage und die entschiedene Antwort: »Und wie ist es möglich, fragte Sokrates, daß diese Dinge, die gar keine Ähnlichkeit miteinander haben, doch alle schön sind? – *Wenn sie für die Tätigkeit, wozu wir sie haben, gut gearbeitet sind* oder gewachsen, wie wir sie brauchen, dann, versicherte Kritobulos, sind sie schön« (S. 42).

Dieser Begriff der Schönheit mit dem Kriterium des ›In Hinblick auf ...‹ gilt auch auf *geistigem Gebiet.* »Mein lieber Antiphon, bei uns ist man der Ansicht, man könne von seiner Schönheit wie von seiner Weisheit einen schönen und häßlichen Gebrauch machen. Wenn nämlich jemand seine Tugend (Fähigkeit) jedem beliebigen für Geld verkauft, dann nennen wir ihn einen Hurer, wenn er sich aber einen Freund gewinnt, den er als einen untadeligen Liebhaber kennt, halten wir ihn für sittsam. Und mit der Weisheit ist es das gleiche: wer sie jedem beliebigen für Geld verkauft, den nennt man Sophist, wer aber Leute mit anerkannt guten Anlagen alles lehrt, was er Gutes hat, und sie so zu seinen Freunden macht, ... der tut nach unserer Meinung das, was sich für einen rechtschaffenen Bürger gehört« (Mem. I 6,13f).

Die Verbindung des Schönen mit dem Nützlichen darf nicht im modernen Sinne gedeutet und mißverstanden werden. Nützlich ist für den Griechen das Hervorgebrachte, welches der *Verwirklichung, Vollendung, Entfaltung des Menschen dient.* Es ist also eine Nützlichkeit und Anwendbarkeit im höheren Sinne gemeint, die zur menschlichen Wesensfindung beiträgt, nicht jener Nutzwert, wie er unserem heutigen, einseitig ökonomischen Denken geläufig ist. Diese letztere unmittelbare, pragmatische Nützlichkeit ist für die Griechen die ›technische‹; sie ist deswegen so gefährlich, weil sie als reines Mittel *ihre letzte menschliche Bestimmung noch nicht in sich trägt und daher so oder so angewendet werden kann.* Die Nützlichkeit, von der Xenophon spricht, wird danach bestimmt, wie, wo und wann der Mensch sie anwendet *in Hinblick auf die eigene Vollendung* oder – wie der Grieche sagt –

in Hinblick auf die eigene *Praxis*. Der Nützlichkeitsbegriff enthält in sich den Begriff des menschlichen Ziels: das wahre Ziel wurde aber von den Griechen als ›Ende‹ aufgefaßt, Praxis im griechischen Sinne ist nicht nur Mittel, sondern hat eigenen Sinn in sich, und das ›praktische‹ Ziel wurde als Voll-Endung verstanden.

Der Gedanke, den wir im Zusammenhang mit der Bestimmung des Begriffes ›Schönheit der Natur‹ erörtert haben, erhält hier seine Fortführung, allerdings in neuer Art und Weise: der Mensch unterscheidet sich dadurch von sämtlichen anderen natürlichen Stufen der Realität, daß er die eigene, ihm allein zukommende Ordnung, die Gesetzmäßigkeit, das Maß, *suchen* muß; dementsprechend ist er gezwungen, die Wirklichkeit zu verwandeln und dadurch zu gestalten. Dieses der menschlichen Natur entsprechende Leben ist das Herstellen einer ebenso ›natürlichen‹ Ordnung und Vollendung wie sie in den vormenschlichen Stufen bereits waltet und herrscht: daher die Kontinuität eines einzigen Begriffs der Schönheit als Sich-Offenbaren, Offenkundigwerden der Gestalt, des Maßes, der Proportionen, der Ordnungen und des Gesetzmäßigen, wodurch das ›Natürliche‹ bewahrt wird.

Das Problem der Kalokagathie

Diese Gedanken haben Xenophon zum Problem der *Kalokagathie* (der Vollendung in der Übereinstimmung von Schönheit und Güte) geführt. Wenn das Schöne das Offensichtlichwerden der Vollendung des menschlichen Werkes ist, wenn wiederum das Erreichen des Zieles, der Vollendung des Menschen, sich mit dem Guten deckt, dann müssen Schönheit und Güte übereinkommen. Allerdings ist sich Xenophon dessen bewußt, daß nicht immer und nicht unmittelbar eine derartige Identität am Werke ist. So heißt es im »Oikonomikos« (VI 13): »Es kostet nur wenig Zeit, wenn man gute Baumeister, Erzgießer, Maler und Bildhauer und andere Leute besuchen will, um ihre Werke zu besichtigen, die für schön gelten. Um aber prüfen zu können, wodurch die sogenannten vollkommenen Menschen diese Bezeichnung verdient haben, müßte ich erst häufiger mit ihnen zusammenkommen. Und da ich glaubte, daß die Begriffe schön und gut miteinander verknüpft seien, suchte ich zuerst die Schönen auf und versuchte herauszubekommen, ob mit ihnen auch das Gute zusammenhinge. Aber es verhielt sich leider nicht so, sondern ich mußte erkennen, daß einige körperlich Schöne ganz jämmerliche Seelen hatten. Daher meinte ich, es wäre besser, die äußerliche Schönheit nicht zu beachten, sondern direkt zu denen zu gehen, die man charakterlich für vollkommen hielt.«

Die Trennung des Schönen vom Guten tritt bei Menschen auf, deren von Lust getriebene rein biologische Funktionen vom Werk des Menschen – der Haltung, die er den Trieben gegenüber einnehmen soll – abweichen. Der Kalokagathie-Begriff enthält notwendig das Problem des Auseinanderfallens von Sinnen- und Geistesleben. Warum deckt sich das sinnlich Schöne für den Menschen nicht unbedingt mit dem Guten? Warum ist, was sich den Sinnen als lustvoll und schön erweist, nicht zugleich im ethischen Sinne gut? Angestrebt wird das sokratische Ideal der Einheit von Körper und Seele, nach welchem der Körper nicht nur mit dem Seelischen in Einklang stehen, sondern auch dessen Widerschein sein soll (Memorabilia III 10,4f). Sokrates spricht vom *διαφαίνειν*, also vom Durchscheinen der guten und liebenswerten Eigenschaften am Körper.

Kunst als Mimesis

Wir gelangen nun zum letzten Punkt unserer Interpretation des Xenophon. Wahrscheinlich ist unter den Vorplatonikern erstmals bei ihm die ausgeführte Theorie der Kunst als Mimesis nachweisbar, als ›Darstellung‹ jener Schönheit, die entweder *der Natur* – ihrer Ordnung und ihren Proportionen – unmittelbar entnommen oder in menschlichen Werken, die durch Gestaltung geistiger Werke die *höhere Natur* sinnfällig darstellen, gefunden wird. Dabei ist aber jene Stelle des Xenophontischen »Symposion« zu vergegenwärtigen, in der behauptet wird, daß die Darstellungen im Sinne der Mimesis immer schwächer als die Wirklichkeit selbst sind, gewissermaßen ein Schatten des Ursprünglich-Schönen. Die Kunst ist somit *als Teilproblem des Schönen zu betrachten*, während in der neuzeitlichen Auffassung das Problem des Schönen vorwiegend die Kunst betrifft, die alle ästhetischen Möglichkeiten umfaßt, und über die Kunst nicht hinausgeht.

Die Aufgabe des Künstlers oder Kunsthandwerkers ist bei Xenophon klar umschrieben: der Poesie kommt es zu, Helden und Götter zu besingen, der Malerei, durch die Darstellung von Frauen und Männern Räume zu schmücken. Die Bildhauer und Erzgießer schmücken Altäre und Tempel, die Musik dient dem Tanz. Gegenstand der Kunst ist, in vollendeter Weise das Schöne im ontologischen Sinne darzustellen. Zur *Praxis* der Kunst und der Künstler werden vor allem drei Forderungen erhoben: Begabung, Lehre und Übung: ». . . ob es möglich ist, daß einer, der selber fahrlässig ist, andere zur Sorgsamkeit erziehe? – O nein, beim Zeus! Wenigstens nicht mehr, als einer, der selbst für die Tonkunst nicht begabt ist, einen anderen zum Tonkünstler machen kann« (Oikonomikos XII 18). Ohne Übung und Lehre verkommt auch das größte Talent: »Genauso unterscheiden sich, wie ich sehe, die Menschen auch in anderen Dingen durch ihre *natürlichen Anlagen* und steigern diese sehr durch *Übung*« (Memorabilia III 9,3).

Am *Beispiel der Malerei* wird die Kunst als Mimesis bestimmt, als Nachahmung des sichtbaren oder des geistigen Schönen. Wir zitieren die zwei grundlegenden Stellen, die keines Kommentars mehr bedürfen: »Mein Parrhasios, die Malerei ist eine *Nachbildung* des Gesehenen (*εἰκασία τῶν ὁρωμένων*), denn ihr bildet und ahmt (*ἐκμιμεῖσθε*) die Vertiefungen und Erhebungen, das Dunkle und das Helle, das Harte und das Weiche, das Unebene und Glatte, das Junge und Alte der Körper mit Hilfe der Farben nach. – Wahr. – Und weiter, wenn ihr die *schönen* Gestalten nachbilden wollt, dann *fügt ihr*, da es nicht leicht ist, einen Menschen zu finden, an dem alles untadelig ist, *von vielen das zusammen,* was an jedem das Schönste ist, so erreicht ihr, daß die Körper vollkommen erscheinen. – Ja, so machen wir es. – Warum, fuhr Sokrates fort, *ahmt ihr nicht auch die seelischen Eigenschaften nach,* das Überzeugendste, das Angenehmste, das Holdeste, das Begehrenswerteste und Entzückendste? Oder ist überhaupt das nicht darzustellen? – Wie könnte etwas nachzubilden sein, mein lieber Sokrates, was weder Gleichmaß noch Farbe, noch sonst etwas hat, wovon du eben sprachst, noch überhaupt sichtbar ist? – Sokrates fragte aber ihn: Kommt es nicht bei einem Menschen vor, daß er freundlich oder feindlich zu jemand hinblickt? – Das scheint mir schon. – Läßt sich das nicht an den Augen nachahmen? – Aber gewiß. – Scheint dir das gleiche Gesicht zu machen, wer am Glück und am Unglück der Freunde teilnimmt und wer nicht? – Bei Gott, nicht ... – Also scheint auch das Erhabene und Edle, das Niedere und Unfreie, das Vernünftige und Kluge, das Freche und Unverständige durch das Gesicht und die Stellungen der ruhigen oder sich bewegenden Menschen hindurch. – Du sprichst die Wahrheit. – Also ist auch dies nachzubilden? – Aber gewiß. – Sind nun die Menschen angenehmer anzusehen, bei denen die schönen, guten und liebenswerten Eigenschaften durchleuchten, oder jene mit häßlichen, niedrigen oder hassenswerten Zügen? – Bei Gott, das ist ein großer Unterschied, o Sokrates« (Memorabilia III 10,1–6).

Aus diesem Text ist ein Dreifaches zu entnehmen: 1. Kunst ist Nachahmung; 2. sie ist Nachahmung der sinnlichen wie der geistigen Objekte; 3. die Nachahmung der schönen geistigen Züge ist *angenehmer und schöner,* denn sie versinnlichen die Vollendung des Menschen, also die ihm schlechthin zukommende ›Praxis‹. Seit Xenophon ist, neben und über der Nachahmung des Realen, das Trachten nach der Darstellung eines Ideals aufzuweisen, das in sich die verschiedenen Eigenschaften aufnimmt und nachbildet.

»Einst kam er zu dem Bildhauer Kleiton und unterredete sich mit ihm. Er sagte: »Schön sind sie, mein lieber Kleiton, deine Läufer, Ringer, Boxer usw. ... Die Nachahmung der

Leidenschaften (*τὰ πάϑη ἀπομιμεῖσϑαι*) der in der Bewegung dargestellten Körper bereitet dem Betrachter sicher ein Vergnügen? – Wahrscheinlich. – Muß man nicht auch die Augen der Kämpfenden drohend, den Blick der Sieger aber fröhlich bilden? – Ganz gewiß. – Folglich muß der Bildhauer *die Werke der Seele darstellen* (*τὰ τῆς ψυχῆς ἔϱγα τῷ εἴδει πϱοσεικάζειν*)« (Memorabilia III 10,6).

Hier werden also keine ästhetischen Werte – Produkte menschlicher Schöpfung – in Betracht gezogen; das Schöne offenbart eine höhere Ordnung, wie sie die Werke der Natur schon bekunden, zu der der Mensch aber in neuer Weise gelangt, *wenn er das Seiende in Hinblick auf die menschlichen Ziele verwertet* und *den Leidenschaften eine der Erhabenheit des Menschen entsprechende Gestaltung verleiht.* Das Phänomen des Schönen verpflichtet dann den Menschen, und durch den Eros ist es Ursprung jeder wahren menschlichen Berufung, die sich auch in den Werken der Kunst widerspiegeln soll.

4 Aktuelle Betrachtungen

Die ästhetische Einstellung

Wir müssen nun zu der eingangs entworfenen Problematik zurückkehren. Unsere Absicht war: 1. die theoretische Klärung des Begriffs des Schönen in der Antike; 2. die Beantwortung der Frage, wieweit die Klärung des antiken Schönheitsbegriffs zum Verständnis mancher Probleme der gegenwärtigen Kunst beizutragen vermöchte.

In den vorangegangenen Erörterungen wurde zu zeigen versucht, wie die Theorie des Schönen bei den Pythagoreern und bei XENOPHON – also in maßgebenden Zeugnissen vorplatonischen Denkens – durchaus nicht ästhetisch, sondern ausschließlich ontologisch bestimmt ist. Diese Position wird erst recht deutlich durch ihren Gegensatz: In der Neuzeit – seit dem italienischen Humanismus und der Renaissance – rückt das Schöne ganz in den Bereich der Kunst, und die Kunst wird als Produkt einer geistigen Tätigkeit, als Schöpfung des *Individuums* angesehen. Daraus ergeben sich Thesen wie die folgende: Die Natur an sich ist weder schön noch häßlich, sie kann erst ›schön‹ erscheinen durch jene geistige Vermittlung, die ein Künstler leistet. Als Ziel der Kunst wird das Schöne zum Ergebnis einer individuellen Auseinandersetzung mit der Natur, bei welcher der Künstler dem Realen *mögliche* Bedeutungen abgewinnt. Die Kunst und das Schöne: das sind fortgesetzte Entdeckungen immer wieder neuer Aspekte der Realität, die durch das Werk des Künstlers in unser Blickfeld gerückt werden (vgl. die Zitate von Bauch, S. 43). Wir betrachten die Natur bereits mit Augen, die von jenen Werken der Malerei geschult sind, welche die Entwicklung der abendländischen Kunst bestimmen.

Aus der ästhetischen Auffassung des Schönen ergibt sich schließlich, daß die Werke, in denen es sich uns offenbart – im Gegensatz zur antiken ontologischen Auffassung – nie *als etwas den Menschen Verpflichtendes,* nicht als Wirklichkeit an sich, sondern nur als *mögliche Deutung des Wirklichen* angesehen werden. Dem Schönen als Ergebnis einer künstlerischen Leistung stehen wir jeweils als ›Zuschauer‹ gegenüber; das Werk steht als Schaustück *vor uns.* Was sich unserer Betrachtung darbietet, weist eine eigene Gesetzmäßigkeit auf – in Farben, Tönen, Proportionen, Bewegungen usw. –, jener ähnlich, die wir auch im Spiel wahrnehmen, weswegen auch Kunst und Spiel in der Neuzeit immer wieder in Zusammenhang gebracht wurden. Auch die seit der Renaissance entstandene museale Betrachtung der Kunstwerke hat hier ihre Wurzeln.

Das Museum als Ausdruck der ästhetischen Einstellung

Die Institution ›Museum‹ erscheint dem modernen Menschen als etwas Selbstverständliches. Man ist sogar geneigt, anzunehmen, daß eine Kultur notwendigerweise zu solchen Einrichtungen gelangen müsse, wenn sie eine gewisse Höhe erreicht hat, und daß mit dem Bewußtsein der kulturellen Überlieferung auch der Wunsch sich regen werde, deren künstlerische Zeugnisse zu sammeln und sie möglichst allgemein zugänglich zu machen. Aber diese Einrichtung löst eigentlich das Kunstwerk aus dem ihm zugehörigen örtlichen und zeitlichen Raum heraus. Das Werk wird völlig unabhängig von der ihm ursprünglich zugedachten Sphäre betrachtet. Das Publikum bleibt dabei in seiner Erlebnisweise unengagiert – einer Erlebnisweise, die eine ästhetische Einstellung voraussetzt; denn Werke, die wir heute für Kunstwerke halten, die aber ursprünglich einer sakralen Bestimmung dienten, entstanden frei von der Voraussetzung eines ›Zu-schauers‹, sie konnten sogar an unzugänglichen oder unsichtbaren Stellen angebracht sein, denn sie dienten ausschließlich dem Kult, das heißt dem Vollzug einer den Menschen verpflichtenden sakralen Wirklichkeit.

Bekanntlich wurden in der Antike – in Tempeln und an heiligen Orten: auf der Akropolis von Athen, in Delphi, in Olympia, wie auch im Orient und in Ägypten – zahlreiche Bildwerke, Geräte und kostbare Vasen zusammengetragen und in besonderen Gebäuden, den *Thesauroi* (Schatzhäusern) aufbewahrt. Diese in der Entwicklungsgeschichte des Museums häufig genannten Sammlungen haben aber nichts mit unserem Begriff des Museums gemein; denn die dort angehäuften Werke wurden nicht aus historischem und ästhetischem Interesse aufbewahrt, sondern gerade umgekehrt aus dem Verlangen, sie dem Fluß der Geschichte, der Zeitlichkeit überhaupt und der Welt des Profanen zu entrücken. Deswegen sollten auch jene Schätze nicht jedem zugänglich sein.

Dem modernen Begriff des Museums näherten sich erst gewisse Sammlungen in hellenistischer Zeit, wie die der Attaliden in Pergamon, die in dem Ruf der Kennerschaft standen. In Alexandria wurde ein Gebäude errichtet, das, weil es den Musen gewidmet war, den Namen »Museion« erhielt. In Rom wurde zum erstenmal die Forderung erhoben, Kunstwerke müßten für jedermann zugänglich gemacht werden, ja, sie seien zum Gemeingut zu erklären. Die Anhäufung von Kunstwerken in Rom ist allerdings vornehmlich dem Prunk- und Geltungsbedürfnis zu verdanken, teilweise aber gewiß auch der Kunstliebe von Privatleuten.

Daß im Mittelalter römische Kunstsammlungen zerstört wurden, ist nicht nur – wie noch die Aufklärung annahm – ein Zeichen von Barbarei, sondern vielmehr Folge einer ganz anderen Auffassung dessen, was wir Kunstwerke nennen. Die Bildwerke waren in jenem Zeitalter wesentlicher Bestandteil des religiösen Lebens. Die Darstellung Christi, der Muttergottes, der Bau einer Kathedrale waren keine ästhetischen Aufgaben, sondern Taten zum Ruhme Gottes, Gottesdienst. Obwohl im Mittelalter Werke der Antike vernichtet wurden, stand diese Epoche dem Geist der Antike viel näher als wir, denn sie sah in jenen Bildwerken wirklich noch machtvolle Götter, gegen die angestürmt werden mußte, um sie zu überwinden. Sie waren noch nicht, was sie für uns heute sind: rein ›ästhetische‹ Schöpfungen, sondern Elemente der religiösen Wirklichkeit, Verkörperungen von Schönheitsidealen als verpflichtende Seinsäußerungen.

Auch die Felsmalereien von Lascaux, Fond de Gaune, Niaux oder die der Wüsten Australiens und Afrikas sind weder als Nachahmung von Dingen oder Tieren zu verstehen noch erheben sie den Anspruch auf ›Wahrscheinlichkeit‹, ›Darstellung‹ oder ästhetische ›Schönheit‹. Jene Eigenschaften, die in der Neuzeit bei der Beurteilung von Kunstwerken eine so entscheidende Rolle spielen, sind von ihnen nicht intendiert. Diese früheste Malerei bezog sich auf keine subjektive Realität, sie stand schlechthin im Dienste der Gottheit, der Mächte, der als ein geschlossenes Ganzes empfundenen Natur. Wir aber unterscheiden in einem inadäquaten Abstraktionsprozeß an jenen Werken ästhetische Elemente wie Komposition, Harmonie der Farben, Rhythmen von Linien und Maßen. Was wir dort vor uns haben, sind aber nicht ›Kunstwerke‹, sondern Gebilde mit sakraler Funktion. Hätte man zu ihren Urhebern von schöpferischer Tätigkeit, subjektiver Phantasie und von ihnen als ›Künstlerpersönlichkeiten‹ gesprochen, sie hätten es nicht verstanden oder als ebenso unsachlich empfunden, wie ein moderner Physiker das tun würde, äußerten wir vor ihm unsere Bewunderung für die Schönheit einer Apparatur, die er zu einem bestimmten Zweck aufgebaut hat, und erklärten ihn deshalb für einen ›Künstler‹.

Auch die meisten Werke der asiatischen ›Kunst‹ entsprechen einer ontologischen Einstellung und sind vom ›ästhetischen‹ Standpunkt aus in ihren ursprünglichen Intentionen nicht zu erschließen. Malraux bemerkt: »Asien kennt das Museum erst seit kurzem und nur unter dem Einfluß und der Leitung der Europäer; denn für den Asiaten – vor allem im Fernen Osten – sind Versenkung in das Kunstwerk und Museum unvereinbar miteinander ... Kunstgenuß ist in China an den Besitz des Werkes gebunden und vor allem an seine Isolierung. Ein Bild wird nicht ausgestellt, sondern entrollt, und dies vor einem Liebhaber im Zustand der Gnade ... Bilder einander gegenüberzustellen ist ein intellektueller Prozeß und steht als solcher in grundsätzlichem Gegensatz zu jener Hingabe, aus der allein Versenkung möglich ist. Mit den Augen Asiens gesehen ist das Museum vielleicht eine Stätte der Belehrung, im übrigen aber doch nur ein absurdes Konzert, darin pausenlos und ohne Ende widersprechende Melodien einander folgen und sich vermengen«[24].

Im Bedeutungswandel des Begriffs ›Kunstwerk‹ wird in der modernen Zeit ein entscheidender Schritt getan: während noch am Beginn der Neuzeit die Bildwerke zu profanen Zwecken gesammelt wurden – als Ausstattung der Schlösser, als Steigerung und Erhöhung des Lebens (die Sammlungen der Medici, Sforza, Gonzaga) –, geschieht nun auch die Loslösung aus diesem Zusammenhang.

Es entsteht eine Welt für sich, die wir ›das Reich der Kunst‹ schlechthin nennen; die Werke bilden eine eigene autonome

Welt, sie werden nun nicht mehr vorwiegend als Bestandteil des Lebens der Gemeinschaft, der Geschichte usw. betrachtet, sondern nach Gesetzen, die nur dem in die Kunst Eingeweihten bekannt sind. Es entsteht ein selbständiges Gebiet, von der Wirklichkeit gelöst, ein Reich der Kunst mit eigenen Maßstäben und eigener Idealität, erfüllt mit Werken aller Zeiten und Zonen, allen erschlossen und überall verbreitet durch die Technik der Reproduktion. Was einstmals ein Heiligtum war, wird ein rein ›künstlerisches‹ Gebilde, das Porträt, ehemals Abbild eines Menschen, wird Abstraktion. Das ›imaginäre Museum‹ gründet eine neue Geschichte, die der autonomen künstlerisch-ästhetischen Werte, es bildet neue Gruppen, es vergleicht, analysiert und gliedert und bringt das zeitlich und räumlich weit voneinander Entfernte in Zusammenhang, zum Beispiel die Kunst der Vorzeit mit den Schöpfungen der jüngsten Moderne.

In diesem imaginären Reich erhält die Kunst ein Ziel in sich selbst, sie strebt ihrer eigenen Vollendung zu. In ihm lassen sich zum erstenmal die Werke der verschiedensten Zeiten sammeln, frei von der Bindung an Normen und Werte unserer eigenen Tradition. Das Malen und Dichten selbst ist nicht mehr ein Dienst an übergeordneten Lebensmächten, sondern ein Dienst an der Kunst, und das ›imaginäre Museum‹ ist eine Schöpfung dieser unserer modernen selbständig gewordenen Kunst.

Ontologische Auffassung des Schönen innerhalb der gegenwärtigen Kunst

Sind nun in der gegenwärtigen Kunst Bestrebungen aufzuweisen, die dem Schönen wieder einen metaphysischen Wert beimessen, es als Ausdruck und Werkwerdung des Seins ansehen, so daß Werk und Schaffen des Künstlers auf eine den Menschen verpflichtende Ebene gehoben werden? Ist unsere Zeit überhaupt noch imstande, ein Seinsgefüge im Kunstwerk zu offenbaren und seinserfüllte Schönheit wahrzunehmen? Die

Frage kann hier nur andeutungsweise erörtert werden. Diejenigen aber, die geneigt sind, sie zu bejahen, sind sich meist nicht bewußt, daß ihre Auffassungen in die Nähe der antiken Theorie des Schönen zurückführen.

Wo heute der Begriff der Schönheit ontologische Bedeutung gewinnt, beginnt die entsprechende künstlerische Bestrebung mit einer Kritik der ästhetischen Einstellung. HANS ARP z. B. erkennt, daß es der neuzeitlichen Kunst darum ging, dem Realen die verschiedensten Aspekte und Deutungen abzugewinnen, daß diese Bemühung die individuelle Auseinandersetzung mit der Wirklichkeit verlangte und das Schöne als Erlebnis *subjektiver* schöpferischer Tätigkeit erscheinen ließ. Der Mensch wird dabei zum Maß aller Dinge, die Werke zu Schaustücken, die existenziell nicht verpflichten und schließlich – nach Arp – im Gebiet des Irrealen und Willkürlichen schweben. »Der Mensch beträgt sich, als habe er die Welt erschaffen und könne mit ihr spielen. Schon ziemlich zu Beginn seiner glorreichen Entwicklung prägte er den Satz, daß der Mensch das Maß aller Dinge sei. Schnell machte er sich darauf an die Arbeit und stellte von der Welt, soviel er konnte, auf den Kopf ... Mit dem Maß aller Dinge, mit sich selbst, hat er gemessen und sich vermessen. Er hat die Schönheit verschneidert und verschnitten ... Verwirrung, Unruhe, Unsinn, Wahnsinn, Besessenheit beherrschen die Welt. Fötusse mit geometrischen Doppelköpfen, Menschenleiber mit gelben Nilpferdköpfen, fächerförmige, berüsselte Mischwesen, bezahnte Mägen an Krücken, schleppfüßige Pyramiden mit tränenden Menschenaugen, Erdklumpen mit Schamgliedern usf. sind auf Leinwänden oder in Statuen entstanden« (On My Way, New York 1948, S. 81).

Arp spricht klar aus, daß er diese Entwicklung für eine Folge des Subjektivismus der neuzeitlichen Kunst hält: »Welches ist das ursprüngliche Bild der Schönheit? Ist es ... die Verkleidung, die Verschleierung, das Schauspiel der Renaissance, ist es die entkörperlichende Sehnsucht der Gotik, ist es der Würfel und die Kugel ... *Der Mensch wurde ein kindischer Demiurg, ein kindischer Schöpfer.* In seinem Größenwahn wollte er

Gott und die Welt nochmals erschaffen ... Jeder Maler, jeder Bildhauer wollte der erstaunlichere Schöpfer sein. An Stelle der Namenlosigkeit und der Demut traten die Berühmtheit und das Kunstwerk« (S. 81f). Also die Subjektivität, die Relativität, das Schöpferische auf seiner ästhetischen Bahn hat den Menschen völlig der Wirklichkeit entfremdet und ins Irreale, Phantastische, Willkürliche geführt. »In früheren Zeiten wußte der Mensch, wo oben und unten ist, wußte, was ewig und was vergänglich ist. Der Mensch stand noch nicht auf dem Kopf. Seine Häuser hatten einen Boden, Wände und eine Decke. Die Renaissance verwandelte die Decke in einen Narrenhimmel, die Wände in Irrgärten und den Boden in das Bodenlose. Der Mensch hat den Sinn für die Wirklichkeit ... verloren« (S. 82).

Aus dieser Situation will Arp heraus, indem er sich vom ästhetischen Subjektivismus abwendet, um zur *Urwirklichkeit* vorzustoßen. Schon der Hinweis auf die Notwendigkeit der ›Anonymität‹ zeigt die Richtung seiner Bestrebungen an. »Die Kunst ... soll ... zur *Wirklichkeit* führen« (S. 82). Nicht mehr nach ästhetischen Kategorien ›schöne‹ Werke sollen entstehen, sondern – wie er sagt – *objets* (Gegenstände) sollen es sein. Er zitiert, was Alexander Partens im Almanach »Dada« über ihn geschrieben hat: *»Il ne s'agissait plus pour lui d'améliorer, de préciser, de spécifier un système esthétique. Il voulait la production immédiate et directe comme une pierre se détachant d'un rocher, comme un bourgeon qui éclate, comme un animal qui se reproduit ... il voulait un nouveau corps parmi nous qui se suffit à lui-même, un objet dont la place est aussi bien d'être accroupi sur les coins des tables, que niché au fond du jardin«* (S. 90)[25]. Sein Werk soll zur Natur gehören und sich in sie einfügen. »Meine Reliefs und Skulpturen fügen sich *natürlich in die Natur* ein. Bei näherer Betrachtung jedoch lassen sie erkennen, daß sie von Menschenhand geformt sind« (S. 97).

Wie aber wird diese Wirklichkeit erreicht, und wie ist sie zu definieren? Arp unterscheidet drei Formen der Realität: die *objektive,* das heißt die Wirklichkeit im gewöhnlichen Sinne des Wortes; die *subjektive,* gedankliche Wirklichkeit, das heißt Idealität, und die Urwirklichkeit, die wahre, die der Mensch verloren hat. Arp bezeichnet sie mit einem vielleicht nicht sehr glücklichen Ausdruck als *mystische* Wirklichkeit (S. 82).

Was versteht er unter *subjektiver Wirklichkeit?* Der Mensch hat sich seine Umwelt durch das Erfassen von gesetzmäßigen Zusammenhängen und das Entwerfen von Ordnungssystemen immer mehr verfügbar gemacht, sein eigenes Wirken nur ›verwirklicht‹ noch die Dinge, die Realität ist lediglich *seine* Wirklichkeit; der Mensch lebt in einer von ihm selbst ›willkürlich‹ geschaffenen Realität.

Objektive Wirklichkeit ist für Arp das nicht minder unechte, abgeleitete Gebilde, das lediglich durch den Versuch entstand, die subjektive Realität zu objektivieren mit der Behauptung, die Dinge ›an sich‹ seien nichts anderes als jene verfügbar gemachte Wahrnehmungswirklichkeit. Die Nachahmung dieser Erscheinungswelt durch die Kunst ergibt aber keine objektive Realität.

Was ist nun die *mystische Urwirklichkeit,* die ein Kunstwerk, das nicht die äußere Erscheinungswirklichkeit nachahmt, offenbaren soll? Arp spricht von sagenumwobenen mythischen Zeiten, in denen alles Seiende ein *Einziges und Alles* war; da »weilte die Schönheit nackt unter den Menschen«. Diese Schönheit, die er ›mystische Wirklichkeit‹ nennt, hat wesentlichen Anteil am Sein der seienden Dinge – der Auffassung der griechischen Antike entsprechend –, sie ist nichts Erdachtes oder Gemachtes, und nichts Gewolltes. Die mystische Wirklichkeit, der ursprüngliche Schönheit eignet, ist ein Urseiendes, das die Subjektivierung verdeckt hat. Das nicht nachahmende, sondern offenbarende, wahre, wahrhaft reale Werk besitzt diese ›ursprüngliche Schönheit‹. In der herkömmlichen Ästhetik wird das Schöne nur speziell kunsttheoretisch, als vom Menschen hervorgebrachte Qualität betrachtet; das Ursprüngliche wird nicht mehr erreicht. »*De plus en plus je m'éloignais de l'esthétique. Je voulais trouver un autre ordre, une autre valeur de l'homme dans la nature. Il ne devait plus être la mesure de toute chose, ni tout rapporter à sa mesure mais au contraire toutes les choses et l'homme devaient être comme la nature«* (S. 90)[26]. *»En 1915, Sophie Taeuber* (seine Frau) *et moi, nous avons rélaisé les premières œuvres tirées des formes les plus simples en peinture, en broderie et en papiers collés ...«* (S. 86). *»Ces tableaux sont des Réalités en soi, sans significations ni intention cérébrale. Nous rejetions tout ce qui était copie ou description pour laisser l'Elémentaire et le Spontané réagir en pleine liberté«* (S. 86f).

Was ist dieses Elementare und Spontane? Es ist die Urnatur, die sich im Menschen und durch den Menschen bekundet, die offensichtlich wird; es sind Ordnungen, Gliederungen, es ist Gestalt, *natürliche Schöpfung,* als eine neue Stufe der Natur vom Menschen hervorgebracht. *»Nous ne voulons pas copier la nature. Nous ne voulons pas reproduire, nous voulons produire. Nous voulons produire comme une plante qui produit un fruit et ne pas reproduire«* (S. 98).

Wie im Mittelalter das Werk, als Darstellung einer sakralen Wirklichkeit, frei war von der Willkür individueller Schöpfung, so wird jetzt – im Namen der Natur, des Profanen – Anonymität gefordert. *»Comme il n'y a pas la moindre trace d'abstraction dans cet art nous le nommons: art concret. Les œuvres de l'art concret ne devraient plus être signées par leurs auteurs. Ces peintures, ces sculptures, ces objets devraient rester anonymes dans le grand atelier de la nature comme les nuages, les montagnes, les mers ...«* (S. 98). *»J'aime la nature, mais non ses succédanés. L'art naturaliste, illusioniste est un succédané de la nature«* (S. 94). Es geht nicht um Deutung der Natur, nicht mögliche Aspekte sollen von ihr gezeigt werden, sondern es geht darum *wie die Natur* zu schaffen[27].

In dieselbe Richtung gehen die Intentionen des englischen Bildhauers HENRY MOORE. Auch er betont, daß der Künstler nicht *nach der Natur,* sondern *wie die Natur* schaffen, das heißt wahrhaft schöpferisch sein wird. »Meine Plastik rückt immer mehr von der Wiedergabe ab, sie wird immer weniger eine äußere Kopie, sie wird, was manche Leute abstrakt nennen würden.« Mit dieser Auffassung hängt auch die neue Einstellung zum Material, die Forderung der ›Materialgerechtigkeit‹ zusammen. Wenn die ›Natur an sich‹ und das Schöne zusammenfallen, so hat auch jede ›natürliche‹ Substanz, die zum Werk gestaltet wird, ihre eigene Schönheit, die in ›materialgerechter‹ Verwendung zu berücksichtigen ist. Man hat die Schönheit der Natur an sich neu zu würdigen gelernt, und für einen Bildhauer ergeben sich aus den Eigenschaften einer Gesteinsart nicht minder bedeutende Forderungen als aus der Gestalt, die er dem Stein mitteilen will. Er muß berücksichtigen, ob das ›Stein-Sein‹ dem Seinsgehalt des ihm vorschwebenden Formgebildes angemessen ist.

Von allen subjektiven und ästhetischen Bedingungen will sich auch die ›neue Gestaltung‹ MONDRIANS abwenden. Das Zeitlos-Unveränderliche, das er mit dem ursprünglich Schönen gleichsetzt, liegt nach seiner Auffassung jenseits aller besonderen Formen. Das Abstrakte oder – wie er lieber sagt – das Absolute der Gestaltung ist daher notwendig, um auf die *Urwirklichkeit* zu stoßen. »Auf dem Grunde dessen, was sich ändert, liegt das Unveränderliche, welches zeitlos und von allen Zeiten ist und sich als *reine schöpferische Schönheit offenbart.* Und diese einzige Schönheit ist für uns die lebendige Realität: sie ist das universale Schöne. So ist der Gegenstand der neuen Gestaltung, ebendies in aller Evidenz zu zeigen«[28].

Eine abstrakte Kunst, die verwirklicht, was Mondrian universale Schönheit nennt, bedarf einfachster, elementarer Mittel. Für Mondrian sind es die Fläche, waage- und senkrechte, sich kreuzende gerade Linien, die drei Grundfarben sowie Weiß, Schwarz und mittleres Grau. Mit diesen Mitteln glaubt er unwandelbaren Strukturen aller Wirklichkeit sichtbare Gestalt geben zu können: asymmetrische, labile Wechselbeziehungen stellen auf stets neue Art ein- und dasselbe, immer wieder gestörte und immer wieder sich herstellende universelle Gleichgewicht her. »Kunst ist nur ein Mittel, um dieses ewige Gleichgewicht zu erreichen. Wir müssen ein konkretes Gleichgewicht entdecken und schaffen. Wissenschaft, Philosophie, alle abstrakten Schöpfungen wie die Kunst sind Mittel, um dieses Gleichgewicht zu erreichen«[29]. Dieses nur durch abstrakte Gestaltung erreichbare Gleichgewicht ist ein Zustand absoluten Friedens, in dem alle Spannungen gelöst sind und *die Kunst mit dem Leben verschmilzt.* »Kunst ist nur so lange ein ›Ersatzmittel‹, wie die Schönheit des Lebens mangelhaft ist. Sie wird im gleichen Verhältnis verschwinden, wie das Leben ›Gleichgewicht‹ gewinnt ... In Zukunft wird die Verwirklichung des rein plastischen Ausdrucks in handgreiflicher Realität das Kunstschaffen ersetzen. Wir werden dann Bilder und Skulpturen nicht mehr benötigen, denn wir werden in verwirklichter Kunst leben« (ebd. S. 32).

Diese Sätze erinnern auffallend an die eingangs angeführten Thesen vom Ende der Dichtung als Literatur (Rimbaud). Mondrians Ziel bleibt die Darstellung des Schönen in einem ontologischen Sinne, und Kunst ist die Verwandlung des Realen in einen Urzustand *(equilibrium).* Die Herauslösung des Begriffs des Schönen aus dem Bereich des Ästhetischen, des individuell Schöpferischen führt aber in die Nähe der ontologischen Auffassung vom Schönen.

Natürlich kann der Einwand erhoben werden, daß die ontologische Intention, wenn man sie schon zugibt, doch keineswegs für die ganze gegenwärtige Kunst zutreffe, daß ferner zwar Werken von ARP oder MOORE eine gewisse Schönheit nicht abzusprechen sei, daß aber z. B. MONDRIANS spröde Konstruktionen aus geraden Linien und Flächen reizlos und kalt seien, was sich durch das Wissen um seine Ideen nicht ändere, daß also der hier aufgewiesene theoretische Hintergrund zur Schätzung solcher Werke wenig beitrage.

Nun beansprucht unser Hinweis auf manche Bestrebungen unserer Zeit keineswegs, für die gesamte gegenwärtige Kunst zuzutreffen. Wohl aber weist dieser Aspekt deutlich darauf hin, daß man bestimmten Werken und Strömungen der Gegenwart mit den überlieferten ›ästhetischen‹ Kategorien keinesfalls mehr gerecht werden kann. Es sind Kunstgebilde, die nicht mehr Deutung, individuelle schöpferische Gestaltung ›abgebildeter‹ Natur, sondern Urformen, neu hervorgebrachte Wirklichkeit sein wollen. Identifizieren wir das Künstlerische mit dem *Ästhetischen,* so kommen uns die mahnenden Worte

HEGELS vom Tode der Kunst im Zeitalter der Philosophie in den Sinn: »Die eigentümliche Art der Kunstproduktion und ihrer Werke füllt unser höchstes Bedürfnis nicht mehr aus ... Der Gedanke und die Reflexion hat die schöne Kunst überflügelt ... In diesen Beziehungen ist und bleibt die Kunst nach der Seite ihrer höchsten Bestimmung für uns ein Vergangenes« (Ästhetik X 1, 14–16).

II Die Verurteilung der Kunst. Platon

I Die ontologische Bedeutung des Schönen

›*Kunst jenseits der Kunst*‹

Die Kunst der letzten fünfzig Jahre hat die Grenzen des ästhetischen Bereichs überschritten, ihr Weg hat sie dazu geführt, nicht mehr ›Kunst‹ im neuzeitlichen Sinne sein zu wollen, so daß man von einer ›Kunst jenseits der Kunst‹ gesprochen hat (Sedlmayr) und sich fragt, ob man nicht für ihre Werke überhaupt einen anderen Namen suchen sollte. Das entspricht einerseits dem Anspruch, den diese Bewegung selbst erhebt, andererseits drückt sich darin jene Kritik aus, die urteilt, es handele sich nicht mehr um eine Stilwende, sondern schlechthin um das Ende der Kunst. Voraussetzung dieser Kritik ist die Auffassung, daß Kunst Deutung der Realität durch die besondere Sinngebung sei, die ihr jeweils der Künstler verleihe. Die Produkte der ›Kunst jenseits der Kunst‹ hingegen erheben den Anspruch, *Sein* an sich zu sein, also unter anderem auch ›Natur‹. »Es gibt keine Landschaften mehr, kein Stilleben, kein Gesicht ... Es gibt das Bild, den Gegenstand, das Gegenstand-Bild, den Bild-Gegenstand, den nützlichen, unnützen, schönen Gegenstand« (F. Léger, »Sehr aktuell sein«, in: Europa-Almanach, Potsdam 1925).

In unserer Einleitung wurde schon auf eine mögliche Erklärung dieses Strebens verwiesen: die vollständige Ausfächerung menschlicher Möglichkeiten, gewisse daraus sich ergebende Endformen der neuzeitlichen Kunst und eine allgemeine Sättigung führten zur Reaktion gegen jede Form des unverpflichtenden Ästhetischen und zu dem Wunsch, in irgendeiner Weise zu der vollen Wirklichkeit wieder zu gelangen. Dieses Streben übergreift durchaus den Unterschied zwischen gegenständlicher und ungegenständlicher Kunst, mit dem sonst häufig versucht wird, gegenwärtige Kunst von der neuzeitlichen zu unterscheiden. Von dem Wunsch, mit dem Werk das Seiende selbst zu erreichen, schreibt sich übrigens auch die Bezeichnung ›konkret‹ statt ›abstrakt‹ her, die eine Gruppe gegenwärtiger Künstler für ihre nicht abbildenden Werke eingeführt hat.

Wir kehren zu den Theorien über das Schöne am Beginn der abendländischen Bewußtseinsbildung zurück. Es waren zunächst die allgemeinen Bestimmungen, die implizite in Schriften der Vorsokratiker zu finden waren, welche den Blick auf die – wenn auch unter ganz anderen Vorzeichen stehenden – Ansprüche gegenwärtiger Künstler lenkten. Diese sporadischen vorplatonischen Äußerungen – von Homer über Hesiod, die Pythagoreer bis zur Philosophie Xenophons – gewinnen erst in PLATONS rationalem Denken deutliche Gestalt und erhalten systematische theoretische Begründung.

Zunächst geht es da um das Problem des Schönen in Gestalten, Farben, Klängen (Phil. 51 c–d), also auf dem Gebiet der *sinnfälligen* Schönheit. »Wenn mir jemand sagt, weswegen irgend etwas schön ist, (so ist es) entweder weil es eine blühende Farbe hat oder Gestalt oder sonst etwas dieser Art« (Phaidon 100 c). Von der Schönheit der Farben ist ebenso wie von der Schönheit der Gestalten die Rede (Gorg. 465 b; Soph. 251 a; Nomoi 668 e, 669 a). Platon hebt den Gesichtssinn aus den übrigen Sinneswerkzeugen hervor (Pol. 507 c–508 d): im »Phaidros« (250 c–d) heißt es, daß die Sehkraft das deutlichste und schärfste unter unseren Wahrnehmungsorganen ist; und das höchste Lob des Gesichtssinnes steht im »Timaios« (47 a–b). Der Begriff des Schönen wird stets auf den Anblick bezogen.

Im »Phaidros« wird gesagt, daß der Schauende dem ›Schönen‹ – wo es auch verkörpert sei – wie einem Standbild opfern will. Wenn Eros als der schöne Gott gepriesen wird, so erscheint er in blühender schönfarbiger Jugend (Symp. 196a–b).

Das Sichtbare – also das den Sinnen sich Offenbarende – bezieht Platon engstens auf den Begriff der Grenze und der Proportion, da nur das Begrenzte in Erscheinung treten kann, also sichtbar ist. Im »Philebos« wird gesagt, daß das Ebenmäßige vom Gebiet des Guten in dasjenige des Schönen hinüberführe (Phil. 55e). Der »Timaios« preist die Schönheit der Weltordnung (Tim. 31b; 32c), die durch Ebenmaß und Proportion entsteht (Nomoi II 665a).

Schönheit als In-Grenzen-Treten; äußere und innere Schönheit

Die Abgrenzung, das Ins-Maß-Bringen des Unbegrenzten ist der Ursprung jeder Art von schöner Offenbarung. »Hieraus also entstehen uns die geregelten Zeiten und alles, *was nur schön ist,* wenn das Unbegrenzte und *das die Grenze in sich Habende* vermischt werden ... Und tausenderlei anderes übergehe ich anzuführen, wie nächst der Gesundheit auch Schönheit und Stärke ...« (Phil. 26b) »*Das Begrenzte* soll in der Form des Gleichen und Doppelten und dessen, was sonst bewirkt, daß das Entgegengesetzte aufhört, ein bloß Verschiedenes zu sein, aufgehen. Denn nur so bringt es in der Ebenmäßigkeit und Einstimmigkeit die Zahl hervor« (Phil. 25e). Auf die Gemessenheit und Ebenmäßigkeit wird so die Gesundheit, die Musik, die Ordnung der Jahreszeiten und alles, was uns sonst an Schönem zuteil wird, zurückgeführt (Phil. 26b). Wie das Ebenmaß, das Verhältnis des Leibes zur Seele beherrschend, die Schönheit des ganzen Menschen bedingt und ihn sowohl zum *schönsten* als auch zum liebenswertesten *Anblick* erhebt, so wird auch ein Körper, wenn er etwas unverhältnismäßig langbeinig ist oder an einer anderen Maßverschiebung leidet, zugleich häßlich (Tim. 87e). Platon unterscheidet Körper- und Seelenschönheit, *äußere* und *innere* Schönheit (Phaidr. 279c; Symp. 210b). »Damit wir hierüber nicht in ein weitläufiges Gerede verfallen, möge alles einfach für *schön* gelten, was mit einer Tugend der Seele oder des Leibes, sei es mit ihnen selbst oder mit ihren Abbildern, zusammenhängt; das Gegenteil aber gelte für häßlich« (Nomoi 655b). Die Tugend des Körpers besteht in der Ausbildung seiner Fähigkeiten bis zur letzten Grenze, also bis zu ihrer Vollendung: wird sie sichtbar, so strahlt seine Schönheit; dasselbe gilt für die Tugenden der Seele, welche als Fähigkeiten durch Handlungen das Wesen des Menschen offenbaren. »O lieber Pan und ihr Götter, die ihr sonst hier zugegen seid, gewährt mir, schön zu werden im Inneren, und daß, was ich Äußeres habe, dem Inneren befreundet sei« (Phaidr. 279b–c). »So wäre denn die Tugend, wie es scheint, eine Gesundheit und Schönheit und ein Wohlbefinden der Seele, die Schlechtigkeit aber Krankheit und Häßlichkeit und Schwäche« (Pol. 444e).

Was führt aber das Schöne zu seiner Offenbarung? Der *Eros*, der *das erzeugende Prinzip* – hinsichtlich der körperlichen wie der geistigen Fähigkeiten – ist. »Indem er den Schönen berührt ... und mit ihm sich unterhält, erzeugt er und gebiert er, was er schon lange zeugungslustig in sich trug« (Symp. 209c).»Wer nun ... Lust haben wird, zu befruchten und zu erzeugen ..., geht ... das Schöne zu suchen, worin er *erzeugen könne*. Denn in dem Häßlichen wird er nie erzeugen« (Symp. 209b). Die Liebe ist auf das Schöne gerichtet (Charm. 167e; Symp. 206e), das Ziel, das die Liebe in der Zeugung des Leibes und des Geistes sich vornimmt, ist die Unsterblichkeit.

Ontologische Bedeutung. Beziehung zum Eros

Im vorigen Jahrhundert war man überzeugt, daß dem Schönen Autonomie zuzusprechen sei, daß daher eine spezielle Wissenschaft sich seiner Wesenserklärung zu widmen habe: die *Ästhetik*. Diese Bestimmung der Ästhetik ist – auf die Antike bezogen – irrig, denn sie zielt gerade am ontologischen Charakter des Schönen vorbei.

Die Dialektik des Schönen, wie sie im »Phaidros« und im »Symposion« entwickelt wird, ist *eine ontologische, keine ästhetische.* Jede Seele hat, ehe sie ihren Lebensweg begann, an einem übersinnlichen Ort *das Seiende an sich geschaut.* Die Schönheit – im Unterschied zur Gerechtigkeit, Besonnenheit – hatte schon dort einen »besonderen Glanz«. »Die Schönheit aber war damals glänzend zu schauen« (Phaidr. 250b). (Hier sei noch einmal auf die entsprechende Stelle bei Xenophon, siehe S. 68f., verwiesen.) »Was nun die Schönheit betrifft, so glänzte sie ... Denn das Gesicht ist der schärfste aller körperlichen Sinne, vermittels dessen *die Weisheit zwar nicht geschaut wird* ... noch auch das andere Liebenswürdige; sondern *nur der Schönheit ist dies zuteil geworden, daß sie uns das Hervorleuchtendste ist und das Liebreizendste«* (Phaidr. 250d). An jenen Glanz erinnert sich die Seele, wenn sie die einzelnen Schönheiten erblickt: dann verfällt sie der Entzückung, der Mania. Das Entzücken am schönen Antlitz und Körper führt zur Liebe und Freundschaft; sie vollzieht den Übergang vom Sinnlichen zum Ethischen, zu einer höheren Wirklichkeit. »Wer nämlich auf die rechte Art diese Sache angreifen will, der muß in der Jugend damit anfangen, schönen Gestalten nachzugehen, und wird zuerst freilich ... nur *einen* solchen lieben und diesen mit schönen Reden befruchten, hernach aber von selbst innewerden, daß die Schönheit in irgendeinem Leibe der in jedem anderen verschwistert ist und es also ... großer Unverstand wäre, nicht die Schönheit in allen Leibern für ein und dieselbe zu halten ... und von der gewaltigen Heftigkeit für *einen* nachlassen, indem er dies für klein und geringfügig hält. Nächstdem aber muß er die Schönheit in den Seelen für weit herrlicher halten als die in den Leibern ... so dahin gebracht werden, das Schöne in den Bestrebungen und den Sitten anzuschauen ... Von den Bestrebungen aber muß er weiter zu den Erkenntnissen gehen, damit er auch die Schönheit der Erkenntnisse schaue ... der wird, indem er nun der Vollendung in der Liebeskunst entgegengeht, plötzlich ein von Natur wunderbar Schönes erblicken, nämlich jenes selbst, o Sokrates, um deswillen er alle bisherigen Anstrengungen gemacht hat« (Symp. 210a–e). Dieser Zusammenhang zwischen Eros, dem Schönen und dem an sich Seienden ist nicht ästhetischer Art, er ist ein Fortschreiten auf den *Stufen des Seins,* also ein metaphysischer; er führt von einer Scheinwelt zum Sein selbst.

Das Liebesspiel der Natur gehört – nach den vorstehenden Zitaten – in den Bereich des Schönen, aber dieser geht über die Welt der Sinne hinaus. Der Schönheit ist eine Scheinhaftigkeit eigen, die andere Stufen der Wirklichkeit – wie die Wahrheit– nicht aufweisen. Die *sichtbare Körperschönheit* ist für Platon der *königliche Weg zu den Ideen:* das ist die eigentliche Funktion der Schönheit im Ganzen des geistigen Lebens. Alle Hinweise der Vorsokratiker und Xenophons auf den Zusammenhang zwischen Schönheit und Sichtbarkeit werden von Platon im ontologischen Sinne philosophisch ausgewertet. Gäbe es die Schönheit nicht, so könnten Vollkommenheit, Harmonie und Göttlichkeit der Welt nicht einleuchten.

Das Schöne und seine Macht

Die Stelle in Platons »Symposion«, wo das Wesen des Eros als Drang nach dem Schönen bestimmt wird, besitzt eine gewisse Parallelität zu den oben interpretierten Aussagen XENOPHONS. Dieser ging vom Schönen aus und zeigte, wie es wirkt und den Menschen erfaßt (dieses Wirken und Erfassen nennt er Eros). Platon jedoch geht umgekehrt vor: beim Phänomen des Eros – als einer menschlichen Grunderfahrung – ansetzend, zeigt er, wie es zum *Urseienden* führt, das in seinem Strahlen als *das Schöne* bestimmt wird. Das künstlerische Schöne und das Wesen des Kunstwerks werden bis zu dieser Stelle nicht erwähnt.

Platons »Symposion« ist so bekannt, daß wir den Text nicht wörtlich anzuführen brauchen. Nach den verschiedenen Lobreden auf Eros ergreift Sokrates das Wort und hebt hervor, daß jeglichem Lob des Eros eigentlich die Bestimmung seines Wesens und seiner Werke vorangehen sollte (Symp. 199c). Er weist auf ein Zweifaches hin: a) Jedes Drängen ist ein Drängen *nach etwas;* »so sage mir doch dieses, ob Eros ... jemandes Liebe ist (τινὸς ἔρως) oder niemandes« (Symp. 199d). b) Man drängt nach etwas, *das man nicht hat* und das man entbehrt; »dieser und jeder andere Begehrende begehrt *das noch nicht Vorhandene ... und was er nicht hat* und nicht selbst ist und wessen er bedürftig ist« (Symp. 200e). Im Text heißt es »das noch nicht Vorhandene« (Schleiermacher); im Griechischen steht aber *μὴ παρόντος*, eigentlich wäre also zu übersetzen: »das noch nicht Offenkundige, noch nicht Offensichtliche«. Diese Verdeutlichung ist wichtig, denn sie weist auf einen Wesenszug des Eros hin. Der nach etwas Strebende ist noch nicht in der Helligkeit, im Licht, im Offensichtlichen, sondern bewegt sich noch im Unbestimmten, im Dunkeln. Der erotische Zustand ist eine Befindlichkeit zwischen Sein und Nicht-Sein, also ein Werden, das noch ›auf dem Wege‹ zum Ziel und Ende ist.

Für den Griechen ist das Ziel des Drängens – als Ende und Grenze, welche es in sich trägt – ein wesentliches Moment des Offenbarwerdens des Wirklichen: nur was in den ihm zukommenden Grenzen erscheint, hat sein Ende und damit seine Vollendung erreicht. Jedes Drängen ist daher ein Streben nach Wirklichkeit.

Diese Deutung des Eros wird bestätigt, wenn wir nun auf den Terminus ›Schönheit‹ stoßen. Es heißt: »Eingestanden ist doch, das, *wessen man bedürftig ist und es nicht hat,* liebe man? – Ja. – Bedürftig also ist Eros der *Schönheit* und hat sie nicht« (Symp. 201b). Das Werden – dieser Zustand zwischen Nicht-Sein und Sein – ist also ein bedürftiger Zustand, weil er sein Ende – das in ihm wirksam ist – noch nicht erreicht hat, das Ende, das Sein, welches in seinem Offenbarwerden hier mit Schönheit identifiziert wird. Deswegen ist Eros auch kein *Gott,* sondern ein Dämon; wobei das Dämonische in dieser Unvollendetheit, in diesem Auf-dem-Wege-Sein, aber Noch-nicht-angelangt-Sein besteht. »Meinst du nicht, daß alle Götter glückselig und schön sind? ... Und glückselig nennst du doch, die das *Schöne* . . . besitzen? . . . Vom Eros aber hast du doch eingestanden, daß er aus Bedürfnis nach dem Schönen . . . eben das begehre, dessen er bedürftig ist? . . . Wie könnte also er ein Gott sein, der unbegabt ist mit dem Schönen . . . ? – Was wäre also, sprach ich, Eros? . . . – Ein großer Dämon, o Sokrates« (Symp. 202d).

Eros, Drang und Erzeugen im Schönen

Weil Eros ein ›Zwischen‹ (*μεταξύ*) zwischen Sein und Nicht-Sein (ein Dämon) ist, wird ihm die Aufgabe des Vermittlers zugeschrieben. »Zu verdolmetschen und zu überbringen den Göttern, was von den Menschen, und den Menschen, was von den Göttern kommt, der einen Gebete und Opfer und der anderen Befehle und Vergeltung der Opfer. In der Mitte zwischen beiden ist er also die Ergänzung, so daß nun *das Ganze in sich selbst verbunden* ist« (Symp. 202e). Nicht nur dem Eros, sondern auch dem *Schönen* – von dem Eros stammt – kommt also eine *existentielle* und *metaphysische* Bedeutung zu. Das Schöne wird ins Gebiet des Göttlichen gerückt, und der Eros, sofern er dorthin führt, läßt das Urseiende offenbar werden.

Das Drängen nach etwas und sein Ziel – Eros und Schönheit – werden streng unterschieden, wobei dasjenige, zu dem der Drang hinführt – sein Ende, Ziel – kein *Werden,* sondern *Sein* ist, in Hinblick auf welches das Werden und seine Momente erst als solche erscheinen können. Jedes Werden vollzieht sich in der Zeit – denn die Momente des Werdens sind das Noch-nicht, das Nicht-mehr und das Jetzt –, so ist *das Sein in seinem Offenbarwerden,* als Ziel des Werdens, nicht nur das Schöne, sondern auch *das Ewige,* das, was außerhalb der Zeit steht und seinerseits erst die Erfahrung der Zeit ermöglicht. Daher die metaphysische Beziehung zwischen Schönheit, Ewigkeit und Unsterblichkeit. »Wenn nun die Liebe immer dieses ist (Drängen nach dem Schönen), sagte sie (Diotima), auf welche Art und in welcher Handlungsweise gehen ihm nun diejenigen nach, deren Betrieb und Anstrengung man eigentlich Liebe zu nennen pflegt? ... Es ist eine *Geburt* in dem Schönen, sowohl dem Leibe als der Seele nach ... Alle Menschen nämlich, o Sokrates, sprach sie, sind fruchtbar sowohl dem Leibe als der Seele nach, und wenn sie zu einem gewissen Alter gelangt sind, so strebt unsere Natur zu erzeugen. Erzeugen aber kann sie in dem Häßlichen nicht, sondern nur in dem *Schönen.* Es ist aber dies eine göttliche Sache und in dem sterblichen Lebenden etwas *Unsterbliches,* die Empfängnis und die Erzeugung ... Denn die Liebe, o Sokrates, geht gar nicht auf das Schöne, wie du meinst. – Sondern worauf denn? – Auf die Erzeugung und Geburt im Schönen ... Warum aber auf die Erzeugung? – *Weil eben die Erzeugung das Ewige ist und das Unsterbliche,* wie es im Sterblichen sein kann ... Notwendig also geht nach dieser Rede die Liebe auch auf die *Unsterblichkeit*« (Symp. 206b–207a).

Das Verhältnis zwischen Eros, Drang und dem Erzeugen im Schönen, und damit Teilhabe an der Ewigkeit, weist den metaphysischen Charakter des Schönen endgültig auf: weil das Drängen nach dem Schönen Drängen nach dem Sein ist, so ist die einzige Möglichkeit, im Werden am Sein teilzuhaben, das Erzeugen; am Sein teilzuhaben bedeutet aber, an dem zu partizipieren, was ist und nicht wird – daher weder entsteht noch vergeht –, also an dem, was außerhalb der Zeit ist, was durch sein Bestehen für die Erfahrung der Zeit das Maß liefert.

Platonisch-ontologische Züge der christlich-byzantinischen Kunst

Eins ist also schon gewiß: Der Schönheit kommt bei Platon nicht eine ästhetische, sondern eine ontologische Bedeutung zu, Schönheit ist Offenbarung des Seins auf seinen verschiedenen Stufen, vom Sinnlichen und Augenscheinlichen bis zum Geistigen. Der Drang nach Schönheit kommt in diesem Sinne dem *Drang nach Wirklichkeit* gleich, er bringt auf den Weg zum Urseienden, Unvergänglichen, Unwandelbaren, Ewigen.

Von hier aus erschließt sich auch das Verständnis jenes vom Neuplatonismus beeinflußten Schönheitsbegriffs, nach welchem die Substanzen, aus denen etwas gebaut oder gebildet ist, als *Stufen des Seins* verstanden und bewertet werden. Die byzantinische Kunst kennt eine Hierarchie der Materialien, deren Rangstufen sich danach bestimmen, wieweit der einzelne Werkstoff am Lichthaften, Unvergänglichen und Ewigen teilhat. Von hier aus ist der Wertgehalt der Mosaiken und des Goldgrundes zu beurteilen. Wenn in Quellen aus der Zeit von der Schönheit des Materials, von der Größe und Erhabenheit des einen im Vergleich zum anderen die Rede ist, so wird eine ›ästhetische‹ Auffassung solcher Urteile in die Irre führen. Der Schönheitsbegriff bezieht sich – vom Werkstoff angefangen – auf die Darstellung höherer Stufen der Wirklichkeit. Der den Materialien eigentümliche vielschichtige Wertcharakter läßt gerade die Relativität der Sinnesreize, die historisch wandelbaren Geschmacksurteile, die psychologisch und individuell bedingten ästhetischen Eindrücke hinter sich. Wenn heutzutage die Beurteilung jener Werke sich meist gerade von diesen Momenten leiten läßt, so geht sie ästhetisierend an ihren tieferen Intentionen vorbei.

Wie stark platonisches und neuplatonisches Gedankengut in die christlich-mittelalterliche Kunst eingegangen ist, hat ROSARIO ASSUNTO in seiner Arbeit über die Theorie des Schönen im Mittelalter gezeigt. Hier soll der Vorrang der ontologischen religiösen Bedeutung vor den rein ästhetischen Werten in diesem Bereich nur angedeutet werden. »Die Kuppel (des Kirchengebäudes) ist hier nicht bloß eine Halbkugel, sie ist das Himmelsgewölbe; die Apsis ist der Orient, wo Christus als Richter erscheinen wird. Die in dieser Koncha dargestellten Theophanien haben nicht einen pädagogischen oder dekorativen Wert, sie sind die Verkündigung selbst, die Garantie des Ereignisses, welches die Lebenden und die Toten, dem Osten zugewandt, erwarten. Die Vorausdarstellung ist die Handlung selbst, die sich im voraus ereignet, sie ist wie der Traum prophetisch. Die Zeit ist eine Täuschung, sie ist ewige Wiederkehr; die Schlange des Chronos umschließt mit ihrem Kreislauf Vergangenheit, Gegenwart und Zukunft. Die Übertragung der Kräfte geschieht auf mannigfache Weise ... Die Gläubigen beugten sich zur Mutter Erde in den heiligen Grotten; sie legten ihre Hände auf das Grabmal Christi oder der Heiligen, und durchtränkten so die Rosenkränze oder Medaillen mit deren Verdiensten. Das Sehen ist ein Berühren aus der Ferne, und die Macht der Bilder und Architekturformen wirkt ebenfalls auf den Gläubigen.«[30]

PLOTIN (Enneaden IV 3,11) gibt der Überzeugung Ausdruck, daß eine Statue die Gegenwart des Gottes gewährleiste. Die Christen haben später, den theoretischen Hintergrund des Gedankens mißverstehend, diese Äußerung als Idolatrie gebrandmarkt, was wiederum eine ästhetische Auffassung des Bildwerks ausschließt. Der ahistorische und außerästhetische Aspekt ist den archaischen Gemeinschaften wesensgemäß, der modernen Gesellschaft aber entgegengesetzt. Das gegenwärtige aktuelle Interesse für die archaische Welt ist das Ergebnis einer Krise der modernen Gesellschaft und ihrer geistesgeschichtlichen Kategorien. Ein wesentlicher Zug unserer Zeit ist – oder war – die Neu-*gier,* das Drängen nach dem, was noch nicht war; während der archaischen Welt die Abwehr des Neuen und Hinfälligen wesensgemäß ist. Ihr ganzes Bemühen und all ihre Aufmerksamkeit bei der Verwirklichung von Werken, die wir heute der Kunst zurechnen, richtete sich auf das Wiederkehrende, das Nichtverharrende; und das bedeutet Absperrung gegen das subjektive, besondere Geschehen, wozu auch das Ästhetische gehört.

Mißverständnisse der modernen ästhetischen Einstellung

Das Mißverständnis in der Seh- und Auffassungsweise z. B. gegenüber der byzantinischen Kunst liegt darin begründet, daß der moderne Mensch seine subjektive, ästhetische Erlebnisform mit der ontologischen Intention der Werke nicht koordinieren kann. Wir sind gewohnt, ihnen als Gestaltungsziel *eine* von vielen möglichen Seinsdeutungen zu unterlegen. Damit ordnen wir sie historisierend ein und stellen sie auf gleiche Ebene mit neuzeitlichen Werken, die immer neue Weltaspekte entdecken. Irgendeine Welt-, Menschen- oder Seinsdeutung lag jedoch niemals in der Absicht jener Werke; sie wollten *Wirklichkeit* schlechthin sein, sie erhoben jenen kosmologischen Totalitätsanspruch, der sakrale Bedeutung verleiht und für alle einer mythischen Welt entsprungenen Werke – auch die der außereuropäischen Hochkulturen – ausschlaggebend ist.

Der moderne Mensch neigt auch zu einer Kritik des griechischen Schönheitsbegriffs mit dem Argument, dieser führe zu Unrecht ästhetische Kategorien in die Naturwelt ein; das sei ein Mißverständnis von Grund auf (so meint noch BENEDETTO CROCE), denn das Ästhetische sei ausschließlich Produkt menschlicher Tätigkeit und könne in der Natur weder gesucht noch angetroffen werden. Tatsächlich liegt das Mißverständnis in unserer Verkennung der ontologischen Bedeutung des antiken Schönheitsbegriffs. Wir übertragen moderne Probleme auf ein Gebiet, das mit ihnen keinerlei gemeinsame oder ähnliche Elemente aufweist.

Diese Einsicht hat auch prinzipielle hermeneutische Bedeutung. Im »Phaidros« führt Platon aus, daß alles Geschriebene, ebenso wie jedes Kunstwerk, stumm bleibt, bis ein Deuter es zum Sprechen bringt. Ein solcher Interpret muß sich aber der dem Werk eigentümlichen Sprache anpassen. Werke, die der entwickelten sakralen Intention entspringen, sind also rein formalistisch – nach Gesichtspunkten der Komposition, der Farbverhältnisse, der Aufbauprinzipien – nicht zu deuten; sie bedingen vielmehr genaue Kenntnis der ontologischen Bedeutungen, ohne die der Versuch, das Werk zum Sprechen zu bringen, fehlschlägt und in dilettantische, vom subjektiven Geschmack ausgehende Pseudo-Einfühlung mündet. Solche Kenntnisse sind uns durchaus nicht geläufig, seit Jahrhunderten hat sich die Denk- und Deutungsweise immer weiter davon entfernt. Die Bewältigung dieser Aufgabe setzt also ganz neue wissenschaftliche Bemühungen voraus.

Übrigens liegt ein bemerkenswerter Hinweis auf den Wirklichkeitscharakter der mythischen, sakralen Werke in der Tatsache, daß nach kriegerischen Auseinandersetzungen der Sieger meist bemüht war, die heiligen Bau- und Bildwerke radikal zu zerstören. Sie waren die einzig gültige Form des Seins schlechthin. Mit ihrer Vernichtung wurde die Wirklichkeit des Feindes selbst aus der Welt geschafft. Auch derartige Zerstörungen dürfen also nicht modernistisch nur als Zeichen der Barbarei oder der Mißachtung historischer, künstlerischer, musealer Werte mißdeutet werden.

Platons Urformen und Mondrians universelles Gleichgewicht

Die nichtästhetische Bewertung von Material, Formen und Gestalten ist aber nun nicht nur in der sakralen Welt vergangener Epochen aufzuweisen, sie ist auch – unter ganz profanen Vorzeichen – anzutreffen in der gegenwärtigen Kunst. Platon sieht in den einfachen geometrischen Formen – Gerade, Kreis, Dreieck, Kugel – Schönheit *an sich,* weil er in diesen Elementen *Urformen des Seins* erkennt (im »Timaios« dienen sie zum Aufbau der Welt), Strukturelemente der Wirklichkeit. »Als Schönheit der Gestalten will ich jetzt nicht das anführen, woran die Menge wohl zunächst denken wird, wie die Gestalten lebendiger Wesen oder gewisser Gemälde, sondern ich meine *das Gerade und Runde,* und aus diesen wieder das, was flächenhaft oder körperlich durch Dreheisen entsteht und durch Richtscheit und Winkelmaß, wenn du mich recht verstehst. Denn dieses, sage ich, ist nicht in Beziehung auf etwas schön, wie wohl anderes, sondern immer schön und an sich von Hause aus und mit einer ihm eigenen Lust verbunden ...« (Phil. 51c). Die geometrischen Formen sind Stufen der Wirklichkeit, *Urformen, ein an sich Seiendes und nicht etwas sinnlich Bedingtes.*

In der gegenwärtigen Kunst gibt es die Bestrebung, mit Urformen ein bildnerisches Harmoniegleichnis zu entwerfen (und damit das ästhetische Abbild der Wirklichkeit zu verwerfen). Wenn dieser Versuch ›platonisch‹ erscheint, so vollzieht er sich doch unter ganz anderen Voraussetzungen und mit anderen Vorstellungen von Grundelementen und Formen der Wirklichkeit. Darauf können folgende Äußerungen MONDRIANS hinweisen: »Begrenzte Formen sind *besondere,* daher nicht universelle Elemente. Offensichtlich sind alle Formen bis zu einem gewissen Grade begrenzte, und so ist die Befreiung von ihrer Begrenzung relativ. – Es ist klar, daß die offene Form weniger begrenzt ist als die geschlossene. Als geschlossene Formen sind solche zu betrachten, deren Grenzen weder Anfang noch Ende haben, wie der Kreis. Von geraden Linien begrenzte Formen sind offener als solche, bei denen die Kontur eine Kurvenlinie ist, denn sie entstehen durch Schnittpunkte von Linien. – Mehr und mehr schloß ich alle Kurvenlinien aus, bis mein Werk schließlich *nur noch aus vertikalen und horizontalen Linien bestand, die sich kreuzten . . . – Vertikale und Horizontale sind der Ausdruck zweier entgegengesetzter Kräfte; dieses Gleichgewicht von Gegensätzen existiert überall und beherrscht alles.*«[31]

2 Die Bestimmung der Kunst

Der göttliche Ursprung der Dichtung

Die ontologische Bestimmung des Schönen führt nun zu der Frage, wie Platon die Kunst und die Schönheit des Kunstwerks versteht. Jedenfalls gehört sie nicht in einen ›ästhetischen‹ Bereich, wo der Mensch von der Verpflichtung und dem Ernst der Wirklichkeit entbunden wäre. So heißt es in »Politeia« (379 a) ausdrücklich: »Solchen (den Städtegründern) gebührt . . . die Grundzüge zu kennen, nach denen die Dichter erzählen *müssen,* und sie nicht zuzulassen, wenn sie von diesen abweichen.«

Der *Ursprung der Kunst* ist für Platon geheimnisvoll; durch ihre Zurückführung auf göttliche Eingebung ist jede Annäherung an diesen Quellpunkt verwehrt. Der Ursprung der Dichtung aus der ›Mania‹, dem Wahn, aus der Ekstase (einem Aus-sich-Herausgesetztsein), aus einem Enthusiasmus, einer göttlichen Entrücktheit, verleiht ihr einen objektiven Charakter. Platon unterscheidet vier Arten der Mania: im »Phaidros« werden sie aufgezählt: die Entrücktheit des Sehers und Propheten, die des vom Gott bewirkten Wahnsinns, die der Besessenheit durch die Musen (Kunst) und die des Eros, das heißt diejenige, in welcher die Seele im Anblick der sinnlichen Schönheit das Schöne an sich erfährt.

Platon ist offenbar von der Treffsicherheit des Darstellens und Schilderns der Künstler und Dichter so betroffen – um so mehr, als er jedes begründete *Wissen* als Grundlage des Kunstschaffens leugnet –, daß er sie als ein Geschenk der Götter betrachtet, welches die Hilflosigkeit und Unzulänglichkeit des Menschlichen zu überwinden erlaubt; die Kunst wird beinahe auf eine Regung des *göttlichen Mitleids* zurückgeführt. In der Kunst vollzieht sich ein von der Erkenntnis verschiedener geistiger Vorgang, und »aus Mitleid haben uns die Götter Apollon und die Musen zu Genossen gegeben und dazu noch Dionysos als dritten« (Nomoi II 665a).

Immer wieder ist Platon überrascht von der Fähigkeit der Rhapsoden, den Homer (beispielsweise) vorzutragen und zu deuten, einer Gabe, die (wie es im »Ion« heißt) nicht aus irgendeinem Wissen entspringt; der Rhapsode spricht vielmehr kraft einer göttlichen Eingebung. Die Muse versetzt den Dichter in Begeisterung, und an dieser nehmen die Interpreten und Hörer teil, denen das Verständnis des Werkes nur so sich erschließt.

Wenn das Material eines Kunstwerks schon ontologische Bedeutung hat, indem es durch seine Eigenschaften auf etwas Ungeschichtliches, Dauerhaftes, Ewiges *hinweist* und an diesem Urseienden *teilhat,* so ist die *Darstellung* der Urwirklichkeit durch jenes Material ein ›Wiedergeben‹ und in diesem Sinne ein ›Nachahmen‹ (Mimesis): In dieser Nachahmung sieht Platon das Wesen der Kunst.

Der Begriff ›Mimesis‹ muß in der Bedeutung, die ihm schon vor Platon zukam, wenigstens kurz umrissen werden.

Bei HOMER und HESIOD kommen weder der Terminus selbst noch seine abgeleiteten adjektivischen oder adverbialen Formen vor, ebensowenig bei den Lyrikern, mit Ausnahme von THEOGNIS und PINDAR. Die etymologische Herkunft von ›Mimesis‹ ist nach Boisacq und Prellwitz dunkel. Die Tatsache aber, daß das verwandte Wort *μῖμος* (mimos) in Sizilien durch die dramatische Dichtung des Syrakusaners SOPHRON sich verbreitet und für die ganze dichterische Gattung dieser Art durchgesetzt hat, beweist, daß zu dieser Zeit (im 5. Jh. v. Chr.) der Begriff bekannt und in häufigem Gebrauch war.

THEOGNIS (370) beschwert sich darüber, daß er die Denkart der Menschen nicht verstehen kann, denn was er auch tut, Gutes oder Böses, wird von ihnen getadelt: das heißt, »niemand von den Dummen kann nachahmen«. PINDAR sagt in seiner 12. Pythischen Hymne vom Flötenspieler Midas, daß er »durch die Berührung seines Mundes das tönende Jammern des Euryalos nachahmt«. HERODOT berichtet (4. Buch, 166), daß der Herrscher von Ägypten den Dareios nachahmte. Derselbe Historiker erzählt (3. Buch, 37), der persische König Kambyses habe viele Götterstatuen zerstört und verbrannt, als er Memphis eroberte. Dabei habe er auch die Statuen des phönizischen Gottes Path verspottet, die von der Größe eines Zwerges waren. Herodot sagt bei der Beschreibung dieser Statuen: »Es ist eine Darstellung (*μίμησις*) eines Zwerges.« Verbal verwendet finden wir das Wort in der Bedeutung von Nachahmung u. a. bei AISCHYLOS (Choephoroi 564 und Fragmenta

374). Während in den erhaltenen Werken von SOPHOKLES der Terminus Mimesis nicht zu finden ist, können bei EURIPIDES viele Stellen angeführt werden, z. B. Ion 451, wo er wieder im Sinne von Nachahmung gebraucht ist. Im Vers 1429 beschreibt Kreusa ihrem Sohn Ion das Tuch, das sie selbst gewebt und auf dem sie ihn ausgesetzt hatte, und sagt, sie habe auch Schlangen eingewebt, die ›Abbild‹ des alten Erichthonios waren. (Vgl. auch Helena 74, 875, wo es heißt: »Dein Gemahl Menelaos ist angekommen, nachdem er der Schiffe und deines *Bildes* beraubt ist.« Ferner auch Vers 940, ebenso Elektra 1037, Hippolytos 114.)

In der Komödie, und zwar bei ARISTOPHANES (Frösche 109), lesen wir, daß Dionysos, als er mit seinen Sklaven zum Hades hinuntersteigt und Herakles antrifft, zu diesem sagt, er sei wegen des gestorbenen Dichters gekommen und er habe ihn nachgeahmt, was seine Kleidung betrifft (vgl. auch Thesmophoriazusai 156).

Gehen wir zur griechischen Prosa über, so finden wir auch hier den Terminus ›Mimesis‹ in derselben Bedeutung verwendet (z. B. Thukydides I 95,3). XENOPHON läßt in seinen »Memorabilien« (III, 10) Sokrates den Maler Parrhasios fragen, ob die Maler auch das Gemüt *darzustellen* vermögen oder dieses nicht darstellbar ist.

Häufigen Gebrauch machen auch die attischen Redner von dem Verb *μιμέομαι*. Bei ISOKRATES (an Demonikos §11) bedeutet es eher ›darstellen‹: »Denn was für eine Schande, wenn die Maler die schönen Tiere darstellen, die Kinder aber ihre sittlichen Eltern nicht nachahmen« (vgl. auch Areop. §84). PLUTARCH in seinen »Problemata« (5,1673c) behandelt die Frage: »Warum wir denjenigen, die die Verärgerten und die Traurigen nachahmen, gerne zuhören, denen aber, die wirklich in diesen Leidenschaften sich befinden, ungerne«. Der angegebene Grund ist: »weil derjenige, der nachahmt, viel besser als derjenige, der wirklich leidet, ist und sich dadurch unterscheidet, daß er nicht leidet«. Der andere Grund lautet: »weil derjenige, der sich wirklich ärgert und betrübt ist, in einigen allgemeinen Leidenschaften und Aufregungen gesehen wird, während in der Nachahmung eine Klugheit und Wahrscheinlichkeit erscheint«. In seinem Werk »De audiendis poetis« (18a) erklärte er, daß Poesie eine nachahmende Kunst sei und (18b) daß »wesentlich etwas Häßliches nie schön werden kann, aber die Nachahmung wird dann gelobt, wenn sie die Ähnlichkeit erreicht, sei es für etwas Gutes oder etwas Schlechtes.«

LUKIAN erzählt in seinem Dialog »De saltatione« (64), daß ein Barbar, der den Nero besuchte, einer Tanzaufführung beigewohnt hatte und auf Neros Geheiß einen Wunsch äußern durfte; er bat, den Tänzer mitnehmen zu dürfen, weil er durch ihn seinem Volk seine Wünsche und Gebote darzustellen vermöchte, »denn die *Darstellung* seines Tanzes schien ihm so bedeutungsvoll und deutlich«. In demselben Dialog (Kap. 83) berichtet Lukian über einen Tänzer, der den rasenden Ajax darstellte (nachahmte) und dabei selber in die Manie hineingeriet, und zwar durch übertriebene Nachahmung. Die meisten Zuschauer lachten, aber andere hatten Angst, weil sie glaubten, »daß, wegen der allzugroßen Nachahmung, er selbst in diese Leidenschaft versetzt worden sei«.

Aus diesen Zitaten ist zu schließen, daß der Terminus ›Mimesis‹ und seine Ableitungen ›Nachahmung‹ oder ›Darstellung‹ bedeutet, wobei sich die beiden Bedeutungen nicht widersprechen. Dies trifft auch für Platon zu. So heißt es im »Kratylos« (423a): »Wenn wir also, meine ich, das Leichte und Obere *ausdrücken* wollen, so würden wir die Hand gen Himmel erheben, um die Natur des Dinges selbst *nachzuahmen* ... Und wenn wir ein laufendes Pferd oder anderes Tier *darstellen* wollten, so, weißt du wohl, würden wir unseren Leib und unsere *Stellung möglichst jenem ähnlich zu machen suchen* ... So, denke ich, entstände wenigstens eine *Darstellung*, wenn der Leib das, was er darstellen will, *nachahmte*« (vgl. auch Kratylos 423d). In »Politeia« (393c) heißt es: »Müssen wir nicht sagen, daß er (der Dichter) dann seinen Vortrag jedesmal *so sehr als möglich dem nachbildet, von dem er vorher ankündigt daß er reden will?* ... Aber *sich selbst einem anderen nachbilden in Stimme oder Gebärde, das heißt, doch den darstellen, dem man sich nachbildet* ... In einem solchen Falle also, scheint es, vollbringen dieser und andere Dichter ihre Erzählung durch Darstellung« (vgl. auch Soph. 235d–e, 267a; Pol. 373b, 501b, 602b; Tim. 29b).

Um die Bedeutung der Mimesis bei Platon zu ermitteln, dürfen wir uns nicht weiter mit Zitaten aufhalten; die genauere Interpretation dieses Terminus ergibt sich erst aus einer Untersuchung dessen, was eigentlich Gegenstand der Nachahmung im Hinblick auf die Kunst sein soll.

Gegenstand der Nachahmung. Drei Stufen der Wirklichkeit

Nach Platon ist die höchste Stufe der Wirklichkeit das Ursein, das Reich der Urgestalten und Ideen. Das Seiende, welches unsere sichtbare, hörbare, also sinnliche Welt ausmacht, ist von jenem ein ›Abbild‹, ein Schatten gewissermaßen des Urseins, und erst durch das Wissen (ἐπιστήμη) gelangen wir dazu, die sinnlichen Phänomene in einen Ordnungszusammenhang zu bringen. Wissen bedeutet nämlich, das, was sich uns in dieser Welt des Schattens durch die Sinne mannigfaltig schwankend und veränderlich zeigt, zu *begreifen,* das heißt unter einer Idee, in einer Gestalt, welche die Phänomene in ihrem Wesen klärt, zusammenzufassen. Begründen, Beweisen, Wissen ist das Vermögen, die Gründe des Zusammenfassens (des Bestimmens der Mannigfaltigkeit) angeben zu können, um die Prinzipien, die in der ersten, wahrhaft seienden Welt herrschen, zu wissen. Wissen und beweisen bedeutet daher auf jene Welt zurückgreifen.

Kunst als Mimesis – Nachahmung, Darstellung – entsteht durch die Wiedergabe der Welt der Schatten. Da die Gegenstände der Sinneswahrnehmung Nachahmungen der Urbilder, der Ideen sind, die erst durch Vernunfterkenntnis zugänglich werden, so folgt daraus, daß der Künstler *Nachahmer eines Nachgeahmten* ist, denn er fängt nur den Schein einer Wirklichkeit auf, die ihrerseits eine *vergängliche Nachbildung sei-*

ender Urbilder ist. Ein Gaukler und Nachahmer ist daher der Künstler (Pol. 598b). Er bleibt auf einer dritten Wirklichkeitsstufe unterhalb der Wahrheit stehen.

Hervorbringende und nachahmende Kunst

Allerdings unterscheidet Platon *hervorbringende* von der *rein nachahmenden* Kunst. Zur hervorbringenden gehört z. B. die Baukunst, die für ihn deswegen gegenüber der Malerei und Bildhauerei eine höhere Stufe einnimmt; sie ist nicht Nachbildung der Schattenwelt, sondern ein Produzieren von etwas, das durch die Kunst seine Existenz in der Schattenwelt erhält. Diese Unterscheidung hat später in der Kunsttheorie der Renaissance eine große Rolle gespielt.

Ist Nachahmung Wiedergabe einer Wirklichkeit, deren Urform sich mit der Idee deckt, so kann auch die produzierende Kunst Ideen nachahmen. »Was Darstellung (μίμησις) überhaupt ist, weißt du mir das wohl zu sagen? ... Nämlich *einen* Begriff pflegen wir doch jedesmal aufzustellen für jegliches Viele, dem wir denselben Namen beilegen ... Nehmen wir also, was du willst, von solchem Vielen! Wie zum Beispiel, wenn es dir recht ist, gibt es doch viele Bettgestelle und Tische? ... Aber Begriffe gibt es doch nur zwei für diese Geräte, einen des Bettes und einen des Tisches ... Und pflegen wir nicht zu sagen, daß die Verfertiger jedes dieser Geräte, *auf den Begriff sehend,* so der eine die Bettgestelle macht, der andere die Tische, deren wir uns bedienen, und ebenso auch alles andere? Denn den Begriff selbst verfertigt doch keiner von diesen Meistern; wie sollte er auch? ... wenn du nur einen Spiegel nehmen und den überall umhertragen willst, (wirst du wohl) bald die Sonne machen und was am Himmel ist, bald die Erde, bald auch dich selbst und die übrigen lebendigen Wesen und Geräte und Gewächse, und alles, wovon soeben die Rede war. – Ja scheinbar, sagte er, *jedoch nicht in Wahrheit seiend.* – Schön, sprach ich, und wie es sich gebührt, triffst du die Rede. Nämlich einer von diesen Meistern, meine ich, ist auch der

Maler« (596a–e). »Wie aber der Tischler? Sagtest du nicht eben, daß auch er ja den Begriff nicht macht, der doch eigentlich, wie wir behaupten, ist, was das Bettgestell ist, sondern ein einzelnes Bettgestell mache er ... Also wenn er nicht macht, was ist: so macht er auch nicht das Seiende, sondern nur etwas Sobeschaffenes wie das Seiende, Seiendes aber nicht? ... Willst du nun, daß wir eben hiervon auch den Nachbildner (*τὸν μιμητήν*) aufsuchen, wer er wohl ist? – Wenn du willst, sagte er. – Also dieses werden uns drei Bettgestelle, das eine, das in der Natur Seiende, von dem wir, denke ich, sagen würden, Gott habe es gemacht ... Eines aber der Tischler ... und eines der Maler ... Maler also, Tischler, Gott, diese drei sind Vorsteher der drei Bettgestelle ... Sollen wir diesen also (Gott) den Wesensbildner hiervon nennen oder ungefähr so? – Das ist ja wohl billig, sagte er, da er ja dieses und alles andere dem Wesen nach gemacht hat. – Und wie den Tischler? Nicht den Werkbildner des Bettgestelles? – Ja. – Nennen wir auch wohl den Maler Werkbildner und Verfertiger desselben? – Keineswegs. – Aber was denn sagst du, daß er von dem Bettgestell sei? – Ich denke, entgegnete er, am schicklichsten nennen wir ihn Nachbildner dessen, wovon jene die Werkbildner sind« (Pol. 597a–e). Der Maler ist also ein rein Reproduzierender, ein Sophist, denn er täuscht das Nicht-Wirkliche (die äußere Realität) vor.

Im »Sophistes« (265a–b) unterscheidet Platon ebenfalls hervorbringende und nachahmende Kunst. Als *hervorbringende* hat die Baukunst den Vorrang vor der Plastik und der Malerei, die sich in der Nachahmung erschöpfen. Dieselbe Begriffsaufteilung finden wir im »Theaitetos« (266c–d). Auch im »Sophistes« (266c) ist im Gegensatz zum gebauten das gemalte Haus ein Traum, der für Wachende geschaffen ist: der Handwerker, der ein Bettgestell herstellt, ist der Wahrheit und dem Wissen näher als der Künstler, der ein Bettgestell malt (Pol. 597a–c). Im »Kratylos« (430d) spricht Platon der bildenden Kunst das Prädikat der ›Richtigkeit‹ zu, sofern sie den dargestellten Gegenstand für das Auge zutreffend wiedergibt. Dieser Begriff der Richtigkeit bedarf noch der Erläuterung. Wichtig ist, daß für Platon das Maß an ›Richtigkeit‹ zugleich Qualitätsmaßstab ist, ihm also gestattet, ein gutes von einem schlechten Werk zu unterscheiden.

Die menschliche Praxis als Gegenstand der Dichtung und der Musik

Die Dichtung ist der Teil der musischen Kunst, welcher sich mit *Reden und Mythen* beschäftigt: Platon nennt den Dichter Mythologen (Nomoi 941 b; Pol. 392 d, 398 b; Phaid. 61 b). Er ist der Erfinder von Erzählungen, von *Handlungen:* vergangenen, gegenwärtigen oder zukünftigen Ereignissen. »Ist nicht alles, was von Fabellehrern und Dichtern gesagt wird, eine Erzählung *entweder geschehener Dinge oder jetziger oder künftiger?* ... Und führen sie es nicht entweder in *einfacher Erzählung* aus oder in einer *in Darstellung* eingekleideten (Tragödie)?« (Pol. 392 d). Der Künstler ahmt *handelnde Menschen* nach, welche durch ihre Handlungen Gutes oder Übles zu gewinnen meinen (Pol. 603 c) und entweder betrübt oder in Freude versetzt erscheinen.

Die *Handlung* tritt als wesentliches Element der Dichtung, als ihr eigentlicher Gegenstand, in Erscheinung, weil durch sie der Mensch in dem ihm innewohnenden Widerstreit zwischen Vernunft und Leidenschaften offenbar wird; der menschliche Charakter wird zum Gegenstand der Dichtung, und diese führt den Menschen auf sein eigentlichstes innerstes Wesen zurück (Pol. 400 d–e, 401 a, 603 d, 605 a). »Diese Nachbildnerei (die dichtende) bildet doch *handelnde Menschen* nach, in freiwilligen oder erzwungenen Handlungen, und welche durch diese Handlungen glauben sich Gutes oder Schlimmes erhandelt zu haben und in dem allen betrübt sind oder erfreut« (Pol. 603 c).

Die umfassende Bedeutung des Begriffs ›*Richtigkeit*‹ bei Platon ist nunmehr zu verstehen: Gibt die Kunst eine Stufe der Wirklichkeit – die Schattenwelt – wieder, so muß sie die Momente, von denen die Rede war, als zentrale Wesensmerkmale durch ihr Schaffen offensichtlich machen. Verfehlt sie diese, so hat sie keinen Sinn mehr.

Auch *die Musik* ist in diesem Sinne nachahmend (Nomoi II 668a). Sie vermag das Verhalten schlechter und guter Menschen darzustellen und zwar ausschließlich mittels der Analogie, die zwischen den Rhythmen und Harmonien und den Charakteren besteht. So kann nur der Musiker z. B. entscheiden, welche Taktart einer jeden Lebensweise als Ausdruck entspricht (Nomoi 669d–e, 798d–e; Pol. 400a). Die Tänze sind Nachahmung von Verhaltensweisen, die Handlungen, Schicksalen und Charakteren entsprechen (Nomoi 795e–796c).

Platons Kritik der Kunst

Wesentliches Element des Gegenstandes der Kunst wäre also die menschliche Handlung (πϱᾶξις), *sofern sie Haltungen und Charaktere offensichtlich macht.* Dies bedeutet, daß der *gültige* Sinngehalt bzw. moralische Wert der menschlichen Handlungen, Haltungen, Leidenschaften die Grundlage für die Beurteilung des Kunstwerks darstellt. Hieraus entspringt zugleich Platons Kritik an der Kunst: da sie nicht aus Wissen entsteht, kann sie schwerlich die *gültigen* Bedeutungen der menschlichen Handlungen darstellen und führt daher in den meisten Fällen zu einer gefährlichen Täuschung.

Sokrates befragt in der »Apologie« die Staatsmänner, die Handwerker und die Dichter nach ihrer Weisheit, und das Ergebnis hinsichtlich der Dichter (22b–c) ist folgendes: »Ich erfuhr also auch von den Dichtern in kurzem dieses, daß sie nicht durch Weisheit dichteten, was sie dichteten, sondern durch eine Naturgabe und in der Begeisterung, eben wie die Wahrsager und Orakelsänger. Denn auch diese sagen viel Schönes, wissen aber nichts von dem, was sie sagen.« Platon führt den Beweis, wieso Dichter kein Wissen besitzen, folgendermaßen: Die Rhapsoden, die Interpreten der Dichter, können – ihren Aussagen entsprechend – jeder immer nur *einen* Dichter auslegen (Ion 530d, 531a); also entspringt ihre Fähigkeit nicht dem Wissen, denn wer etwas weiß, der weiß nicht allein über etwas Vereinzeltes. Keiner ist Arzt, der nur einen einzelnen Menschen gesund machen kann. Kein Dichter kann Rechenschaft geben über das, was er sagt. Kunst geht daher nicht den Weg der Erkenntnis, sie ist nicht auf das Wesen der Dinge, auf die wirkliche Natur der einzelnen Gegenstände aus, sondern sie folgt der bloßen Wahrscheinlichkeit und ist auf Scheinbilder gerichtet (Pol. 511e, 602a).

In diesem letzteren liegt der weitere Einwand gegen die Kunst: daß der Künstler nicht nur *nicht weiß*, sondern auch *auf Scheinbilder* sich richtet, auf das menschliche Verhalten, wie es in der Geschichte, also *in unserer ständig sich wandelnden Welt,* vorgefunden wird. »Auf welches von beiden geht die Malerei bei jedem? *Das Seiende* nachzubilden, wie es sich verhält, oder *das Erscheinende,* wie es erscheint, als eine Nachbildnerei der Erscheinung oder der Wahrheit? – Der Erscheinung, sagt er. – Gar weit also von der Wahrheit ist die Nachbildnerei; und deshalb, wie es scheint, macht sie auch alles, weil sie von jeglichem nur ein Weniges trifft und das im Schattenbild« (Pol. 598b; vgl. auch 377c ff).

Platon setzt also den Bezirk des Schönen – das Strahlen des Urseienden – dem Schönen der Kunst entgegen, wobei das Schöne der Kunst eine niedrigere Stufe einnimmt, indem der Künstler die niedrigere Stufe der Wirklichkeit, wie sie in der Schattenwelt sich offenbart, wiedergibt. Deswegen schließt Platon im 5. Buch des Staates (476b) die ›Schaulustigen‹, die einfachen Kunstliebhaber, mit einer tiefen Verachtung aus dem engeren Kreis der Wissenden aus: er spricht ihnen das Vermögen ab, das Wesen des Schönen zu erkennen.

Ist das Schöne auf seiner niedrigeren Stufe in der Kunst die Nachahmung oder Darstellung dessen, was in der Schattenwelt als Seiendes existiert, so ist jede Nachahmung des Leidenschaftlichen, Chaotischen, Trüben und Bösen etwas Verwerfliches. »Also wohl auch nicht schlechte Männer, wie ja folgt, Feigherzige und die das Gegenteil ausüben von dem vorher Beschriebenen, einander beleidigend und verspottend und beschimpfend im Rausch oder auch nüchtern, und was sonst solche in Worten und Taten untereinander und gegen andere begehen ... wiehernde Pferde und brüllende Stiere und rauschende Flüsse und brausende Meere und Donner und alles dergleichen wiederum, werden sie wohl darstellen? – Es ist ihnen ja untersagt, sprach er, sowohl toll zu sein als Tollen sich nachzubilden« (Pol. 395e–396b; vgl. auch 398c, 400b, 401a–c).

In diesem Zusammenhang zieht Platon den für ihn endgültigen Schluß: Wenn Kunst Nachahmung, Darstellung von Handlungen ist, die wiederum in uns Leidenschaften beschwören, und wenn die Menge leichter leidenschaftliches als vernunftgemäßes Verhalten mitempfindet, so folgt daraus, daß die dichterische Nachahmung von Leidenschaften an und für sich negativ zu bewerten ist. Der Mensch »schwankt in seinen Handlungen und liegt selbst mit sich in Streit«, denn »unsere Seele ist von vielen tausend solchen gleichzeitig vorhandenen Widersprüchen voll« (603d). »Die vernünftige und ruhige Gemütsverfassung aber, welche ziemlich immer sich selbst gleichbleibt, ist weder leicht nachzubilden noch auch die Nachbildung leicht zu verstehen, zumal für eine große Versammlung und die verschiedenartigsten Menschen, wie sie sich vor den Schaubühnen zusammenfinden« (Pol. 604e). Mit anderen Worten: da die Leidenschaften, die nicht der Vernunft unterliegen, einen Verlust im Hinblick auf menschliche Vollendung darstellen, so wird unvermeidlich auch deren Nachahmung die Darstellung einer Nicht-Wirklichkeit sein, also reiner Schein. Die künstlerische Darstellung von Leidenschaften kann nur berechtigt sein, wenn es sich um *erhabene* Haltungen handelt, die eine Stufe der Wirklichkeit darstellen.

Die Eikasia, die Nachbildung, wie sie durchschnittlich die Kunst leistet, ist nicht Werk des Erkennens, sondern des Meinens, denn sie führt zur Sicht dessen, was ›möglich‹, und nicht dessen, was ›wirklich‹ ist; *daher wird sie von Platon verworfen.* Das ›Mögliche‹ als Gegenstand der Kunst wertet er negativ, während später bei ARISTOTELES dieser Begriff eine ganz andere Rolle in der Bestimmung der Kunst und des Schönen spielen wird. Für Platon sind Einsicht und Erkenntnis auf das

Wirkliche und das Wahre gerichtet, nicht auf irgendeine Möglichkeit: die Darstellung menschlicher Möglichkeiten – und daher z. B. auch des menschlichen Versagens gegenüber den Leidenschaften – ist für ihn keine würdige Aufgabe der Mimesis.

Die verpflichtende Wirklichkeit als würdiger Gegenstand der Kunst

In den »Gesetzen« (Nomoi 656d–657a) rühmt Platon das Idealbild der altägyptischen Kunst, welche neuerungsfeindlich und an hieratische, altehrwürdige Formen gebunden ist. Sie stellt einen stets gleichbleibenden Kanon des Ewigen, Religiösen, Ahistorischen dar. Eine solche sakrale Kunst nimmt dann in ihren Bereich auch den Tanz und die Musik auf. All das Seiende findet sich in Bewegung: das Maß der Bewegung wird Rhythmus genannt, das der Stimme – die Verbindung der hohen und der tiefen Töne – Harmonie: die Verbindung der beiden nennt Platon Chorreigen (χορεία; Nomoi 665a). Gesang und Tanz verleihen den Tönen und Bewegungen eine Gesetzmäßigkeit, Ordnung und ein Bestehen, durch welche der Mensch im sakralen Chor sich in die Ordnung des Ewigen einzugliedern vermag. »So ordneten die Götter *aus Mitleid* mit dem seiner Natur nach drangsalvollen Geschlechte der Menschen als *Rast* von diesen Drangsalen den bei den Festen geschehenden Wechselverkehr mit den Göttern an und verliehen ihnen zu Festgenossen die Musen, den Musenführer Apollon und den Dionysos, damit sie ihn *in Ordnung brächten,* ferner die Erziehung, die an den Festen durch Hilfe der Götter geschieht ... Die übrigen Geschöpfe nun entbehren des Gefühls für Maß und Maßlosigkeit in den Bewegungen, welche den Namen des Zeitmaßes und des Wohlklanges führen; uns aber seien die erwähnten Götter zu Reigengenossen gegeben und diese seien es auch, welche uns das mit Lust verbundene Gefühl für Zeitmaß und Wohlklang gaben, wodurch wir uns, indem wir unter Gesang und Tanz uns die Hände reichen, bewegen, sie aber unseren Reigen führen; und man habe sie Chorreigen (χορούς) genannt, von dem ihnen natürlichen Namen der Freude (χαρᾶς)« (Nomoi 653d ff).

Wonach strebt also die ganze platonische Auffassung der Kunst? Nach *Wirklichkeit;* dadurch wird ihr aber der Raum für hedonistisches ›Zu- und Anschauen‹ und damit für jede Form ästhetisierender Betrachtung menschlich möglichen Verhaltens entzogen. Die Kunst vermag – soweit sie Historisches zur Schau stellt – auch menschliche ›Möglichkeiten‹ (zu denen das menschliche Versagen gehört) darzustellen, aber die einzige für Platon gültige und als Gegenstand der Kunst würdige Möglichkeit ist diejenige, welche das Wesen des Menschen in seiner Vollendung – die tugendhafte Handlung – offenbart, während alle versagenden, bösen, leidenschaftlichen – die auch eine menschliche Möglichkeit darstellen – als Schein, als Täuschung ausgeschlossen bleiben. Allein in diesem Sinne vermag Platon die Kunst zu bejahen: sofern sie den höchsten pädagogischen und moralischen Ansprüchen verbunden ist. Im Tanz, in der Musik, im Gesang, im Chorreigen handelt es sich um eine Einstimmung der Bewegung des Körpers, der Stimme, der Töne in ihren ethischen, gesitteten, ewigen Sinn. Dieser Einordnung gegenüber können wir uns niemals ›unengagiert‹, rein betrachtend, also ästhetisierend, verhalten. Kunst ist hier Verpflichtung, die einen jeden angeht, Mittel zu einer Vollendung, die jeder unmittelbar anstreben und verwirklichen muß. Im 3. Buch der »Politeia« (401a ff) wird ausgeführt, wie die Erziehung der künftigen Wächter im Staat durch kostbare Gewebe, durch den Anblick guter Architektur, durch Werke der Malerei und edles Gerät vervollkommnet wird; denn alle diese Werke sind reich an Hinweisen auf jene Werte, welche zu der höheren Lebensführung, die nur dem Menschen in seiner Vollendung eignet, nötig sind. Das Leidenschaftliche, das Trübe – ebenfalls Möglichkeiten des Menschen – dürfen hingegen nicht dargestellt werden, denn sie sind dem wahren Sein des Menschen nicht zugehörig: sie sind nur menschliche Täuschung, Bilder der Scheinwelt.

Platons Ablehnung jeglichen Ästhetizismus'

Betrachten wir rückblickend, wie Platon das Problem des Schönen und der Kunst entwickelt hat, so zeigt sich, daß ein leidenschaftlicher Drang nach unbedingter Wirklichkeit seine sämtlichen Urteile bestimmt; an keiner Stelle seiner Gedankenwelt ist in irgendeiner Weise der ›ästhetischen‹ Einstellung Raum gegeben. Vollzieht der Mensch, wie Platon meint, die Transzendenz, so fordert das Poetische – als ein die Welt der Erscheinungen verwandelndes Schaffen – den Einsatz des vollen menschlichen Daseins. Diese Verpflichtung der ganzen Existenz durch die Kunst führt Platon schließlich zu der These, der Mensch erreiche das höchste künstlerische Werk, die höchste Form der Tragödie in jenem Drama, das die Verwirklichung des Staates darstellt. In den »Nomoi« wird auf die Frage, ob Fremde ihre Dichtwerke mitbringen sollen, geantwortet: »Ihr besten Gastfreunde, wir selbst sind Dichter einer nach Kräften möglichst *schönsten* so wie auch *besten Tragödie.* Unsere ganze Staatsverfassung ist sonach Nachbildung des schönsten und besten Lebens, welche Nachbildung wir wenigstens *für die echteste Tragödie erklären*« (817 b).

Die Grundmotive seiner Vorgänger nimmt Platon auf und begründet sie theoretisch. Die Werke PINDARS – die wir als ›Literatur‹ betrachten – verwirklichen das Sakrale, Ewige, Unwandelbare, das stets Aktuelle und daher Göttliche, in der Zeit; sie sind also keine ästhetischen Produkte. An die Stelle der mythischen Welt und ihrer Offenbarung tritt bei Platon allerdings die philosophische Einsicht als Begründung der Kunst. Aber die ursprünglich sakrale Bedeutung der nachahmenden, darstellenden Tätigkeit wirkt bei Platon fort, indem er der Nachahmung Gültigkeit zuspricht, sofern sie *das unbedingt Wirkliche, Ewige, Ahistorische* erfaßt.

Platon hat damit den religiös bestimmten abendländischen Epochen die Grundzüge für ihre Theorien des Schönen und der Kunst geliefert, vor allem dem christlichen Mittelalter, das auf platonische und neuplatonische Begriffe zurückgreift und jede ästhetisierende Auffassung der Kunst abweist. Das Licht

z. B. als Gestaltungsfaktor des Innenraums einer Kathedrale ist ein Problem der Darstellung höherer Wirklichkeit, der sakrale Bedeutung zukommt; es ist nicht eine ästhetische Aufgabe.

Platons kritische Einstellung der Kunst gegenüber bedeutet die Abweisung alles dessen, was nicht im Bereich des Urseienden gründet, was den Menschen nicht in seinem ganzen Wesen verpflichtet, der Zone des *Möglichen,* in der Verfehlen oder Gelingen menschlicher Aufgaben schwebt und die für uns der Bereich des Ästhetischen ist. Die Werke der Kunst, sofern sie nur sinnlich Sichtbares – also nur Schatten der Urwirklichkeit – wiedergeben, sind, verglichen mit der wahren Wirklichkeit, für Platon von der gleichen Beschaffenheit wie Träume (Soph. 266c f), und die Werke der Künstler nähern sich deswegen den Illusionen der Gaukler (Soph. 235; Pol. 598d).

Mit diesen Vorstellungen gilt Platon allen Zeiten als der überzeugte Leugner jeglichen Ästhetizismus', jeder Form der Dichtung als bloßer ›Literatur‹. Und hierin liegt es begründet, daß Bestrebungen gegenwärtiger Kunst, die oben charakterisiert wurden, theoretische Begründungen finden können in der ersten großen abendländischen Darstellung des Problems einer ›Kunst jenseits der Kunst‹, der platonischen. Allerdings steht dieser gegenwärtige Versuch, die Ratlosigkeit des Ästhetizismus zu überwinden, unter entgegengesetzten Vorzeichen. Die ›Kunst jenseits der Kunst‹ von heute will die Transzendenz in der Bezeugung der menschlichen Freiheit offenbaren. Auch Platon will in den Werken der Kunst die menschliche Freiheit und Transzendenz zelebriert haben, aber als Widerspiegelung des Göttlichen, Außerhistorischen. Für ihn muß die Kunst, die politische, ethische Werte und solche der Bildung umfaßt, selbst wieder Natur sein, jedoch als Element jener Urnatur, die er mit dem Göttlichen gleichsetzt. Geht doch die Kunst – nach der Theorie des Ursprungs der Dichtung aus der religiösen Mania, der Ekstase, dem Wahnsinn des Dichters – aus dem Göttlichen hervor. Kunst ist für Platon Bezeugung menschlicher Freiheit, aber als Verwirklichung und Vollendung der göttlichen Urnatur im Menschen.

Erörterungen über das Problem des Schönen in der Antike können uns sinnvoll nur dann erscheinen, wenn sie nicht bloß der historisierenden Gelehrsamkeit dienen, sondern zur Erhellung uns heute angehender Fragen beizutragen vermögen. Nur dann ist eine Berufung auf die in abstrakter Rede viel zitierte ›abendländische Tradition‹ gerechtfertigt. Die Vergegenwärtigung und das Innewerden antiker Theorien scheint nun, wie zu zeigen versucht wurde, in der Tat geeignet, einen solchen Beitrag für die zutreffende Beurteilung gegenwärtiger Intentionen und ihrer Aussageweisen zu liefern. Dafür soll noch einmal auf Gedankengänge eines Künstlers unserer Zeit als Beispiel hingewiesen werden.

›Suprematismus‹. Gegenstandslosigkeit als Urwirklichkeit

Es handelt sich um kunsttheoretische Aussagen von KASIMIR MALEWITSCH, jenem Maler, der 1913 eine Leinwand mit nichts als einem schwarzen Quadrat auf weißem Grund zum Bild erklärte und auf eine Ausstellung schickte. Die folgenden Zitate sind einem Manuskript entnommen, das er – nach seinen eigenen Worten – als eine Art geistiges Testament in Berlin einem Freunde übergab, bevor er nach Rußland zurückkehrte, damit man ihn nie für einen Bourgeois halten könne, jedoch in der klaren Voraussicht seines Untergangs im Machtbereich der künstlerisch reaktionären bolschewistischen ›Parteilinie‹.

Er schreibt: »Nach Ansicht der Allgemeinheit soll das Ziel der Kunst die Schönheit sein . . . Diese Zielsetzung entspringt einer eigenartigen menschlichen Fähigkeit, Dinge zu sehen, die es gar nicht gibt, sich Ziele zu setzen, die der Mensch gewissermaßen nie erreichen kann . . . Alle Menschen und alle ›Künstler‹ sind entzückt von der ›Schönheit der Natur‹ . . . Ist die Natur nach Grundsätzen der Schönheit aufgebaut? Geht etwa die Sonne aus Schönheitsgründen unter? Färbt sie die Ränder der Wolken aus einer künstlerischen Veranlagung?

Sind Hügel, Täler, Schluchten, die den Menschen entzücken, nicht eher die Folge von Katastrophen, von Gewichtsverlagerungen als von Gesetzen der Schönheit?«

Malewitsch fragt sich, was eigentlich die sogenannte Wirklichkeit sei. Die Antwort lautet: sie ist das Nichts. Will die Kunst die Urwirklichkeit erreichen, um sich nicht mit Scheingestalten abzugeben, so muß sie *gegenstandslos* sein; nur dann wird sie ihr Ziel erreichen. »Wenn es eine *Wahrheit* gibt, so nur in der Gegenstandslosigkeit, im *Nichts*.«

Malewitsch verleugnet also – unter anderen Voraussetzungen – die Kunst im ästhetischen Sinne ebenfalls, denn die Welt der Gegenstände, der Individuationen, sieht er als *Täuschung* an; *wahre* Kunst muß bis zur Urwirklichkeit vorstoßen, will sie ihre Aufgabe erfüllen. Was er erstrebt, ist demnach mit den bis zu seiner Zeit allgemein gültigen ästhetischen Kategorien überhaupt nicht zu messen. »Kunst beginnt heute sich vom gegenständlich praktischen Realismus zu trennen und sich der Gegenstandslosigkeit zuzuwenden. Damit erreicht sie jene Grenze, an der Kunst aufhört, im landläufigen Sinne Kunst zu sein. Das Wesen der Kunst wird auf eine andere Ebene gehoben. Dieser Übergang auf eine andere Ebene *führt zur Zerstörung der gegenständlichen Gespenster,* bis zu deren völliger Ausschaltung. Für eine malerische Aussage hat der Gegenstand eigentlich nie eine entscheidende Rolle gespielt und wurde nur durch den Futtertrog-Realismus, man kann sagen die Futtertrog-Diktatur, in den Vordergrund geschoben. Die Entthronung der praktisch-realen Gegenstände durch die ›neue Kunst‹ im 20. Jahrhundert gab der Allgemeinheit Anlaß, diese Kunst der Zerstörung des praktischen Geistes und damit der Kunst selbst zu beschuldigen. Die Ankläger täuschen sich aber sehr: Die Zerstörung der gegenständlichen Welt bedeutet noch lange nicht die Zerstörung der Kunst oder die Zerstörung des Geistes der Kunst. Im Gegenteil: sie setzt den Geist der Kunst erst wieder in seine Rechte, hebt ihn in die gegenstandslose Wahrheit, in eine neue Wirklichkeit des Seins. Wenn der Geist des freien Wirkens versucht, aus den Grenzen des Gegenstandes herauszutreten, so verläßt er die

Form der gegenständlich-praktischen Kultur und offenbart die Gegenstandslosigkeit als das von der Katastrophe der Form der Arten, des Bewußtseins, der Kultur, der Vollkommenheit befreite Nichts.«

Malewitsch nannte seine Bestrebungen ›Suprematismus‹. Es war der Versuch, mit dem Werk das ›befreite Nichts‹ zu erreichen. Soll aber die Kunst – um sich vom Gegenstand zu lösen, die Grenzen des Ästhetischen zu sprengen und zur Urwirklichkeit vorzustoßen – das Nichts befreien: wie vermag sie dann noch etwas darzustellen? »Der Wesensinhalt des Suprematismus ist die Ganzheit gegenstandsloser, naturbedingter Erregungen, ohne Ziel und irgendwelche Zweckbestimmung. Doch das bedeutet nicht, daß das gegenstandslose Wirken nicht auch Formen für die Allgemeinheit finden wird. Im Gegenteil, die suprematistische Gegenstandslosigkeit ermöglicht Schöpfungen ähnlich den Schöpfungen der Natur, wie Berge, Täler usw. Dem Bewußtsein der Allgemeinheit stellt sich das ›Nichts‹ als Untätigkeit, als Leere dar und wird daher abgelehnt, ja sogar für unser Leben für gefährlich gehalten. In Wirklichkeit bedeutet dieses ›Nichts‹ aber durchaus nicht Leere, sondern das Wirken in einer Sphäre, in die der Mensch bisher noch nicht einzudringen vermochte ... Der Maler ist in vielen Fällen überzeugt, daß er die Kultur vermehrt, wenn er die gegenständlichen Werte auf seine Leinwand überträgt. Er vergißt dabei, daß seine Leinwand doch nur die Voraussetzung von Voraussetzungen ist, die von der Gegenstandslosigkeit absorbiert werden. Er vergißt, daß auf seiner Bildfläche Raum und Zeit verschwinden und somit eine neue malerische Wirklichkeit entsteht, die aber für die Menge nicht sichtbar ist.«

Malewitsch nennt die Bindung an die gegenständliche Wirklichkeit ein Sich-Ausliefern an utilitaristische Ziele; sie spiegele nur menschliche Teilaspekte des Urseienden. Eine Kunst, die an dieser Wirklichkeit noch hafte und sie ›ästhetisch‹ darstelle, diene einer Scheinwirklichkeit. Diese Abweisung der Scheinwelt entspricht Platons Kritik an der Nachahmung der ›Schattenwelt‹. Der Suprematismus »schafft Werke, die man weder im praktischen noch im ästhetischen

Sinne nutzbar machen kann ... Für den Maler ist die Nachbildung der Natur kein Erkenntnisvorgang. Für die Kunst dürfte meiner Ansicht nach die neue Arbeit nur darin bestehen, daß sie im unbewußten Schaffen die kosmische Wirklichkeit als gegenstandslose Wirklichkeit offenbart.«

1 Lehmspur

2 Getrockneter Lehm

3 Detail einer Plastik von Karl Hartung. 1960/61

4 Rohrstengel ▷

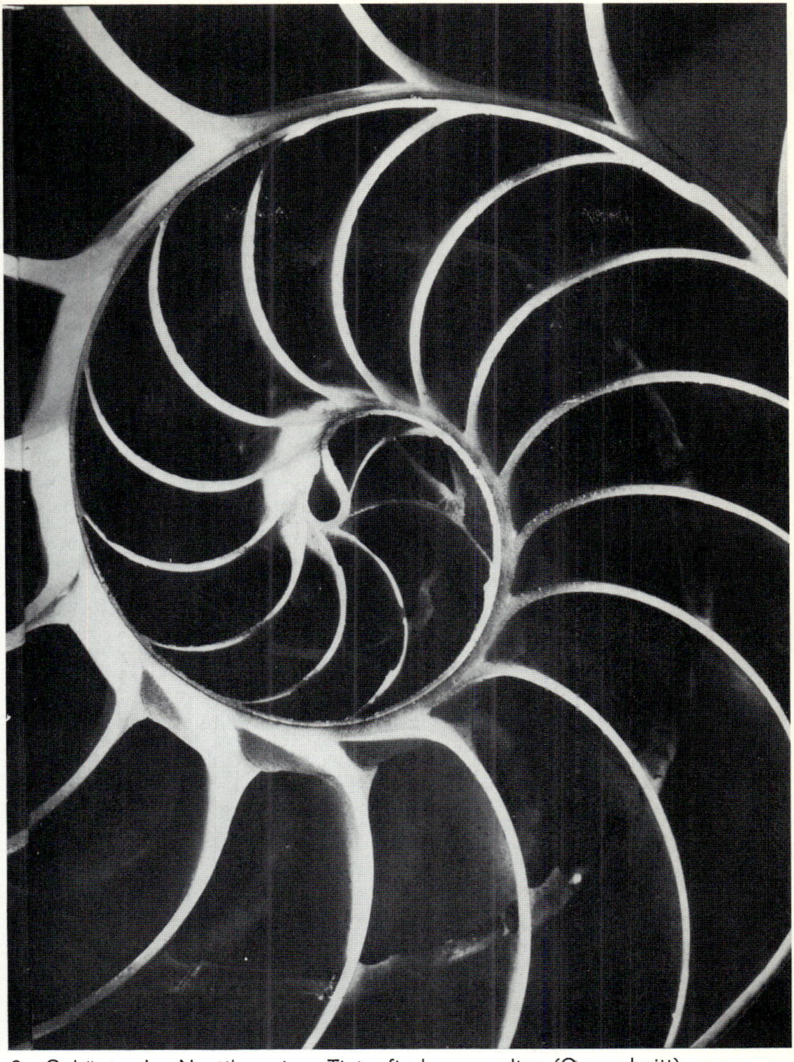
6 Gehäuse des Nautilus, eines Tintenfischverwandten (Querschnitt)

◁ 5 Ranken einer Passionsblume

7 Chitin-Schutzschild einer Cyclocosmia-Spinne

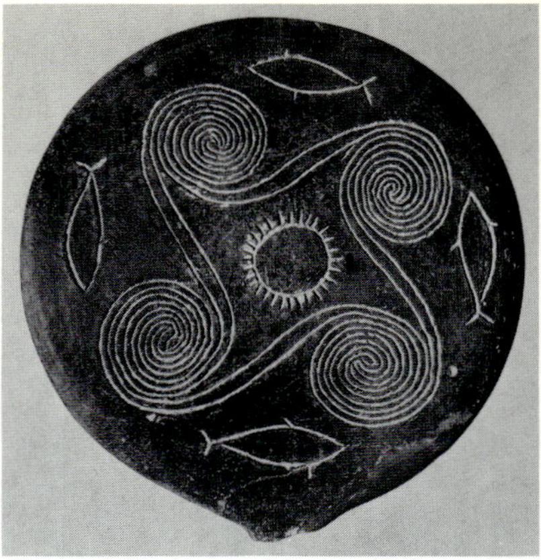

8 ›Kykladenpfanne‹ von Naxos. Höhe 22 cm. Sie diente rituellen Zwecken und zeigt eine Sonne, Spiralen und Fische. 3. Jahrtausend v. Chr. Athen, Nationalmuseum

9 Siegelstein aus dunkelfarbigem Achat (Aufnahme nach Abdruck). Aus Midea in Argos. Um 1500 v. Chr. Athen, Nationalmuseum

10 Kultgefäß in Form dreier Tauben. Ton. Höhe 12 cm. Frühminoisch III, 2200 bis 2000 v. Chr. Sammlung Giamalakis

11 Schale mit Fuß. Kamares-Stil. Durchmesser 54 cm. Aus dem Alten Palast von Phaistos, Kreta. Mittelminoisch II, 1850–1700 v. Chr. Iraklion/Kreta, Museum

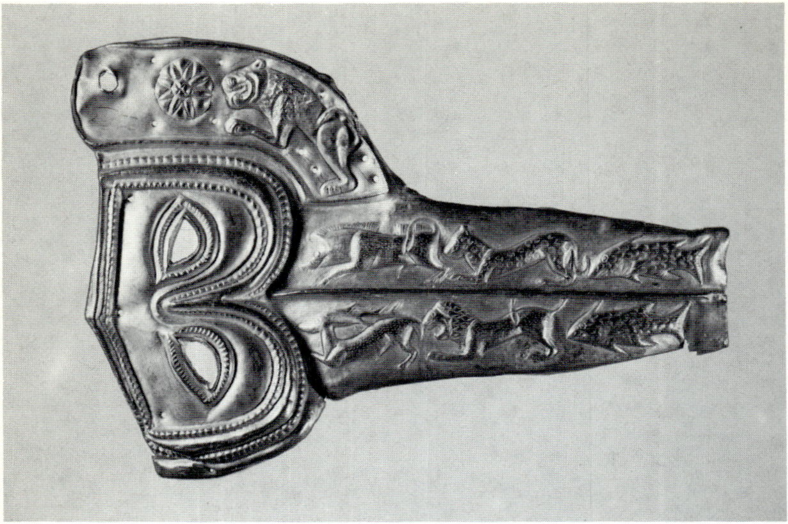

12/13 Beschlag einer Dolchscheide (Länge 19 cm) und Schildzeichen (?) in Gestalt eines Fisches (Länge 41 cm). Goldblech, getrieben. Skythisch. Gefunden in Vettersfelde, Mark Brandenburg. Frühes 5. Jahrhundert v. Chr. Berlin, Staatliche Museen Preußischer Kulturbesitz

14 Kult-Vase aus Alabaster. Von der Burg von Mykenä, Grab IV. Höhe mit Henkel 24,3 cm. Um 1600 v. Chr. Athen, Nationalmuseum

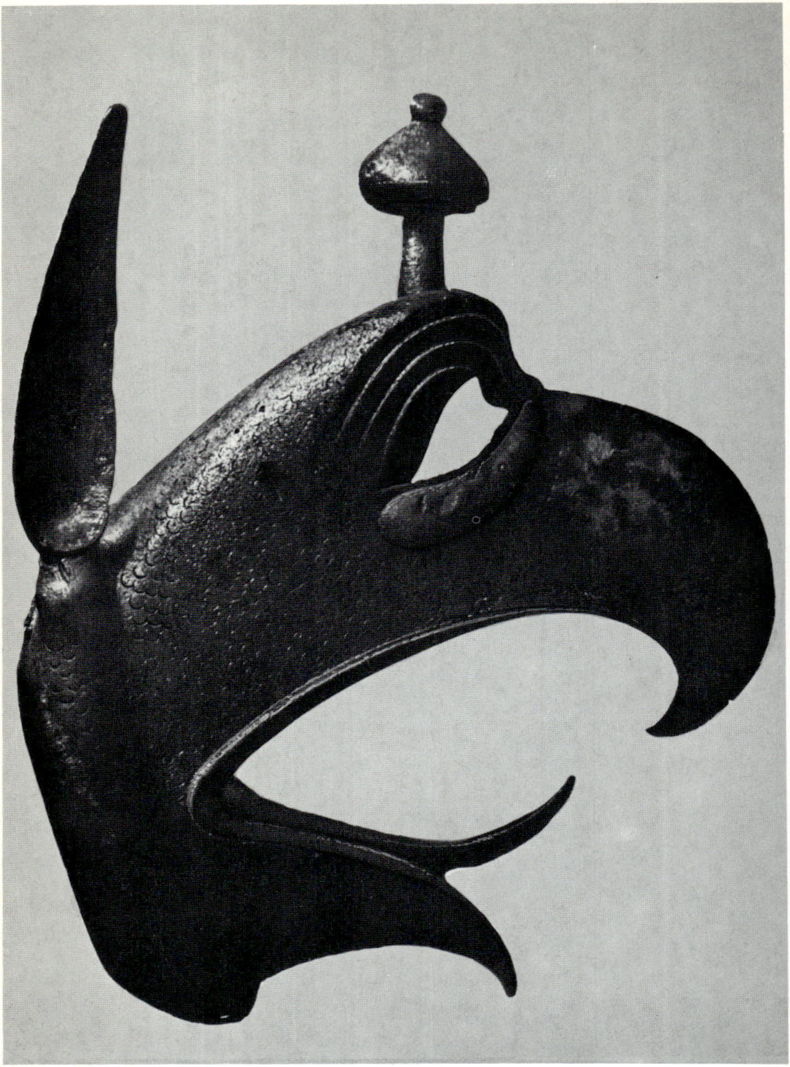

15 Greifenkopf. Bronzener Kesselschmuck. Aus Olympia. Höhe 27,8 cm. Gegen 650 v. Chr. Olympia, Museum

16 Kopf eines Marmor-Idols von Amorgos. Höhe 35,5 cm. Kykladisch, 2500 bis 2000 v. Chr. ▷

17 Löwe vom Gespann der Kybele und Gigant. Aus der Gigantomachie vom Nordfries am Syphnier-Schatzhaus in Delphi. Höhe 64 cm. Gegen 525 v. Chr. Delphi, Museum

18 Sphinx von der Säule der Naxier im Temenos zu Delphi. Naxischer Marmor, Höhe 2,32 m. Um 570 v. Chr. Delphi, Museum ▷

19 Marmor-Idol von Naxos. Höhe 27,5 cm. Kykladisch, 2500–2000 v. Chr. Paris, Louvre

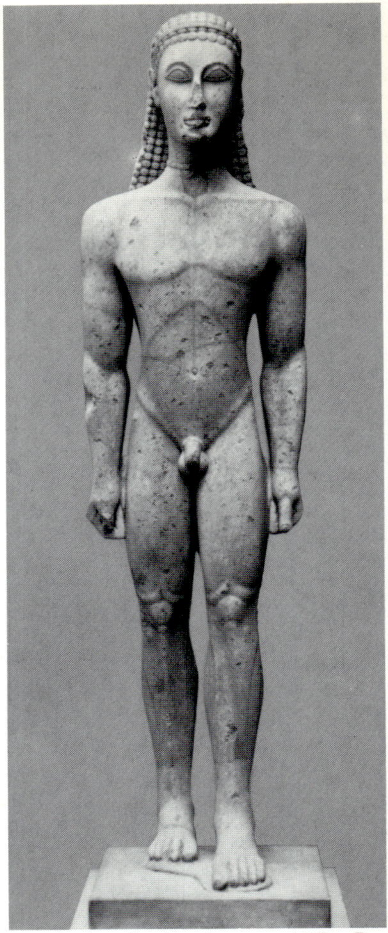

20 Stehender Jüngling aus Attika. Parischer Marmor. 1,93 m. Früharchaisch, um 610 v. Chr. New York, Metropolitan Museum

21 Stehende weibliche Gestalt mit Granatapfel. Sog. ›Berliner Göttin‹. Aus Keratea in Attika. Marmor. Gegen 580 v. Chr. Berlin, Staatliche Museen Preußischer Kulturbesitz

22 Kopf einer Mädchenstatue von der Akropolis. Parischer Marmor. Um 500 v. Chr. Athen, Akropolis-Museum

III Die Entstehung der Ästhetik. Aristoteles

I Techne und Poiesis

Die Problemstellung

Wann hört das ›schöne‹ Werk auf, ›Wirklichkeit‹, ›Urseiendes‹ zu sein, wann und wie wird es etwas Unverbindliches; wann beginnt es geistiger Vermittler zwischen Welt und Subjekt in dem Sinne zu werden, daß es Ausdruck ›möglicher‹ Sichten, Entdeckung besonderer Aspekte und dadurch möglicher Deutungen des Realen, Ausdruck einer subjektiven Auseinandersetzung mit dem Seienden ist? Wann, mit welchen Begriffen und durch welche Fragestellungen wird das Gebiet des Ästhetischen in seiner eigentümlichen Struktur geklärt?

Wir haben uns bisher des Terminus Ästhetik und seiner adjektivischen Form bedient, als wäre seine Bedeutung selbstverständlich. Um aber zur eigentlichen Bestimmung dieses Begriffs vorzudringen, bedarf es nun einer möglichst genauen Analyse und Deutung zusammenhängender Textstellen aus der »Poetik« des Aristoteles, die bekanntermaßen im Laufe der Jahrhunderte eine Überfülle an Kommentaren hervorgerufen hat.

Die »Poetik« beginnt mit folgenden Sätzen: »Wir wollen sprechen über das Poetische selbst (περὶ ποιητικῆς αὐτῆς) und über dessen Gattungen (εἰδῶν αὐτῆς) und über die Fähigkeit (δύναμιν) einer jeden und wie man die Mythen zusammensetzen muß (πῶς δεῖ συνίστασθαι τοὺς μύθους), wenn man will, daß Poiesis schön (καλῶς) sei, dann wollen wir über die Zahl

◁ 23 Apollon. Vom Westgiebel des Zeus-Tempels in Olympia. Parischer Marmor. 2,75 m. Um 460 v. Chr. Olympia, Museum

und das Wie der Teile sprechen (*πόσων καὶ ποίων*) und über alles Weitere, was mit einer solchen Untersuchung zu tun hat« (1447a 8ff).

Um sämtliche Elemente der Problemstellung gegenwärtig zu haben, müssen wir noch den folgenden Satz anführen: »Die Epopoie, die Poiesis der Tragödie, die Komödie, der Dithyrambus und der größte Teil des Flöten- und Zitherspiels sind alle *im ganzen Mimesis.* Sie unterscheiden sich durch ein Dreifaches: entweder durch verschiedene *Mittel* (Farben, Töne, Bewegungen, Sprache usw.), mit denen sie die Mimesis durchführen, oder durch die verschiedenen *Gegenstände* der Mimesis oder durch die verschiedenen *Weisen* (Tragödie, Komödie)« (1477a 14–18). Wir vermeiden bei der Wiedergabe des aristotelischen Textes absichtlich, Termini wie ›Poiesis‹, ›Mythos‹, ›Mimesis‹ irgendwie zu verdeutschen, denn erst die Interpretation wird uns über die genaue Bedeutung Aufschluß geben können.

Umfassende Bedeutung des Begriffs ›Poetik‹

Schon die geläufige Übersetzung des Terminus ›Poiesis‹ mit Dichtung – die sich auch in der traditionellen Wiedergabe des Titels Περὶ Ποιητικῆς durch »Über die Dichtkunst« kundtut – erfaßt unseres Erachtens nicht die ganze Dimension des aristotelischen Werkes. Obwohl die uns erhalten gebliebenen Teile vorwiegend die Dichtkunst betreffen, so besteht doch kein Zweifel, daß sich Aristoteles auch auf bildende Kunst und Musik bezieht. In dem an das letzte Zitat anschließenden Absatz (1447a 19ff) wird gesagt: »Wie manche sowohl mit Farben als auch mit Figuren ... andere dagegen mit der Stimme die Mimesis durchführen, so wird auch in den erwähnten Künsten insgesamt die Mimesis vermittels des Rhythmus, der Rede und der Harmonie, für sich oder miteinander verbunden, bewerkstelligt.« Περὶ Ποιητικῆς hat also offenbar einen viel weiteren Bedeutungsradius, als die Übersetzung des Begriffs ›Poiesis‹ mit ›Dichtung‹ vermuten läßt.

Auch Platon hebt im »Symposion« hervor, es sei erstaunlich, daß Poetik mit Dichtkunst gleichgesetzt werde, während ›Poiesis‹ eigentlich ein viel weiteres und prinzipielleres Phänomen – nämlich das des Hervorbringens – bezeichne, wovon die Dichtkunst *nur ein Teilaspekt* sei. »Denn was nur für irgend etwas Ursache wird, aus dem Nichtsein in das Sein zu treten, ist insgesamt *Poiesis.* Daher liegt auch bei den Hervorbringungen aller *Technai* Poiesis zugrunde, und die Meister darin sind sämtlich Poeten ... Aber doch weißt du, daß sie nicht Poeten genannt werden, sondern andere Benennungen haben, und von der gesamten Poiesis wird nur ein Teil ausgesondert, der es mit der Tonkunst und dem Silbenmaß zu tun hat, und dieser mit dem Namen des Ganzen benannt. Denn dies allein wird Poesie genannt, und die diesen Teil der Poiesis innehaben, Poeten« (Symp. 205 b, c).

Unterschied und Bezogenheit von Techne und Poiesis

Zunächst ist zu klären, was Aristoteles unter Poiesis versteht, um die besonderen Arten von Poiesis – wie Dichtkunst, Malerei, Tanz, Musik usw. – daraus abzuleiten. Der traditionelle Titel Περὶ Ποιητικῆς steht stillschweigend für Περὶ Τέχνης Ποιητικῆς, was die deutsche Übersetzung ›Dicht*kunst*‹ veranlaßt hat. Die Erörterung der Frage, was Techne für Aristoteles bedeutet, führt unmittelbar in die Nähe des Phänomens ›Poiesis‹. Aristoteles sagt ausdrücklich, daß *jede Techne eine Poiesis* ist, aber *nicht jede Poiesis eine Techne,* denn Poiesis ist ein viel weiterer Begriff.

Techne bedeutet für Aristoteles jene besondere Poiesis, die das von ihr Geschaffene *in Hinblick auf einen Grund* (λόγος) hervorbringt. In Kapitel I des ersten Buches der »Metaphysik« steht, daß der Gegenstand der Techne das Allgemeine (*καθόλου*) ist, so daß der Techniker den Grund (*αἰτία*), also das Warum (*διότι*) dessen, was er tut, bzw. hervorbringt, kennt. Die Techne ist demnach eine Art des Wissens.

Jegliche Poiesis – das heißt auch das, was wir heute ›Kunst‹ nennen – bewirkt stets ein Hervorbringen, also den Übergang aus dem Nichtsein zu etwas Seiendem. Das ist nicht so zu verstehen, als ob die Poiesis etwas aus dem Nichts hervorbringe (die Vorstellung der Schöpfung aus dem Nichts ist den Griechen unbekannt). Für Aristoteles ist Werden – und daher auch das Entstehen von etwas – die Verwandlung von etwas in etwas anderes, und zwar dadurch, daß es eine neue Form, eine neue Gestalt (εἶδος) erhält (ein Stein *wird* Standbild). Hieraus ergibt sich die für Platon und Aristoteles wesentliche Dualität von Materie (ὕλη, hylē) und Form (εἶδος), die für das Problem der Poiesis im allgemeinen und der Kunst im besonderen – und des Entstehens eines Kunstwerks – in der abendländischen Tradition von so großer Wichtigkeit und gleichzeitig Ursprung so vieler Mißverständnisse gewesen ist.

Aristoteles veranschaulicht das Werden, das der Poiesis – also dem Hervorbringen – eigen ist, am Beispiel des Bildhauers: dieser prägt einem bestimmten Stoff – Stein, Bronze, Ton – eine neue Form auf. Das, woraus das Werk entsteht, ist die Materie; das, wodurch das Werk entsteht, ist die Form. Um die besondere Struktur der Poiesis zu erkennen, muß das Verhältnis von Materie und Form klargestellt werden. Diese beiden Elemente, betont Aristoteles, *dürften nicht getrennt aufgefaßt werden,* sonst sei der Vorgang der Poiesis nicht zu verstehen. Vielmehr müsse man *die Einheit der Elemente,* in der und durch die Poiesis entsteht, erkennen.

Wann treffen wir auf etwas als *Stoff* und – sofern dieser verschiedene Formen erhalten kann – als *Möglichkeit* (ein Stein hat die Möglichkeit, verschiedene ihn begrenzende Gestalten zu erhalten), als Unbegrenztes, als Unbestimmtes und daher Unklares und Dunkles, als ›Hyle‹ – dieser Terminus bedeutet ursprünglich Gestrüpp, in dem einer sich verliert, wenn er keinen begrenzenden Orientierungspunkt hat –, also als ungeformten Stoff? Der Stein, das Erz, der Ton sind für den Künstler nicht dieselbe Realität, die auch dem Nichtkünstler begegnet, denn sie stellen für jenen die Fülle aller Möglichkeiten (δύναμις) dar, unter denen er wählen wird, um sein Werk zu verwirklichen. Michelangelo sagt in einem seiner Sonette, die Kunst des Bildhauers bestehe darin, das Zuviel des Marmors wegzunehmen, um die darin wohnende Gestalt, Form hervortreten zu lassen, die in seinem Geiste wirksam ist.

Dieses Verhältnis zwischen Materie und Form zeigt sich bei *jeder Art von Poiesis* – der technischen wie der ›künstlerischen‹ –, denn auch ein Schuster z. B. betrachtet erst *im Hinblick auf die ihm vorschwebende Gestalt* eines Schuhs ein Stück Leder als ›Stoff‹, als ›Möglichkeit‹ eines Schuhs. Ebenso erscheint einem Bildhauer ein Stein als Stoff, als etwas Unbegrenztes erst in Hinblick auf die in ihrer Form, ihren Grenzen zu gestaltende Figur, die ihm vorschwebt. Die Materie, der Stoff, die ›Hyle‹ tritt also für den Künstler als ein Nichtgeordnetes, Ungestaltetes erst dann in Erscheinung, wenn ein formendes, gestaltendes Prinzip schon am Werk ist.

Wesen der Kunst: das Zusammensetzen der Mythen und die Mimesis

Nun gibt es verschiedene Arten von Poiesis, nämlich: a) durch *Techne,* b) durch ein *Vermögen* (δύναμις), c) durch *Denken,* d) durch *Zufall* oder *Ungefähr.* »Alle Hervorbringungen (ποιήσεις) gehen entweder von einer Techne (ἀπὸ τέχνης) oder von einem Vermögen (ἀπὸ δυνάμεως) oder von einem Denken (ἀπὸ διανοίας) aus; einzelne auch von Zufall und von Ungefähr« (Met. 1032a 28).

Es gilt nun, jene besondere Art von Poiesis zu bestimmen, aus der Werke der Dichtkunst, bildenden Kunst, der Musik, des Tanzes usw. hervorgehen. Aristoteles grenzt den hier waltenden Begriff der Poiesis ab, indem er sagt, daß die τέχνη ποιητική vor allem in dem Wissen beschlossen liege, *wie Mythen zusammenzusetzen sind,* »wenn man will, daß die Poiesis *schön* sei«. Im unmittelbar darauf folgenden Satz wird die ›künstlerische‹ Poiesis als *Mimesis* bestimmt. »Das Epos also und die Dichtung der Tragödie, ferner die Komödie, die dithyrambische Poesie und der größte Teil des Flöten- und Zitherspiels, sie alle sind in ihrer Gesamtheit Mimesis« (1447a 15).

Zwei neue Termini treten hier hinzu, deren Bedeutung zu prüfen ist: *Mythos* und *Mimesis.* Die Übersetzung des Wortes ›Mythos‹ mit ›Fabel‹ oder ›Erzählung‹ ist unzulänglich, denn in bezug auf die Musik wäre das völlig unverständlich: was könnte die Fabel bei Flöten- und Zitherspiel bedeuten? Aber auch bei der Malerei: welche Fabel sollte einem Stilleben zugrunde liegen? HARDY übersetzt – in der Ausgabe von Budè – ›Zusammensetzung der Mythen‹ mit *façon de composer la fable,* während GUDEMAN vorsichtiger sagt: ›wie die dichterischen Stoffe gestaltet werden müssen‹. Alle italienischen Übersetzer – von ROBORTELLUS bis zu den heutigen Interpreten, wie VALGIMIGLI – übertragen den Begriff ›Mythos‹, ohne zu zögern, mit ›Fabel‹ und ›Mimesis‹ mit ›Nachahmung‹. Robortellus, der erste Renaissance-Kommentator der aristotelischen Poetik, schreibt: *»Tragoedia est imitatio actionis illustris«.*[32] Von CASTELVETRO wird ›Mimesis‹ mit *rassomiglianza,* Ähnlichkeit, übersetzt[33]. Im selben Sinne überträgt VICTORIUS: *»Est autem actionis quidam imitatio fabula«*[34].

2 Mimesis, Mythos und Praxis

Ursprüngliche Bedeutung der Begriffe ›Mythos‹ und ›Mimesis‹

Den etymologischen Wörterbüchern von J. B. HOFFMANN und E. BOISACQ entnehmen wir, daß die indogermanische Wurzel des Wortes Mythos *mau* oder *mou* ist. Das attische *mythizo,* also ›reden, sprechen, überlegen, denken‹, heißt im

Lakonischen *mousiddo*. In den Bereich ursprünglichen Denkens verweist vor allem das litauische Wort *mausti*, was ›sehnlich verlangen‹ meint. Während der Kulthandlung wird durch das Wort der Gott herbeigerufen, herbeibeschworen, zu ihm hin streckt sich sehnliches Verlangen. Die Wurzel des Wortes Mythos benennt also den Raum, in dem *Sprechen, Reden, Tun und Denken noch nicht geschieden sind*, und zwar nicht nur im eigentlichen Sprechen – nämlich im Anrufen des Gottes –, sondern auch im Sprachraum des Alltags. Erst später trennt sich die Bedeutung des Redens und Sprechens von Wirklichkeit und Tat.

In der ursprünglichen Bedeutung von ›Mythos‹ ist das Wort immer zugleich Ereignis (z. B. Ilias XVIII 252); im gesprochenen Wort geschieht etwas, Sprechen ist Tun; wenn etwa der Priester den Mythos der Kosmogonie vortrug, dann ereignete sich im Augenblick des Sprechens Weltschöpfung.

Gegenüber der ursprünglichen Bedeutung von ›Mythos‹ bei HOMER hat sich eine tiefgehende Wandlung vollzogen, wenn bei PLATON die ›Mythen‹ mit dem Makel des weniger Wahren, weniger Wirklichen, also Fabelhaften behaftet sind. Platons Auffassung bildet darin schon einen Übergang zu derjenigen der Alexandriner, die mit ›Mythos‹ eine durchaus negative Vorstellung verbanden, nämlich die der *unwahren Erzählung*.

WALTER F. OTTO hat die Doppeldeutigkeit, das heißt die ursprüngliche und die spätere Bedeutung des Terminus Mythos, meisterhaft hervorgehoben[35]: »Unter Mythos versteht man im allgemeinen eine Erzählung von fabelhaften Dingen ... Diese Bedeutung hat das griechische Wort Mythos schon verhältnismäßig früh angenommen, als man anfing, die überlieferten Götter- und Urweltgeschichten *einer Verstandeskritik zu unterziehen* ... Dem so verstandenen Mythos tritt der Logos gegenüber, als das klar Gedachte und Gesagte ... *Logos* bezeichnet das ›Wort‹ von der *subjektiven* Seite des Denkenden und Sprechenden her als das Bedachte und Berechnete ... In einem ganz anderen, nämlich *objektiven* Sinn bedeutet *Mythos* das ›Wort‹. Hier wird nicht ein Bedachtes, Berechnetes, Sinnvolles gemeint, sondern das *Wirkliche* und *Tatsächli-*

che ... Es kann kein Zweifel sein, was die ursprüngliche Bedeutung des ›Wortes‹ war, das der Grieche mit ›Mythos‹ bezeichnet hat. Es ist das Wort vom ›Tatsächlichen‹, vornehmlich aber von dem in der Vergangenheit wirklich Geschehenen ... Wenn Epos das ›Wort‹ von der *Stimme* her als das Gesprochene und Logos es vom *Verstehen* und *Beachten* her als das Bedachte bezeichnet, so hat das ›Wort‹, wenn es Mythos heißt, ein ganz besonderes Gewicht. Es ist, wie HOMER zeigt, im Vergleich mit Logos nicht bloß der ältere Ausdruck, sondern es entspricht einem älteren Begriff vom Wesen des Wortes; es ist das ›Wort‹ als unmittelbares Zeugnis dessen, *was wahr ist und sein wird, als Selbstoffenbarung des Seins, in dem altehrwürdigen Sinn, der zwischen Wort und Sein nicht unterscheidet.*«

Was bedeutet nun ›Mythos‹ im aristotelischen Text? Bevor wir diese Frage beantworten, möchten wir die schon im Zusammenhang mit Platon entwickelte Bedeutung des Terminus ›Mimesis‹ durch folgende Erwägungen ergänzen. Als indogermanische Wurzel für ›Mimesis‹ (*μιμεῖσθαι* usw.) gilt *mei (mai, mi),* was wahrscheinlich soviel wie ›täuschen‹ bedeutet. Für das Sanskrit und das Alt-Indische ist der Stamm belegt durch die Wörter *maya,* ›Wandlung, Verwandlung‹ im negativen Sinne etwa von ›Truggestalt‹. Durch *nimayon,* durch ›Tausch‹ wird *maya* gewonnen. Tauschen ist nicht nur Wechseln der formalen Gestalt, sondern auch Gestaltwechsel im eigentlichen Sinne, Wechsel der Art, in der Seiendes sich offenbart, aus der Verborgenheit hervortritt. Seiendes west anders an als vor dem Wechsel, vor dem Tausch. Zeigt sich nach der Verwandlung ein *Trugbild,* so zeigt das Seiende sich nicht in Wahrheit, nicht in Offenbarkeit. Aus der Mimesis als Tausch, Wandlung – und in diesem Sinne auch Nachahmung – wird Täuschung, Trugbild, Lüge.

Zwei Hauptbedeutungen scheinen sich mit der Mimesis zu verbinden: offenbaren – aus dem Verborgenen hervortreten lassen – und tauschen, verwandeln, also ein Zeigen von etwas, das aus Tausch hervorging, das Ursprüngliche nicht so bewahrt, wie es war: Trugbild, Täuschung, Schein.

Bedeutet für Aristoteles *μιμεῖσθαι* eine *Verwandlung*, die *enttäuschend* ist, wie es bei Platon in bezug auf die Kunst der Fall ist, – oder ein *Offenbaren*, ein Offensichtlichmachen? Bedeutet *μιμεῖσθαι* das Bekunden einer *Fabel* (Mythos) oder einer *Wahrheit*, eines Urseienden (Mythos im ursprünglichen Sinne)? In der Interpretation der Termini ›Mimesis‹ und ›Mythos‹ liegt offenbar der Kern der aristotelischen Auffassung von der Kunst beschlossen.

Der Gegenstand der künstlerischen Mimesis: die menschliche Praxis

Wie bestimmt Aristoteles den Gegenstand der Mimesis? Das zweite Kapitel der Poetik setzt folgendermaßen ein: »Da nun die, welche eine Mimesis vollziehen, die Mimesis von solchen vollenden, die eine *Praxis* verwirklichen (*μιμούμενοι πράττοντας*), so folgt daraus mit Notwendigkeit, daß diese entweder *tugend- oder lasterhaft sind, denn allein auf diese Gegensätze laufen doch wohl stets unsere ethischen Eigenschaften hinaus,* indem sich alle in bezug auf ihren Charakter durch Laster und Tugenden unterscheiden. Dementsprechend verwirklichen die Dichter die Mimesis von solchen, die entweder besser als wir, Durchschnittsmenschen oder schlechter oder auch diesen ähnlich sind, wie es die Maler tun« (1448a).

Daß die Poiesis, von der hier die Rede ist, nicht allein die Dichtkunst, sondern jede Poiesis meint, die durch Mimesis sich verwirklicht – also jede Form von ›Kunst‹ –, das wird auch an der folgenden Stelle noch einmal deutlich. Aristoteles exemplifiziert hier das bisher Vorgetragene an drei *Malern:* »Denn Polygnot pflegte bessere, Pauson schlechtere und Dionysios der Wirklichkeit entsprechende Menschen zu schaffen« (1448a 5).

Was ist nun aber unter *μίμησις τῆς πράξεως* (Mimesis der Praxis) zu verstehen? Übersetzt man ›Mimesis von Handelnden‹ – wie es meistens geschieht (z. B. Castelvetro a. a. O., S. 33–35) –, so ergibt das ebensowenig einen Sinn wie die

Übersetzung von ›Mythos‹ mit ›Fabel‹; oder sollte eine lyrische Dichtung, deren Gegenstand eine Naturstimmung ist, oder ein Gemälde, das ein Stilleben darstellt, kein Kunstwerk sein? Und wie könnte die Musik Mimesis von Handelnden sein?

Klärung des Begriffs ›Praxis‹

Was versteht Aristoteles unter Praxis? Die meisten Kommentatoren der »Poetik« stellen keine Erwägungen darüber an, in welchem Sinne Aristoteles Praxis von Poiesis abhebt. Das von der *Poiesis* Hervorgebrachte dient immer als *Mittel* zu etwas anderem; sämtliche Handlungen z. B., die der Hervorbringung eines Hauses dienen, haben ihr Ziel und Ende und damit ihren Sinn *nicht in sich,* sondern nur in Hinblick auf das zu erbauende Haus. *Praxis* hingegen ist jede Handlung, die Bedeutung, Sinn *in sich* hat, die also nicht Mittel zu etwas anderem, sondern *Selbstzweck* ist. Die zum Leben gehörenden Handlungen z. B. auf den verschiedenen Stufen des Biologischen – vegetative, sensitive, rationale – sind nach aristotelischer Auffassung Praxis, denn das Leben gibt *von sich aus* den Phänomenen, auf die es stößt, *eine Bedeutung, einen Sinn* (z. B. die Bedeutung von Nahrung, Geschlechtspartner, von Furcht oder Hoffnung Erregendem).

Die meisten Mißverständnisse über die Bestimmung der Kunst als *μίμησις τῆς πράξεως* entstehen dadurch, daß die Interpreten der »Poetik« diesen Text vorwiegend aus literarischem, dichtungstheoretischem Interesse lesen, ohne den wesentlichen philosophischen Unterschied zwischen Poiesis und Praxis – auch Poiesis ist Handlung – zu berücksichtigen. In der »Nikomachischen Ethik« heißt es: »Hervorbringen (*ποίησις*) und Handeln (*πρᾶξις*) sind zweierlei« (1140 a 2). »Weder ist das Handeln ein Hervorbringen noch das Hervorbringen ein Handeln« (1140 a 6). In der »Metaphysik« wird gesagt: »Diejenigen der Handlungen (*τῶν πράξεων*), welche mit Erreichung des Zieles aufhören, sind niemals Ziel, sondern nur

Mittel zum Ziel ... so können sie auch nicht als eigentliche Handlungen gelten ... als eigentliche Handlung (πρᾶξις) kann nur diejenige gelten, die *ihr Ziel in sich selbst hat*« (1048b 18ff).

Kunst als Mimesis der Praxis

Hieraus entnehmen wir etwas Entscheidendes: Nicht jede Handlung – und auch die Poiesis (das Hervorbringen) ist eine Handlung, aber eine unvollkommene – ist identisch mit Praxis; sämtliche Handlungen aber, welche *nur Mittel* zu etwas sind und *nicht* ihren Sinn in sich selbst haben, *dürfen nicht Gegenstand jener Mimesis sein, welche die schönen Künste bestimmt,* sondern nur solche Handlungen, die in sich selbst ihr Ziel haben und daher *von sich aus sinnvoll* sind. In sich sinnvoll sind solche Handlungen, die ein ›Ganzes‹ bilden. Im alltäglichen Leben besitzen unsere Handlungen meistens gerade nicht diesen ›Praxischarakter‹, sondern sind nur Fragmente unserer Daseinsverwirklichung, also nur Mittel zu beiläufigen Zwecken.

Welche Handlungen aber haben den ›Praxischarakter‹? Aristoteles sagt ausdrücklich (1448a), daß nur Handlungen im Bereich des ›*Ethos*‹ ihn besitzen, hier entscheidet sich, ob ein Mensch von hoher, durchschnittlicher oder niederer Praxis ist. Eine solche Bewertung kann nur dem Menschen (nicht Pflanzen oder Tieren) zuteil werden. Nur auf ihn sind die Bezeichnungen ›gut‹, ›durchschnittlich‹, ›schlecht‹ anwendbar. Die μίμησις τῆς πράξεως richtet sich demnach nicht auf jede beliebige Handlung, die sich als Gegenstand der Mimesis darbietet, sondern ausschließlich auf die *menschliche Praxis,* in der ihr eigens zukommenden Möglichkeit, gut, schlecht oder durchschnittlich zu sein, und *in ihrer Sinngebung durch das Ethos.* Auch *Gegenstände* können von der Mimesis einbezogen werden, sofern sie *im Hinblick auf die menschliche Vollendung* einen positiven oder negativen Sinn erhalten und durch die Mimesis in diesem ihrem Charakter gezeigt werden.

Zur Klärung dieses Gedankengangs ist ein anderer Text heranzuziehen. Im ersten Buch der »Nikomachischen Ethik« weist Aristoteles darauf hin, daß ein Künstler oder Hersteller als gut, durchschnittlich oder schlecht angesehen wird, je nachdem ob sein Werk gut, durchschnittlich oder schlecht gelingt. In derselben Weise – sagt Aristoteles – muß man, um einen Menschen als gut, durchschnittlich oder schlecht bezeichnen zu können, zuvor klären, was das ihm *eigenste,* das *ihm allein zukommende Werk* (ἔργον) sei und ob er es vollzieht oder nicht. »Wie nämlich für den Flötenspieler, den Bildhauer und jeden Künstler, überhaupt für jeden Menschen, der ein Werk und ein Gewerbe hat, sein Gut (ἀγαθόν) und seine Vollkommenheit (εὖ) in seinem Werk liegt, so auch für den Menschen als solchen, wenn er ein eigenes Werk (τι ἔργον αὐτοῦ) hat« (1097 b 25).

Worin besteht das dem Menschen eigene Werk, das ἔργον ἀνθρώπινον? Der Mensch lebt innerhalb von Erscheinungen, Phänomenen (φαινόμενον = das Sich-zeigende), die er bestimmen muß: dazu gelangt er fortschreitend auf den Stufen des Erkennens und Wissens, die ihn von der ἐμπειρία über die τέχνη und ἐπιστήμη bis zur σοφία führen. Dem Menschen genügt das Erkennen allein nicht, denn er muß seinen Leidenschaften und Trieben einen der erreichten Rationalität (λόγος) entsprechenden Halt oder eigentlich Einhalt (ἔθος) geben. Aristoteles nennt dieses *ethische* Verhalten und Handeln – welches das dem Menschen eigentümliche Werk bildet – πρᾶξις κατὰ λόγον, das Sich-Vollenden, das Sich-Verwirklichen dem Logos entsprechend, also ein Verhalten des Menschen zur Meisterung der Leidenschaften, die sich dem Logos fügen müssen. »Wenn aber die dem Logos entsprechende (κατὰ λόγον) ... Tätigkeit der Seele (ἐνέργεια τῆς ψυχῆς) *das Werk des Menschen* ist (ἔργον ἀνθρώπινον) ..., so ist ... das menschliche Gute (ἀνθρώπινον ἀγαθόν) die der Tugend entsprechende Tätigkeit der Seele (ψυχῆς ἐνέργεια κατ' ἀρετήν)« (1098 a 7 ff).

Zusammenfassend: Gegenstand der künstlerischen Mimesis kann nicht jede beliebige Handlung sein, weder die hervorbringende, die nicht Ziel und Sinn in sich selbst hat, noch eine zwar in sich sinnvolle Handlung oder ein Sich-Verwirklichen (κρᾶξις), das aber jenseits der Unterscheidung von gut und schlecht liegt. Gegenstand der Mimesis darf vielmehr nur die für den Menschen spezifische Handlung sein, das heißt diejenige Praxis, die vom *Ethos* bestimmt wird und von ihm ihren Sinn erhält. Nur diese läßt nach Aristoteles das dem Menschen eigentümliche Werk *in seinen verschiedenen Möglichkeiten* sichtbar werden, nämlich in seinem *Gelingen* (wie es Aristoteles an einem Maler zeigt, dessen Gegenstand das Erhabene ist), in seinem *durchschnittlichen* Vollzug (Darstellung des Durchschnittsmenschen) oder in seinem *Versagen* (Darstellung verworfener Menschen). Gegenstände der Kunst sind also die dem Menschen eigentümlichen *Möglichkeiten.*

Gegenstand der Kunst: die menschlichen Möglichkeiten

Aus diesem Grund rückt Aristoteles die Kunst in die Nähe der Philosophie und betont den Unterschied zwischen Kunst und Geschichte. Sein Argument lautet: Die Kunst richtet sich *nicht* auf die Darstellung dessen, *was ist* oder *gewesen ist,* sondern dessen, was sein *könnte.* Alles, was ist oder gewesen ist, hat einen individuellen, das heißt partikulären Charakter, es ist an einen bestimmten Augenblick und Ort gebunden, fern jeder Universalität. Das *Mögliche* hingegen – vom Hier und Jetzt gelöst – verfügt über größte Spannweite. »Der Geschichtsschreiber und der Dichter unterscheiden sich nämlich nicht durch die gebundene oder ungebundene Rede – denn man könnte das Werk des Herodot in Verse setzen, und es würde nach wie vor eine Art *Geschichtsdarstellung* sein, mit Versmaßen oder ohne Verse. Der Unterschied ist vielmehr der, daß jener, *was sich zugetragen,* darstellt, dieser, *was sich hätte zutragen können.* Deshalb ist auch die Poesie philosophischer und höher einzuschätzen als die Geschichtsschreibung, denn die Poesie stellt mehr das *Allgemeine,* die Geschichtsschreibung das *Einzelne* dar. Das Allgemeine besteht darin, daß dem so oder so Beschaffenen es zukommt, *so oder so nach der Wahrscheinlichkeit oder Notwendigkeit zu reden oder zu handeln,* und darauf richtet die Dichtkunst bei der Namengebung ihr Augenmerk, das Einzelne ist aber, was ein Alkibiades getan oder erlitten hat« (Poetik 1451a 36ff).

Die Kunst richtet sich also nicht mehr – wie bei Platon – auf die Darstellung des vollendeten Menschlichen, auf das *Wahre,* sondern auf das Offenbaren der dem Menschen eigentümlichen *Möglichkeiten.* Durch diese Wendung büßt die Kunst ihren bis dahin verpflichtenden Charakter ein, es kommt ihr nicht mehr zu, das Schöne im *ontologischen* Sinne darzustellen: ihr Gegenstand ist nicht mehr das *Wirkliche,* sondern das Mögliche, der *Schein.*

Mimesis und *mimeisthai* bedeuten für Aristoteles nicht ›Nachahmen‹, sondern ›Offensichtlichmachen‹, ›Zeigen‹. Da es aber nicht um das Zeigen des Urseienden in seinem verpflichtenden Charakter geht, so hat schon jetzt auch der *Mythos* – dessen neue Rolle in der Kunst noch zu zeigen sein wird – nicht mehr die Bedeutung, das *Wahre* zu offenbaren, sondern nur menschliche *Möglichkeiten* sichtbar zu machen. Die Kunst trennt sich endgültig von der Ontologie.

Der Tanz als künstlerisches Phänomen

Nach der aristotelischen Definition ist Kunst *μίμησις τῆς πράξεως*, und unter den verschiedenen Künsten, die er aufzählt, werden – wie wir sahen – auch der Tanz und die Musik erwähnt. Wie kann nun deren Gestaltungsmittel, der Rhythmus, zu künstlerischer Darstellung führen und in eine *μίμησις τῆς πράξεως* einbezogen werden?

Rhythmus wird von Platon und Aristoteles als Ordnung der Bewegung bestimmt (vgl. Platon Nomoi 664e; Arist. Met. 1077b 23; Problemata V 882b 2). Die Ordnung einer körperlichen Bewegung bringt den Tanz hervor, die Ordnung der Silben ergibt das dichterische Metrum (Poetik 1448b 21; vgl. auch Rhetorik 1408b 27), zusammen mit der Stimme und dem Wort ergibt sich der Gesang. Rhythmus wird also als die Wurzel von Dichtung, Musik, Tanz usw. bestimmt.

Die rhythmische Ordnung ist bezogen auf die Zeit. Wann und unter welchen Voraussetzungen aber wird eine rhythmische Bewegung zur Mimesis und damit zur *Kunst?*

Man könnte vermuten, daß jede in ›Rhythmus‹ gefaßte Bewegung schon als ›Nachahmung‹ anzusehen sei, dadurch, daß sie Langsamkeit, Eile oder Hast darstellt, und in diesem Sinne also schon Mimesis und damit Kunst sei. Es gibt aber z. B. auch von Maschinen vollzogene rhythmische Bewegungen, die keineswegs, nur weil sie eine rhythmische Zeitordnung sind, als ›künstlerische‹ Bewegungen angesprochen werden können. Worauf also muß eine rhythmische Bewegungsordnung bezogen sein, wenn sie als künstlerische Mimesis bezeichnet werden soll? Offensichtlich ist es jene Zeit, in der die Praxis bzw. Vollendung des Menschen – das heißt sinnvolle Handlungen – sich vollziehen und damit offensichtlich werden. Dies ist folgendermaßen zu verstehen: Die Kategorien der Zeit sind Vergangenheit, Zukunft und Gegenwart; sie treten in ihrer existentiellen Bedeutung in Hinblick auf das, was den Menschen ›angeht‹, in Erscheinung. Der ›künstlerische‹ Rhythmus als *μίμησις τῆς πράξεως*, als Darstellung des menschlichen Sich-Vollziehens, ist daher nur jene Ordnung der Bewegung – der Töne, Schritte usw. –, die von dem, was den Menschen angeht, bestimmt wird und von hier aus ihren ›Sinn‹ erhält. Die Zeit, auf welche in einem ›künstlerischen‹ Rhythmus Bewegungen bezogen sind, ist also nur diejenige, in welcher das menschliche Handeln seinen Sinn erhält, das heißt in seinem Sich-Vollziehen oder -Nichtvollziehen oder Nicht-mehr-Vollziehen offensichtlich wird. Bewegung, Werden ist ein Urphänomen des Seienden: so kann der Rhythmus als Ordnung der Bewegung in bezug auf das Sinngebende als die ursprüngliche Form der *μίμησις τῆς πράξεως*, der Kunst angesehen werden. Ist der Rhythmus *Darstellung des Absoluten* (PLATON), dann haben wir den sakralen Tanz, die sakrale Musik, die sakrale Dichtung; ist hingegen Rhythmus nur Darstellung dessen, was den Menschen *angehen kann,* also der menschlichen Möglichkeiten (ARISTOTELES), dann haben wir den profanen Tanz, die profane Musik und die Trennung von Kunst und Wirklichkeit. Dementsprechend ist auch der Mythos – den Aristoteles als die Seele der *μίμησις τῆς πράξεως* bestimmt – entweder das Absolute selbst (sakrale Bedeutung) oder die Fabel (profane Bedeutung des Mythos), das heißt nur einer unter vielen möglichen sinngebenden Zusammenhängen menschlicher Handlungen. Bedeutet aber tatsächlich bei Aristoteles ›Mythos‹ (im Zusammenhang mit der Poetik) sinngebende Einheit menschlicher Handlungen?

Das Schöne als erfüllte Praxis in der vorplatonischen Tradition; Mythos als sakrale sinngebende Ganzheit

Bei Platon wie bei Aristoteles wird das Wesen des Schönen im Zusammenhang mit dem Begriff ›Praxis‹ geklärt, was insofern nicht verwunderlich ist, als schon in der vorplatonischen Tradition, bei den Dichtern ebenso wie bei Philosophen (z. B. XENOPHON), diese Verknüpfung implizite enthalten ist.

Es sei hier auf HOMER noch einmal hingewiesen (vgl. S. 41 ff). Homer verwendet den Terminus ›schön‹ für Gegenstände, Handlungen, Haltungen und auch für Naturaspekte. Auf einer höheren Stufe bezeichnet er als schön ein göttliches, vollendetes Sein, das offensichtlich wird. Zur Schönheit kann für Homer ein Ton gelangen, wenn er das vollgültige Erreichen eines gesteckten Zieles anzeigt. In der Odyssee (XXI 411) wird der Ton, den die schwirrende Sehne am Bogen des Odysseus hervorbringt, als ›schönes Singen‹ bezeichnet, weil er verheißendes Zeichen einer zukünftigen starken Zeit ist, die den Helden wieder erhöhen wird, von der die Freier jedoch erschreckt werden. Ebenso erscheint der Terminus ›schön‹ in bezug auf das Haus als Besitz, als Bestimmung der Situation, in der der königliche Mann steht, der Mann, der zur Vollendung seiner Möglichkeiten (Praxis), zu dem ihm zukommenden Ziel gelangt. Häuser, Besitztümer, Kleider werden schön genannt, nicht aus ästhetischen Gründen, sondern weil sie zu einer höheren Möglichkeit des Lebens gehören: sie heben den Besitzer in die Sphäre der *vollendeten Ausübung seiner Möglichkeiten, seiner Erfüllung.*

Das Schöne berührt keineswegs das Gebiet des Subjektiv-Lustvollen im hedonistischen Sinne, es ist Kennzeichen eines ordnungsgemäßen Lebens, das den Göttern nähersteht. Schönheit meldet jene Form der höheren Objektivität, durch die der Mensch sich der Vollendung nähert: diese Sphäre wurde von den Griechen ›Praxis‹ genannt. Das Sich-Zeigen und die Erstrebung des letzten Zieles des Menschen vollzieht sich allerdings bei HOMER und bei PINDAR erst eigentlich in einem mythischen Raum, das heißt Dinge, Handlungen, Verhaltensweisen können den handelnden Menschen betreffend schön sein, sofern er sich auf das Göttliche bezieht. Demnach schwanken die Möglichkeiten: ein Mensch kann durch göttlichen Einfluß einmal schön, ein andermal häßlich erscheinen. Die menschliche Praxis wurzelt im Göttlichen.

Der Begriff der Schönheit steht dem der Nützlichkeit, das heißt der zweckmäßigen Anwendung von etwas, in den voraristotelischen Schriften nahe: irgend etwas kann schön sein, je nachdem wie es verwendet wird, jedoch nicht in Hinblick auf ein vereinzeltes Ziel, sondern auf das Ziel des Menschen. Die Bezogenheit der menschlichen ›Praxis‹ auf die Götter führt die ›Praxis‹ zum höchsten Objektiven, zur Vollendung. Archetypische Vollendungen treten in Erscheinung, wenn die ›Praxis‹ bis zu ihren Urformen sich vertieft: diese Vollendung nennt PLATON ›Ideen‹, die er, wenn sie in ihrem Strahlen offensichtlich werden, als schön bestimmt hat.

Bei HOMER und bei PINDAR werden durch das menschliche Tun, wenn es auf ein endgültiges Ziel gerichtet ist und wenn es durch das Walten der Götter getragen wird, auch die zugehörigen Gegenstände in dieselbe Sphäre einbezogen. Bei XENOPHON hingegen ist der mythisch-religiöse Hintergrund bereits verschwunden. »Könntest wir wohl auch das Schöne irgendwie anders bezeichnen? Oder kannst du etwas Schönes nennen, einen Körper oder ein Gerät oder sonst etwas anderes, das *in jeder Beziehung schön ist?* – Nein, bei Gott. – Wird jedes Ding auch zweckmäßig gebraucht, wozu es brauchbar ist? – Ganz sicher. – Ist es auch *zu etwas anderem schön,* als wozu es zweckmäßig ist? – Auf keinen Fall. – Das Brauchbare ist folglich schön, wozu es brauchbar ist« (Xenophon, Mem. IV 6,8). »Für denselben Zweck aber scheinen auch die Körper der Menschen *schön und gut* für dasjenige, wozu es *brauchbar* ist. Ist denn auch, fiel er ins Wort, ein Mistkorb schön? Ja, bei Gott, war die Antwort, und ein goldener Schild ist häßlich, wenn der eine *für seine Aufgabe* schön gearbeitet ist, der andere aber schlecht« (Xenophon, Mem. III 8,5f). »Schöne Dörfer sind z. B. nicht schön anzusehen, sondern schön, weil sie dem Heere den Unterhalt ermöglichen« (Xen. Anab. III 2,34). Hafenanlagen, ja auch Hunde und Pferde können nur von diesem ›praktischen‹ Standpunkt als schön bestimmt werden. Und in diesem Sinne ist es auch möglich, »von seiner Schönheit einen schönen und häßlichen Gebrauch zu machen« (Xenophon, Mem. I 6,13). Das ist sprachlich in dem Ausdruck *καλὸς πρός* (schön zu) oder in der Verwendung des Dativs *καλὸς αὐτοῖς* (ihnen schön) festgelegt.

Taten sind ›schön‹, wenn sie vom Ethos geleitet sind: die moralisch zu mißbilligenden Taten sind niemals als ›schön‹ zu betrachten: »Den schönsten und für den Krieg brauchbarsten Schatz aber habt ihr in eurer Seele angesammelt. Lob macht euch mehr Freude als alles andere. Wer aber das Lob liebt, der muß notwendigerweise sich auch aneignen, was dazu führt. Darum unterzieht ihr euch mutig jeder Mühsal und jeder Gefahr« (Kyrupädie I 5,12).

Die Arete, die der Herrscher ausüben muß, befähigt auch seine Untertanen, dieselbe Tugend sich anzueignen; er wird in der Gemeinschaft die menschliche Praxis ermöglichen. ». . . so erschien es uns vollends als etwas Bewundernswertes, anderen so vorstehen zu müssen, daß sie alle ihre Bedürfnisse im Überfluß haben, *und daß jeder das ist, was er sein soll*« (Kyrupädie I 6,7).

Die Bedeutung des aristotelischen Terminus ›Praxis‹ nun geht – wie wir schon wissen – weit hinaus über die uns heute geläufige Bedeutung des Begriffs ›Handlung‹. Was wir als pragmatisches Tun bestimmen, ist nur ein Moment des menschlichen Sich-Verwirklichens. Das Denken einerseits und das Empfinden bzw. Beherrschen von Leidenschaften andererseits – also das, was Aristoteles als dianoëtische und ethische Fähigkeit des Menschen bestimmt – sind auch nur Momente der menschlichen Praxis. Für ARISTOTELES zeigen sich erst durch die Philosophie und durch die Bewertung des menschlichen Tuns in Hinblick auf das Ethos die verschiedenen Möglichkeiten des Menschen, das heißt das Gelingen oder Scheitern seines Werkes als Mensch. Dies offensichtlich zu machen ist die Aufgabe der Kunst.

Ganz anders bei HOMER und archaischen Dichtern wie PINDAR. Die menschliche Praxis und Vollendung ist im Religiösen, Sakralen verankert. Sind bei einem Menschen die Fähigkeiten vorhanden, so ist er *durch den Beistand der Götter* strahlend in seinem Wesen, in seiner Schönheit: das ist Auswirkung des *Mythos als urseiende, sinngebende Einheit der menschlichen Handlungen.*

Wenn das Schöne in der Kunst μίμησις τῆς πράξεως ist, das heißt Offenbarmachen der Sinnbedeutungen, welche Dinge, Handlungen und Haltungen haben *können,* dann beginnt zum erstenmal der Künstler geistiger Vermittler zwischen Welt und Subjekt zu werden, im Sinne einer nicht verpflichtenden Deutung des Realen. Die Praxis ist nicht mehr die Vollendung des Menschen, die vom Göttlichen festgelegt und von ihm her realisiert wird (HOMER, PINDAR), auch nicht die Vollendung, die in den Ideen als Urwirklichkeit wurzelt (PLATON), sondern nur das Sichtbarmachen einer *möglichen Verwirklichung* des Menschlichen in seinem Gelingen oder Versagen. Daher richtet sich die Kunst bei Aristoteles nicht mehr auf die Darstellung dessen, *was ist* oder nicht ist, sondern dessen, *was sein ›könnte‹.*

Was bedeutet aber dann für Aristoteles der Terminus ›Mythos‹; wie ist es zu verstehen, daß er in den ersten Sätzen der »Poetik« behauptet, man müsse wissen, wie man »die Mythen zusammensetzen muß«, damit ein Werk schön sei?

Der Mythos als Hauptelement der Tragödie

Zum Wesen der Tragödie gehören bekanntermaßen sechs Elemente: a) der κόσμος ὄψεως, die Inszenierung als die Ordnung dessen, was gesehen wird; b) die μελοποιία, die musikalischen, melodischen, gesanglichen Elemente, die unter den Begriff des Melos fallen; c) der sprachliche Ausdruck (λέξις); d) die Charaktere (ἦθος); e) die Gedanken (διάνοια); f) der Mythos (Poetik 1449b 49). Zwei dieser Elemente (sprachlicher Ausdruck und musikalische Komposition) gehören zu den *Mitteln* der Tragödie und einer, nämlich die szenische Ausstattung, zur *Art und Weise* der Mimesis, die andern drei (Mythos, Charaktere und Gedanken) zum *Gegenstand* der Mimesis (Poetik 1450a 10ff). In dieser Gliederung wird der erste Entwurf der Poetik im einzelnen durchgeführt, nämlich so – wie Aristoteles im Anfang sagt –, daß das Kunstwerk in Hinsicht auf die *Mittel,* auf die *Gegenstände* und die *Art der Darstellung* zu untersuchen ist (1447a 17).

Zeigt sich hier aber nicht ein Widerspruch gegenüber der ursprünglichen Behauptung, daß der Gegenstand der Mimesis die Praxis sei, während hier der Mythos in den Vordergrund gestellt wird?

Aristoteles unterstreicht ausdrücklich, daß von den oben genannten Elementen *der Mythos das wichtigste* sei. »So sind die Handlungen (ὥστε τὰ πράγματα), will sagen der Mythos, das Endziel der Tragödie (τέλος τῆς τραγῳδίας). Endziel ist aber von allem die Hauptsache (τὸ δὲ τέλος μέγιστον ἁπάντων)« (Poetik 1450a 22). An einer anderen Stelle unterstreicht er, daß der Mythos die Seele der Tragödie sei. »Prinzip und gleichsam die Seele der Tragödie (ἀρχὴ μὲν οὖν καὶ οἷον ψυχή) ist der Mythos« (Poetik 1450a 39).

Warum bezeichnet Aristoteles den Mythos als das Hauptelement der Tragödie und nicht die Gedanken und Charaktere? Warum ist hier nicht mehr von der Praxis die Rede? Wenn Aristoteles behauptet, daß weder die Denkweise noch die Charaktere, noch die Worte das Wichtigste im Drama seien, sondern der Entwurf des Mythos, so wundert uns das, denn uns scheint doch vor allem aus der Denkweise, aus dem Charakter der Protagonisten das Geschehen hervorzugehen, so daß der Mythos sich als Ergebnis dieser Elemente darstellen würde.

In Wirklichkeit liegen die Dinge umgekehrt: erst gegenüber dem, was den Menschen angeht, ihn in eine Spannung stellt, kann eine bestimmte Weise zu denken, sich zu verhalten ihren möglichen Sinn bekommen und nicht umgekehrt. Ohne den Mythos wären weder Verhaltensweisen, noch Gedanken, noch Sprache in ihrer menschlichen Bedeutung erkennbar; sie würden beziehungslos und ziellos bleiben. Gedanken und Charaktere reichen nicht aus, um eine Tragödie aufzubauen. Mythos ist also in der Kunst der Entwurf einer Spannung, die den Menschen als Darstellenden und Zuhörenden angeht. Deswegen führt Aristoteles aus, daß die Anfänger unter den Tragödiendichtern meistens Charaktere und Gedanken zum Gegenstand der Mimesis wählten und nicht den Mythos, womit sie die Vollendung des Werkes verfehlten (Poetik 1450a 35).

Kunst und Leben

Hier zeigt sich eine wesentliche Analogie zwischen Leben – also Wirklichkeit – und Kunstwerk: Auch im Leben haben Denken, Verhalten, Worte, Bewegungen und Leidenschaften nur einen Sinn in der ständigen Gegenwart dessen, *was uns angeht,* uns vor Entscheidungen und dadurch vor erfüllte oder enttäuschte Erwartungen stellt; es ist jene Gegenwart des Spannenden, in der die Urwirklichkeit unseres Daseins ihren Sinn erhält, die wir durch die Philosophie aufzudecken und der wir durch das ethische Werk zu entsprechen versuchen, um das Menschliche zu vollenden. Diese Urspannung besteht auch im Kunstwerk, allerdings unter einem neuen, radikal verschiedenen Vorzeichen: das Wesen der Urspannung, durch welche Denken, Haltung, Worte und Bewegungen ihren Sinn erhalten, ist *im Kunstwerk nicht Gegenstand von Erkenntnis und Begründung* – deshalb auch nicht wahr –, sondern nur einer ›möglichen‹ Deutung und damit unverbindlich: die so entstehende Ordnung, die Welt, der Kosmos des Werkes ist ›nur‹ Kunst, ›nur‹ aus der Phantasie eines Künstlers hervorgegangen.

Zusammenfassend ist festzustellen: Wenn der Gegenstand der Kunst die Praxis ist und wenn die menschliche Praxis in der Tragödie durch Handelnde dargestellt wird, wenn weiterhin das Ziel der Kunst das Sichtbarmachen menschlicher Möglichkeiten in ihrem Gelingen oder Scheitern ist, so wird der Mythos – als *σύστασις τῶν πραγμάτων* – zum Entwurf des Rahmens, innerhalb dessen die Charaktere, Gedanken und Worte *in ihrem Sinn* sichtbar werden. Deswegen bezeichnet Aristoteles den Mythos als die Seele der Tragödie. Der Mythos zwingt alle Handlungen, die existentielle Bedeutung der Gegenstände, Worte und Gedanken in einen Zusammenhang, der ein Ganzes bildet: *der Mythos wird zur sinngebenden Ganzheit menschlicher Handlungen.*

»Nach diesen Bestimmungen wollen wir zunächst darüber reden, wie etwa die Verknüpfung der Handlungen (also der Mythos) beschaffen sein muß (*ποίαν τινὰ δεῖ τὴν σύστασιν εἶναι τῶν πραγμάτων*), da diese in der Tragödie das *Ursprüngliche* und *Wichtigste* ist (*πρῶτον καὶ μέγιστον*). Es stand uns also fest, daß die Tragödie die Mimesis einer in sich abgeschlossenen Handlung ist (*τραγῳδίαν τελείας καὶ ὅλης πράξεως εἶναι μίμησιν*), die eine bestimmte Größe hat (*ἐχούσης τι μέγεθος*) ... Ein Ganzes ist nämlich das, was Anfang wie Mitte und Ende hat (*ὅλον δέ ἐστιν τὸ ἔχον ἀρχὴν καὶ μέσον καί τελευτήν*). Anfang ist das, was selbst nicht notwendigerweise auf ein anderes folgt ... Ende dagegen ist das, was selbst naturgemäß nach einem anderen ist ... nach dem aber nichts folgt ... Gut gebaute Mythen müssen daher weder aufs Geratewohl von irgendwoher anfangen noch aufs Geratewohl irgendwo enden, sondern sich nach den erwähnten Begriffsbestimmungen richten« (Poetik 1450 b 21).

Kritik der lehrhaften Poetiken

Für Aristoteles deckt sich das Wesen der Kunst mit der *μίμησις τῆς πράξεως*, und niemals geht es bei der Kunst um die Anwendung von äußeren, technischen Mitteln und Formen. Dies muß hervorgehoben werden in Hinblick auf die Mißdeutungen, die später, z. B. in einigen Poetiken der Renaissance, hervorgetreten sind. »Allerdings knüpft man gewöhnlich an die Versbezeichnungen das Wort ›Dichtung‹ und nennt so die einen Elegiendichter, andere epische Dichter, indem man sie *nicht auf Grund der mimetischen Darstellung* zu Dichtern stempelt, sondern des gemeinsamen Metrums wegen. Ja, man pflegt sogar denjenigen so zu nennen, der irgend etwas aus der Medizin oder der Naturwissenschaft in Versen darstellt, und doch haben Homer und Empedokles *nichts miteinander gemeinsam als das Metrum,* so daß man zwar jenen mit Recht einen Dichter nennt, diesen aber vielmehr als einen Naturforscher bezeichnen müßte« (1447 b 13).

Eine metrische Lehre verhilft also nicht zur Entstehung eines dichterischen Werkes. Damit lehnt Aristoteles Lehrbücher der Dichtkunst ab, die sich lediglich mit der Technik des Versmaßes beschäftigen. Dasselbe gilt für eine Lehre von der Verwendung der Farben oder vom Zeichnen: keiner, der, weil er weiß, wie man Farben mischt oder wie man etwas konterfeit, ist deshalb Künstler.

Ton, Laut, Sprache. Das Wort als Mimesis

Nach der Interpretation der Termini ›Mythos‹, ›Mimesis‹ und ›Praxis‹ soll nun abschließend das Wesen der Mimesis noch an einem anderen Beispiel verdeutlicht werden.

In der Rhetorik (III 1404 a 21) bezeichnet Aristoteles die *Worte* als *μιμήματα*. Inwiefern und wovon vermag ein Wort eine Mimesis zu sein? Bildet das Wort etwa die Nachahmung von Gegenständen oder Gefühlen, dadurch daß es sie ›bezeichnet‹? Um unsere Bestimmung des Terminus Mimesis, nicht als ›Nachahmung‹, sondern als ›Offenbaren‹, ›Bekunden‹, zu erhärten, ist es angezeigt, näher auf Aristoteles' Unterscheidung zwischen Laut (*φωνή*) und Ton (*ψόφος*) einzugehen.

Er sagt: *ψόφος* (Ton) ist eine bewegte Luftmasse, die unser Ohr erreicht – also ein physikalisch-mechanisches Phänomen –, während *φωνή* eine Luftbewegung ist, die von einem Lebewesen als *sinnvoller Ton* gestaltet wird, oder – wie es an einer anderen Stelle heißt – ein sinnvoller Ton, der mit Phantasie verbunden ist. In »Perì Psychēs« (420 a 3 ff) steht: »Einen Schall (*ψοφητικόν*) ergibt das, was eine einheitliche Luftmasse in kontinuierliche Bewegung versetzt, die bis zum Gehörorgan hinreicht«, und einige Zeilen weiter: »Was nun die Stimme (*φωνή*) betrifft, so ist sie der Klang als Laut (*ψόφος*) eines *beseelten Wesens* (*ἐμψύχου*)« (420 b 6). »Es muß das Beseelte sein, was das Anschlagen bewirkt (*δεῖ ἔμψυχον εἶναι τὸ τύπτον*), und es muß in Verbindung mit einer Vorstellungstätigkeit sein (*μετὰ φαντασίας τινός*). Die Stimme ist jedenfalls ein *bedeutungsvoller Laut* (*σημαντικός ψόφος*)« (420 b 31 ff).

Der Laut unterscheidet sich also dadurch vom Ton, daß der letztere von einem *Lebewesen* einen *Sinn,* eine *Bedeutung* erhält. Das Lebewesen ist nach Aristoteles ein Werden, ein Prozeß, der *von sich aus* den Erscheinungen Gestalt, Form und Bedeutung verleiht (*ἐντελέχεια*); das Auge reagiert auf physikalische, mechanische, chemische Reize jeweils mit einer einzigen, *ihm spezifischen Reaktion,* einem Sehphänomen, das Ohr stets mit Gehörwahrnehmung. Vom Lebendigen selbst – auf der vegetativen wie auf der sensitiven Stufe – ist also die Art und Weise des Reagierens auf Reize festgelegt; durch seine ihm eigene Verhaltensweise erfahren die Reize eine bestimmte Umgrenzung, eine Form. Was innerhalb von Grenzen erscheint, nennt der Grieche *εἶδος* oder *σχῆμα*; wir können also sagen, daß das Lebendige – auf jeder seiner Stufen – die Ideen, die Schemata, die Gestalten des Sich-Offenbarenden in sich hat.

Wird vom Lebewesen der Ton in den Dienst des *Lebens* gestellt – wodurch er eine Bedeutung (*σημεῖον*) erhält –, so wird aus dem Ton ein *Laut* ($\varphi\omega\nu\acute{\eta}$); er kann die Bedeutung von ›Flucht‹ erhalten, dann ist er ein Warnton; bekundet er ›Lust‹, dann erhält er den Sinn der Freude. In der Tierwelt wird der Ton zum Laut; für den Menschen werden wiederum animalische Laute zu Elementen der *Sprache,* sofern sie im Hinblick auf die *Ideen* (die sinngebenden Gestalten, die *für den Menschen spezifisch* sind) hervorgebracht werden.

Wenn nun also Aristoteles die Worte als Ausdruck einer Mimesis bestimmt, so ist offensichtlich, daß auch in diesem Falle Mimesis nicht ›Nachahmung‹ der äußeren Welt bedeutet, sondern ein Offenbaren *menschlicher Sinndeutungen* von Gegenständen, Leidenschaften, Haltungen usw. Die Kunst vermittelt also durch Worte, ebenso wie durch Farben, musikalische Töne, plastische Werte, Bewegungen, *mögliche* Sinndeutungen sämtlicher Elemente unserer Welt, und zwar im Hinblick auf das gelingende oder mißlingende *menschliche Werk.*

Der künstlerische Mythos

Der Entwurf des Rahmens, des Zusammenhangs, in dem sich diese möglichen Sinndeutungen zeigen können, ist der Mythos, der also weit mehr bedeutet als ›Fabel‹, denn dieser Begriff des ›Mythos‹ wird auf alle Kunstgattungen, nicht nur auf die Dichtung angewandt. Der Mythos als sinngebende Ganzheit erhellt die Erscheinungen, in denen wir leben und läßt das Reale in seinen möglichen menschlichen Bedeutungen in Hinblick auf Gelingen und Scheitern aufleuchten.

Wie ist nun konkret der künstlerische Entwurf des Mythos zu verstehen? Aristoteles bestimmt das Kunstwerk – wie wir sahen – als ein Ganzes, das Teile hat, nämlich Anfang, Mitte und Ende (1450b 22ff). Anfang wird bestimmt als das, was nach dem Nichts kommt, Mitte als das, was auf etwas folgt und worauf etwas folgt, und Ende als das, worauf nichts folgt. Dieses Anfangen, Folgen und Enden spielt sich in der Zeit ab, deren Momente das Noch-Nicht, das Jetzt und das Nicht-Mehr sind und eine Spannung darstellen, ohne welche es weder

Erwartung noch Erinnerung gäbe und die ein besonderes Auf-›merken‹ erst möglich machen. Das Angehende ist eigentlich dies Spannende, welches die Erfahrung der Zeit bedingt, die im Kunstwerk waltet. Der künstlerische Entwurf des Spannungszusammenhangs, den Aristoteles als Mythos, Ganzheit der Praxis (*σύνθεσιν τῶν πραγμάτων*, 1450a 5) bezeichnet, ist ein solcher der ›Phantasie‹, denn er stellt – anders als bei Platon – nicht die Urspannung des Seienden dar, in der sämtliche Momente des menschlichen Daseins ihren wirklichen Sinn erhalten, sondern eine Spannung, in der ›mögliche‹ menschliche Bedeutungen offensichtlich werden. Der fiktive Raum des Theaters, des Bildes, des Tanzes, der musikalischen Komposition, den der Mythos entwirft, ist qualitativ verschieden von dem im Alltag uns umgebenden und bricht dessen Homogenität. Durch den entworfenen Mythos (die sinngebende Ganzheit), durch die der Phantasie entsprungene Spannung werden Zeit und Raum des alltäglichen Lebens aufgehoben.

Die Möglichkeiten also, die sich dem Menschen im Hinblick auf sein eigenes Werk ergeben, zeigen das menschliche Leben und sämtliche Momente, die zu seiner Verwirklichung gehören – sofern sie Gegenstand der Kunst werden –, als von einer ursprünglichen, sinngebenden Spannung bedingt. Die Notwendigkeit, sich so oder so zu verhalten – die Voraussetzung des Charakters, des Ethos ebenso wie des Denkens – entsteht erst durch das Offensichtlichwerden der Wirklichkeit als einer unentrinnbaren Verpflichtung. Selbst die Verständigung – Denken und Sprechen – ist nur möglich innerhalb dieser Spannung. Der Entwurf des Spannungszusammenhangs, der sinngebenden Ganzheit, von seiten des Künstlers ist das, was Aristoteles ›Mythos‹ nennt – Mythos als das wesentliche Moment der Kunst, wesentlicher als Sprache, Denkweise und Charakter.

3 Die Trennung des ›Schönen‹ vom ›Sein‹

Anwendung des Schönheitsbegriffs auf ontologische Gebiete

In den aristotelischen Bestimmungen des Kunstwerks haben wir den Terminus ›schön‹ nur am Anfang der »Poetik« angetroffen, wo darauf hingewiesen wird, wie man die Mythen zu bilden hat, damit das Werk ›schön‹ sei. Dieser Begriff tritt dann im Verlauf der Darstellung nur selten auf (1452a 10: *καλλίους μύθους*; 1452a 32: *καλλίστη δὲ ἀναγνώρισις*; 1453a 12, 19, 23; 1453b 25; 1461a 4).

Eine ausdrückliche Definition des Schönen ist in der »Poetik« nicht enthalten, sie ergibt sich vielmehr aus der Deutung dessen, was die *μίμησις ποιητική* ist. Im siebten Kapitel der »Poetik« allerdings sagt Aristoteles, nachdem er hervorgehoben hat, der Gegenstand des Kunstwerks müsse ein organisches Ganzes sein, das Anfang, Mitte und Ende hat: »Es kommt noch hinzu, daß das Schöne – sei es ein lebendiger Organismus (*ζῷον*) oder *irgendein anderer Gegenstand,* wenn er nur Teile hat – in diesen Teilen nicht nur eine gewisse *Ordnung* haben muß, sondern auch eine bestimmte *Grenze* und eine eigene *Größe; denn das Schöne besteht in der Größe und Ordnung* (*ἐν μεγέθει καὶ τάξει ἐστίν*); so könnte auch ein zu kleiner Organismus nicht schön sein« (Poetik 1450b 34ff). Das Schöne besteht also in der richtigen An-Ordnung der Teile, die ein Ganzes bilden, und in einer angemessenen Größe. Hieraus ist zu entnehmen, daß der Begriff ›schön‹ bei Aristoteles *nicht nur im Zusammenhang mit der Poetik* bzw. mit dem Phänomen der Kunst angewendet wird, sondern auch noch in bezug auf ontologische Gebiete. Im 13. Buch der »Metaphysik« heißt es, daß das Gute und das Schöne unterschieden sind, denn das Gute ist immer in der Praxis zu suchen, während das Schöne sich auch im Unbewegten befindet (*τὸ ἀγαθὸν καὶ τὸ καλὸν ἕτερον· τὸ μὲν γὰρ ἀεὶ ἐν πράξει, τὸ δὲ καλὸν καὶ ἐν τοῖς ἀκινήτοις*) (1078a 31). Und wenig später sagt Aristoteles: »Die wichtigsten Aspekte des Schönen sind *Ordnung, Symmetrie und Abgrenzung,* Aspekte, die besonders die *mathematischen Wissenschaften* aufweisen« (1078a 36) – Wissenschaften, die nichts mit Kunst zu tun haben. In der »Rhetorik« (1361b 7) wird von der physischen Schönheit gesprochen, die als ἀρετὴ τοῦ σώματος bestimmt wurde, und von ihr gesagt, sie sei verschieden auf den verschiedenen menschlichen Altersstufen. In »Topica« (I 106a 22) wird ebenfalls in bezug auf Lebewesen vom Schönen gesprochen. In Pol. VII 1326a 33 heißt es vom sozialen Schönen, es bestehe in einem bestimmten Verhältnis zwischen der Zahl der Bürger und der Größe des Staates. Begrenztheit als bestimmender Aspekt der Schönheit, der Seele wie dem Körper zukommend, wird in der »Nikomachischen Ethik« (IV 1123b 6) erwähnt. Auch noch an anderen Stellen wird das Adjektiv καλός oder das entsprechende Adverbium frei von jedem ästhetischen Sinn verwendet (Meteor. I 352a 7 und 11; Pol. IV 1297b 38; Met. I 985a 9, 989b 27; Nik. Eth. VII 1153a 13).

Die ontologische Bedeutung des Schönen bleibt bei Aristoteles auch noch auf einem Gebiet erhalten, das wir dem Ästhetischen, der Kunst zuzurechnen pflegen: der Architektur. Wir hatten schon Gelegenheit darauf hinzuweisen, daß auch Platon die Architektur von der mimetischen Kunst trennt (Sophistes 265a). Weil sie die Schönheit als Ordnung, Symmetrie und Begrenzung mathematisch verwirklicht, so ist sie auch für Aristoteles nicht Mimesis einer Praxis, keine τέχνη μιμητική, sondern ἀρχιτεκτονική, das heißt, sie ist Ausdruck einer idealen Schönheit, Versinnlichung des ontologisch Schönen, das nicht durch Kunst wiedergegeben werden kann. Die Architektur wird deshalb in der Poetik nicht erwähnt, im Unterschied zu Malerei, Musik, Tanz usw. (vgl. Pol. 1182a 3).

Ordnung, Symmetrie und Einheit

Das Schöne im ontologischen Sinne, definiert als bestimmte Ordnung, Symmetrie und begrenzte Größe, das bei Aristoteles *neben* dem Begriff des Schönen in der Kunst weiterlebt, hat sich im Lauf der abendländischen Tradition so ausgewirkt, daß schließlich auch das Schöne in der Kunst auf diese Kategorien beschränkt wurde. Dadurch ist das Wesen der aristotelischen Theorie des Kunstschönen verdeckt und mißverstanden worden. Ordnung, Symmetrie und begrenzte Größe gehören zum ontologischen Begriff des Schönen, es sind Kategorien der Rationalität und geistigen Realität des Urseienden, des Idealen, sie heben das Widerspruchsvolle, Willkürliche und Zusammenhanglose auf, überwinden das Chaotische des rein Sinnlichen und Zufälligen. Mit Aristoteles beginnt aber der künstlerische vom ontologischen Begriff des Schönen sich zu trennen. Wir wissen, daß bei dem ersteren das Zusammenfassende und Gliedernde der Ganzheitsentwurf der sichtbar werdenden menschlichen Praxis ist, das heißt der Mythos als ein den Handlungen, Haltungen, Gegenständen, Worten usw. Sinn verleihender geschlossener Zusammenhang.

Aristoteles sagt, daß der *Mythos* eine *Ganzheit* sein muß, deren Teile geordnet im Nacheinander von Anfang, Mitte und Ende zu erscheinen und eine ihm, dem Mythos, zugehörige Größe aufzuweisen haben. Diese Ordnung und Größe darf nicht abstrakt, sondern nur aus dem, was im Poetischen als das Wirkende gilt, verstanden werden: der Mythos bestimmt Einheit und Ordnung der Teile, er ist der Rahmen, in dem alles Erscheinende in seiner Daseinsform und Gliederung erschlossen wird. Die ποίησις ποιητική beruht – so können wir auch sagen – auf einer nicht bloß rational zu verstehenden ›Idee‹; sie ist jene Sicht des Ganzen, welche die Möglichkeiten des Menschen offenbart und die Mannigfaltigkeit in neue Form bringt, gliedert und ordnet. Dadurch vollzieht das Kunstwerk, wie wir gesehen haben, einen Bruch mit der alltäglichen Wirklichkeit, in der die *vereinzelten* Vorsätze und Aufgaben, die Impulse der Leidenschaften, die theoretischen Fragen den möglichen einheitlichen Sinn des Daseins – der Gegenstand der Kunst ist – nicht zulassen. Ordnung der Teile und Größe eines Kunstwerks, seine Schönheit, ist nicht abstrakt von irgendwelchen Maßen und Proportionen abzuleiten.

Die Irrtümer der traditionellen Ästhetik, Ordnung, Größe und Einheit für abstrakte Gesetze zu halten, ohne zu fragen, woraus sie im Kunstwerk hervorgehen, sind im Hellenismus entsprungen, und sie wirkten weiter bei den Renaissance-Kommentatoren – ROBORTELLUS, VICTORIUS, CASTELVETRO usw. –, in Frankreich hat CORNEILLE die poetische Schöpfung auf das strengste den Gesetzen unterstellt, welche die damals junge italienische Bewegung aufgestellt hatte.

Das Problem des poetischen Universalen

Ein ähnliches Mißverständnis ist dadurch entstanden, daß man das Wesen der Kunst durch die These bestimmen wollte, die Mimesis betreffe das poetische Universale. Als wichtigster Beleg für die Theorie galt jene Stelle der »Poetik« (1450a 16), in der gesagt wird, daß die Tragödie nicht Mimesis von Menschen, sondern der Praxis und damit Leben in seiner *Möglichkeit* und nicht in seiner *Wirklichkeit* zu sein habe. Das führte zu der Behauptung, dem Kunstwerk komme ein viel universellerer Charakter zu als der Geschichte, die sich stets auf vereinzelte Geschehnisse bezieht. Auch Aristoteles sagt, die Dichtung bemühe sich, das Universale darzustellen, während die Geschichte den Einzelfall zum Gegenstand habe (1451b 5–15); das Universale offenbart sich im Kunstwerk in den Gesetzen des Möglichen und Notwendigen. Hieraus schlossen manche Interpreten, das Universale schlechthin – das heißt das Leben in seinen idealen Bestimmungen, in seinen Gesetzen frei von allen Zufälligkeiten – sei Gegenstand der Kunst. Objekt der mimetischen Poiesis wäre dann eine Idealität, welcher die ganze Realität des Lebens immanent ist. Derartige Interpretationstheorien gehen aber dem wahren Problem aus dem Wege und bleiben im Abstrakten und Unbestimmten stecken. Jenes ›poetische Universale‹, das Gegenstand der Kunst sein soll, erhält erst seinen konkreten Sinn durch die Deutung der ›Praxis‹ als Gegenstand der Mimesis.

Kunst als Bezeugung der menschlichen Fähigkeit des Transzendierens

Die künstlerische Poiesis ist eine besondere Art des Hervorbringens, bei der *aus etwas* – Materie – *durch etwas* – Form – *ein Neues* – Einheit von Materie und Form entsteht (in der aristotelischen Terminologie: *οὐσία*, ein Seiendes). Wird etwas von der künstlerischen Poiesis ergriffen, so wird es vom Transzendieren bestimmt, das der Kunst eigentümlich ist. Der poetische Mythos – die künstlerische Form des Transzendierens – läßt auch jedesmal das ›zu Ordnende‹, die Materie des Werkes als solche, offensichtlich werden, indem er sie neu gliedert und gestaltet. Weil die Kunst alle ›Möglichkeiten‹ offenbart, so bezeugt sie immerfort die menschliche Fähigkeit des Transzendierens.

»Es gibt eine Eigenschaft im Menschen, die stets am Werk ist; in ihr liegt das Wesen der menschlichen Daseinsbedingung: es ist das Transzendieren der Umstände, in denen der Mensch sich jeweils befindet. Wie auch der Mensch sich auffassen mag, dieser Wesenszug wird nie zu leugnen sein, denn er ist ein Element seines Daseins, das sich der Vernunft und des Willens bedient, um sich zu äußern und zu entwickeln. Nun, in eben diesem Akt des Transzendierens liegt eigentlich der Ursprung des Singens und Sagens, des Darstellens der Kunst beschlossen, und ihr Ziel ist, in der Fähigkeit des Transzendierens das Menschliche zu offenbaren« (G. Jommi).

Die Wandlung des Begriffs der Kunst

Bei der Wendung, die Aristoteles vollzieht, hat er mehrere Elemente von PLATON übernommen. Dieser hat in der »Politeia« (392c) drei Gesichtspunkte namhaft gemacht, unter denen ein Kunstwerk zu betrachten ist: das *Womit* (die Mittel der Mimesis), das *Was* (der Gegenstand der Mimesis) und das *Wie* (die Formen der Mimesis). Der Gegenstand der Mimesis ist für Platon, ebenso wie für Aristoteles, die Praxis besserer oder schlechterer Menschen: »Vertrauen wir den früher von uns ausgesprochenen Behauptungen, daß das auf Taktmaß und die gesamte Tonkunst Bezügliche eine Mimesis der Sinnesarten von besseren und schlechteren Menschen sei ...« (Nomoi 798d). Die Reigentänze sind Nachahmung von Sinnesarten, »indem jeder Darsteller das, was in mannigfachen Handlungen, Schicksalen und Gemütsrichtungen vorkommt, durch Mimesis vorträgt.« Platon läßt allerdings – im Unterschied zu Aristoteles – ausschließlich die Mimesis des Guten zu, weil nur sie zur Offenbarung des *wirklich Seienden* führt. Er schließt die Darstellung der Leidenschaften aus, weil eine solche Darstellung sich auf etwas im ontologischen Sinne nicht Wirkliches bezieht.

Wo hingegen durch die Beherrschung der Leidenschaften das dem Menschen eigentümliche Werk offensichtlich wird, ist die Kunst geduldet; nur in dieser Form dürfen auch Leidenschaften Gegenstand der Mimesis sein. Die künstlerische Darstellung – und das von ihr erzeugte Mitempfinden – der Leidenschaften steht sonst allgemein im Kontrast zu einem vernunftgemäßen Verhalten. »Auch die besten von uns, wenn wir den Homer hören oder einen anderen Tragödiendichter, wie er uns einen Helden darstellt in trauriger Bewegung und eine lange Klagerede haltend, oder auch singend und sich heftig gebärdend, so wird uns wohl zumute, wir geben uns hin und folgen mitempfindend, und die Sache sehr ernsthaft nehmend, loben wir den als einen guten Dichter, der uns am meisten in diesen Zustand versetzt« (Pol. 605c–d). Nun folgt die Kritik: »... wir setzen ganz im Gegenteil unseren Ruhm darein, wenn wir imstande sind, *ruhig zu sein und auszuharren* ... Ist das nun wohl ein feiner Ruhm, wenn man jemanden sieht, so wie man selbst nicht sein möchte, sondern sich schämen würde, davor sich nicht zu ekeln, sondern sich daran zu freuen und es zu loben?« (Pol. 605d–e).

Wohl hatte Platon die Kunst bereits als *μίμησις τῆς πράξεως* bestimmt, aber – wie wir nun wissen – in einer völlig anderen Richtung, die ihn zur Kritik an der Kunst führen sollte. »Diese Mimesis bildet uns doch handelnde Menschen nach, in freiwilligen oder erzwungenen Handlungen, und welche durch diese Handlungen glauben, sich Gutes oder Schlechtes erhandelt zu haben, und in dem allen betrübt sind oder erfreut« (Pol. 603c). Auch für Platon bildet also die Praxis der Menschen den Gegenstand der Kunst, in der Weise, daß sichtbar wird, ob sie zum Guten oder zum Schlechten gelangen. Da aber für Platon die ›*Vollendung*‹ das Ziel schlechthin des Menschen darstellt, so verurteilt er die Kunst, sofern durch sie dieses Ziel nicht erreicht werden kann. Kunst und Künstler bedeuten ihm eine Gefahr, denn durch die Darstellung der schwankenden Möglichkeiten werden Leidenschaften aufgewühlt, die es gerade zu besänftigen gilt. »Denn sie (die Kunst) nährt und begießt alles dieses, was doch sollte ausgetrocknet werden, und macht es in uns herrschen, obwohl es doch müßte beherrscht werden« (Pol. 606d).

Wie stark Platon die Kunst als Ansporn zu Leidenschaften empfindet, ergibt sich aus folgenden Worten: »Wenn du bedenken wolltest, daß das einmal bei einigen Unfällen mit Gewalt Zurückgehaltene und gleichsam Ausgehungerte, indem es sich nicht hat sattweinen und zur Genüge ausjammern können, obwohl es von Natur so geartet ist, hiernach zu begehren, daß gerade dieses dann von den Dichtern befriedigt wird und sich wohl befindet; das von Natur Beste aber in uns ... in der Achtsamkeit auf dieses Tränenreiche nachläßt ... jene Lust wird für baren Gewinn genommen, und man möchte sie nicht gerne missen, das ganze Gedicht verwerfend« (Pol. 606a).

Die Vergegenwärtigung des Ewigen, das Mythische, das von Platon philosophisch als ›Idee‹ bestimmt wurde und auch im Kunstwerk aufleuchten sollte, wird in der aristotelischen Ästhetik aufgehoben. Die Kunst ist nicht mehr auf die Urwirklichkeit gerichtet, so wird auch die Mimesis nicht mehr das Sichtbarmachen des Urseienden sein. Dieser Wandlung entsprechend sinkt auch der Mythos – als wesentliches Element jeder Art von Kunstwerk – auf den Entwurf einer Spannung herab, die nicht notwendigerweise wahr ist: also zur Bedeutung des ›Fabelhaften‹.

Damit wird die Mimesis zur Darstellung bloßer ›Möglichkeiten‹ und ist nicht mehr die Offenbarung dessen, was den Menschen *verpflichtet.* Die Kunst, die Poiesis durch Mimesis, wird Ausdruck der individuellen Deutungsmöglichkeiten des Seienden im Hinblick auf die menschliche Selbstverwirklichung. Das Schöne, das bei Platon ontologische Bedeutung hatte, erhält einen neuen Sinn: es wird die kunstvolle Weise, Mythen zu bilden, die menschliche Möglichkeiten zeigen und nichts Verpflichtendes und unbedingt Wirkliches mehr offenbaren. Die Kunst ist damit als das Gebiet der Ästhetik theoretisch begründet.

Wenn zum Wesen des Menschen (der nicht über eine gegebene Welt verfügt, sondern sie erst aufbauen muß – eine Auffassung, die ebenfalls platonisch ist) auch die Betrachtung der Möglichkeiten gehört, denen gegenüber er Stellung nehmen muß, um eine unter vielen zu wählen, so ist anzuerkennen, daß die Kunst Einblick in diese Möglichkeiten eröffnet. Damit kann der Kunst noch eine erzieherische Bedeutung zugesprochen werden, allerdings nicht mehr in der ethisch verpflichtenden Weise Platons.

IV Hellenismus und Spätantike

1 Allgemeiner ontologischer Grundzug der antiken Theorie des Schönen

»Wir sind heute gewohnt, die bildende Kunst, das heißt also die Malerei und die Plastik, als einen Gegenstand des Luxus zu betrachten. Wir sehen an ihr, soweit es uns überhaupt gegeben ist, ein Verhältnis zu ihr zu gewinnen, eine Quelle schöner und anregender Gedanken und Gefühle, aber die Überzeugung, Kunst sei wirklich etwas Lebensnotwendiges, ist heute nur mehr bei den wenigsten vorhanden ... Dieses ästhetische Verhältnis zur Kunst, wie man es zu nennen pflegt, ist verhältnismäßig spät entstanden, und es enthält auch nicht die ursprüngliche Bedeutung, die die Kunst im Leben der Menschen eingenommen hat« (Kaschnitz von Weinberg, Versuch einer Wesensbestimmung der antiken Kunst, ein Vortrag).

Allzu leicht wird heute vergessen, daß die Künste und ihre Werke religiösen Ursprungs, daß ihre theoretischen Begründungen metaphysischer Art waren. In der Antike galt die Kunst niemals als Selbstzweck, sondern als Mittel, einer höheren Wirklichkeit teilhaftig zu werden; und in allen sakral bestimmten Epochen, bei den Urvölkern, in mythischen Zeiten und auch im hellenistischen religiösen Synkretismus, ebenso wie im christlichen Mittelalter, drückte sich alles Religiöse, alles Gottesfürchtige in Werken der Malerei oder Plastik aus, die Urweltliches, absolut Seiendes jenseits der Scheinwelt sichtbar machten. Ästhetische, subjektive Bedeutungen waren ihnen fremd, alles Gestalten hatte ewigen Ordnungen zu entsprechen. »So ist die Haltung des Menschen eine bis zum äußersten objektiv beobachtende, feststellende statische und körperliche, eine bis ins letzte von den göttlichen Gesetzen bestimmte. Der Mensch als Individuum gilt wenig und hat Wert eigentlich nur durch die Gesetze des Himmlischen, die sich in ihm spiegeln. Er ist diesen Gesetzen unterworfen, und je mehr dies in seiner Haltung und in seinen Lebensformen zum Ausdruck kommt, desto willkommener, der kosmischen Ordnung entsprechend, wird sein Leben angesehen. Das individuelle Streben, das im persönlichen Leidenschaftlichen und in mystischer Triebhaftigkeit wurzelnde, entbehrt daher in dem Maße einer Berechtigung, ja eines Sinnes, als es sich von den allgemeinen Normen der als kosmisch erkannten Gesetzlichkeiten entfernt. Der einzelne hat seinen Sinn nur als begrenzter Teil der Ordnung. Die Ordnung aber ist Gott, und sein Stellvertreter auf Erden ist der Mensch, dessen Macht daher alles umfaßt« (Kaschnitz von Weinberg, Stätten und Bildwerke der agonalen Idee, ein Vortrag).

Für PLATON war die positiv zu bewertende Kunst nicht Mimesis wandelbarer Aspekte der sinnlichen Welt – denn als solche wäre sie nur eine abgeleitete Darstellungsform des Unwesentlichen und Vergänglichen –, sondern Darstellung der höheren, universellen, unwandelbaren und daher ahistorischen Wirklichkeit, die den tieferen Sinn der menschlichen Existenz in sich birgt. *Form und Inhalt des Schönen* können daher für ihn in der wahren Kunst niemals getrennt werden.

Selbst ARISTOTELES, in dem wir den Entdecker des Ästhetischen kennengelernt haben, erklärt immer wieder, die Kunst könne niemals Mimesis des Zufälligen sein. Gerade weil sie die Dinge nicht offenbart, wie sie sind, sondern wie sie sein könnten, weil sie also auch das Wahrscheinliche, das Mögliche – im Gegensatz zur platonischen Auffassung – darstellt und nicht das bloß Historische und Tatsächliche, kommt ihr nach Aristoteles eine philosophische Bedeutung zu, und zwar in viel höherem Grade als der Geschichtsschreibung, der es im wesentlichen um den faktischen Einzelfall geht.

Gewiß, wir haben die Tatsache unterstrichen, daß mit der aristotelischen Kunsttheorie der Einbruch der ästhetischen, subjektiven Auffassung geschehen ist. Die Bestimmung der Kunst als Entwurf der menschlichen Möglichkeiten durch die Mimesis ist unvereinbar mit der ontologischen Auffassung. Dennoch bedeutet dies durchaus noch nicht, daß Aristoteles das ontologische Anliegen der Kunst völlig aus den Augen verloren hätte. Wenn nämlich der Künstler nicht mehr wie bei Platon die Wahrheit, das ursprüngliche Sein darstellen soll, sondern die *menschlichen* Möglichkeiten (die zwischen Gelingen, mittelmäßiger Verwirklichung und Scheitern der menschlichen Werke spielen) und von diesen her auch die menschliche Bedeutung der Gegenstände, Situationen, des Ortes und der Zeit, so vergißt Aristoteles doch nicht die *kathartische, reinigende* Funktion der Kunst. Wer ein Kunstwerk in sich aufnimmt – ein Theaterstück, eine Dichtung, ein Gemälde ... –, wobei er allerdings immer nur ›Zuschauer‹ bleibt, der bekommt die menschlichen Möglichkeiten und ihre Gefahren vorgehalten und kann dadurch zur Selbsterkenntnis und eigenen Reinigung gelangen. Dieser dem Kunstwerk zugeschriebene kathartische Sinn tilgt teilweise den rein ästhetischen, unverbindlichen Charakter der aristotelischen Auffassung von der Kunst und dem Schönen.

2 Die pädagogische Rechtfertigung der Kunst. Plutarch, Quintilian

Hat man die Entwicklung der antiken Kunsttheorie bis zu Aristoteles verfolgt, so möchte man erwarten, daß nun die Theoriebildung der Spätantike von der Auseinandersetzung zwischen der ontologischen und ästhetischen Auffassung bestimmt sein werde. Diese Erwartung bestätigt sich jedoch nicht. Entweder steht immer noch die ontologische Bedeutung im Vordergrund, oder es geht um Fragen, die auf den ersten

Blick durchaus nichts von einer Auseinandersetzung zwischen platonischer und aristotelischer Deutung des Schönen erkennen lassen.

Wenn der aristotelischen Erkenntnis zuzustimmen ist, die Kunst sei nicht notwendigerweise auf das Wahr- und Gutsein ihrer Inhalte gerichtet, so gilt auch, daß die Kunst und das Schöne nicht wesentlich dem Sein zugehören; die Kunst wird zu einer Angelegenheit der Form, zur Darstellung irgendeines Inhalts, und die Fähigkeit des Künstlers ist ein formales Können. Das Entscheidende an einer solchen Schlußfolgerung ist, daß der Inhalt (das Wahre und Gute) und die Form (das Schöne) auseinanderfallen. Ist man weiterhin um den ontologischen Sinn der Kunst besorgt – und diese Besorgnis bleibt während der ganzen Spätantike bestehen –, so stellen sich zwei schwerwiegende Probleme:

Worin liegt überhaupt die Rechtfertigung der Kunst? ist die erste Frage; und gibt man – in hedonistischer Auffassung – zu, daß sie in der Lust am schöpferischen Akt, an der Form liegt, so erhebt sich die zweite Frage: Wie kann jene Lust in den Dienst des Wahren und Guten gestellt und dadurch doch wieder ontologisch wertvoll werden? Die Spätantike war noch viel zu sehr von der göttlichen Inspiration in der Kunst überzeugt, um theoretisch sich endgültig auf die Seite des Ästhetizismus zu stellen. Die Antwort der Spätantike auf die beiden Fragen ist noch bis weit ins Mittelalter und teilweise bis in humanistische Kunsttheorien hinein zu verfolgen; sie lautet: Die Kunst ist zu bejahen, wenn ihr eine pädagogische Bedeutung zugesprochen werden kann. Durch die Freude an der schöpferischen Tat des Künstlers und an der Art seines Darstellens kraft besonderer Fähigkeiten soll *die Wahrheit annehmbarer und zugänglicher* gemacht werden.

Aus dieser Auffassung entstand z. B. die stoische Allegorese der poetischen Werke, ebenso später jene Sentenz des HORAZ, mit der er die Werke der Kunst zu rechtfertigen sucht (Ars poet. 343 f): »*Omne tulit punctum, qui miscuit utile dulci, lectorem delectando pariterque monendo*« (jegliche Stimme gewinnt, wer das Nützliche mit dem Süßen mischt und den Leser im gleichen Maße ergötzt wie ermahnt), ein Grundsatz, auf den noch Jahrhunderte später, im Humanismus und in der Renaissance, beinahe verzweifelt zurückgegriffen wurde in dem vergeblichen Versuch, sich dem Ästhetizismus zu entziehen und die Kunst gegen christlich-religiöse Vorwürfe zu verteidigen.

Mit CHRYSIPP begann die stoische Schule die allegorische Deutung der Dichtung; die ältesten Dichter – Orpheus, Musaios, Homer und Hesiod – werden allegorisch interpretiert, selbst der Inhalt der klassischen Mythologie wird in moralische Lehrsätze verwandelt, eine Methode, welche die christlichen Kirchenväter mit einem Fanatismus ohne jeden Sinn für Objektivität auf die dichterische Überlieferung der Griechen anwandten. Schon PLUTARCH hatte einen ähnlichen Standpunkt gegenüber der Dichtung eingenommen (in seinem Frühwerk »De audiendis poetis«, Moralia 14d–37b, und im »Symposion« III Quaest. 8,2). Des Dichters Aufgabe ist es, zu erfinden; weder Versmaß noch Melodie, Gesang und Wohllaut der Rede vermögen den Zauber auszuüben, mit dem eine *wohlerfundene Fabel* die Gemüter in ihren Bann zieht, wie bei den philosophischen Lehrgedichten des Empedokles und Parmenides, die der Kunst der Poesie nur das Versmaß entliehen haben (De aud. poet. 16B; De gloria Athen. 4,347Ef). Die Erfindung des Mythos – und das bedeutet jetzt ›Fabel‹, nicht mehr Urwirklichkeit – hat hier nicht einmal mehr die philosophische Bedeutung, die ihr noch Aristoteles in der »Poetik« beigemessen hatte.

Auch die Lust an der Nachahmung wird nur noch zurückgeführt auf die Bewunderung für den Geist des Menschen, der so kunstreiche Werke hervorzubringen fähig ist (Quaest. I 2). Diese Lust hält Plutarch durchaus für einen Vorzug: es ist die Lust am Geiste, was bei der Betrachtung recht planvoll angelegter, recht fein ausgearbeiteter Kunstwerke uns so große Befriedigung gewährt. Kunst und Dichtung können aber gefährlich werden, sofern sie im Betrachter und Hörer teils bewußt Täuschung hervorrufen – und die Wahrscheinlichkeit gefällt immer besser als die Wahrheit –, teils unbewußt falsche Ansichten, vor allem über die Götter, zu verbreiten vermögen. Daher warnt Plutarch vor dem großen Einfluß der Dichtung auf Seele und Verstand: das Böse, das Falsche, das Täuschende, in angenehmer Weise vorgetragen, kann verwirren und schlechten Einfluß üben. Werden die Gefahren erkannt, so sind sie zu bannen, indem die Dichtung sich nur der Weisheit widmet. »Dichtung und Philosophie zusammen ergeben eine leichte und angenehme Lektüre. Der Philosoph darf die Gedichte nicht fliehen, sondern muß seine Philosophie auf sie anwenden und *im Angenehmen das Nützliche suchen:* das ist der Anfang wahrer Gelehrsamkeit« (De aud poet. 15f). Ist die Kunst überhaupt nicht mehr ihrer ontologischen Bedeutung eingedenk, so verfällt sie zu leerer und äußerlicher Form.

QUINTILIAN äußert sich in ähnlicher Weise im letzten Buch der »Institutio oratoria«. Es gibt Menschen, denen die Dinge, mit denen sie sich beschäftigen, zu Visionen, zur Phantasie werden, Menschen, die mit abwesenden Dingen zu leben vermögen. Wer mit einer so lebendigen Phantasie begabt ist, ist Künstler (VI 2,29; VIII 3,61; XII 10,1ff). »Die Griechen nannten Phantasiai (wir werden sie Visionen nennen) die Fähigkeit, uns die fernliegenden Gegenstände mit so großer Genauigkeit vorzustellen, daß wir glauben, sie vor unseren Augen zu haben; wer solche Gestalten erschaffen kann, wird in den Leidenschaften hervorragen« (Inst. orat. VI 2,29). Dieses Beschwören der Leidenschaften soll aber *ausschließlich der Wahrheit dienen.*

3 Der Stoizismus

Der ontologische Begriff des Schönen bei Seneca

Für den Stoizismus und seine Theorie des Schönen und der Kunst ist ein kosmisch-religiöser Grundgedanke bestimmend. Schönheit ist die Sichtbarkeit der Ordnung, Gesetzmäßigkeit und Macht des Universums. Die Bewegungen der Himmelskörper, der Wechsel von Tag und Nacht, Sommer und Winter vollziehen sich in vorbestimmter Ordnung. Der Glanz des Weltalls ist ein Abglanz des Göttlichen, des absoluten Seins. Wir Menschen können von der göttlichen Harmonie nur bewundernd im Schauspiel des Weltalls etwas ahnen.

So heißt es bei SENECA: »Du bist im Begriff, einzutreten in eine Stadt, die Göttern und Menschen gemeinsam ist, an bestimmte und ewige Gesetze gebunden. Du wirst die unzähligen Sterne leuchten sehen, wirst staunen, wie das eine Gestirn, die Sonne, alles mit ihrer Kraft durchdringt und regelt, wie sie durch ihren täglichen Lauf den Wechsel von Tag und Nacht bestimmt und durch ihren jährlichen Lauf Sommer und Winter gleichmäßig teilt ... Schauen wirst Du auch die fünf Gestirne, die ihre eigenen Bahnen wandeln in einer dem raschen Weltumschwung entgegengesetzten Richtung: von ihren Bewegungen hängt das Schicksal der Völker ab, und alles, das Größte wie das Kleinste, erhält die Gestalt, die ihm unter dem günstigen oder ungünstigen Stand der Gestirne bestimmt wird ... Und wendest Du das vom Anblick der himmlischen Erscheinungen gesättigte Auge, so erwartet Dich eine andere Gestalt der Dinge, mit anderen Wundern Dich überraschend ...« (Ad Marciam, de consolatione XVIII). An anderer Stelle heißt es: »Alles, was das beste für den Menschen ist, liegt außerhalb menschlicher Macht und kann weder gegeben noch entrissen werden, nämlich diese Welt, das Größte und *Schönste,* was die Natur geschaffen hat, und der Geist, der Betrachter und Bewunderer der Welt, ihr herrlichster Teil, uns eigen und unverlierbar« (Ad Helviam, de cons. VIII 4,5).

Auch im Menschen liegt das Schöne in dem Vollzug seiner Fähigkeiten und Tugenden beschlossen; denn in ihnen verwirklicht sich das dem Menschen eigentümliche Wesen: der Geist. Im rein sinnlichen Bereich vermag der Mensch sich nicht zu verwirklichen, so ist das menschlich Schöne nicht identisch mit sinnlich-körperlicher Schönheit, die Seneca oft negativ beurteilt (z. B. Ep. 117,9; Ad Marciam XVII). »An jedem Wesen muß dasjenige das beste sein, wozu es geschaffen ist, wonach es geschätzt wird *(cui nascitur, quo censetur)*, beim Menschen: die Vernunft *(ratio)*. Vollkommene Vernunft ist das eigentümliche Gut des Menschen, alles übrige hat er mit den Tieren und Pflanzen gemeinsam ... Wenn dabei jedes Ding, das sein eigentümliches Gut *(bonum)* zur Vollkommenheit gebracht hat *(perfecit)*, lobenswert ist und das Ziel seiner Natur erreicht hat, das dem Menschen eigentümliche Gut aber die Vernunft ist, so ist auch dieser, wenn er sie zur Vollkommenheit gebracht hat, lobenswürdig und am Ziel seiner Natur angelangt *(finem naturae suae tetigit)*. Diese vollendete Vernunft heißt Tugend und ist eins mit dem sittlich Guten ... Wenn einer alle übrigen Güter besitzt – Gesundheit, Reichtum, viele Bilder –, aber ein anerkannt schlechter Mensch ist, so wirst Du ihn tadeln ... Ein gutes Schiff heißt nicht ein solches, das mit kostbaren Farben bemalt ist oder das einen silbernen oder goldenen Schnabel hat ... sondern ein solches, das dauerhaft und fest gebaut ist ... schnell segelt und den Stürmen trotzt ... Insofern wird jedes Ding gelobt, als es dem entspricht, wozu es bestimmt ist« (Ad Lucil. Ep. 76,8–14).

Wenn Schönheit in der Natur der Abglanz der Ordnung und Gesetzmäßigkeit, des unverbrüchlich Seienden ist und sich den Sinnen offenbart, so kommt dem Menschen, seiner geistigen Natur entsprechend, eine andere, eine nicht sinnliche Schönheit zu.

Senecas Theorie der Kunst

Ars, das lateinische Wort für Kunst, entspricht dem griechischen Terminus *techne,* bedeutet also bewußtes und begründetes Hervorbringen (Ep. 29,3). Das Problem der *ars* ist also zunächst nicht das des Schaffens der ›schönen Künste‹. Seneca weist mit Nachdruck darauf hin, daß der Mensch in seinem ruhelosen ›technischen‹ Streben, die Natur zu beherrschen, sie vielfach seinen verspielten Launen gefügig macht, sie vergewaltigt und dadurch sich selbst der Natur entfremdet[36]. In diesem Zusammenhang tritt nun der Begriff der ›Nachahmung‹ auf: »Jede *ars (techne)* ist Nachahmung der Natur«[37]. Diese ›Nachahmung‹ bezieht sich noch keineswegs auf die schönen Künste; ähnlich wie das Weltall aus einem göttlichen Schöpfungsakt (nach bestimmten göttlichen Ideen) hervorgeht (Ep. 65,3), so baut der Mensch seine eigene Welt und Ordnung mit Hilfe seiner *technai* auf. Doch geschieht das mit Unsicherheit und sehr oft im Gegensatz zur wahren Natur des Menschen; Selbstentfremdung ist eine ihn stets bedrohende Möglichkeit.

Das Wesen des Hervorbringens durch *ars,* das nicht mit Kunstschaffen identisch ist, entwickelt nun Seneca gerade *am Beispiel* des bildenden Künstlers. Er greift dabei auf ARISTOTELES zurück, indem er sagt, zur Entstehung eines Werkes seien vier Ursachen notwendig, der Stoff, der Bildner, die Form und der Zweck des Werkes. »Die Stoiker erkennen in der Natur der Dinge zwei Prinzipien, aus denen alles besteht: die Ursache und den Stoff. Der Stoff liegt untätig da, eine zu allem bereite Masse, die aber müßig bleibt, solange sie niemand in Bewegung setzt. Die Ursache aber, die Vernunft *(causa autem, id est ratio)* gestaltet den Stoff *(materiam format),* dreht und wendet ihn, wie ihr beliebt, und bringt aus ihm mannigfaltige Werke hervor. Es muß also erst etwas da sein, *woraus* ein Ding wird *(unde fiat aliquid),* sodann etwas, *wodurch* es wird *(a quo fiat);* dieses ist die Ursache *(causa),* jenes der Stoff *(materia),* jede *ars* ist Nachahmung der Natur *(omnis ars naturae imitatio est).* Was ich also vom Weltganzen sagte, übertrage ich auf das, was der Mensch zu schaffen hat: das Standbild *(statua)* hatte einen Stoff *(materiam),* der sich vom Künstler behandeln ließ, und einen Künstler, der dem Stoff seine Gestalt *(faciem)* gab. So war also bei der Bildsäule das Erz der Stoff, der Künstler die Ursache. Ebenso in allen anderen Dingen« (Ep. 65,2–4).

»Plato fügt noch eine fünfte Ursache hinzu: das Vorbild *(exemplum),* das er Idee *(ideam)* nennt: sie ist nämlich das, worauf hinblickend der Künstler das beabsichtigte Werk verfertigt. Es kommt aber nicht darauf an, ob er dieses Vorbild, auf das er seine Blicke richtet, *außerhalb* hat, oder *in sich,* wo er es sich selbst geschaffen und aufgestellt hat. Diese Urbilder aller Dinge hat die Gottheit in sich, sie umfaßt mit dem Geist die Zahl und das Maß aller zu erschaffenden Gegenstände; sie ist voll jener Formen, welche Plato die unsterblichen, unveränderlichen, unerschöpflichen Ideen nennt« (Ep. 65,7). Dieser Gedanke, der für jegliche Schöpfung Gültigkeit hat, wird wiederum am Beispiel des Schaffens eines Bildwerks durch den Künstler dargestellt, und dann heißt es, daß die Welt ebenso geschaffen worden sei. »Alles dies hat, wie Plato sagt, auch die Welt, das heißt einen Werkmeister *(facientem),* dieser ist Gott; etwas, woraus sie wird, dies ist der Stoff; eine Form, dies ist die Gestaltung und Einrichtung der Welt *(forma: est habitus et ordo mundi),* die wir vor uns sehen; ein Vorbild *(exemplum),* nach dem Gott dieses große und prächtige Werk erschuf; einen Zweck, um dessentwillen er es schuf« (Ep. 65,9).

Die ›schönen Künste‹ müssen nach ›Ideen‹, Urgestalten, die der Künstler in sich schaut, schaffen. Seneca unterscheidet hinsichtlich der schönen Künste zwischen den Ideen, den ewigen Urbildern aller Dinge – ein rein platonischer Gedanke –, und dem ›Eidos‹. Bei der Übertragung der räumlich und zeitlich außerhalb des Kunstwerkes stehenden Idee auf sein Werk formt sich im Künstler ein innerlich geschautes Bild (εἶδος), nach dem er arbeitet. »Das eine, die Idee, ist das Urbild, das andere die dem Urbild entlehnte und auf das eigene Werk übertragene Form. Die erstere ahmt der Künstler nach, die letztere ist *sein eigenes Werk.* Eine Statue hat ein gewisses Gepräge, das ist das Eidos. Aber auch das Urbild selbst hat ein gewisses Gepräge, das dem Auge des Künstlers vorschwebte, als er seine Natur gestaltete: das ist die Idee. Verlangst du noch eine weitere Unterscheidung, so vernimm: *die Eigenart* ist in dem Werk selbst, die Idee ist außerhalb des Werkes, und nicht bloß dies, sondern sie liegt auch *vor* demselben« (Ep. 58,21).

Das dem Künstler innewohnende Eidos verleiht ihm Autonomie, trennt das Werk vom Urbild, macht es zum Schein, dem die Urwirklichkeit sich unerreichbar entzieht. Die Autonomie der subjektiven Deutung – also das Ästhetische – ist identisch mit der Gestaltung und macht das Wesen der schönen Künste aus. Die Stoiker lehnen das Ästhetische ab, weil künstlerische Gestalt etwas anderes ist als die ewige Idee. In der Dichtung trennt sich Darstellung vom Sein, und die Dichter, meint Seneca, tragen nichts Wesentliches zur Bildung des Menschen bei, weil sie mehr Wert auf Schönheit (der Form losgelöst von der Urwirklichkeit) legen als auf die Wahrheit. ›Schönheit‹ wird als dem Schein zugehörig negativ bewertet. Dieser Gedanke von der Trennung zwischen Wahrheit und Schönheit trägt später zu der Auffassung bei, die Dichter wollten ihre Leser nur ergötzen und unterhalten. ›Schöne‹ Kunst ist das Ergebnis reizvoller Gestaltung nach persönlichem Geschmack, sie ist zierende und äußerliche Form. »Dem Vergil kam es weniger auf die peinliche Wahrheit als auf den anmutenden Ausdruck an; er wollte nicht den Landmann belehren, sondern dem Leser einen Genuß bereiten« (Ep. 86,15).

Es lohnt sich also gar nicht, mit den Erfindungen der Dichter sich überhaupt abzugeben; das Anhören der von ihnen erfundenen Phantasieschicksale ist für Seneca müßig, denn viel wichtiger ist es für jeden Menschen, sein eigenes Schicksal fest in die Hand zu nehmen. Die Kritik der Dichtung, die sich in solcher Weise nun fortsetzt, darf nicht nur als moralisierend verstanden werden; die Gestalten der Künstler sind nur ›phantastische‹ Gebilde ohne Bezug auf die Wahrheit, weil Urwirklichkeit und schöne Künste nun auseinanderfallen. »Willst du lieber den Irrfahrten des Odysseus nachforschen als darauf hinarbeiten, daß *wir* nicht fortwährend in die Irre gehen? Ich habe nicht Zeit, mich darüber belehren zu lassen, ob Ulysses in Italien und Sizilien hin und her geworfen worden sei oder außerhalb der uns bekannten Zonen, denn eine so lange Irrfahrt konnte sich kaum auf einem so beschränkten Raume abspielen: mit uns treiben die Stürme der Seele täglich ihr verwirrendes Spiel, unsere Verworfenheit läßt uns die ganze Leidensgeschichte des Ulysses an uns selbst erfahren« (Ep. 88,7).

Was der Dichter vermittelt, sinkt für den Stoiker fast zur Albernheit herab; es sind Geschichten ohne Zweck und Bedeutung. Der Genuß der Dichtung ist tadelnswert, weil »die Zuhörer nur einen Ohrenschmaus genießen, statt ihre Fehler ablegen zu wollen«(Ep. 108,6). Kunst ist äußerliche Form, eine schöne Schale, die einem wesentlichen Inhalt nur abträglich sein kann. »Die Rede ist die Kleidung der Seele; sie ist geschmückt und mit Kunst gefertigt, so zeigt sie, daß auch die Seele nicht echt ist und irgendeinen Schaden hat« (Ep. 115,2).

Die wiederholten heftigen Angriffe Senecas gegen die Besitzer von Gemälden und Bildwerken entspringen dieser Überzeugung. Selbst die Musik findet keine Gnade, weil sie ebenfalls ontologischer Bedeutung entbehrt; diejenigen, die »ein Konzert gehört haben und den lieblichen Klang der Melodien in den Ohren mit sich herumtragen, werden daran gehindert, ihre Gedanken auf das Ernste zu richten« (Ep. 123,9). Das neue Faktum hat die Oberhand gewonnen: die profane Kunst als Selbstzweck – das Ästhetische – ist aufgetreten; sie ist nicht mehr Darstellung des Ursprünglichen, und als bloße Form muß sie verdammt werden. Der Stoizismus verwirft die Kunst, weil sie keine ontologische Aufgabe mehr erfüllt.

Es könnte verwunderlich erscheinen, daß sich Seneca dem Strom seiner Zeit, in der das Ästhetische in den Kunstwerken sich blühend entfaltete, derart entgegenstellt. Aber die Entwicklung der Kunst und die Theorien über die Kunst gehen getrennte Wege. Mit dem Ende der mythischen Kunst, mit dem Schwinden ihrer religiösen Bedeutung, mit der Entstehung der profanen Kunst beginnt die subjektive Deutung der Wirklichkeit. Die Darstellung wird zum Schaustück, das Werk ist nicht mehr die Stimme der Gottheit, sondern eine mögliche Auslegung der Welt und des Göttlichen.

4 Cicero

Der Begriff des ›natürlichen Gefühls‹ für das Schöne

BENEDETTO CROCE hat den Versuch unternommen, in den Begriff der Phantasie bei CICERO und PHILOSTRATOS Vorahnungen der neuzeitlichen Ästhetik hineinzuinterpretieren. Ein solches Beginnen ist vergeblich und sinnlos, wie es überhaupt unstatthaft ist, antike Theorien des Schönen vom Standpunkt moderner ästhetischer Anschauungen zu prüfen und sie als naive, grobe oder falsche ›ästhetische‹ Theorien zu beurteilen, weil sie dem Ästhetizismus widersprechen.

Cicero hat bekanntlich seine Auffassung von der Kunst und dem Schönen nicht in einer zusammenhängenden Abhandlung niedergelegt; seine Äußerungen zu diesem Thema sind vielmehr über seine Schriften verstreut, und die aufschlußreichsten finden wir im »Orator« und in »De oratore«. Zunächst wird da ausdrücklich erklärt, daß das Schöne schlechthin nicht durch die Sinne zu erfassen sei: Dingen, welche einen scharfen Reiz auf die Sinne ausüben, haftet keine Schönheit an (De orat. III 98, 100). »Was können die Sinne beurteilen? Das ist süß, bitter, sanft, rauh, nahe, fern; Ruhe, Bewegung, viereckig, rund« (De finibus II 36). Die sinnliche Wahrnehmung ist relativ und bietet dem Urteil keine Gewißheit. In »De finibus« I 22ff wendet sich Cicero gegen die Lehre des EPIKUR, soweit dieser die Sinne zu Richtern der Dinge macht. Er lehnt die hedonistische Auffassung der Kunst und des Schönen ab und setzt damit stoische Motive fort: wie dort ist die Grundlage der Kritik die Trennung zwischen Inhalt (Wahrheit) und Form (äußere, subjektive Gestaltung) im ›schönen‹ Werk. Die Schönheit wird der formalen Seite zugerechnet, so daß vorwiegend Genuß und Reiz zum Anliegen der Kunst werden. Eine solche Einstellung ablehnend, schreibt Cicero ironisch: »Ich frage, ob du denn glaubst, daß – Homer, Archilochus, Pindar will ich nicht nennen – Phidias, Polyklet, Zeuxis mit ihrer Kunst auf Lust lossteuerten« (De fin. II 115).

Cicero ist sich der Schwierigkeit, Kriterien der Schönheit und des Kunstschaffens zu finden, bewußt, und indem er das Problem am Beispiel der Redekunst entwickelt, spricht er von einem ›natürlichen Gefühl‹ als Beurteilungsgrundlage. Dieses ›natürliche Gefühl‹ ist nun als ein Begriff des ästhetischen, individuellen Urteilens interpretiert worden. Für die wirkliche Bedeutung des Begriffs jedoch ist eine Stelle im »Orator« (177) besonders aufschlußreich: »Denn das Gehör, *oder die Seele* durch die Vermittlung des Gehörs, besitzt in sich ein *natürliches Maß* für alle Laute *(aures enim vel animus aurium nuntio naturalem quandam in se continet vocum omnium mensionem).*« Um die Bedeutung dieses Satzes zu verstehen, ist gegenwärtig zu halten, daß das Ohr für Cicero ein Werkzeug der Seele ist; die Seele ist das Primäre, indem sie als Prinzip des Lebens von sich aus den Sinn der Phänomene bestimmt. Mit anderen Worten: das Leben hat in sich den Maßstab, nach welchem die Phänomene ihren Sinn erhalten, weshalb die Wurzel für ihr *natürliches Maß* und Gefühl *in der Seele* liegt. Ist für Cicero die Seele im Menschen nicht nur das Prinzip der sinnlichen Deutung der Phänomene, sondern verleiht sie ihnen auch ihre geistige Bedeutung, so liegt ebenfalls in ihr das *natürliche Vermögen für die geistige Ordnung und das Maß der Dinge.* Im »Orator« (183) heißt es: »Selbst den Vers hat man nicht infolge von Kunstregeln, sondern mittels des *natürlichen Gefühls* kennengelernt, an welches der Verstand seinen Maßstab anlegte, um dann die Tatsache zu erklären.«

Schönheit und Nützlichkeit

Als Ordnung und Maß für die menschliche Deutung der Phänomene bezeichnet Cicero – der platonischen Tradition folgend – Bilder, Gestalten, Ideen, die keiner Veränderung unterliegen, an denen als absoluten Maßstäben Veränderung erst erkennbar wird. Der Nachahmungsprozeß des Künstlers richtet sich also nicht auf den sinnlich wahrnehmbaren Gegenstand oder die menschliche Gestaltung, sondern auf die Form der Dinge *(forma)*, welche PLATON ›Idee‹ nannte. Von diesen Formen sagt Cicero, daß sie »nicht entstehen, sondern immer da sind und unserem geistigen Wesen innewohnen, während bei allen anderen Dingen Geburt und Tod, ... Zerfall und ein steter Wechsel des Zustandes stattfinden« (Orator 10). Hieraus ist zu entnehmen, daß für Cicero die Gestalten, nach denen *in sich schauend* der Künstler schafft, objektive Urgestalten des Seins sind, *nicht subjektive ästhetische Deutungen von Dingen der Wirklichkeit.* »Indessen bin ich der Ansicht, es gebe in keiner Gattung etwas so Schönes, daß nicht dasjenige noch schöner wäre, von dessen Zügen jenes gleichsam ein Abbild ist und das *nicht Gegenstand der Augen oder der Ohren oder sonst eines Sinnes werden kann, sondern einzig im Denken und Geist von uns erfaßt wird (quod neque oculis neque auribus neque ullo sensu percipi posset, cogitatione tantum et mente complectimur).* So sind die Götterbilder des Phidias und die genannten Gemälde zwar das Vollkommenste, was wir in dieser Art sehen, aber denken können wir uns noch schönere. Auch hatte jener Künstler, als er die Gestalt seines Zeus oder seiner Athene schuf, nicht eine bestimmte Person vor Augen, um von ihr Ähnlichkeit herüberzunehmen *(e quo similitudinem duceret)*, sondern in seinem eigenen Geist wohnte ein glänzendes Bild der Schönheit *(sed ipsius in mente incidebat species pulchritudine eximia quaedam)*, auf das er blickte, in das er sich vertiefte und nach dessen Muster er seine Kunst und Hand lenkte ... Diese Gestalten der Dinge nennt Platon ... Ideen und sagt von diesen, daß sie nicht erzeugt werden und immer seien und in der Vernunft und Einsicht ihren Sitz haben; alles übrige werde und verschwinde, sinke und falle und ändere fortwährend seinen Zustand« (Orator 8ff).

Das Werk entsteht aus der unablässigen Bemühung, das Urbild wiederzugeben, wobei es nicht um technisches Können geht, sondern vorwiegend um einen ständigen Vergleich zwischen Urbild und vollbrachtem Werk, der die Bedeutung eines inneren Gesprächs und einer inneren Prüfung hat.

Cicero ist insofern platonisch, als für ihn die Ideen im menschlichen Geist wirken und in ihrem Drängen ihre ursprüngliche Objektivität beibehalten, ihnen also ontologischer Charakter zukommt. Ansätze der ästhetizistischen Auffasung, das Bild sei subjektive Deutung des menschlichen Geistes, finden sich bei Cicero nicht, denn das ›natürliche Gefühl‹ für das Schöne bezeichnet, wie wir gezeigt haben, nichts Subjektives, sondern in der Schönheit, d. h. im Glanz und in der Anziehungskraft des Objektiven, bilden Inhalt und Form eine ontologische Einheit.

In dieser Einsicht liegt die Bedeutung der Lehre Ciceros von der Inspiration. »Auch die bekannteren und verständlicheren geistigen Leistungen sind meiner Meinung nach ohne göttliche Kraft nicht möglich. Ich glaube nicht, daß der Dichter ein feierliches und vollendetes Lied schaffen kann ohne irgendeinen Funken göttlichen Geistes ... Was ist denn schließlich die Mutter aller Künste, die Philosophie, anderes als ein Geschenk der Götter, wie Platon sagt, oder eine göttliche Erfindung, wie ich glaube? ... Sie ist es auch, die gewissermaßen die Finsternis vor unseren geistigen Augen vertrieb, so daß wir uns Wissen von göttlichen und menschlichen Dingen verschaffen konnten, von Anfang und Ende und von allem, was dazwischen liegt. Und mir scheint diese Kraft wahrhaft göttlich zu sein, die so viele und so große Dinge schaffen konnte« (Tusc. I 64).

Sofern Schönheit das Offensichtlichwerden des Seins ist und dieses in seinem Sich-Zeigen in Grenzen, in Maß und Ordnung auftritt, bekundet das Schöne sich immer zugleich als ziel- und sinnvoll. Deswegen ist es auch jeweils nützlich und alles Nützliche schön. »In den meisten Dingen hat die Natur selbst das Unbegreifliche zuwege gebracht, daß ein und dasselbe einerseits mit dem größten Nutzen verbunden ist, andererseits auch die höchste Würde und Anmut zeigt« (De orat. III 178).

Dies ist der Grund, warum der Terminus *pulchritudo,* dem der deutsche Ausdruck ›Schönheit‹ entspricht, bei Cicero eine sehr weite Bedeutung erhält: er bezeichnet auch die nützlichen und angenehmen Eigenschaften eines Gegenstandes und wird im Bereich des Handwerklichen wie des Geistigen und auch in der ethischen Sphäre angewendet (Tusc. V 61; De nat. deor. I 26; De fin. I 42).

Die These, die Cicero in »De Officiis« (I 95) aufstellt: »*Venustas et pulchritudo corporis secerni non potest a valitudine*« (Anmut und Schönheit des Körpers kann man nicht von seiner Tüchtigkeit trennen), wendet er nicht nur auf die Betrachtung der Natur an, sondern auf alles, was der Mensch schafft, sofern es zweckmäßig hergestellt ist. »Was gibt es in einem Schiff so Notwendiges wie die äußeren Teile, wie das innere Gerüst, wie die Vorder- und die Rückteile, wie Segel usw. Nun hat dies alles in seiner Gestalt eine solche Schönheit, daß sie nicht nur zum Nutzen erfunden scheint, sondern auch zum Genuß der Augen ... Die Säulen tragen die Tempel und die Säulengänge: sie aber haben nicht weniger Nützlichkeit als Würde. Nicht wegen der Schönheit hat man das Kapitol und andere Gebäude errichtet, sondern wegen der Notwendigkeit« (De orat. III 180).

5 Philostratos. Theorie der künstlerischen Phantasie

Im Anschluß an die Gedanken Ciceros ist die Theorie des Schönen und der Kunst bei PHILOSTRATOS II (dem Verfasser der »Vita des Apollonius von Tyana«, der »Imagines« und »Epistulae«) zu erwähnen[38]. Der Autor stammte aus Lemnos, kam von Athen nach Rom und gehörte dem Zirkel der JULIA DOMNA an. Aus den an sie gerichteten »Epistulae« geht seine besondere Stellung in diesem exklusiven Kreis hervor. Mit dem Tode Caracallas und seiner Mutter löste sich der Kreis auf, und Philostratos' römische Periode nahm ein Ende. Er kehrte nach Athen zurück und starb dort.

Von Philostratos wird meistens gesagt, er habe mutig die Phantasie, die subjektive Vorstellungskraft des Künstlers, als den Ursprung der künstlerischen Werke verherrlicht. BENE-

DETTO CROCE z. B. erwähnt ihn als einen der ersten Vertreter einer modernen ›ästhetischen‹ Auffassung der Kunst. Tatsächlich betont Philostratos die Bedeutung der Phantasie in Hinsicht auf Ursprung und Wesen der Kunst, und er gibt ihr den Vorrang vor der Mimesis. In »Imagines« behauptet er, es habe faktisch sehr wenig zu bedeuten, wenn man bei der Beurteilung eines Gemäldes dessen Wahrheit lobe, denn das Wesentliche in der Kunst sei die ›Erfindung‹. Der geistige Ausdruck z. B., den ein Künstler in Miene und Gestalt lege, entspringe eher der Erfindungskraft, das heißt der Phantasie, als der Nachahmung.

Für die wahre Meinung dieser Lehre und zur Vermeidung von Mißdeutungen ist in der »Vita des Apollonius von Tyana« dessen Auseinandersetzung mit THESPESION, dem ältesten der äthiopischen Gymnosophen in Ägypten, besonders aufschlußreich (Vita Ap. VI 19). Man diskutiert da über ägyptische und griechische Bildhauerkunst und über die Frage, ob PHIDIAS und PRAXITELES in den Himmel gestiegen sind und sich dort die Gestalten der Götter eingeprägt haben, um sie dann in den Bildwerken zu gestalten, oder ob ihre Kunstwerke einen anderen Ursprung haben. »Wer hat Phidias bei der Darstellung des Gottes, den er nie gesehen hat, geleitet? – Etwas anderes hat ihn geführt, etwas voll Weisheit. – Was ist es? Du kannst nichts anderes als die Nachahmung angeben. – Es ist die *Phantasie,* die jene Formen schöpfte, die Phantasie, welche ein noch feinerer Künstler als die Nachahmung ist. Die Nachahmung stellt die Dinge, die man gesehen hat, dar, aber die Phantasie stellt die Dinge dar, die man *nicht gesehen* hat.« Dann heißt es noch: »Diese Künstlerin (die Phantasie) ist weiser als die Nachahmung, welche nur nach der äußeren Erscheinung schafft, die Phantasie aber erfaßt auch Ziele mit innerem Auge, und diese wird sie nach Analogie dessen, was wirklich ist, darstellen. Die Nachahmung wird oft durch Störung abgelenkt, diese kennt die Phantasie nicht, und frei und unbeirrt geht sie auf das Ziel los.«

In diesen Sätzen also, so meinte man, melde sich ein wesentliches Motiv der neuzeitlichen Ästhetik: das Subjektive der schöpferischen künstlerischen Tätigkeit. Aber der Ursprung der Phantasie liegt auch für Philostratos in der Schau der Ideen; wenn er ihr auch die Fähigkeit zuerkennt, auszuwählen und zu verdichten. Zeus wird in seiner Funktion als Himmelsgott vergegenwärtigt, in bezug auf den Himmel, die Jahreszeiten und die Sterne; Athene stellt die Klugheit, die Kunst dar. Die Funktion der Phantasie ist keine subjektiv-ästhetische. Den Vorrang, den Philostratos der *Phantasie* gegenüber der *Mimesis* einräumt, hat man als eine Kritik aristotelischer Gedanken verstehen wollen. Aber diese Polemik gegen die Mimesis setzt eine irrtümliche Deutung des aristotelischen Begriffs voraus, als beziehe er sich auf eine Reproduktion von etwas dinglich Vorhandenem. Wir wissen aber, daß die aristotelische Mimesis einen Entwurf meint, dem keine ›Wirklichkeit‹ noch gar ›dingliche Vorhandenheit‹ entspricht.

Wesentlich an der Kunsttheorie des Philostratos ist der Versuch, den produktiven Prozeß im Künstler zu den Vorgängen des urteilsfähigen Erfassens beim Betrachter und Kritiker in Analogie zu setzen. Der Betrachter müsse das Vermögen der Mimesis und der Phantasie besitzen, an seinem Lob und seiner Begeisterung erweise sich das (Vita Ap. II 22).

6 Vitruv

Vitruvs Traktat »De architectura« ist keine Theorie des Schönen im eigentlichen Sinne, einige seiner Gesichtspunkte sind aber in unserem Zusammenhang zu umreißen. Wir haben seinerzeit erörtert, wie die Pythagoreischen Philosophen das Wesen des Schönen und der ihm gemäßen Werke durch eine mathematische Lehre von den Proportionen und Maßen religiös und metaphysisch bestimmt hatten. Der metaphysische Grund war durch den Verfall der pythagoreischen Zahlenphilosophie verlorengegangen; Vitruvs Architekturtheorie ist aber von mathematischen Grundsätzen beeinflußt, die ursprünglich auf die pythagoreische Quelle zurückgehen und die einen letzten Versuch darstellen, seinem Werk eine ontologische Bedeutung zu verleihen.

Die Ausbildung des Architekten bezieht sich nach Vitruv vor allem auf zwei Grundelemente. Das erste ist die Praxis *(fabrica)*, die er überlegte Erfahrung *(usus meditatio)* nennt, die einen Stoff benötigt, aus dem das Werk – einem Vorsatz entsprechend, von dem ausgegangen wird – entsteht *(»fabrica est continuata ac trita usus meditatio, qua manibus perficitur e materia cuiuscumque generis opus* [*est*] *ad propositum deformationis«*, I,I 1).

Das zweite Element ist die eigentliche genaue Vorstellung des zu erreichenden Zieles, nach welchem der Stoff zu ordnen sein wird; sie entsteht aus der *ratiocinatio,* aus der Theorie. »Die Theorie ist es, welche das handwerksmäßig Hergestellte durch inneres Verständnis und auf Grund der Verhältnisgesetze erklären und erörtern kann« *(ratiocinatio autem est, quae res fabricata solertiae ac rationis proportione demonstrare atque explicare potest,* I,I 1).

Die geistige Vorbereitung des Architekten, die Voraussetzung des Bauens, beruht auf umfassender Kenntnis: er muß stilistisch gebildet, kundig des Zeichnens, geschult in Geometrie, Optik und Arithmetik sein, geschichtliche Kenntnisse besitzen, die Lehren der Philosophen kennen und Heil- und Tonkunst, Rechts- und Sternkunde verstehen.

Für die Pythagoreer lag, wie wir wissen, in der Mathematik ganz allgemein das Wesen der Natur und der Kunst beschlossen. Symmetrie bedeutet im Altertum zunächst ein Zahlenverhältnis, sie ist ein Begriff der Mathematik und steht für rational und kommensurabel – zwei Begriffe, durch die dem Ungeformten, dem Ungestalteten mathematisch berechenbare Grenze gesetzt und Form gegeben wird. Die erste Lehre von der Symmetrie wurde als Äußerung des POLYKLET überliefert. Der Wortlaut ist nach GALEN und PHILO MECHANICUS folgender: »Das Schöne liegt nicht in den Elementen, sondern in der Symmetrie der Teile ... Die Schönheit der Körper liegt in der Symmetrie der Teile« (Galen, Polykleitos

A 3). »Das Schöne entsteht durch viele Zahlenverhältnisse, wobei Kleinstes den Ausschlag gibt« (Philo, Polykleitos B, fr. 2).

Vitruv erwähnt, daß die Griechen sich in ihren Bauten stets an mathematische Maße gehalten hätten, und er verweist (VII Praef. 12) auf die Schriften von IKTINOS und KARPION über den Parthenon, auf das Werk des PHILO über die Symmetrie der Tempel, das von SILENUS über den dorischen und das von ARKESIOS über den korinthischen Tempel. Das Grundmaß der Proportion war der ›Embates‹ (Schuh, IV, III 3). Der Natur ähnlich, die nach ganz bestimmten Proportionen und Maßen ihre Schöpfungen verwirklicht, muß auch der menschliche Schöpfer bei seinen Werken vorgehen. Vitruv führt das vollendete Maßsystem der Architektur auf menschliche Körperteile und ihre Proportionen zurück; das Gesicht z. B. vom Kinn bis zum Haaransatz mache den zehnten Teil der Körperlänge aus. Alle Glieder haben »ihre Maßverhältnisse, deren sich auch die alten angesehensten Maler bedient und dadurch großen und endlosen Ruhm erlangt haben« (III,I 2). »Ebenso haben (die Alten) die Grundmaße, welche bei allen Bauwerken notwendig zu sein scheinen, von den Gliedern der Körper hergenommen, wie den Zoll (Finger), Palm (Handfläche), Fuß, die Elle (Vorderarm bis zum Ellenbogen), und haben sie, eine vollkommene Zahl, welche die Griechen *teleion* nennen, zugrundelegend, eingeteilt. Als vollkommene Zahl aber haben die Griechen festgesetzt, was man Zehn nennt, denn von den Händen ist die Zehnzahl der Zolle (Finger) und von den Zollen der Palm und vom Palm der Fuß erfunden . . .« (III,I 5).

Daraus ergibt sich für Vitruv das Ideal des architektonischen Werkes: »Ist man darüber einig, daß die Zahl nach den Gliedern der Menschen erfunden worden sei und daß an den gesonderten Gliedern ein der gesamten Körpergestalt entsprechendes Maßverhältnis eines bestimmten Teiles bestehe, so folgt daraus, daß wir diejenigen bewundern müssen, welche auch bei Errichtung der Tempel der unsterblichen Götter die Proportion und Symmetrie ihrer Gliederung, gesondert und im ganzen betrachtet, einheitlich entwickelten« (III,I 9).

Die Beziehung zwischen architektonischen und menschlichen Maßen – die wiederum von der objektiven Natur vorgezeichnet ist – ist für Vitruv das Grundprinzip der Schönheit von Gebäuden. »Denn es kann kein Tempel ohne Symmetrie und Proportion in seinen Anlagen gerechtfertigt werden, wenn er nicht, einem wohlgebildeten Menschen ähnlich, ein genau durchgeführtes Gliederungsgesetz in sich trägt« (. . . *nisi uti hominis bene figurati membrorum habuerit exactam rationem,* III,I 1).

7 Horaz

Dichtung und Phantasie am Ursprung der menschlichen Gemeinschaft

Wir haben gesehen, wie die spätantiken Theoretiker des Schönen sich fragen, wie den Gefahren des Ästhetizismus zu begegnen sei, wie die Kunst sich auf Ziele außerhalb ihrer selbst richten könne. Auf diese Fragestellung pflegt man auch die These des Horaz zu beziehen: *»Aut prodesse volunt, aut delectare poetae«* (die Dichter wollen entweder nützen oder erfreuen, Ars poetica 333); doch erschöpft sich der Beitrag des Horaz zur Theorie der Kunst nicht in dieser These.

Das Wesen der Kunst liegt für Horaz zwar in der Mimesis, doch versteht er diesen Begriff nicht im aristotelischen Sinne. Nicht die menschlichen Möglichkeiten und die möglichen Deutungen der Dinge in Hinblick auf das menschliche Dasein (also die Unverbindlichkeit des Ästhetischen) bilden den Gegenstand der Mimesis, auch nicht die platonischen Ideen, die Urwirklichkeit, sondern: die Mimesis richtet sich für Horaz auf die Natur schlechthin, auf die sichtbare Wirklichkeit der erfahrbaren Dinge. Nicht gelungen ist daher ein Werk, wenn es den Betrachter zum Lachen reizt, weil es der Natur widerspricht. Die Natur ist des Künstlers Bereich, und sie setzt ihm die Grenzen, da alles, was sie umfaßt, ein Eigenwesen besitzt, das er erkennen und respektieren muß. Seine Freiheit bezieht sich nur auf die Zusammensetzung der Aspekte, die ihm die Natur liefert; und dabei soll das Beispiel des griechischen Altertums dem künstlerischen Bewußtsein stets gegenwärtig sein. Die *imitatio* (Nachahmung) muß dazu führen, das schon Dargestellte immer neu zu beleuchten, sie darf keine Wiederholung sein, so ähnlich, wie der Baum jedes Jahr neue Blätter hervorbringt (AP 60). Die Überlieferung, also ein historischer Faktor, wird hier ein wesentliches Bestimmungsmoment der Kunst. Die Imitatio der Natur muß mit der Imitatio der historischen Vorbilder gleichen Schritt halten. Die Griechen sind das Vorbild, weil sie, wie Horaz sagt, als erste zeigten, wie ein Wort zu bilden sei. Sie nachahmen heißt selbstverständlich nicht blindlings ihre Darstellungen wiederholen, vielmehr sollen ihre Werke lehren, wie man der Forderung, die Natur ursprünglich zu sehen und wiederzugeben, genügen kann.

Die eigentümliche Auffassung des Horaz liegt nun aber nicht so sehr in diesen Theorien als vielmehr in einem typisch lateinisch-römischen Grundgedanken. Am Beginn der »Ars poetica« (Epistula ad Pisones) stellt Horaz die Malerei neben die Dichtkunst; er betrachtet also die Kunst im ganzen. Nun enthalten die ersten Verse nicht – wie man erwarten könnte – eine Wesensbestimmung der Kunst, sondern sie beziehen sich auf die Wirkung, die von einem mißlungenen Werk ausgeht (*. . . risum teneatis, amici?* AP 5). Kunst als Formung eines Stoffes – und Formgebung ist Darstellung der Möglichkeiten der Natur – kann nicht Selbstzweck sein, sondern sie ist vor allem *in ihrer Wirkung auf den Menschen* zu betrachten. Was ist aus diesem Ansatz zu entnehmen?

Bei dem Satz *»Aut prodesse volunt, aut delectare poetae«* ist natürlich vor allem nach dem genauen Sinn von *prodesse* zu fragen. Die Kunst besitzt durch die Vermittlung der Musen eine Beziehung zum Göttlichen, sie verleiht dem Chaos ursprüngliche Ordnung. So wurden die alten Dichter *vates* (Seher, Propheten) genannt (AP 24, Oden III 1). Orpheus und die ersten Sänger waren Ordner des Daseins (AP 392), Gründer des *Gemeinwesens: »Sic honor et nomen divinis vatibus atque carminibus venit«* (AP 400). Die Kunst ist nicht Darstellung von Ideen, des Seins – wie andere antike Theorien behaupteten –, sondern sie steht im Dienst der *menschlichen Gemeinschaft,* am Ursprung des historischen Daseins, des menschlichen Geschehens, der Geschichte. Diese beginnt nicht mit der Willkür eines Herrschers, sondern *mit der ordnenden Tat des Dichters.*

Das wahre *prodesse* der Kunst bezieht sich auf die Entfaltung des Menschlichen schlechthin; wenn ein Werk gelingt, führt es daher auch das *delectare* herbei. Die moralischen *utilitates,* die *virtutes,* haben ihren Ursprung in dem Bezug der *vates* zum Göttlichen, da diese die ersten Stifter der menschlichen Ordnung waren, also einer sozialen, geschichtlichen Aufgabe dienten (Ep. II 1, 119). Weil das Wort des Dichters gemeinschaftsstiftend ist und an die Gemeinschaft sich richtet, muß es treffend und verständlich sein. Es muß dem Künstler gelingen, Leser und Zuhörer oder Zuschauer in jene Stimmung zu versetzen, in der sie die Worte aufnehmen und sich aneignen; dann wird der Lohn des gelungenen Werkes auch die Bewunderung sein.

Die Merkmale des treffenden, lebendigen Wortes sind *gratia* und *honor,* Anerkennung und Beliebtheit. Der Zuhörer soll ergriffen werden: *»Non satis est pulchra esse poemata: dulcia sunto/Et quocumque volent animum auditoris agunto«* (AP 99); nicht nur schön, sondern auch süß sollen also die Dichtungen sein, dann werden sie die Seele des Zuhörers hinführen, wohin sie wollen. Der Dichter muß die gesamte Natur des Menschen, auch seine Leidenschaften, das irrationale und alle Schattierungen des Emotionalen kennen, um auf sie einwirken zu können. Da er alle Stimmungsursachen kennt, kann er sein Werk konkreten Situationen entsprechend einsetzen; auch dadurch kommt ihm eine soziale und historische Wirksamkeit zu. Die Kunst rückt in die Nähe der Redekunst, die auch Kenntnis der Leidenschaften verlangt, um diese in einer gegebenen Situation nach Wunsch lenken zu können (AP

103). Das Miterleben und Miterleiden der Dichtkunst wird Teilnahme am Zeitgeschehen. Unter diesen Bedingungen wird die Kunst kaum rein ästhetischen Zielen nachgehen. Sie soll nicht nur *simulare,* ihren Gegenstand vortäuschen, sondern auch *fingere,* das heißt die Fähigkeit besitzen, auf das Publikum, auf seine Leidenschaften zu wirken.

Damit entwirft Horaz (das sei nur nebenbei bemerkt) als erster in der lateinischen Tradition jene Gedanken, auf die man später im Humanismus – wir denken an G. B. VICO (1668–1744) – zurückgreifen wird. Nach Vico liegen die ersten Ansätze der menschlichen Geschichte in der Tat der Dichter, welche durch die Gabe der Phantasie den Menschen die Sicht auf das Göttliche öffnen. Das führte zur Rodung der Urwälder, brachte den ersten menschlichen Ort hervor. Die *ara* (Altar) ist ursprünglich, sagt Vico, der gerodete Wald, der heilige Ort, wo die ersten ›theologischen‹ Dichter menschliche Gemeinschaften gründeten und das heilige Feuer hüteten. Es ist offensichtlich, »daß die ersten Gründer der heidnischen Völker, nach einer von uns aufgezeigten natürlichen Notwendigkeit, Dichter waren« (Die Neue Wissenschaft, Einleitung). »Die ersten Weisen der geschichtlichen Welt waren die theologischen Dichter« (a.a.O. 2. Abteilung, Grundsatz 44).

Bei HORAZ – wie bei VICO – beruht die Objektivität der Kunst nicht mehr auf der Vermittlung metaphysischer Ideen, sondern auf ihrer geschichtsbildenden Wirkung; deshalb nannte Vico auch seine Philosophie eine ›Neue Wissenschaft‹, ihr Gegenstand ist nicht mehr das Sein, sondern das Werden des Menschen, sein ›Geschehen‹.

8 Die letzte ontologische Deutung der Kunst in der Antike

Plotin

PLOTIN war es, der in der Spätantike das ontologische Denken auf dem Gebiet der Kunst und des Schönen am meisten vertieft hat. Sein Ausgangspunkt ist der bekannte Dualismus von Materie und Form: die *Materie* ist das Unbegrenzte, das Gestaltlose, das Verborgene, Unerklärbare: das Prinzip der Dunkelheit. Die *Form* ist das Gestaltende, Unterscheidende, das Prinzip des Offenbarens; dieses Prinzip identifiziert Plotin mit der Schönheit. Das Sich-Zeigen des Seins, die Parousia, ist die Bestimmung des Schönen. »Die Schönheit einer einfachen Farbe entsteht durch eine Form, die die Dunkelheit der Materie beherrscht, und durch die Gegenwart (παρουσία) eines unkörperlichen Lichtes, das Logos und Idee ist« (En. I 6, 3).

Die Erkenntnis des Schönen, wie es die Sinne gewahren, geschieht durch den Vergleich des sinnlich Wahrgenommenen mit der Idee, mit der Gestalt, die der Mensch in sich trägt: auf sie besinnt er sich, um zu urteilen, – ebenso wie mit einem Maßstab festgestellt wird, ob etwas gerade ist. Er verdeutlicht das noch an einem Beispiel. Die Erkenntnis des Schönen am sinnlich Gegebenen vollzieht sich ähnlich wie das Urteil des Architekten, der das von ihm gebaute Haus erst als schön erkennt, wenn er es mit seiner inneren Idee des Hauses vergleicht und danach einschätzt (En. I 6, 3). »Das Schöne ist vor allem im Sehen und auch im Hören ... auch wenn wir von den Sinnen zu einer höheren Ebene aufsteigen, auch in den Beschäftigungen, Handlungen, Haltungen; und es gibt auch die Schönheit der Wissenschaft und der Tugend« (En. I 6, 1).

Die Ideen, nach denen der Mensch seine Welt ordnet und gestaltet, bekunden sich in Seele und Geist. Die Erkenntnis der höheren, nicht-sinnlichen Schönheit vollzieht sich ursprünglich in der Seele, die fähig ist, sie zu betrachten und anzuwenden. »Wenn die Seele sie sieht, empfindet sie Freude, ein Gefühl der Verwunderung und zugleich des Schreckens, die viel größer sind als zuvor (als die sinnliche Schönheit wahrgenommen wurde), denn nun handelt es sich darum, daß sie das unverborgene Selbst berührt« (En. I 6, 4).

Die Leidenschaften, welche im Anblick des Schönen entstehen, sind: Verwunderung, Schrecken, freudevolle Überraschung, Verlangen, Liebe; Verwunderung in der Betrachtung der Urformen des Seienden, denn sie sind das Ungewohnte; Schrecken, weil wir uns durch sie außerhalb des Alltäglichen befinden, im Gebiet des Unheimlichen; freudevolle Überraschung, Verlangen und Liebe, denn wir erreichen in diesem Drang zum Schönen die Vollendung. Wenn der Mensch den Gestalten, Formen und Ideen gemäß, die sein Geist entdeckt, sein Leben zu gestalten sich bemüht, so entspricht er den Gesetzen des Schönen.

Was die Blicke auf das Schöne lenkt und es genießen läßt, ist die Form; die Seele erkennt und bejaht das Schöne, weil sie selbst Form und Offenbarung der Wirklichkeit ist (En. I 6, 2). Erhält sie aber den Eindruck des Formlosen, der Häßlichkeit, dann wird sie zu Ablehnung erregt, weil sie darin ihre Prinzipien nicht erkennen, sich dem Formlosen nicht anpassen kann. Sie genießt die Anschauung dessen, was zu ihrer Gattung gehört, führt es auf sich selbst zurück und wird dabei auch ihrer selbst gewahr. Offenbar besteht hier eine Analogie zu entsprechenden Stellen in PLATONS »Phaidros« (250a) und »Symposion« (209b). Die Idee, das schlechthin Objektive der Seele, ordnet das Vielfältige, bewirkt Einheit und stimmt die Teile aufeinander ab; dies ordnende Prinzip wird aus dem Gebiet der Erkenntnis auf das des menschlichen Handelns übertragen, das dann in Schönheit erstrahlt. Plotin bewahrt auch die platonische Unterscheidung zwischen der – im Verhältnis zu den Ideen – nachahmenden und der rein hervorbringenden Kunst (z. B. der Baukunst) (En. V 2).

Wenn Schönheit identisch ist mit Form – und das bedeutet bei Plotin mit der Offenbarkeit des Seins –, so ist die Kunst, in deren Werken die angeschauten Ideen Gestalt annehmen, Poiesis, höchste ontologische, schöpferische Tat. Durch die

Kunst wird das Nichtseiende, Gestaltlose, Dunkle zum Sein, zur Offenbarung geführt. Das Werk des Künstlers wird zum ontologischen Schöpfungsakt.

Einem Stein z. B. ist Gestalt eigen, und deshalb kommt ihm eine natürliche Schönheit zu; der Bildhauer aber prägt ihm eine neue Form auf, die Gestalt einer höheren Wirklichkeit – nicht etwa einer subjektiven oder relativen, sondern einer geistigen. Durch diesen Akt verwandelt und veredelt die Kunst die Natur; die Kostbarkeit des Kunstgebildes gegenüber dem natürlichen Stoff, dessen der Künstler sich bedient, ist bewirkt durch die höhere geistige Welt, die sich im Künstler kundtut. Die Bewunderung des Kunstwerks bedeutet Ehrfurcht vor dem erscheinenden, sichtbar sich zeigenden Geist.

Die Aufgabe des Dichters. Die Schrift »Über das Erhabene«

Worin liegen nun Würde und Verpflichtung des Dichters? Die unter dem Namen des LONGINUS überlieferte Schrift »Über das Erhabene« gibt darüber Aufschluß. Der Ausdruck ›erhaben‹ bezieht sich auf den Sprech- und Schreibstil (De sublimitate I 3). Die Natur ist eigengesetzlich, aber nicht regellos, so lassen sich auch Regeln für die Kunst ableiten aus den Werken der Begnadeten. Das erhabene Werk darf auch nicht sich selbst überlassen bleiben, sondern es bedarf des Zügels und des Ansporns durch die Kritiker (II 1, 2).

Der Begriff des ›Erhabenen‹ kommt auch in anderen Schriften des Altertums vor; DIONYSIOS VON HALIKARNASSOS z. B. bezeichnet damit einen bestimmten Versfuß (De comp. verb. XVII 107). DION VON PRUSA (CHRYSOSTOMOS) beginnt seine Rede über die Schönheit (Or. 21), indem er hervorhebt, wie *hoch* (ὑψηλός) und jugendschön ein Jüngling sei, wobei nicht ganz deutlich wird, ob er ihn nur als hochgewachsen bezeichnen will oder auch eine geistige Erhabenheit meint. Bei Pseudolongin erhält der Terminus aber endgültig eine existentielle Bedeutung:

Das Erhabene, sagt er, ist nicht schlechthin mit Leidenschaft verbunden (denn es gibt Leidenschaften, die dem Erhabenen fernstehen), sondern es hängt zusammen mit einer bestimmten Art von *edlen Leidenschaften* (VIII 2, 4). Das erhabene Wort ist nicht Angelegenheit von Künstlern, die künstliche Kniffe anwenden[39], es entspringt vielmehr der Ergriffenheit *höherer* Menschen: nur sie richten ihre Worte nicht allein auf das, was sein *kann,* sondern auf das, was *ist.* Das erhabene Wort setzt den erhabenen Menschen voraus, der zu seiner eigenen Vollendung gelangt ist.

Das Erhabene, so heißt es in der Schrift des Pseudolongin, hebt die Seele empor, erfüllt sie mit Freude; sie vermeint, was sie vernimmt, selbst geschaffen zu haben, und es macht jeden Widerstand zunichte (VIII 2, 3). »Das Übergewöhnliche nämlich überredet nicht, sondern verzückt die Hörer (εἰς ἔκστασιν ἄγει); überall ist, was Staunen erregt und erschüttert, stets mächtiger als das Überredende oder nur Gefällige, da wir unseren Überzeugungen gebieten können, jenes andere aber durch seine Macht und unwiderstehliche Wucht außerhalb der Gewalt des Hörers steht. Geschickte Erfindung, rechte Anordnung und Verteilung der Gegenstände werden nicht an einer, nicht an zwei Stellen, kaum aus dem gesamten Gewebe der Rede augenfällig. Das Erhabene aber, welches im rechten Augenblick hervorbricht, zerstreut alle Dinge nach der Art des Blitzstrahls« (I 4, zit. nach der Übersetzung von R. von Scheliha, Berlin 1938).

Die Natur des Menschen, der eine erhabene Sprache, ein erhabenes Werk entspringt, ist die höhere Gesinnung. »Daher bewundert man auch das reine Denken ganz für sich, selbst wenn es auch nicht laut wird, eben dieser großen Gesinnung wegen ... Es ist doch nicht möglich, daß die ihr ganzes Leben hindurch Geringes, den Sklaven Angemessenes denken und erstreben, irgend etwas der Bewunderung Wertes und aller Ewigkeit Würdiges hervorbringen« (IX 2, 3).

Die ursprüngliche und anzustrebende Einheit von Wort und Leben – wie sie auch die gegenwärtige, eingangs erörterte Reaktion gegen den Ästhetizismus wieder fordert – wird hier aufs stärkste betont. Das Erhabene ist das *Objektive* schlechthin, und dabei wird eine Formulierung verwendet, die derjenigen sehr ähnlich ist, mit welcher ARISTOTELES die Allgemeingültigkeit und Notwendigkeit des Prinzips der Identität als Grundlage der objektiven Aussage bezeichnet (Arist. Met., Buch γ). In der Schrift »Über das Erhabene« heißt es: »Denn wenn Menschen von verschiedenen Bestrebungen, Lebensformen, Leidenschaften, Altersstufen und Denkweisen *alle insgesamt ein und dasselbe über das Gleiche meinen,* dann gewährt das übereinstimmende Urteil so verschiedener Geister ein sicheres und unbestreitbares Zeichen für die Echtheit des Bewunderten« (VII, 4).

Das Werk, dem die Bestimmung ›erhaben‹ zukommt, entspricht der höheren geistigen Stufe eines existentiellen Ganzen, verbürgt einen ganzen Menschen. Pädagogische, moralisierende, von außen an das Kunstwerk herangetragene Absichten – wie sie die Stoiker oder Cicero vertraten – kennt die Schrift »Über das Erhabene« nicht. Ein Werk ist gelungen, wenn es einem vollendeten Menschen entspringt, und dessen erhabene Gesinnung nährt sich vom Eros, dem Drang nach dem Höheren, der das tiefere Wesen des Menschen ausmacht, Es ist dieser Eros, der das Erhabene bewirkt, es gehört zur transzendenten Welt, die den Menschen verpflichtet. Es ist entschieden die platonische Position, die hier noch einmal in der Spätantike vertreten wird. »Was bedachten wohl jene Gottgleichen, daß sie nach dem Größten des Schrifttums strebten, die Genauigkeit im Einzelnen aber verachteten? Außer vielem anderen dieses: Die Natur hat uns nicht zu einem niedern Lebewesen, noch hat sie zu einem unedlen den Menschen erkoren, sondern – uns wie zu einem hohen Fest in das Leben und die ganze Welt geleitend, damit wir Betrachter all des ihren und ehrgeizigste Wettstreiter seien – hat sie sogleich eine unzähmbare Liebe unseren Seelen eingepflanzt für alles, was immer groß und, im Verhältnis zu uns, göttlicher ist. Darum genügt für die Schau und das Überdenken menschlichen Trachtens nicht einmal das Weltganze, vielmehr verlassen die Gedanken gar oft die Grenzen des Raumes, und wenn jemand das Leben rings überblickt, wieviel Überfluß an allem Schönen und Großen es hat, dann wird er im Nu wissen, wozu wir geboren sind« (XXXV 2, 3).

Schluß

Ontologisches Denken und Technik des Dichtens

Die Antike hat das Schöne immer wieder mythisch, sakral oder transzendental gedeutet. Die ontologisch verstandene Schönheit öffnet und leitet den Blick, bringt den Gegenstand ›zu Gesicht‹. Der Liebende trägt das Bild (εἶδος) des Geliebten in sich. Das In-Sich-Tragen des Urbildes ist das Bestimmungsmoment der Kunst, denn das innere Bild führt den Künstler zum Werk als dessen Abbild. Noch bei PLOTIN wird das produktive Erlebnis des Schönen (am Kunstschaffen erläutert) als eine Stufe des Mysteriums der Einigung von Gott und Seele gedeutet. DION VON PRUSA stellt in der XII. Olympischen Rede (44–47) den bildenden Künstler *als Künder des Göttlichen auf Erden* neben den Dichter und den Gesetzgeber. »Die äußere Höhe aber, in der Verstand und Vernunft sich entwickeln, brauchen wir nicht nur zu vermuten, sondern die kennen wir von Grund auf; zu ihr nehmen wir unsere Zuflucht, und sie, den menschlichen Körper, legen wir als Gefäß von Vernunft und Einsicht *auch der Gottheit* bei. Und so halten wir uns aus Mangel an einem Vorbild an den Augenschein, der die Nachformung erlaubt, indem wir darin das Nichtbildsame und Unsichtbare zum Ausdruck zu bringen suchen, und verleihen ihm so die *Bedeutsamkeit eines Symbols* ... Wer aber das *Höchstmaß von Schönheit, Hoheit und Großheit* erreicht, von dem könnte man wohl sagen, daß er der bei weitem fähigste Schöpfer religiöser Bildwerke ist« (59).

Die ganze Antike ist von dem Verlangen beseelt, in der Kunst und in der Darstellung des Schönen das Ursprüngliche, das verpflichtende Naturprinzip, das Göttliche zu offenbaren. PHILON ALEXANDRINUS sagt von dem Bildhauer Phidias, er habe aus Erz, Elfenbein, Gold und anderen Stoffen Bildwerke geschaffen und in allen ein und dasselbe offenbart, wie jeder Laie erkennen könne; »denn wie die Natur bei Zwillingen oft denselben Stempel anwendet und fast ununterscheidbare Ähnlichkeit bildet, so formt und prägt auch die vollendete Kunst, welche Nachahmerin und Abbild des *Naturprinzips* ist, auch wenn sie verschiedene Stoffe verwendet, allen dieselben Ideen auf, so daß hierdurch ihre Werke geradezu Verwandte, Brüder und Zwillinge werden« (De ebrietate 89–90).

Zwei Überlieferungen allerdings gelangen, wie wir gesehen haben, aus der Antike zu uns: die ontologische Auffassung des Schönen – im vorplatonischen Denken, im Platonismus und Neuplatonismus – und die aristotelische mit der Entdeckung des Ästhetischen, die von so schwerwiegendem Einfluß auf die ästhetische Theoriebildung der Neuzeit gewesen ist.

An dieser Stelle sind noch zwei einschränkende Bemerkungen am Platze. Wir sagten, daß die Spätantike – anders, als man erwarten sollte – keine Auseinandersetzung zwischen der platonischen und der aristotelischen Auffassung gebracht hat. Die vorherrschende platonisierende Denkrichtung führte zu dem ständig wiederholten Bemühen, gegenüber der sich verselbständigenden Kunst das Poetische *pädagogisch* zu rechtfertigen. Dabei ist jedoch zu bedenken, daß eine solche pädagogische Bewertung der Kunst und des Schönen immer nur dort möglich ist, wo das künstlerische Hervorbringen *sich bereits zu einer autonomen Poiesis und Techne entwickelt hat,* wo es schon als etwas ›Täuschendes‹ (und deswegen Gefährliches) hervorgetreten ist. Die Bemühung um pädagogische Sinngebung hat ihre Voraussetzung in aristotelischen Motiven, durch die das Schöne und die Kunst von der mythischen, religiösen, ontologischen Bindung gelöst wurden.

Die zweite Bemerkung betrifft einen Sachverhalt, den wir hier nicht verfolgen konnten, daß nämlich die aristotelischen

Einflüsse weniger in den Theorien vom Schönen, die wir zu entwickeln hatten, zu suchen sind als vielmehr in den ›technischen‹ Anweisungen zur Dichtkunst. In praktischen Lehren zur Technik des Dichtens bei HORAZ, JUVENAL und selbst bei VERGIL lebt die Tradition der aristotelischen Auffassung der Kunst als einer Techne poietike, die durch Worte und Rhythmen eine *imaginäre* Welt hervorbringt. Wir haben diese Geschichte der praktischen Poetik – als außerhalb unserer Fragestellung liegend – nicht erörtert, obwohl es gewiß reizvoll gewesen wäre, diese Linie zu verfolgen, denn solche Poetiken in all ihren Finessen sind als eine Folge der aristotelischen These zu verstehen, daß jede Poiesis zur Techne gehört. Die bewußte technische Einsicht als Aufgabe des Poeten hängt auch zusammen mit dem Ursprung der ›reinen Dichtung‹ *(poésie pure),* der ›reinen Malerei‹; und so können etwa MALLARMÉ und VALÉRY ihre theoretische Rechtfertigung bei Aristoteles finden.

In den grundsätzlichen Abhandlungen über das Schöne in der Spätantike wird dies Problem jedoch nicht ausgetragen, sondern die didaktische Bedeutung des Schönen als philosophische Frage bevorzugt. Der ganze Stil der theoretischen Erörterungen ist von erzieherischen Gesichtspunkten geleitet. So kam es, daß später auch die mittelalterlichen Schulrichtungen, die theoretisch-philosophische Lehre vom Schönen und die poetischen Anweisungen zur Produktion künstlerischer Werke nebeneinander bestehen ließen.

In der Spätantike also wurde die Diskussion über das Schöne in ihrer aristotelischen Tradition *nicht von den Philosophen, sondern von den Dichtern weitergeführt, und zwar nicht philosophisch, sondern in der Form der Reflexion auf die eigene Technik des Dichtens.* Das entspricht im übrigen der Forderung des Aristoteles, daß in jeder Techne die zuständigen Beurteiler die Techniker selbst seien.

Dieser Zusammenhang stellt ein zu umfassendes Thema für sich dar, als daß er hier verfolgt werden könnte. Es sei hier nur noch einmal darauf hingewiesen, daß die moderne Bestätigung der auf Aristoteles zurückgehenden ›technischen‹ Richtung bei den großen Theoretikern der ›*poésie pure*‹ sich ausgewirkt hat. Auch bei Aristoteles selbst schafft der Geist im Extremfall etwas, das nie da war und keine Beispiele in der Erfahrungswelt zu haben braucht. So ist die Loslösung der Dichtung und Kunst von allen Eindrücken, Affekten und Erfahrungen zum Teil eine Konsequenz aristotelischer Auffassungen, nach welchen Techne und Poiesis ein eigentümliches Wissen sind, womit der Geist schafft. Die Poiesis im aristotelischen Sinne ist eine Genesis, in welcher das Eidos am Anfang steht, und zwar ›in der Seele‹, wie ausdrücklich gesagt wird. So könnte man die Untersuchung der Theorie des Schönen in der Spätantike auch unter die Perspektive der Dichtungslehre stellen, insofern in diesen technischen Anweisungen das Schöne der Dichtung als ein an sich Schönes losgelöst wird, ›hypostasiert‹, wie PLOTIN sagt. Selbst dessen Stellung ist unter diesem Gesichtspunkt zweideutig. Einerseits steht er entschieden unter dem Einfluß der platonischen griechischen Überlieferung, andererseits unterliegt er der starken Tendenz seiner Zeit nach Verinnerlichung.

Philosophisch aber wird von den Autoren der Spätantike das Verständnis für das Technische didaktisch und im pädagogischen Sinne als Einübung, Institutio, gewertet, um die Wahrheit zu erreichen; der rhetorische Gesichtspunkt ordnet sich das Technische und Poetische der Kunst unter.

Unsere Untersuchung hat ergeben, daß im Altertum die Theorie der Kunst und des Schönen im allgemeinen auf umfassendere und tiefere Werte als die sogenannten ästhetischen sich bezieht und damit das Subjektive, Individuelle, das nach unseren Vorstellungen mit dem Ästhetischen stets verbunden ist, hinter sich läßt. Dieser Sachverhalt schien uns geeignet, zur Erhellung uns heute angehender Fragen beizutragen.

Man hat mit Recht betont, daß die Kunstgebilde zwar als Gegenstände vorhanden, als Kunstwerke aber überhaupt nicht ›gegenwärtig‹ sind, solange sie nicht ›erweckt‹ und ›zum Sprechen gebracht‹ werden. Zwar muß der Interpret vom gesicherten äußeren Bestand der Werke ausgehen, aber seine eigentliche Aufgabe beginnt erst nach der Feststellung oder Wiederherstellung des originalen ›Textes‹. Wenn nun von bestimmten Bewegungen der gegenwärtigen Kunst jenes Ästhetische, das in der Neuzeit immer Ziel des Kunstwollens war, entschieden abgewiesen wird, so muß notwendigerweise auch *die Interpretation neue Wege gehen.* Es ist nicht unsere Aufgabe, zu bestimmen, was Kunstkritik in diesem Wandel der Auffassungen zu sein habe; die merkwürdige Analogie, die – wenn auch unter ganz verschiedenen Vorzeichen – zwischen der antiken Philosophie des Schönen und wesentlichen Bestrebungen der Gegenwart besteht, erscheint uns aber bedeutsam genug, um sie an einigen Beispielen am Schluß unseres Weges noch einmal aufzuweisen.

Vom Schein zur Wirklichkeit. Dadaismus und Surrealismus

›Dada‹ war keine ›Künstler‹-Bewegung, noch begnügten sich seine Anhänger mit der Überwindung des Ästhetizismus. Man wollte vielmehr auf provokative Weise die Menschen wieder mit der vollen Wirklichkeit in Berührung bringen. GEORGE HUGNET schreibt: »Dada weigert sich, eine Ästhetik, ganz gleich welcher Art, aufzustellen, weil Ästhetik immer das Fehlen einer Haltung dem Leben gegenüber und ein Ende in sich selbst bedeutet. Dada war niemals künstlerisch, sondern immer ein Geisteszustand«[40].

Der Dadaismus entsprang der Rebellion, der Verzweiflung angesichts der unüberbrückbaren Kluft zwischen dem Künstler und Menschen und der Realität und Gesellschaft. Man forderte eine Lebenshaltung. »Solange Schulen sich eifrig mit Gebeten in Form von Texterklärungen und mit Spaziergängen in Museen befassen . . . werden wir die Zeremonien zu unterbrechen versuchen . . . Es wäre absurd, ein Meisterwerk von Dada in den Gebieten der Malerei und Literatur zu erwarten« (Breton, »For Dada«, Motherwell, S. 203). Der Dadaismus will nicht blindlings verneinen, die totale Sinnlosigkeit proklamieren, er rebelliert gegen die spezialistischen Tätigkeiten, die sich in Scheinwelten bewegen und von der Wirklichkeit abschließen. »Das Wort Dadaismus symbolisiert das primitive Verhältnis zur ungebundenen Wirklichkeit ... Das Leben erscheint als ein simultanes Gewirr von Geräuschen, Farben, geistigen Rhythmen, das in der dadaistischen Kunst unbeirrt ... und in seiner gesamten brutalen Realität übernommen wird. Hier ist der scharf markierte Scheideweg, der den Dadaismus von allen bisherigen Kunstrichtungen ... trennt. Der *Dadaismus steht zum erstenmal dem Leben nicht mehr ästhetisch gegenüber*« (Hülsenbeck, Collective Dada Manifest, 1920).

Für den Surrealismus – auf den schon in der Einleitung verwiesen wurde – bedeutet die Kunst Suchen und Finden einer absoluten Realität[41]. Er betrachtet das Unbewußte als eine wesentliche Quelle des Schaffens, als ein bisher unbeachtetes Gebiet des menschlichen Lebens und der künstlerischen Produktion, das durch den Traum, durch ›*écriture automatique*‹ und durch andere Praktiken zu erschließen ist als ein Zugang zur Urwirklichkeit.

Die Einheit der Künste und das Leben. Bauhaus

Die Pädagogik des Bauhauses hatte sich vorgenommen, die Kluft zwischen der Welt des ›Schönen‹ und der Wirklichkeit zu überwinden, die Kunst aus ihrer ästhetischen Isolierung zu befreien und sie wieder mitten in die Wirklichkeit zu führen. Der Unterricht war entsprechend vielseitig, suchte die enge Verbindung von Kunst, Handwerk und Technik; der Begriff der Schönheit verbindet sich mit dem des Zweckgerechten, er bezeichnet einen Wesenszug des *gelungenen* Werkes. Diese Vorstellung berührt sich mit antiken (nicht ästhetischen) Gedanken und steht im Gegensatz zu der herkömmlichen Ästhetik der Neuzeit. »Es gibt keine ›Kunst von Beruf‹. Es gibt keinen Wesenunterschied zwischen dem Künstler und dem Handwerker ... Gnade des Himmels läßt in seltenen Lichtmomenten, die jenseits seines Wollens stehen, unbewußt

Kunst aus dem Werk seiner Hand erblühen, die Grundlage des Werkmäßigen aber ist unerläßlich für jeden Künstler. Dort ist der Urquell schöpferischen Gestaltens. Bilden wir also eine neue Zunft der Handwerker ohne die klassentrennende Anmaßung, die eine hochmütige Mauer zwischen Handwerker und Künstler errichten wollte. Wollen, erdenken, erschaffen wir gemeinsam den neuen Bau der Zukunft, der alles in einem sein wird: Architektur und Plastik und Malerei, der aus Millionen Händen der Handwerker ernst gegen den Himmel steigen wird als kristallenes Sinnbild eines neuen kommenden Glaubens«[42].

Der Bauhaus-Erziehungsplan von Gropius, der von der Malerei bis zur Stadtplanung alle Gebiete des Gestaltens umfaßte, sollte zum *teamwork* der Handwerker, Techniker und Künstler führen und – fern von jeder ästhetisierenden Absicht – die schöpferische Phantasie des Künstlers mit der modernen technischen-industriellen Arbeitswelt völlig verschmelzen. Das Bauen erhält wieder den Vorrang vor den übrigen Künsten, Archi-tektur wird wieder, im ursprünglichen Sinne des griechischen Wortes, die erste, ›führende‹ Kunst. Der Bau übergreift die Teilgestaltung, das Einzelbildwerk; die lebendige Beziehung zur Wirklichkeit soll vornehmlich durch die Zusammenarbeit aller Künstler bei der Gestaltung der Wohn- und Arbeitsstätten der Menschen hergestellt werden; und »nur wer als Meister in der Arbeitsgemeinschaft den Lebensprozeß selbst meistert, der ist Baumeister«[43].

Der Stand einer Kultur ist am ehesten meßbar an der Art, wie eine anonyme menschliche Masse ›in Form gebracht‹, zu einer menschlichen Gemeinschaft verwandelt wird. Nach der ›Bauhaus-Idee‹ sollten die Künste unter Führung der Architektur zusammengefaßt werden zu einem organischen Ganzen, das Sinn, Bedeutung und Verpflichtung durch das wirkende Leben selbst gewinnt. Der Architekt muß in das moderne Dasein mit seinen sozialen, technischen und psychischen Gegebenheiten hineinhorchen, deren innere Gesetze zu erkennen suchen und daraus seine Gestaltungsformen entwikkeln. »So entspringen die äußeren Formen der modernen Architektur nicht der Laune einiger Architekten, die auf Neuerung versessen sind, sondern sind vielmehr Ergebnis der Bedingungen unserer Zeit«[44].

Die Überwindung der Scheinwelt. Der Blaue Reiter, Kandinsky

Die Künstler des »Blauen Reiter« wußten sich verbunden in einer Gesinnungsgemeinschaft, deren Grundstimmung FRANZ MARC als »die Sehnsucht nach dem unteilbaren Sein« bezeichnet hat, »nach Befreiung von der Sinnestäuschung unseres ephemeren Lebens ... der Schein ist ewig flach, aber zieht ihn fort, ganz fort, ganz aus eurem Geiste weg – denkt euch fort samt eurem Weltbild – die Welt bleibt in ihrer wahren Form zurück ... Was wir uns von abstrakter Kunst versprechen ... ist ein Versuch, statt der vom Weltbild erregten Seele (also des Subjektiven) die Welt selbst (objektive, absolute Wirklichkeit) zum Reden zu bringen«[45]. PAUL KLEE hat in seinem berühmten Vortrag in Jena 1924 gesagt: »Vom Vorbildlichen (d. h. von der äußeren Erscheinungswelt als Vorbild für Abbildung) zum Urbildlichen! Anmaßend wird der Künstler sein, der dabei bald irgendwo steckenbleibt. Berufen aber sind die Künstler, die heute bis in einige Nähe jenes geheimen Grundes dringen, wo das Urgesetz die Entwicklungen speist. Da, wo das Zentralorgan aller zeitlich-räumlichen Bewegtheit, heiße es nun Hirn oder Herz der Schöpfung, alle Funktionen veranlaßt, wer möchte da als Künstler nicht wohnen? Im Schoß der Natur, im Urgrund der Schöpfung, wo der geheime Schlüssel zu allem verwahrt liegt? ... Zu ihrer Zeit hatten unsere geistigen Antipoden, die Impressionisten, völlig recht, bei den Wurzelschößlingen, beim Bodengestrüpp der täglichen Erscheinungen zu wohnen. Unser pochendes Herz aber treibt uns hinab, tief hinunter zum Urgrund«[46].

Besonders aufschlußreich sind Äußerungen KANDINSKYS, in denen es um nichts Geringeres als die theoretischen Grundlagen einer ontologischen Bestimmung der Kunst geht.

Alle Formen des Ästhetizismus, jegliche Wiedergabe der Natur durch die ›Nachahmung‹ ihrer Aspekte werden abgelehnt. »Der Zuschauer heutzutage ... sucht im Kunstwerk entweder eine reine Naturnachahmung, die praktischen Zwecken dienen kann (Porträt im gewöhnlichen Sinne u. dgl.), oder eine Naturnachahmung, die eine gewisse Interpretation enthält, ›impressionistische‹ Malerei, oder endlich in Naturformen verkleidete Seelenzustände (was man Stimmung nennt)«[47]. Die impressionistische Malerei mit ihren Licht- und Luftproblemen interessiert ihn nicht, weil sie den subjektiven Schein nicht durchbricht. Kunst und Natur sind für Kandinsky überhaupt zwei voneinander getrennte Bereiche. Der Fehler der neuzeitlichen Meister war es gerade, den einen Bereich – die Natur – durch den anderen – die Kunst als subjektive Deutung – darstellen, erreichen, interpretieren zu wollen[48].

Wenn die Kunst weder auf Nachahmung noch auf Deutung der Natur zielen soll, worin kann dann ihre Aufgabe bestehen? Das erste Urelement der Malerei ist die Farbe. »Schon in sehr jungen Jahren fühlte ich die unerhörte Ausdruckskraft der Farbe. Ich beneidete die Musiker, die Kunst machen können, ohne etwas ›Realistisches‹ zu ›erzählen‹. Die Farbe schien mir ebenso ausdrucksvoll und stark zu sein, wie es der Klang ist«[49]. Die Faszination durch die Farbe darf nicht als eine ästhetische mißverstanden werden. »Die Schönheit der Farbe und der Form ist (trotz der Behauptung der reinen Ästheten oder auch Naturalisten, die hauptsächlich auf ›Schönheit‹ zielen) kein genügendes Ziel in der Kunst« (Das Geistige, S. 82). Das Erfassen eines Urelementes wie der Farbe, das ausschließlich der Malerei zukommt, soll zum *Wirklichen,* zur inneren Bedeutung der Urnatur führen, damit das Werk des Malers wirklich sei. Diese Wirklichkeit in der äußeren Erscheinungswelt zu suchen, war ein Irrtum gewesen. Jede Farbe übt auf die Seele eine Wirkung aus, die ihre Bedeutung ausmacht. Daraus soll die ›innere Notwendigkeit‹ der Malerei abgeleitet werden. »Im allgemeinen ist die Farbe ein Mittel, einen direkten Einfluß auf die Seele auszuüben. Die Farbe ist die Taste. Das Auge ist der Hammer. Die Seele ist das Klavier mit vielen Saiten. Der

Künstler ist die Hand, die durch diese oder jene Taste zweckmäßig die menschliche Seele in Vibration bringt. So ist es klar, daß die Farbenharmonie nur auf dem Prinzip der zweckmäßigen Berührung der menschlichen Seele ruhen muß. Diese Basis soll als Prinzip der *inneren Notwendigkeit* bezeichnet werden« (Das Geistige, S. 64).

Es wäre ein Mißverständnis, wollte man annehmen, Kandinsky meine mit ›innerer Notwendigkeit‹ ein subjektives (also in diesem Sinne ›Inneres‹) oder ästhetisches Element. Der Künstler schafft jene notwendigen Formen, die mit der *Urwirklichkeit* oder dem Kosmos in Einklang stehen; das ›Äußerliche‹ ist die Mannigfaltigkeit der Dinge, welche eigentlich die Einheit des ihnen Zugrundeliegenden und daher ›Innerlichen‹ verdeckt. »Jeder, der sich vertieft in die verborgenen inneren Schätze seiner Kunst, ist ein beneidenswerter Mitarbeiter an der geistigen Pyramide, die zum Himmel reichen wird« (Das Geistige, S. 56). ›Bis zum Himmel‹ meint hier das ursprünglich Objektive, die absolute Natur; denn die Seele, in der die geistige Bedeutung der Farben sich offenbart, ist selbst eine Stufe der Urnatur; was die Malerei hervorbringt, ist etwas *Wirkliches*, mit welchem der Künstler durch den Geist mit der *Urkraft der Natur* in Verbindung steht.

Das Problem der Farbe ist nur ein Teilaspekt der Malerei. Die Farben, die nicht mehr vom Abbild der Gegenstände getragen werden dürfen und in sich selbst eine tiefere Bedeutung haben als die Gegenstände selbst, verlangen eine Neuordnung im Bild, die gegenstandsfreie ›Komposition‹. »Ich wußte jetzt genau, daß der Gegenstand meinen Bildern schadet. Eine erschreckende Tiefe, eine verantwortungsvolle Fülle von allerhand Fragen stellte sich vor mich. Und die wichtigste: was soll den fehlenden Gegenstand ersetzen? Die Gefahr einer Ornamentik stand klar vor mir, die tote Scheinexistenz der stilisierten Formen konnte mich nur abschrecken ... Ich habe nur einen Trost: Nie konnte ich es über mich bringen, eine Form zu gebrauchen, die auf logischem Wege – nicht rein gefühlsmäßig in mir entstand. Ich konnte keine Formen ersinnen, und es widert mich an, wenn ich solche Formen sehe. Alle Formen, die ich je gebrauchte, kamen ›von selbst‹« (Rückblick, S. 21).

Wie es eine ›innere‹ Bedeutung der Farben gibt, so ist nach Kandinsky auch den Formen ein ›innerer Klang‹ eigentümlich, der ihm in seinem späteren Schaffen für die Komposition immer wesentlicher wurde. »Meiner Ansicht nach läßt die geometrische Begrenzung der Farbe eine größere Möglichkeit, eine reine Vibration hervorzurufen, als die Grenzen eines beliebigen Gegenstandes, die immer viel aufdringlicher und beengender reden, dadurch, daß sie eine ihnen eigne Erregung hervorrufen (Pferd, Gans, Wolke ...). Die ›geometrischen‹ oder ›freien‹ Grenzen, die nicht an einen Gegenstand gebunden sind, rufen, wie die Farben, Erregungen hervor, die aber weniger präzis festgelegt sind als diejenigen eines Gegenstandes. Sie sind freier, elastischer, ›abstrakter‹. Diese abstrakten Formen haben weder einen Bauch wie das Pferd noch einen Schnabel wie die Gans. Wenn sie ihrer plastischen Idee einen Gegenstand unterordnen wollen, müssen sie im allgemeinen dessen natürliche Grenzen ändern und beschränken ...« (Essays, S. 156). »Ein Dreieck mit Gelb ausgefüllt, ein Kreis mit Blau, ein Quadrat mit Grün, wieder ein Dreieck mit Grün, ein Kreis mit Gelb, ein Quadrat mit Blau usw. Dies sind alles ganz verschiedene Wesen. Dabei läßt sich leicht bemerken, daß manche Farbe durch manche Form in ihrem Wert unterstrichen wird und durch andere abgestumpft. Jedenfalls spitze Farben klingen in ihrer Eigenschaft stärker in spitzer Form (z. B. Gelb im Dreieck). Die zur Vertiefung geneigten werden in dieser Wirkung durch runde Formen erhöht (z. B. Blau im Kreis)« (Das Geistige, S. 68).

Kandinskys vielschichtige Kritik am Gegenstand ist motiviert durch das Bedürfnis, in der Kunst den Schein, das Nichtreale, in dem wir uns im Alltag bewegen und das vom Praktisch-Zweckmäßigen bestimmt ist, zu überwinden. Das wahrhaft Seiende glaubt er zu entdecken, in dem, was er den ›inneren Klang‹ der Dinge ebenso wie der ›abstrakten Elemente‹ der künstlerischen Komposition nennt. Denn er hält auch eine ontologisch bestimmte *gegenständliche* Kunst für möglich und definiert in prophetischer Vorwegnahme, was später Künstler wie DE CHIRICO und manche Surrealisten verwirklichen sollten. So werden die Begriffe ›Große Abstraktion‹ und ›Große Realistik‹ für ihn vertauschbar (dies vor allem ist der Gegenstand der oben zitierten Untersuchung von W. Hess); denn ›Abstraktion‹ ist nicht identisch mit ›Abstrahieren‹, es ist nicht ein Prozeß der Vereinfachung dinglicher Erscheinungsbilder, der das Naturvorbild in den allgemeinen Grundzügen beibehalten würde. Das wäre nur eine Verarmung der Alltagswirklichkeit. Die alltägliche, oder wie Kandinsky sie nennt: die ›praktisch-zweckmäßige‹ Welt ist eben eine Scheinwelt, die durchbrochen werden muß, weil sie die objektiv seiende Realität hinter ihrem Schein verbirgt. Deswegen nennt Kandinsky seine Abstraktion mit Recht zugleich eine ›Große Realistik‹. Es geht ihm in der Kunst weder um eine Deutung noch um eine Abstraktion der äußeren Welt, denn beide verbleiben im Bereich des Ästhetischen, dem unwesentlichen Gegenstand verhaftet. Was der Maler auf der Suche nach dem ›inneren Klang‹ vollzieht, ist ein Vorgang, der sich der Intention nach eher mit dem ontologischen Schönheitsbegriff der antiken Philosophie berührt.

Wenn Kandinsky sich häufig auf die Musik bezieht, so ist auch dies nicht historisch etwa aus der Frühromantik herzuleiten, noch ist es mit der zweifellos starken synästhetischen Veranlagung des Künstlers allein zu erklären. Die Musik ist ihrem Wesen nach schlechthin abstrakt, aber – nach der Terminologie Kandinskys – als Ausdruck des absolut Seienden eine ›Große Realistik‹.

Kandinsky will durch die Kunst eine neue ›reale‹ Welt entdecken, die aus dem Geist entspringt und den Menschen als geistiges Wesen in seiner objektiven Wirklichkeit offenbart. »Schon seit längerer Zeit versuchte man (was auch ich noch vor dem Kriege tat), das ›abstrakt‹ durch ›absolut‹ zu ersetzen ... Der beste Name wäre meiner Meinung nach ›reale‹ Kunst, da diese Kunst *neben die äußere Welt* eine neue *Kunstwelt* stellt, *geistiger Natur.* Eine Welt, die ausschließlich durch Kunst entstehen kann. Eine *reale Welt.* Die alte Bezeichnung ›abstrakte

Kunst‹ hat sich aber bereits eingebürgert« (Essays, S. 172). Für Kandinsky geht es um ein Fortschreiten vom Sinnlichen zum Geistigen, das die Abbildung der äußeren Dinge aufzugeben erfordert. Im alltäglichen Leben bildet die menschliche Vorstellung aus den betrachteten Naturerscheinungen Gegenstände, die lediglich Mittel zu menschlichen Zwecken darstellen, also Verdinglichungen, Ausschnitte, die zum praktischen Verfügen über die Natur notwendig sind. Die Urnatur, wie sie sich durch den menschlichen Geist in der Kunst offenbart, hat mit jener Natur nichts gemeinsam, die der Mensch im praktischen Handeln verdinglicht.

Diese Konzeptionen erinnern – obwohl sie aus ganz anderen Bedingungen entspringen – stark an Motive der vorplatonischen und platonischen Philosophie: die äußere dinghafte Natur als Schattenwelt und Schein; die Kunst wird nur insofern bejaht, als sie nicht diese Schattenwelt nachahmt, sondern die geistige Urwirklichkeit offenbart. Und auch im Licht der spätantiken Philosophie – das Schöne als Ausdruck des urkosmischen Seins – läßt sich das bildnerische Denken von Künstlern der Gegenwart betrachten.

Text-Dokumente

Xenophon
Platon
Cicero
Horaz
Vitruv
Seneca
Plutarch
Pseudo-Longinus
Lukian
Philostratos
Plotin

Vorbemerkung

Alles Anthologische ist ungenügend und meist verfälschend. Die heute so beliebten Zusammenstellungen von Textbruchstücken erwecken gern die Illusion, auf bequeme Art Kenntnisse zu vermitteln. Wenn wir nun hier eine Reihe von Texten abdrucken, so können sie nur im Zusammenhang und aus der Problematik der vorausgehenden Untersuchung verstanden werden; bei jedem Text ist auf den zugehörigen Abschnitt verwiesen. Einige erläuternde Zeilen sollen den Zusammenhang erkennen lassen, aus dem das Bruchstück stammt; jedem Abschnitt vorangeschickte Titel und Gliederungen sollen die Orientierung erleichtern. Texte, die schon in den einzelnen Abschnitten ausführlich zitiert und kommentiert wurden, sind in die Anthologie nicht aufgenommen.

Xenophon

Aus »Memorabilien« und »Kyrupädie«

Zu Kapitel I 3

XENOPHON wurde etwa 430 v. Chr. in Athen geboren und war dort Schüler des Sokrates; 401 nahm er am Zug der Zehntausend gegen Artaxerxes teil, wurde später aus Athen verbannt, lebte in Sparta und starb nach 355 v. Chr.

1. *Memorabilien* III 8, 3–10, Die sokratischen Schriften, übers. von Emil Müller, Leipzig 1911

Die »Memorabilien« sind 4 Bücher sokratischer Gespräche und Episoden.

Nachdem in II 1 Sokrates den Aristippos, einen Bürger von Kyrene und Begleiter des Sokrates, der etwas älter ist als Platon, überführt hatte, will nun Aristippos dem Sokrates ein Gleiches antun und fragt ihn, ob er etwas Gutes kenne. Sokrates geht darauf ein.

Thema: Das Schöne und seine Verbindung mit dem Guten und Nützlichen

Gliederung: [1] Verschiedenheit der Arten des Schönen, die sich im Hinblick auf verschiedene Zwecke ergibt. [2] Identität von Schönheit, Güte und Nützlichkeit. [3] Veränderlichkeit und Relativität des Schönen, Guten und Nützlichen. [4] Ein schönes Bauwerk ist ein solches, das nützlich ist.

3 [1] ›Nun denn‹, meinte er da, ›wenn du mich fragst, ob ich etwas Gutes kenne, das für nichts gut ist, dann kenne ich nichts dergleichen und verlange auch nicht danach.‹

Als aber Aristippos ihn wiederum 4
fragte, ob er etwas Schönes wisse, antwortete er: ›Sehr vieles.‹ – Da fragte der andere weiter: ›Ist das nun alles einander gleich?‹ – [2] ›Einiges

ist so unähnlich wie möglich‹, laute-
te die Antwort. – ›Wie aber kann
das schön sein, was dem Schönen un-
ähnlich ist?‹ – ›Weil bei Gott‹, war
die Antwort, ›dem für den Lauf
schönen Menschen ein für den Ring-
kampf geeigneter nicht ähnlich ist.
Ein schöner Schild für die Verteidi-
gung ist einem schönen Wurfspieß
zum kräftigen und schnellen Wurf so
unähnlich wie möglich.‹
5 Aristippos aber meinte: ›Du antwor-
test mir nicht anders, als wenn ich
dich fragte, ob du etwas Gutes wüß-
test.‹ – [3] ›Meinst du denn‹, fiel er
ein, ›daß das Gute etwas anderes ist
als das Schöne? Weißt du nicht, daß
alles, was dem gleichen Zweck dient,
schön und gut ist? Denn erstens ist
die Tugend nicht für das eine gut,
für das andere schön, zweitens hei-
ßen die Menschen schön und gut für
den gleichen Zweck und in derselben
Weise. Für denselben Zweck aber
scheinen auch die Körper der Men-
schen schön und gut. Auch alles
übrige, was die Menschen gebrau-
chen, hält man für schön und gut für
dasjenige, wozu es brauchbar ist.‹ –
6 ›Ist dann auch‹, fiel er ins Wort, ›ein
Mistkorb schön?‹ – ›Ja, bei Gott‹,
war die Antwort, ›und ein goldener
Schild ist häßlich, wenn der eine für
seine Aufgabe schön gearbeitet ist,
der andere aber schlecht.‹
[4] ›Behauptest du‹, fragte er weiter,
›daß auch schön und häßlich dassel-
7 be ist?‹ – ›Ja, bei Gott‹, war die Ant-
wort, ›sogar gut und schlecht. Denn
oft ist für das Fieber schlecht, was für
den Hunger gut ist, und was für das
Fieber gut ist, ist für den Hunger
schlecht. Oft ist für den Ringkampf
häßlich, was für den Lauf schön ist,
und was für den Ringkampf schön,
ist für das Laufen häßlich. Denn alles
ist gut und schön für das, wozu es
gut paßt, schlecht und häßlich aber,
wozu es schlecht paßt.‹
Er meinte auch dieselben Häuser sei- 8
en schön und nützlich, und es schien
mir, als wolle er damit lehren, wie
man sie bauen müsse. Er überlegte
aber folgendermaßen: ›Wenn je-
mand ein Haus haben will, wie es
sein muß, soll er es dann so einrich-
ten, daß das Leben darin angenehm
und nützlich sein wird?‹ – Als man
dies zugab, fuhr er fort: ›Ist es nun 9
nicht angenehm, wenn es im Som-
mer kühl, im Winter warm ist?‹ –
Als man auch dies zugestand, meinte
er weiter: ›Scheint nicht in den nach
Süden gelegenen Häusern die Sonne
im Winter unter die Vorhalle, im
Sommer aber wandert sie über uns
und die Dächer hinweg, daß wir
Schatten haben? Wenn es nun ange-
nehm ist, daß es so geschieht, muß
man dann nicht die südlichen Zim-
mer höher bauen, damit die Winter-
sonne nicht abgeschlossen wird, die
Nordseite aber niedriger, damit die
kalten Winde nicht einfallen kön-
nen? Um es kurz zu sagen: das dürfte 10
mit Recht die schönste und ange-
nehmste Behausung sein, in der man
sich in jeder Jahreszeit wohlfühlt und
seinen Besitz am sichersten verwahrt.
Malereien aber und bunte Verzierun-
gen beeinträchtigen mehr das Ver-
gnügen, als daß sie es erhöhen.‹
Für Tempel und Altäre dagegen war
nach seiner Ansicht der Platz der ge-
eignetste, der weithin sichtbar und
schwer zu ersteigen ist. Denn wer ihn
sehe, werde gern hingehen und be-
ten, wenn er rein von Schuld sei.

2. *Memorabilien* III 10, 9–15

Thema: Proportion und Nützlichkeit

Gliederung: [1] Bessere Proportion deckt sich mit besserer Brauchbarkeit. [2] Kritik einer abstrakten Proportion. [3] Buntheit und Schönheit, die nichts nützen, sind bedeutungslos.

[1] Einst kam Sokrates zu dem Panzermacher Pistias, und als dieser ihm schön gearbeitete Panzer zeigte, meinte er: ›Bei der Hera, schön ist die Erfindung, mein lieber Pistias, daß der Panzer die schutzbedürftigen Glieder des Menschen deckt, den Gebrauch der Hände dagegen
10 nicht hindert. Aber‹, fuhr er fort,
›sage mir, mein lieber Pistias, warum verkaufst du deine Panzer teurer, obwohl du sie nicht stärker und prächtiger machst als die anderen?‹ – ›Weil ich sie proportionierter mache, mein lieber Sokrates‹, war die Antwort.

[2] ›Weisest du die besseren Proportionen durch Maß oder Gewicht nach und nimmst deshalb höhere Preise? Denn, wie ich meine, machst du sie nicht alle gleich oder ähnlich, wenn du sie passend machst?‹ – ›Aber bei Gott‹, rief er, ›das mache ich, denn sonst ist der Panzer nichts wert.‹ –
11 Sokrates aber fragte weiter: ›Sind von
den menschlichen Körpern die einen proportioniert, die anderen unproportioniert?‹ – ›Ganz bestimmt‹, gab er zu. ›Wie machst du nun für einen unproportionierten Körper einen proportionierten Panzer nach Maß?‹ – ›So gut wie nach Maß‹, räumte er ein, ›denn der Maßpanzer
12 ist proportioniert.‹ – ›Du scheinst‹,
bemerkte da Sokrates, ›nicht das Proportionierte an sich zu meinen, sondern mit Bezug auf den Besitzer, wie wenn du sagst, ein Schild sei für den proportioniert, dem er paßt, und mit einem Mantel und ähnlichen Dingen scheint es sich ebenso zu verhalten,
wenn ich dich recht verstanden habe. 13
Vielleicht ist aber bei einer guten Paßform noch ein anderer, keineswegs bedeutungsloser Vorteil.‹ – ›Sag mir, mein lieber Sokrates, wenn du einen Vorteil weißt.‹ [3] ›Die gutsitzenden Panzer‹, sagte er, ›drükken weniger durch ihre Schwere als die schlechtsitzenden, obwohl sie das gleiche Gewicht haben. Denn die letzteren hängen entweder ganz auf den Schultern oder sie drücken einen anderen Teil des Körpers sehr und sind schlecht und unbequem zu tragen. Die gutsitzenden aber, bei denen die Schwere auf Schlüsselbein und Nacken, Schultern, Brust, Rücken und Bauch verteilt ist, gleichen beinahe nicht einer Last, sondern einem Körperansatz.‹
›Du hast es ausgesprochen‹, rief er, 14
›warum meine Arbeiten nach meiner Ansicht sehr viel wert sind. Einige Leute freilich ziehen die bunten und vergoldeten Panzer vor.‹ – ›Ja, wahrhaftig‹, meinte Sokrates, ›wenn sie deswegen nichtsitzende kaufen, erwartet sie, so scheint mir, ein buntes
oder vergoldetes Übel. ›Jedoch‹, 15
fragte er weiter, ›weil der Körper nicht in derselben Stellung bleibt,

sondern sich bückt und aufrichtet, wie können da anliegende Panzer bequem sitzen?‹ – ›Natürlich nicht‹, war die Antwort. – ›Also meinst du‹, sagte er da, ›nicht die anliegenden, sondern die beim Gebrauch nicht störenden sitzen gut.‹ – ›Du hast es selbst gesagt, mein lieber Sokrates, und du hast vollkommen recht‹, war die Antwort.

3. *Memorabilien* II 1, 21–34

Sokrates will Aristippos von der Notwendigkeit der Selbstbeherrschung gegenüber den Trieben überzeugen und zitiert schließlich aus dem Werk »Die Horen« des Sophisten PRODIKOS (ca. 470/60 auf Keos geboren) die Erzählung von Herakles am Scheidewege.

Thema: Auseinanderklaffen der sinnlichen Schönheit, d. h. einer solchen, die nur den Sinnen dient, und der Schönheit, die mit der Areté des Menschen, mit den ihm zukommenden Fähigkeiten, identisch ist.

Gliederung: [1] Die sinnliche Schönheit, die der Lust dient. [2] Kritik der sinnlichen Schönheit und der Ziele, denen sie dient. [3] Würde der menschlichen Schönheit.

21 [1] In der Zeit, als Herakles vom
Knaben zum Manne heranreifte, wo
die jungen Leute schon selbständig
werden und zeigen, ob sie für ihr
weiteres Leben den Weg der Tugend
oder des Lasters einschlagen wollen,
ging er in die Einsamkeit und setzte
22 sich hin, unschlüssig, welchen Weg
er einschlagen solle. Und es kam ihm
vor, als ob zwei hochgewachsene
Frauen auf ihn zukamen, die eine
wohlgestaltet und edel an Wuchs,
die Haut nur mit Reinheit, die Augen mit Sittsamkeit, die Haltung mit
Anstand geschmückt, in weißem Gewande; die andere aber bis zu fleischiger Fülle und Weichheit genährt,
die Haut geschminkt, so daß sie rosiger und weißer schien, als sie in
Wirklichkeit war; ihre Haltung war
so, daß sie gerader erschien, als sie
von Natur war. Die Augen hatte sie
weit offen. Durch ihr Kleid aber
schimmerte ihre Körperschönheit
herrlich hindurch. Sie schaute an sich
herab, zur gleichen Zeit aber auch
um sich, ob nicht jemand anderes
sie sehe, oft aber wandte sie sich
sogar nach ihrem eigenen Schatten
um.
Als sie in Herakles' Nähe kamen, 23
ging die Erstgenannte ruhig weiter,
die andere aber wollte ihr zuvorkommen, lief auf Herakles zu und sagte:
›Wie ich sehe, mein lieber Herakles,
bist du im Zweifel, welchen Weg du
im Leben einschlagen sollst. Wenn
du mich zu deiner Freundin machst,
werde ich dich den angenehmsten
und leichtesten Weg führen. Von
den Freuden wird dir keine vorenthalten bleiben. Von den Mühen

wirst du dein ganzes Leben hindurch
24 verschont bleiben. Erstens wirst du
dich nicht um Kriege und Händel
kümmern, sondern du wirst immer
nur nachdenken, was du Angeneh-
mes zu essen und zu trinken finden
oder was du zu deinem Vergnügen
sehen oder hören kannst, welcher
Geruch oder welche Berührung dir
Spaß macht, mit welchen Jungen
umzugehen dir am meisten Freude
bringt, wie du am weichsten schläfst
und wie du das alles möglichst ohne
25 Mühe bekommen kannst. Sollte dir
aber einmal nur der Verdacht kom-
men, dir könnten die Mittel, mit de-
nen du dir dies verschaffen kannst,
ausgehen, dann brauchst du keine
Angst zu haben, daß ich dich verlei-
ten könnte, dir diese durch körperli-
che und seelische Mühe und An-
strengung zu verschaffen, vielmehr
wirst du genießen, was die anderen
erarbeiten, du wirst nichts meiden,
woraus du vielleicht Nutzen haben
kannst. Denn ich gebe meinen An-
hängern die Möglichkeit, von über-
allher Nutzen zu ziehen.‹
26 Herakles hörte sich das an und frag-
te: ›Und wie ist dein Name, du schö-
ne Frau?‹ – Sie aber antwortete:
›Meine Freunde nennen mich Glück-
seligkeit, meine Hasser aber, die
mich verunglimpfen wollen, Lieder-
27 lichkeit.‹ [2] In diesem Augenblick
trat die andere Frau heran und
sprach: ›Auch ich bin zu dir gekom-
men, mein lieber Herakles, denn ich
kenne deine Eltern und habe deine
Natur bei deiner Erziehung kennen-
gelernt. Daraus schöpfe ich die Hoff-
nung, du würdest, wenn du den
Weg zu mir findest, ein sehr tüchti-
ger Vollbringer untadeliger Taten
werden, und ich würde noch viel
geehrter und vortrefflicher bei den
Guten erscheinen. Ich werde dich
nicht mit lüsternen Vorreden betrü-
gen, sondern will in reiner Wahrheit
die Tatsachen berichten, wie die
Götter die Welt eingerichtet haben. 28
Denn von dem wahrhaft Erhabenen
geben die Götter dem Menschen
nichts ohne Mühe und Sorge, viel-
mehr mußt du die Götter ehren,
wenn du sie gnädig stimmen willst.
Wenn du von den Freunden geliebt
werden willst, mußt du den Freun-
den wohltun. Wenn du danach
strebst, von irgendeinem Staat
geehrt zu werden, mußt du dem
Staat nützen. Wenn du verlangst,
von ganz Griechenland wegen deiner
Tüchtigkeit bewundert zu werden,
mußt du versuchen, etwas Großes für
Griechenland zu leisten. Wenn du
willst, daß dir die Erde reiche Frucht
bringt, mußt du die Erde bearbeiten.
Wenn du glaubst, von Herden müsse
man reich werden, mußt du für die
Herden sorgen. Wenn du durch
Krieg zu gewinnen trachtest und fä-
hig sein willst, die Freunde zu befrei-
en und die Feinde zu überwinden,
dann mußt du die Kriegskunst von
den Sachverständigen lernen und
mußt üben, wie man sie gebraucht.
Wenn du aber körperlich tüchtig
werden willst, mußt du den Körper
gewöhnen, dem Verstand zu dienen,
und mußt ihn üben mit Mühe und
Schweiß.‹
Die Liederlichkeit unterbrach sie und 29
sprach, wie Prodikos erzählt: ›Merkst
du, mein lieber Herakles, was für ei-
nen schweren und langen Weg zur
Freude dir dieses Weib auseinander-
setzt? Ich aber werde dich einen
leichten und kurzen Weg zur Glück-
seligkeit führen.‹

30 [3] Die Tugend aber sagte: ›Du Unglückliche, was hast du für ein Gut oder was weißt du vom Süßen, da du ja nichts dafür tun willst. Du wartest ja nicht einmal das Verlangen nach dem Angenehmen ab, sondern bevor du ein Verlangen hast, befriedigst du es; bevor du Hunger hast, ißt du, bevor du Durst hast, trinkst du; damit du angenehm speist, klügelst du Kochkünste aus, damit du angenehm trinkst, verschaffst du dir kostbare Weine. Im Sommer läufst du herum und suchst Schnee. Damit du angenehm einschläfst, besorgst du dir nicht nur weiche Decken, sondern sogar Teppiche für die Betten. Denn du suchst den Schlaf nicht wegen der Anstrengung, die du hattest, sondern weil du gar nichts zu tun hast. Den Liebesgenuß erzwingst du, bevor du ihn brauchst, verführst alle und gebrauchst Männer wie Frauen. Denn so erziehst du deine Freunde: bei Nacht schändest du sie, den besten Teil des Tages aber läßt du sie
31 schlafen. Zwar bist du unsterblich, aber du bist von den Göttern verwiesen und von den guten Menschen verachtet. Das Allerangenehmste, was man hören kann, das Lob seiner eigenen Person, hörst du nicht, und den schönsten Anblick erlebst du nicht. Denn du hast niemals ein schönes Werk von dir gesehen.

Wer aber könnte deinen Worten trauen, wer deine Bitten erfüllen? Oder welcher Wohlgesinnte möchte wagen, zu deiner Gesellschaft zu gehören? In ihrer Jugend sind deine Anhänger körperlich unfähig, wenn sie aber älter werden, sind sie geistig blöde. Ohne Mühsal und schön gepflegt, lassen sie sich in der Jugend ernähren, mit Mühe aber schleppen sie sich schmutzig durch das Greisenalter. Sie schämen sich ihrer Taten und sind beschwert durch das, was sie tun müssen. Das Angenehme haben sie in der Jugend hinter sich gebracht, das Schwere aber für das Alter aufgespart.

Ich aber verkehre mit den Göttern, 32
verkehre mit den guten Menschen. Keine edle Tat geschieht bei Göttern oder Menschen ohne mich. Ich werde am meisten von allen bei den Göttern und den Menschen geehrt, bei denen es sich lohnt. Ich bin eine geliebte Helferin für die Handwerker, eine treue Hüterin des Hauses für die Herren, eine wohlgesinnte Stütze für die Sklaven, eine gute Gehilfin bei der Arbeit im Frieden, eine sichere Bundesgenossin bei Kriegstaten und die beste Gefährtin der Freund- 33
schaft. Meinen Freunden ist der Genuß von Speise und Trank angenehm und leicht. Sie warten nämlich bis sie nach ihnen Verlangen haben. Der Schlaf kommt ihnen angenehmer als den Faulen, und wenn sie aus ihm erwachen, ärgern sie sich nicht und unterlassen auch seinetwegen nicht das Notwendige. Die Jungen freuen sich über das Lob der Alten, die Alten aber sind stolz auf die Ehren von seiten der Jungen. Gern erinnern sie sich der früheren Taten, mit Freuden erfüllen sie die gegenwärtigen Aufgaben. Durch mich sind sie Freunde der Götter, geliebt bei den Freunden, geehrt in ihrer Heimat. Wenn aber das vorbestimmte Ende kommt, dann liegen sie nicht ungeehrt und vergessen, sondern in Liedern besungen leben sie in Ewigkeit im Gedächtnis.

Wenn du das alles durchkämpfst, du Sohn tüchtiger Eltern, Herakles,

dann kannst du das vollkommenste
34 Glück besitzen.‹ – So ungefähr erzählte Prodikos die Erziehung des Herakles durch die Tugend. Er schmückte aber die Gedanken noch mit prächtigeren Worten aus als ich es jetzt tue. Was dich aber anbetrifft, mein lieber Aristippos, gehört es sich, das alles zu erwägen und einen Versuch zu machen in dem Gedanken an die Zukunft deines Lebens.

4. *Kyrupädie* V 1, 2–18 (Übersetzung wie 1–3)

Das Werk ist eine idealisierte Biographie von Kyros dem Älteren (559–529 v. Chr.) in acht Büchern.

Thema: Zwang und Freiheit gegenüber dem Schönen: Die schönste Frau Asiens, die Susierin

Gliederung: [1] Die verführerische Schönheit der Susierin. [2] Die Gefahr der sinnlichen Schönheit und der Einhalt ihr gegenüber.

2 [1] Darauf rief Kyros den Meder Araspas zu sich, mit dem er von Jugend auf befreundet war und dem er sein medisches Gewand geschenkt hatte, das er damals, als er vom Hofe des Astyages nach Persien zurückkehrte, nicht mehr brauchen konnte. Ihm übertrug er die Aufsicht über die Susierin und ihr Zelt. Diese Frau
3 war die Gemahlin des Abradatas aus Susa. Bei der Eroberung des assyrischen Lagers war ihr Mann zufällig nicht im Lager, sondern als Gesandter beim König von Baktrien gewesen. Der König von Assyrien hatte ihn, den Gastfreund jenes Königs, hingeschickt, damit er mit ihm wegen eines Bündnisses unterhandele. Dessen Frau also übergab Kyros der Obhut des Araspas, bis er sie selbst zu sich nehmen werde.
4 Da fragte ihn dieser: ›Kennst du denn das Weib, das du meiner Hut anvertraust?‹ – ›Allerdings nicht.‹ – ›Aber ich habe sie kennengelernt, als wir sie für dich aussuchten. Beim Eintritt in ihr Zelt erkannten wir sie freilich nicht sofort; sie saß nämlich auf dem Boden, inmitten ihrer Dienerinnen, genauso wie sie gekleidet. Als wir uns aber, um die Herrin herauszufinden, alle der Reihe nach ansahen, merkten wir gar bald, wie vorteilhaft sie sich von allen unterschied, trotzdem sie in einen Schleier gehüllt und mit niedergeschlagenen
Augen auf der Erde saß. Als sie sich 5
dann auf unser Gebot mit allen ihren Dienerinnen erhob, übertraf sie diese zunächst an Körpergröße, sodann aber auch an Schönheit und würdevoller Haltung, mochte sie auch das Gewand einer Sklavin tragen. Auch sahen wir, wie ihr die Tränen über die Kleider herabrannen und ihre
Füße netzten. Da sprach unser Älte- 6

ster zu ihr: › Fasse dich, Weib, wenn es uns auch nicht unbekannt ist, daß dein Gatte ein braver Mann ist, so mußt du wissen, daß wir dich jetzt einem zur Frau geben wollen, der deinem ersten Manne an Schönheit, Einsicht und Macht wahrlich nicht nachsteht. Du sollst nämlich dem Kyros, der unserer Meinung nach mehr als andere Männer Bewunderung verdient, von jetzt ab angehören.‹ Bei diesen Worten zerriß Pantheia ihr Obergewand und brach in Wehklagen aus, in die auch ihre Die-
7 nerinnen einstimmten. Dabei bekamen wir den größten Teil ihres Gesichtes, ihren Nacken und ihre Hände zu sehen. Und du kannst dich darauf verlassen, Kyros, wir alle, die wir dies sahen, waren darüber einig, daß solch ein Weib noch nie in Asien geboren wurde oder überhaupt dort gelebt hat, wenigstens kein sterbliches. Du mußt sie dir auf jeden Fall
8 einmal ansehen.‹ – ›Wenn sie so schön ist, wie du sie beschreibst, dann erst recht nicht, beim Zeus!‹ – ›Warum denn nicht?‹ – ›Lasse ich mich jetzt durch deine bloße Erzählung von ihrer Schönheit bestimmen, sie mir anzusehen, wo ich doch gar keine Zeit dafür übrighabe, dann wird sie selbst, fürchte ich, wenn ich sie erst geschaut habe, mich überreden, sie recht bald wieder zu besuchen. Die Folge davon wäre dann vielleicht, daß ich meine Pflicht vergäße und in ihren Anblick versunken untätig dasäße.‹

9 [2] Da sprach der Jüngling lachend: ›Meinst du denn wirklich, Kyros, menschliche Schönheit sei imstande, einen wider seinen Willen zum pflichtvergessenen Menschen zu machen? Wenn sie von Natur diese Macht besäße, so könnte sich doch niemand ohne Ausnahme ihrem Zwange entziehen. Siehst du nicht, 10
wie das Feuer alle ohne Unterschied brennt? Das ist eben seine natürliche Eigenschaft. Die schönen Menschen aber sind nicht in gleicher Weise für alle Gegenstand des sinnlichen Verlangens, sondern der eine liebt die, der andere jene. Das ist eben eine Sache des freien Willens, wobei jeder seinem eigenen Geschmacke folgt. So verliebt sich z. B. der Bruder nicht in seine Schwester, wohl aber ein anderer. Ebenso verhält es sich bei Vater und Tochter. Furcht vor gesetzlicher Strafe nämlich vermag Liebe zu 11
unterdrücken. Würde es aber gesetzlich verboten, Hunger und Durst zu bekommen, wenn man nicht ißt und trinkt, oder im Winter zu frieren und im Sommer zu schwitzen, so könnten die Menschen doch unmöglich durch ein Gesetz zum Gehorsam gegen diese Bestimmung gezwungen werden, weil sie nämlich ihrer ganzen Natur nach jenen Einflüssen nicht widerstehen können. Die Liebe aber ist eine Sache des freien Willens; daher liebt dann auch ein jeder, was ihm gerade zusagt, wie z. B. Kleider und Schuhe.‹ – ›Wenn man 12
sich aber ganz nach Willkür verlieben kann,‹ fragte jetzt Kyros, ›wie ist es denn da zu erklären, daß man der Liebe kein Ende machen kann, wenn man will. Habe ich es doch erlebt, daß Leute aus Liebeskummer weinten. Andere wieder dienten dem geliebten Gegenstande in sklavischer Ergebenheit, mochten sie auch vorher die Sklaverei für ein so großes Übel gehalten haben; andere wieder erkauften die Liebe mit großen Opfern; wieder andere wollten von ihr

wie von einer Krankheit befreit wer-
den, was ihnen jedoch nicht gelang:
sie lagen gefesselt mit Banden, die
fester als Eisen hielten. Vielfach die-
nen die Leute auch blindlings dem
Gegenstande ihrer Liebe und ma-
chen trotz ihres Ungemachs nicht
einmal den Versuch, sich zu befrei-
en, sondern hüten die geliebte Per-
son, damit sie ihnen ja nicht ent-
fliehe.‹
13 Darauf erwiderte der Jüngling: ›Du
hast recht, Kyros, so treiben es wirk-
lich welche. Aber das sind Schwäch-
linge, Leute ohne sittliche Kraft.
Und weil sie sich elend und unglück-
lich fühlen, sehnen sie sich auch im-
mer nach einer Erlösung durch den
Tod. Der Mangel an Energie aber ist
es, meine ich, der sie von den unzäh-
lig vielen Gelegenheiten, aus dem
Leben zu scheiden, keine einzige be-
nutzen läßt. Eben diese energielosen
Leute versuchen auch zu stehlen und
halten ihre Hand nicht gern von
fremdem Eigentum: haben sie auch
geraubt oder gestohlen, bist du da
nicht der erste, der sie ohne jede
Nachsicht straft, eben in der Über-
zeugung, daß das Stehlen keine Na-
14 turnotwendigkeit ist? So ist es auch
bei den schönen Menschen: sie zwin-
gen niemanden, sie zu lieben oder
unrechtes Verlangen zu hegen. Die
schwachen Menschenkinder dagegen
lassen sich von allen Begierden und
Lüsten hinreißen, um dann alle
Schuld auf die Liebe zu schieben,
während es die sittlich starken Natu-
ren trotz des Verlangens nach Gold,
guten Pferden und schönen Frauen
über sich gewinnen, sich alles dessen
zu enthalten, um sich nicht wider-
15 rechtlich damit zu befassen. Sieh
doch zum Beispiel mich an! Obwohl
ich jenes Weib gesehen habe und
überaus schön finde, bin ich doch
wieder bei dir, tue meinen Dienst als
Reiter und erfülle meine sonstigen
Pflichten.‹ – ›Du bist allerdings
auch‹, antwortete Kyros, ›gar nicht 16
so lange bei ihr geblieben, das dich
die Liebe überwältigen konnte. Es
kommt doch auch vor, daß man
nicht gleich lichterloh brennt, wenn
man mit Feuer in Berührung
kommt, wie auch das Holz nicht im
Augenblick auflodert. Gleichwohl
fasse ich kein Feuer an, wenn es nicht
gerade sein muß, und sehe auch die
schönen Menschen überhaupt nicht
an. Auch dir, Araspas, gebe ich den
guten Rat, deine Blicke auf schönen
Menschen nicht ruhen zu lassen.
Während nämlich das Feuer nur die
versengt, die ihm zu nahe kommen,
entfachen die Schönen auch in de-
nen, die sie nur von fern anschauen,
Liebesgluten, ohne daß es die Betref-
fenden gewahr werden.‹ – ›Sei unbe- 17
sorgt, Kyros! Selbst wenn ich jenes
Weib ununterbrochen ansähe, wür-
de ich nie so schwach werden, daß
ich darüber meine Pflicht vergäße.‹
– ›Dies Wort lob' ich mir. Nimm
denn jene Frau in deine Obhut und
sorge für sie. Sie kann uns vielleicht
noch einmal recht nützen.‹ – Nach
dieser Unterhaltung trennten sie sich.
Der Jüngling, der nun sah, wie schön 18
das Weib eigentlich war, und der zu
gleicher Zeit ihren hochherzigen, ed-
len Sinn kennen lernte, war in ihrem
Dienste geschäftig, weil er ihr damit
einen Gefallen zu erweisen glaubte.
Außerdem merkte er, daß sie nicht
undankbar war: durch ihre Diener-
schaft ließ sie ihm auch Aufmerk-
samkeiten erweisen. So fand er beim
Eintritt in sein Zelt alles nach

Wunsch vor, und, war ihm einmal nicht wohl, so wurde er mit allem, was er brauchte, versorgt. Alles dies hatte zur Folge, daß er in Liebe zu ihr entbrannte, was ja wohl auch gar kein Wunder war.

5. *Memorabilien* III 10, 1–8

Thema: Die Lehre von der Nachahmung: Das Wesen der Malerei

Gliederung: [1] Malerei als Nachbildung des Gesehenen. [2] Malerei als Nachahmung eines idealen Gegenstandes. [3] Malerei als Nachahmung des Unsichtbaren. [4] Bildhauerei als Nachbildung der Gestalt der vollendeten Seele.

1 [1] Wenn er sich ferner einmal mit jemandem unterredete, der ein Handwerk ausübte und aus ihm ein Gewerbe machte, dann belehrte er auch diesen. Einst kam er zum Maler Parrhasios und unterhielt sich mit ihm: ›Mein lieber Parrhasios, ist die Malerei eine Nachbildung des Gesehenen? Denn ihr bildet und ahmt doch die Vertiefung und Erhebung, das Dunkle und Helle, das Harte und Weiche, das Unebene und Glatte, das Junge und Alte der Körper
2 mit Hilfe der Farben nach.‹ – ›Du sprichst die Wahrheit‹, entgegnete der andere.

[2] ›Und weiter: wenn ihr die schönen Gestalten nachbilden wollt, dann fügt ihr, da es nicht leicht ist, einen Menschen zu finden, an dem alles untadelig ist, von vielen das zusammen, was an jedem das Schönste ist. So erreicht ihr, daß die Körper vollkommen erscheinen.‹ – ›Ja, so machen wir es‹, war die Antwort.

3 [3] ›Warum‹, fuhr Sokrates fort, ›ahmt ihr nicht auch die seelischen Eigenschaften nach, das Überzeugendste, das Angenehmste, das Holdeste, das Begehrenswerteste und Entzückendste? Oder ist das überhaupt nicht darzustellen?‹ – ›Wie könnte denn etwas nachzubilden sein, mein lieber Sokrates, was weder Gleichmaß noch Farbe noch sonst etwas hat, wovon du eben sprachst,
noch überhaupt sichtbar ist?‹ – So- 4
krates aber fragte ihn: ›Kommt es nicht bei einem Menschen vor, daß er freundlich oder feindlich zu jemand hinblickt?‹ – ›Das scheint mir schon‹, war die Antwort. – ›Läßt sich das nicht an den Augen nachahmen?‹ – ›Aber gewiß‹, entgegnete er. – ›Scheint dir das gleiche Gesicht zu machen, wer am Glück und Unglück der Freunde teilnimmt und wer nicht?‹ – ›Bei Gott, ganz und gar nicht‹, meinte er. ›Beim Glück wird man nämlich heiter, beim Unglück aber finster.‹ – ›Kann man denn das nicht nachbilden?‹ – ›Aber natürlich‹, war die Antwort.
›Also scheint doch auch das Erhabe- 5
ne und das Edle, das Niedrige und Unfreie, das Vernünftige und Kluge, das Freche und Unverständige durch das Gesicht und die Stellung des ruhig stehenden oder sich bewegenden

Menschen hindurch!‹ – ›Da sprichst
du die Wahrheit‹, entgegnete er. –
›Also ist auch dies nachzubilden?‹ –
›Aber gewiß‹, meinte er. – ›Sind
nun‹, fuhr er fort, ›die Menschen an-
genehmer anzusehen, bei denen die
schönen, guten und liebenswerten
Eigenschaften durchleuchten, oder
jene mit häßlichen, niedrigen und
hassenswerten Zügen?‹ – ›Bei Gott,
das ist ein großer Unterschied, mein
lieber Sokrates.‹
6 [4] Einst kam er zu dem Bildhauer
Kleiton und unterredete sich mit
ihm. Er sagte: ›Schön sind sie, mein
lieber Kleiton, deine Läufer, Ringer,
Boxer und Pankratiasten, das sehe
und weiß ich. Am meisten Freude
aber macht es den Leuten, daß sie
wie lebend erscheinen. Wie arbeitest
7 du das in die Statuen hinein?‹ – Als
Kleiton zögerte, weil er um eine
Antwort verlegen war, fragte er wei-
ter: ›Bildest du dein Werk nach den
Gestalten der Lebendigen und er-
reichst so, daß die Statuen wie le-
bend erscheinen?‹ – ›Gewiß ist es
so‹, entgegnete er. – Sokrates fragte
weiter: ›Bildest du also nach, was
sich durch die Stellungen an den
Körpern hebt und senkt, zusammen-
und auseinanderzieht, was ange-
spannt oder gelockert wird, und er-
reichst du dadurch, daß sie naturge-
treuer und überzeugender erschei-
nen?‹ – ›Ganz recht‹, versetzte er. 8
›Aber die Nachahmung der seeli-
schen Stimmungen der in der Bewe-
gung dargestellten Körper bereitet
dem Betrachter sicher kein Vergnü-
gen?‹ – ›Wahrscheinlich ist es so‹,
war die Antwort. – ›Muß man nicht
auch die Augen der Kämpfenden
drohend, den Blick der Sieger aber
fröhlich bilden?‹ – ›Ja, ganz gewiß.‹
– ›Folglich muß der Bildhauer in sei-
nen Werken die Gestalt der Seele
nachbilden.‹

Platon

Aus »Phaidros« und »Symposion«

Zu Kapitel II 1

PLATON wurde 429 v. Chr. in Athen geboren, war dort Schüler des Sokrates, nach dessen Tod 399 er zunächst Reisen unternahm, um, etwa 385 nach Athen zurückgekehrt, die Akademie zu gründen und selbst als Philosoph zu lehren. Seine Werke sind bis auf die Apologie des Sokrates in Dialogform geschrieben. Er starb im Jahre 347 v. Chr.

1. *Phaidros* 249d–251b und 253c–255a, übers. von Friedrich Schleiermacher, hrg. von Walter F. Otto, Ernesto Grassi und Gert Plamböck, Reinbek 1958

Nach einer Diskussion über den Vorteil des Nichtverliebten – denn der Verliebte ist nicht bei Sinnen – will Sokrates die Liebe als einen heilsamen, göttlichen Wahnsinn verteidigen. 244aff nennt er zunächst drei Arten nützlichen, göttlichen Wahnsinns: den prophetischen, den religiösen und den des Musenbegeisterten. Die vierte Art des göttlichen Wahnsinns ist der Wahnsinn des Liebenden.

Thema: Das Erotische als Wirkung des wahrhaft Schönen in dieser Welt

Gliederung: A. Die höchste Art des Wahnsinns: Erinnerung an das einst geschaute wahre Schöne. [1] Die vierte Art des Wahnsinns: Verachtung des Irdischen im Streben nach dem wahren Schönen. [2] Jede Seele hat das wahre Seiende gesehen, doch nur wenige können sich seiner erinnern. [3] Die Erinnerung im Anblick eines Ebenbildes des Ursprünglichen versetzt in Begeisterung und Ekstase. [4] Die Erinnerung entzündet sich vor allem am Glanz des Schönen. [5] Es ist die Erinnerung an die selige Zeit im Kreis der Götter.

B. Der Glanz des Schönen erweckt Liebe und verwandelt. [1] Der Glanz gehört zum Wesen der Schönheit. [2] Wir nehmen sie mit unserem schärfsten Sinne wahr. [3] Die Schönheit ist darum das Hervorleuchtendste und Liebreizendste. [4] Wer sich zu schwach erinnert, wendet sich tierischer Lust zu. [5] Wer dem Ursprünglichen noch nahe ist, den schaudert beim Anblick irdisch vollkommener Schönheit. [6] Er verehrt das geliebte Schöne wie einen Gott. [7] Seine Seele wandelt sich und wird beflügelt.

C. Das Erleiden der Seele beim Anblick des Schönen. [1] Die Teilung der Seele in den Wagenlenker, das gute, gehorsame Roß und das schlechte, widerspenstige Roß. [2] Das schlechte Roß nötigt beim Anblick des Schönen zur Lust und treibt zum Geliebten. [3] Die Gegenwart des Schönen erweckt Ehrfurcht, so daß der Führer das Gespann zurückzuweichen zwingt. [4] Wiederholter Kampf zwischen Führer und schlechtem Roß. [5] Endlich ein schamvolles Verfolgen des Schönen.

A [1] Und hier ist nun die ganze Rede angekommen von jener vierten Art des Wahnsinns – in Hinsicht auf welchen derjenige, der bei dem Anblick der hiesigen Schönheit, jener wahren sich erinnernd, neubefriedigt wird und mit dem wachsenden Gefieder aufzufliegen zwar versucht, aber unvermögend ist, nur wie ein Vogel hinaufwärts schauend, was drunten ist, jedoch gering achtend, beschuldigt wird, seelenkrank zu sein – daß nämlich diese unter allen
249c Begeisterungen als die edelste und des edelsten Ursprungs sich erweist, an dem sowohl, der sie hat, als an dem, der ihr zugesellt ist, und daß, wer dieses Wahnsinns teilhaftig die Schönen liebt, ein Liebhaber genannt wird. [2] Nämlich, wie bereits gesagt, jede Seele eines Menschen muß zwar ihrer Natur nach das Seiende geschaut haben, oder sie wäre in dieses Gebilde nicht gekommen;
250a sich aber bei dem Hiesigen an jenes zu erinnern, ist nicht jeder leicht, weder denen, die das Dortige nur kümmerlich sahen, noch denen, welche, nachdem sie hierher gefallen, ein Unglück betroffen, so daß sie, irgendwie durch Umgang zum Unrecht verleitet, das ehedem geschaute Heilige in Vergessenheit gestellt; wenige also bleiben übrig, denen die Erinnerung stark genug beiwohnt. [3] Diese nun, wenn sie ein Ebenbild des Dortigen sehen, werden entzückt und sind nicht mehr ihrer selbst mächtig, was ihnen aber eigentlich begegnet, wissen sie nicht, weil sie es
nicht genug durchschauen. [4] Der b
Gerechtigkeit nun und der Besonnenheit und was sonst den Seelen köstlich ist, hiesige Abbilder haben keinen Glanz, sondern mit trüben Werkzeugen können unter Mühen und von ihnen nur wenige jenen Bildern sich nahend des Abgebildeten Geschlecht erkennen. [5] Die Schönheit aber war damals glänzend zu schauen, als mit dem seligen Chore wir dem Jupiter, andere einem andern Gotte folgend, des herrlichsten Anblicks und Schauspiels genossen und in ein Geheimnis geweiht waren, welches man wohl das allerselig-

c ste nennen kann, und welches wir
feierten, untadelig selbst und un-
übertroffen von den Übeln, die un-
serer für die künftige Zeit warteten,
und so auch zu untadeligen, unver-
fälschten, unwandelbaren, rein und
unbelastet von diesem unserm Leibe,
wie wir ihn nennen, den wir jetzt
eingekerkert wie ein Schaltier mit
uns herumtragen.

B [1] Dieses möge der Erinnerung ge-
schenkt sein, um derentwillen es aus
Sehnsucht nach dem Damaligen
jetzt ausführlicher dargestellt wurde.
Was nun die Schönheit betrifft, so
glänzte sie, wie gesagt, schon hervor,
d als sie unter jenen war, [2] und auch
nun wir hierher gekommen sind, ha-
ben wir sie aufgefaßt durch den
deutlichsten unserer Sinne aufs deut-
lichste uns entgegenschimmernd.
Denn das Gesicht ist der schärfste al-
ler körperlichen Sinne, [3] vermittels
dessen die Weisheit zwar nicht ge-
schaut wird – denn sehr heftige Lie-
be würde sie wohl erregen, wenn uns
von ihr ein so helles Ebenbild darge-
boten würde für das Gesicht – noch
auch das andere Liebenswürdige;
sondern nur der Schönheit ist dies
zuteil geworden, daß sie uns das Her-
vorleuchtendste ist und das Liebrei-
e zendste. [4] Wer nun nicht noch fri-
schen Andenkens ist oder schon ver-
derbt, der wird auch nicht heftig von
hier dorthin gezogen zu der Schön-
heit selbst, indem er, was hier ihren
Namen trägt, erblickt; so daß er es
auch nicht anschauend verehrt, son-
dern der Lust ergeben, gedenkt er
sich auf tierische Art zu vermischen,
und roher Weise sich ihm nahend,
251a fürchtet er sich nicht, noch scheut er
sich, widernatürlich der Lust nachzu-
gehen. [5] Wer aber noch frische
Weihung an sich hat und das Dama-
lige vielfältig geschaut, wenn der ein
gottähnliches Angesicht erblickt oder
eine Gestalt des Körpers, welche die
Schönheit vollkommen darstellen: so
schaudert er zuerst, und es wandelt
ihn etwas an von den damaligen
Ängsten, [6] hernach aber betet er sie
anschauend an wie einen Gott, und
fürchtete er nicht den Ruf eines
übertriebenen Wahnsinns, so opferte
er auch, wie einem heiligen Bilde
oder einem Gotte, dem Liebling. [7]
Und hat er ihn gesehen, so überfällt
ihn, wie nach dem Schauder des Fie- b
bers, Umwandlung und Schweiß und
ungewohnte Hitze. Durchwärmt
nämlich wird er, indem er durch die
Augen den Ausfluß der Schönheit
aufnimmt, durch welchen sein Ge-
fieder gleichsam begossen wird. Ist er
nun durchwärmt, so schmilzt um die
Keime des Gefieders hinweg, was
schon seit lange verhärtet sie ver-
schloß und hinderte hervorzutrei-
ben. Fließt aber Nahrung zu, so
schwillt der Kiel des Gefieders und
drängt, hervorzutreten aus der Wur-
zel überall an der Seele, denn sie war
ehedem ganz befiedert.

C [1] Wie ich im Anfang dieser Er-
zählung dreifach jede Seele zerteilt
habe, in zwei großgestaltige Teile 253d
und drittens in den dem Führer ähn-
lichen, so bleibe es uns auch jetzt an-
genommen. Von den beiden Rossen,
sagten wir weiter, sei eines gut, eines
aber nicht. Welches aber die Vor-
trefflichkeit des guten und des
schlechten Schlechtigkeit ist, haben
wir nicht erklärt, jetzt aber müssen
wir es sagen. Das nun von beiden,
welches die bessere Stelle einnimmt,
ist von geradem Wuchse, leicht ge-
gliedert, hochhalsig, mit gebogener

Nase, weiß von Haar, schwarzäugig,
ehrliebend mit Besonnenheit und
Scham, und als wahrhafter Meinung
freund wird es ohne Schläge nur
durch Befehl und Worte gelenkt; das
e andere aber ist senkrückig, plump,
schlecht gebaut, hartnackig, kurzhal-
sig, mit aufgeworfener Nase, schwarz
von Haut, glasäugig und rot unter-
laufen, aller Wildheit und Starrsin-
nigkeit freund, rauh um die Ohren,
taub, der Peitsche und dem Stachel
kaum gehorchend.

[2] Wenn nun der Führer beim An-
blick der liebreizenden Gestalt, die
ganze Seele durch die Wahrneh-
mung erwärmend, bald überall den
Stachel des Kitzels und Verlangens
254a spürt: so hält das dem Führer leicht
gehorchende Roß, der Scham wie im-
mer, so auch dann nachgebend, sich
selbst zurück, den Geliebten nicht
anzuspringen; das andere aber
scheut nun nicht länger Stachel noch
Peitsche des Führers, sondern sprin-
gend strebt es mit Gewalt vorwärts,
und auf alle Weise dem Spanngenos-
sen und dem Führer zusetzend nö-
tigt es sie, hinzugehen zu dem Lieb-
ling und der Gaben der Lust gegen
b ihn zu gedenken. Jene beiden wider-
streben zwar anfangs unwillig als ei-
ner argen und ruchlosen Nötigung
ausgesetzt, zuletzt aber, wenn des
Ungemachs kein Ende ist, machen
sie sich dann, von jenem fortgeris-
sen, auf, nachgebend und verspre-
chend, das Gebotene zu tun, und so
kommen sie hin und schauen des
Lieblings glänzende Gestalt. [3] In-
dem nun der Führer sie erblickt, wird
seine Erinnerung hingetragen zum
Wesen der Schönheit, und wiederum
sieht er sie mit der Besonnenheit auf
heiligem Boden stehen. Dieses er-
blickend, fürchtet er sich, und von
Ehrfurcht durchdrungen, beugt er
sich zurück und kann sogleich nicht
anders als so gewaltig die Zügel rück- c
wärts ziehen, daß beide Rosse sich
auf die Hüften setzen, das eine gut-
willig, weil es nie widerstrebt, das
wilde aber höchst ungern. [4] Indem
sie nun weiter zurückgehen, benetzt
das eine vor Scham und Bewunde-
rung die ganze Seele mit Schweiß,
das andere aber, ist nur erst der
Schmerz vom Gebiß und dem Falle
vorüber, hat sich kaum erholt, so
bricht es zornig in Schmähungen
aus, vielfach den Führer und den
Spanngenossen beschimpfend, daß
sie aus Feigheit und Unmännlichkeit
Pflicht und Versprechen verlassen d
hätten; und aufs neue sie wider ihren
Willen vorwärts zu gehen zwingend,
gibt es kaum nach, wenn sie bitten,
es bis weiterhin aufzuschieben.
Kommt nun die festgesetzte Zeit, so
erinnert es jene, die dessen nicht zu
gedenken sich anstellen, braucht Ge-
walt, wiehert, zieht sie mit sich fort
und zwingt sie wieder, in derselben
Absicht dem Geliebten zu nahen.
Und wenn sie nicht mehr fern sind,
beugt es sich vornüber, streckt den
Schweif in die Höhe, beißt in den
Zügel und zieht sie schamlos weiter.
Dem Führer aber begegnet nur noch
mehr dasselbe wie zuvor, er wird wie e
vom Startseil zurückgeschnellt, zieht
noch gewaltsamer dem wilden Rosse
das Gebiß aus den Zähnen, so daß
ihm die schmähsüchtige Zunge und
die Backen bluten, und Schenkel
und Hüften am Boden festhaltend,
läßt er es büßen. [5] Hat nun das bö-
se Roß mehrmals dasselbe erlitten
und die Wildheit abgelegt, so folgt
es gedemütigt des Führers Überle-

gung und ist beim Anblick des Schönen von Furcht übermannt. Daher es dann endlich dahin kommt, daß des Liebhabers Seele dem Liebling verschämt und schüchtern nachgeht.

2. *Symposion* 199d–212 (Übers. wie 1)

Der Tragödiendichter Agathon hat 416 bei den Lenäen seinen ersten tragischen Sieg errungen und veranstaltet zur Feier dieses Sieges ein Symposion. Man einigt sich, es solle jeder Teilnehmer eine Rede auf den Eros halten; zuletzt, nach dem Gastgeber selbst, spricht Sokrates.

Thema: Des Sokrates Rede über den Eros. Das Ziel des Eros: Zeugung des Schönen im Schönen

Gliederung: A. Eros als Liebe zum Guten und Schönen ist selber dessen bedürftig. [1] Eros ist Eros zu etwas. [2] Eros ist Eros zu dem, was man nicht hat. [3] Eros ist Eros zu dem, was man jetzt nicht hat oder in Zukunft haben will. [4] Das Ziel des Eros ist das Schöne, nicht das Häßliche. [5] Der Eros ist also des Schönen bedürftig, folglich nicht schön. [6] Da das Schöne gut ist, ist Eros auch des Guten bedürftig.

B. Eros ist kein Gott, da er zwischen Gut und Böse, Häßlich und Schön steht. [1] Sokrates wird erzählen, was er von Diotima erfahren hat. [2] Ausgangspunkt: Eros ist weder gut noch schön. [3] Eros ist auch nicht häßlich und schlecht, sondern etwas dazwischen. [4] Eros ist kein Gott, da die Götter gut und schön sind.

C. Eros ist ein Dämon, Sohn von Poros und Penia. [1] Eros ist zwischen Gott und Menschen, ein Dämon. [2] Der Dämon stellt die Verbindung zwischen Göttern und Menschen dar. [3] Eros ist der Sohn von Penia (Armut) und Poros (Fülle), empfangen am Geburtsfest der Aphrodite, deren Begleiter er darum ist. [4] Als Sohn seiner Mutter ist er arm, schmutzig und bedürftig. [5] Als Sohn seines Vaters strebt er nach dem Schönen und der Einsicht. [6] Eros ist darum zwischen Leben und Sterben, arm und reich, Weisheit und Unverstand.

D. Die Philosophie ist wesensmäßig ein Gebiet des Eros. [1] Ein Gott oder Weiser philosophiert nicht, denn er hat die Weisheit. [2] Ein Unverständiger philosophiert nicht, da er seinen Mangel an Weisheit nicht erkennt. [3] Der Philosoph steht zwischen beiden wie der Eros. [4] Da Weisheit etwas Schönes ist, ist die Philosophie notwendig ein Gebiet des Eros. [5] Grund für die irrtümliche Meinung über den Eros: Eros ist nicht das Geliebte, das schön ist, sondern das Liebende.

E. Eros im weiteren Sinne ist Streben nach dem Besitz des Guten. [1] Was ist der Nutzen des Eros? [2] Der Eros allgemein ist Streben nach dem Guten, d. h. der Glückseligkeit, die Zweck an sich ist. [3] Liebe im engeren Sinne wird aber nur ein ganz bestimmtes Streben nach Glückseligkeit genannt. [4] Der Eros im weiteren Sinne strebt danach, das Gute immer ganz zu haben.

F. Das Werk des Eros: Zeugung im Schönen um der Unsterblichkeit willen. [1] Was ist das Werk der Liebe im engeren Sinne? [2] Eros ist Streben nach Zeugung und Geburt im Schönen. [3] Erzeugung im Schönen ist die Möglichkeit des Menschen, an der Unsterblichkeit, dem ewigen Guten, teilzuhaben und darum Ziel des Eros. [4] Der Eros übt seine Macht auch bei den Tieren aus. [5] Auch hier ist der Eros Streben nach der Unsterblichkeit. [6] Unsterblichkeit im Sterblichen (im Leib wie in der Seele) besteht im Zeugen eines Gleichen.

G. Über der leiblichen Zeugung steht die geistige Zeugung. [1] Das Streben nach Unsterblichkeit zeigt sich auch im Streben nach unsterblichem Ruhm. [2] Neben dem leiblichen Zeugungstrieb steht der Zeugungstrieb der Seele, mit dem Weisheitsfreunde, Dichter und Künstler begabt sind. [3] Auch dieser Trieb zeugt nur im Schönen und ist am stärksten im Bereich des Gemeinschaftslebens.

H. Der Stufenweg in der Erkenntnis des Schönen. [1] Liebe zur Schönheit in einem bestimmten schönen Leibe. [2] Liebe zur leiblichen Schönheit überhaupt. [3] Liebe zur Schönheit einer Seele und ihren schönen Bestrebungen. [4] Liebe zur Schönheit der Erkenntnisse.

I. Die höchste Stufe des Schönen als Vollendung des Lebens. [1] Die 5. Stufe: Das Erblicken der absoluten Schönheit selbst. [2] Diese Schönheit ist gestaltlos und Inbegriff aller Einzelschönheiten der Gestalten. [3] Der Weg zu diesem Schönen verläuft über die angegebenen Stufen. [4] Es macht das Leben erst lebenswert. [5] Man möchte immer mit ihm vereint sein. [6] Mit diesem Schönen allein kann wahre Tugend gezeugt werden. [7] Zeugung wahrer Tugend verdient die Unsterblichkeit. [8] Eros als Führer zu dieser höchsten Stufe ist darum zu verehren und man muß ihm folgen.

A [1] Also, lieber Agathon, sehr gut scheinst du mir deine Rede eingeleitet zu haben, als du sagtest, zuerst müsse man den Eros selbst darstellen, welchartig er ist, und hernach seine Werke. Dieser Anfang ist mir gar recht. Wohlan, da du auch das übrige so schön und herrlich vorgetragen hast von dem Eros, welcher Art er ist: so sage mir doch auch dieses, ob Eros auch ein solcher ist, daß 199d
er jemandes Liebe ist oder niemandes? Ich frage aber nicht etwa, ob er von einem Vater oder einer Mutter ist; denn lächerlich wäre die Frage, ob Eros eines Vaters oder einer Mutter Liebe ist. Sondern wie wenn ich eben nach einem Vater selbst fragte,

ob ein Vater jemandes Vater ist oder
nicht, du gewiß sagen würdest, wenn
du anders ordentlich antworten woll-
test, allerdings wäre ein Vater Vater
eines Sohnes oder einer Tochter,
oder nicht? – Freilich, hätte Aga-
thon geantwortet. – Nicht auch
ebenso die Mutter? – Auch das hätte
er zugegeben. – Wohl, hätte Sokra-
e tes gesagt, antworte nur noch ein we-
niges mehr, damit du besser ver-
stehst, was ich will. Wenn ich nun
fragte: Wie ein Bruder? Ist der auch
das, was er ist, ein Bruder, von je-
mand oder nicht? – Allerdings, habe
er gesagt. – Doch von einem Bruder
oder einer Schwester? – Das habe er
bejaht. – Versuche denn, dasselbe
auch von der Liebe zu sagen, ist die
Liebe von nichts oder etwas? – Frei-
200a lich von etwas. – [2] Dieses nun, ha-
be Sokrates gesagt, halte noch bei dir
fest in Gedanken, wovon die Liebe
ist, und sage mir nur soviel, ob die
Liebe das, dessen Liebe sie ist, be-
gehrt oder nicht? – Allerdings, habe
er gesagt. – Und ob sie wohl schon
habend, was sie begehrt und liebt, es
begehrt und liebt, oder es nicht ha-
bend? – Nicht habend, wie es ja
scheint, habe er gesagt. – Überlege
nur, habe Sokrates gesagt, ob es
nicht statt zu scheinen vielmehr not-
wendig so ist, daß das Begehrende
begehrt, wessen es bedürftig ist, oder
b nicht begehrt, wenn es nicht bedürf-
tig ist. Mir wenigstens, Agathon,
schwebt es gar wunderbar vor, daß
dies notwendig so ist. Und dir wie? –
Auch mir, habe er gesagt. – Wohl
gesprochen. Wünscht also wohl je-
mand, der groß ist, groß zu sein, und
der stark ist, stark zu sein? – Unmög-
lich nach dem Eingestandenen. –
Denn der es schon ist, wäre ja dessen
nicht bedürftig. – Richtig gespro-
chen. – Denn wenn ein stark seien-
der stark sein will oder ein schnell
seiender schnell oder ein gesund sei-
ender gesund: – denn vielleicht
könnte jemand hiervon und von al-
lem dergleichen meinen, daß auch,
die schon solche sind und dies schon c
haben, doch dieses, was sie haben,
auch begehren. [3] Damit wir nun
nicht irre werden, deshalb eben sage
ich, daß doch diese, o Agathon,
wenn du acht hast, jegliches von die-
sen Dingen für jetzt notwendig ha-
ben, was sie haben, sie mögen es nun
wollen oder nicht. Und wer könnte
das nun wohl noch begehren? Son-
dern wenn einer sagt, ich, der ich ge-
sund bin, will gesund sein, und ich,
der ich reich bin, will reich sein und
begehre also das, was ich habe: so
würden wir ihm sagen: Nämlich du,
der du Reichtum besitzt und Ge-
sundheit und Stärke, willst eben dies d
auch in der folgenden Zeit besitzen;
denn in der jetzt gegenwärtigen,
magst du es nun wollen oder nicht,
hast du es schon. Überlege also,
wenn du sagst: Ich begehre das Vor-
handene, ob du etwas anderes
meinst als dieses: Ich will, daß das
jetzt Vorhandene mir auch in künfti-
ger Zeit vorhanden sei; nicht wahr,
das würde er zugeben? – Das habe
Agathon bejaht. – Darauf habe So-
krates gesagt: Also auch dies heißt
dasjenige lieben, was noch nicht be-
reit ist und man nicht hat, wenn ei-
ner wünscht, daß ihm auch für die
künftige Zeit das erhalten bleibe,
was er jetzt besitzt. – Freilich, habe e
er gesagt. – Also auch dieser und je-
der andere Begehrende begehrt das
noch nicht Vorhandene und nicht
Fertige, und was er nicht hat und

nicht selbst ist, und wessen er be-
dürftig ist; solcherlei also sind die
Dinge, wonach es eine Begierde gibt
und eine Liebe. – [4] Freilich, habe
er gesagt. – Wohlan denn, habe So-
krates gesprochen, laß uns das Ge-
sagte zusammenrechnen. Nicht
wahr, Liebe ist zuerst Liebe zu etwas
201a und dann Liebe zu dem, wonach je-
mand ein Bedürfnis hat? – Ja, habe
er gesagt. – Hierzu nun erinnere
dich dessen, worauf du in deiner Re-
de sagtest daß Eros ginge. Oder wenn
du willst, will ich dich erinnern. Ich
glaube nämlich, du sagtest so unge-
fähr, daß die Angelegenheiten der
Götter sich geordnet haben durch
die Liebe zum Schönen, denn zum
Häßlichen gebe es keine Liebe. Sag-
test du nicht ungefähr so? – Das sag-
te ich freilich, habe Agathon gesagt.
– Und ganz annehmlich war das ge-
sprochen, Freund, habe Sokrates ge-
sagt. Und wenn sich dies so verhält,
wäre dann die Liebe nicht Liebe zur
Schönheit, zur Häßlichkeit aber
nicht? – Das gestand er. – Und ein-
b gestanden ist doch, das, wessen man
bedürftig ist und es nicht hat, liebe
man? – Ja, habe er gesagt. – [5] Be-
dürftig also ist Eros der Schönheit
und hat sie nicht? – Notwendig, ha-
be er gesagt. – Und wie? Das der
Schönheit Bedürftige und sie keines-
wegs Besitzende, sagst du etwa, sei
schön? – Nicht füglich. – Behaup-
test du also noch, daß Eros schön sei,
wenn sich dies so verhält? – Darauf
habe Agathon gesagt: Ich mag am
Ende wohl nichts von dem verstehen,
o Sokrates, was ich damals sagte. –
c Gar recht magst du daran wohl ha-
ben, o Agathon, habe er gesagt. [6]
Aber die Kleinigkeit sage mir noch,
dünkt dich nicht das Gute auch
schön zu sein? – Mich dünkt es so. –
Wenn also Eros des Schönen bedürf-
tig ist und das Gute schön ist, so wä-
re er ja auch des Guten bedürftig? –
Ich, habe er gesagt, o Sokrates, weiß
dir wenigstens nicht zu widerspre-
chen, sondern es soll so sein, wie du
sagst. – Freilich wohl der Wahrheit,
habe er gesagt, o geliebter Agathon,
vermagst du nicht zu widersprechen.
Denn dem Sokrates, das ist gar nichts
Schweres.

B [1] Und so will ich dich denn jetzt d
lassen und eine Rede über den Eros,
welche ich einst von einer Mantinee-
rin namens Diotima gehört habe,
welche hierin und auch sonst sehr
weise war, auch den Athenern einst
bei einem Opfer vor der Pest zehn-
jährigen Aufschub der Krankheit be-
wirkte, welche auch mich in Liebes-
sachen unterrichtet hat, – die Rede
also, welche diese gesprochen hat,
will ich versuchen, euch zu wieder-
holen, von dem ausgehend, worüber
ich mit Agathon übereingekommen
bin, sonst aber ganz für mich allein,
so gut ich eben kann. [2] Es gehört
sich also, o Agathon, wie auch du er-
klärtest, zuerst ihn selbst zu beschrei- e
ben, den Eros, wer er ist und was für
einer, und dann seine Werke. Es
dünkt mich also am leichtesten, es so
durchzunehmen, wie damals die
Fremde, mich ausfragend, es durch-
ging. Denn ungefähr dergleichen
hatte auch ich zu ihr gesagt, wie
Agathon jetzt zu mir, daß Eros ein
großer Gott sei und von den Schö-
nen. Sie aber widerlegte mich mit
denselben Reden, womit ich jetzt
diesen, daß er weder schön wäre nach
meinen eigenen Reden, noch gut. [3]
Da sprach ich: Wie meinst du aber,
Diotima, ist also Eros häßlich und

schlecht? – Und sie: Willst du dich
nicht des Frevels enthalten? Oder
202a meinst du, was nicht schön ist, das
sei notwendig häßlich? – Allerdings
wohl. – Auch was nicht weise, das
töricht? Oder hast du nicht gemerkt,
daß es etwas mitteninne gibt zwi-
schen Weisheit und Torheit? – Was
wäre das? – Wenn man richtig vor-
stellt, ohne jedoch Rechenschaft da-
von geben zu können, weißt du
nicht, daß das weder Wissen ist –
denn wie könnte etwas Grundloses
eine Erkenntnis sein? – noch auch
Unverstand, denn da sie doch das
Wahre enthält, wie könnte sie Un-
verstand sein? Also ist offenbar die
richtige Vorstellung so etwas zwi-
schen Einsicht und Unverstand. –
Richtig, sprach ich. – Folgere also
b nicht, was nicht schön ist, sei häß-
lich, noch was nicht gut, sei schlecht.
Ebenso auch vom Eros, da du doch
selbst eingestehst, er sei weder gut
noch schön, glaube deshalb noch
nicht, daß er häßlich und schlecht
sein müsse, sondern etwas, sagte sie,
zwischen beiden. – [4] Aber das,
sprach ich, wird doch von allen ein-
gestanden, daß er ein großer Gott ist.
– Von allen Nichtwissenden, sprach
sie, meinst du, oder auch von den
Wissenden? – Von allen insgesamt.
– Da lachte sie und sagte: Und wie,
Sokrates, könnte wohl von denen
eingestanden werden, daß er ein gro-
c ßer Gott sei, welche behaupten, er
sei überhaupt kein Gott? – Wer sind
doch die? fragte ich. – Einer davon
bist du, sagte sie, und eine ich. – Da
sprach ich: Wie meinst du doch dies?
– Und sie antwortete: Ganz natür-
lich. Denn sage mir nur, meinst du
nicht, daß alle Götter glückselig und
schön sind? Oder hättest du das Herz
zu sagen, daß irgendein Gott nicht
schön und glückselig sei? – Beim
Zeus, ich gewiß nicht, sprach ich. –
Und glückselig nennst du doch, die
das Schöne und Gute besitzen? –
Freilich. – Vom Eros aber hast du d
doch eingestanden, daß er aus Be-
dürfnis nach dem Schönen und Gu-
ten eben das begehre, dessen er be-
dürftig ist? – Das habe ich einge-
standen. – Wie könnte also ein Gott
sein, der unbegabt ist mit Schönem
und Gutem? – Auf keine Weise, wie
es scheint. – Siehst du nun, sagte sie,
daß auch du den Eros für keinen
Gott hältst? –
C [1] Was wäre also, sprach ich, Eros?
Etwa sterblich? – Keineswegs. –
Aber was denn? – Wie oben, sagte
sie, zwischen dem Sterblichen und
Unsterblichen. – Was also, o Dioti-
ma? – Ein großer Dämon, o Sokra-
tes. Denn alles Dämonische ist zwi- e
schen Gott und dem Sterblichen. –
[2] Und was für eine Verrichtung,
sprach ich, hat es? – Zu verdolmet-
schen und zu überbringen den Göt-
tern, was von den Menschen, und
den Menschen, was von den Göttern
kommt, der einen Gebete und Opfer
und der andern Befehle und Vergel-
tung der Opfer. In der Mitte zwi-
schen beiden ist es also die Ergän-
zung, so daß nun das Ganze in sich
selbst verbunden ist. Und durch dies
Dämonische geht auch alle Weissa-
gung und die Kunst der Priester in
bezug auf Opfer, Weihungen und
Besprechungen und alle Wahrsa-
gung und Bezauberung. Denn Gott 203a
verkehrt nicht mit Menschen, son-
dern aller Umgang und Gespräch der
Götter mit den Menschen geschieht
durch dieses, sowohl im Wachen als
im Schlaf. Wer sich nun hierauf ver-

steht, der ist ein dämonischer Mann,
wer aber nur auf andere Dinge oder
irgend auf Künste und Handarbei-
ten, der ist ein gemeiner. Solcher
Dämonen oder Geister nun gibt es
viele und von vielerlei Art, einer aber
von ihnen ist auch Eros. – [3] Wer
aber, fragte ich, ist sein Vater und
seine Mutter? – Weitläufiger, sprach
b sie, ist dies zwar zu erzählen; doch
will ich es dir sagen. Als nämlich
Aphrodite geboren war, schmausten
die Götter, und unter den übrigen
auch Poros, der Sohn der Metis. Als
sie nun abgespeist, kam, um sich et-
was zu erbetteln, da es doch festlich
herging, auch Penia und stand an
der Tür. Poros nun, berauscht vom
Nektar, denn Wein gab es noch
nicht, ging in den Garten des Zeus
hinaus, und schwer und müde, wie
er war, schlief er ein. Penia nun, die
ihrer Dürftigkeit wegen den An-
schlag faßte, ein Kind mit Poros zu
erzeugen, legte sich zu ihm und
c empfing den Eros. Deshalb ist auch
Eros der Aphrodite Begleiter und
Diener geworden, wegen seiner
Empfängnis an ihrem Geburtsfest,
und weil er von Natur ein Liebhaber
des Schönen ist und Aphrodite schön
ist. Als des Poros und der Penia Sohn
aber befindet sich Eros in solcherlei
Umständen: [4] Zuerst ist er immer
arm und bei weitem nicht fein und
schön, wie die meisten glauben, viel-
d mehr rauh, unansehnlich, unbe-
schuht, ohne Behausung, auf dem
Boden immer umherliegend und un-
bedeckt, schläft vor den Türen und
auf den Straßen im Freien und ist der
Natur seiner Mutter gemäß immer
der Dürftigkeit Genosse. [5] Und
nach seinem Vater wiederum stellt er
dem Guten und Schönen nach, ist
tapfer, keck und rüstig, ein gewalti-
ger Jäger, allezeit irgend Ränke
schmiedend, nach Einsicht strebend,
sinnreich, sein ganzes Leben lang
philosophierend, ein arger Zauberer,
Giftmischer und Sophist, [6] und we-
der wie ein Unsterblicher geartet
noch wie ein Sterblicher, bald an e
demselben Tage blühend und gedei-
hend, wenn es ihm gut geht, bald
auch hinsterbend, doch aber wieder
auflebend nach seines Vaters Natur.
Was er sich aber schafft, geht ihm
immer wieder fort, so daß Eros weder
arm ist noch reich ist und auch zwi-
schen Weisheit und Unverstand im-
mer in der Mitte steht.
D [1] Dies verhält sich nämlich so: 204a
Kein Gott philosophiert oder be-
gehrt, weise zu werden, sondern er
ist es, noch auch wenn sonst jemand
weise ist, philosophiert dieser. [2]
Ebensowenig philosophieren auch
die Unverständigen oder bestreben
sich, weise zu werden. Denn das ist
eben das Arge am Unverstande, daß
er, ohne schön und gut und vernünf-
tig zu sein, doch sich selbst ganz ge-
nug zu sein dünkt. Wer nun nicht
glaubt, bedürftig zu sein, begehrt
auch das nicht, dessen er nicht zu be-
dürfen glaubt. – [3] Wer also, sprach
ich, Diotima, sind denn die Philoso-
phierenden, wenn es weder die Wei-
sen sind noch die Unverständigen? –
Das muß ja schon, sagte sie, jedem b
Kinde deutlich sein, daß es die zwi-
schen beiden sind, zu denen auch
Eros gehören wird. [4] Denn die
Weisheit gehört zu dem Schönsten
und Eros ist Liebe zu dem Schönen;
so daß Eros notwendig weisheitslie-
bend ist und als philosophisch zwi-
schen den Weisen und Unverständi-
gen mitteninne steht. Und auch da-

von ist seine Herkunft Ursache; denn
er ist von einem weisen und wohlbe-
gabten Vater, aber von einer unver-
ständigen und dürftigen Mutter. [5]
Dies also, lieber Sokrates, ist die Na-
tur dieses Dämons. Was du aber
glaubtest, daß Eros sei, ist nicht zu
c verwundern. Du glaubtest nämlich,
wie ich aus dem, was du sagst, ver-
muten muß, Eros sei das Geliebte,
nicht das Liebende. Daher, meine
ich, erschien dir Eros so wunder-
schön. Denn das Liebenswerte ist in
der Tat das Schöne, Zarte, Vollende-
te, Seligzupreisende. Das Liebende
aber hat ein anderes Wesen, so wie
ich es beschrieben habe.

E [1] Darauf sagte ich: Wohl denn,
Freundin, denn du hast wohl gespro-
chen. Wenn nun aber Eros ein sol-
cher ist, welchen Nutzen gewährt er
den Menschen? – Dies, o Sokrates,
d sprach sie, will ich nun hiernächst
versuchen dich zu lehren. So be-
schaffen also und so entstanden ist
Eros. Er geht aber auf das Schöne,
wie du sagst. Wenn uns aber jemand
fragte: Was hat denn Eros vom Schö-
nen, o Sokrates und Diotima? Oder
ich will es noch deutlicher so fragen:
Wer das Schöne begehrt, was be-
gehrt der? – Da sprach ich: Daß es
ihm zuteil werde. – Aber, sagte sie,
diese Antwort verlangt nach noch ei-
ner Frage, etwa dieser: Was geschieht
denn jenem, dem das Schöne zuteil
wird? – Da sagte ich, auf diese Frage
hätte ich nicht sogleich eine Antwort
bereit. – [2] Aber, sprach sie, wenn
e nun jemand tauschend statt des
Schönen das Gute setzte und fragte:
Sprich, Sokrates, wer das Gute be-
gehrt, was begehrt der? – Daß es
ihm zuteil werde, sagte ich. – Und
was geschieht jenem, dem das Gute
zuteil wird? – Das kann ich schon
leichter beantworten, sagte ich, er
wird glückselig. – Denn durch den 205a
Besitz des Guten, fügte sie hinzu,
sind die Glückseligen glückselig.
Und hier bedarf es nun keiner weite-
ren Frage mehr, weshalb doch der
glückselig sein will, sondern die Ant-
wort scheint vollendet zu sein. –
Richtig gesprochen, sagte ich. – Die-
ser Wille nun und diese Liebe,
glaubst du, daß sie allen Menschen
gemein sind und daß alle immer das
Gute haben wollen, oder wie meinst
du? – So, sprach ich, daß dies allen
gemein ist. – [3] Warum aber,
sprach sie, sagen wir nicht, daß alle
lieben, wenn doch alle dasselbe lie- b
ben und immer, sondern sagen von
einigen, daß sie lieben, von anderen
aber nicht? – Das wundert mich
selbst, sagte ich. – Laß es dich nur
nicht wundern, sagte sie. Denn wir
nehmen nur eine gewisse Art der Lie-
be heraus, die wir mit dem Namen
des Ganzen belegen und Liebe nen-
nen, für die anderen brauchen wir
andere Namen. – Wie doch etwa?
sprach ich. – So etwa, sagte sie. Du
weißt doch, daß Dichtung etwas gar
Vielfältiges ist. Denn was nur für ir-
gend etwas Ursache wird, aus dem
Nichtsein in das Sein zu treten, ist c
insgesamt Dichtung. Daher liegt
auch bei den Hervorbringungen aller
Künste Dichtung zugrunde, und die
Meister darin sind sämtlich Dichter.
– Ganz richtig. – Aber doch weißt
du schon, daß sie nicht Dichter ge-
nannt werden, sondern andere Be-
nennungen haben, und von der ge-
samten Dichtung wird nur ein Teil
ausgesondert, der es mit der Ton-
kunst und den Silbenmaßen zu tun
hat, und dieser mit dem Namen des

Ganzen benannt. Denn dies allein wird Dichtung genannt, und die diesen Teil der Dichtung innehaben, Dichter. – Richtig gesprochen, sagte
d ich. – So auch, was die Liebe betrifft, ist im allgemeinen jedes Begehren des Guten und der Glückseligkeit die größte und heftigste Liebe für jeden. Allein die übrigen, die sich anderwärtshin damit wenden, entweder zum Gewerbe oder zu den Leibesübungen oder zur Erkenntnis, von denen sagen wir nicht, daß sie lieben und Liebhaber sind; sondern nur die auf eine gewisse Art ausgehen und sich der befleißigen, erhalten den Namen des Ganzen, Liebe und lieben und Liebhaber. – Das magst du wohl richtig erklären, sagte ich. – [4] Und so geht zwar eine Re-
e de, sagte sie, daß die ihre Hälfte suchen, lieben. Meine Rede aber sagt, die Liebe gehe weder auf die Hälfte, Freund, noch auf das Ganze, wenn es nicht ein Gutes ist. Denn die Menschen lassen sich ja gern ihre eigenen Hände und Füße wegschneiden, wenn sie, obgleich ihr eigen, ihnen böse und gefährlich scheinen. Denn nicht an dem Seinigen hängt jeder, glaube ich, es müßte denn einer das Gute das Angehörige nennen und das Seinige, das Schlechte aber Frem-
206a des. So daß es nichts gibt, was die Menschen lieben, als das Gute. Oder scheinen sie dir doch etwa? – Beim Zeus, mir nicht, sprach ich. – Können wir aber nun schon so schlechthin sagen, daß die Menschen das Gute lieben? – Ja, sagte ich. – Wie? Müssen wir nicht hinzusetzen, daß sie lieben, das Gute zu haben? – Das müssen wir hinzusetzen. – Und, sagte sie, nicht nur es zu haben, sondern auch es immer zu haben? – Auch das ist hinzuzusetzen. – So geht denn, alles zusammengenommen, die Liebe darauf, daß man selbst das Gute immer haben will. – Vollkommen richtig erklärt, sagte ich.

F [1] Wenn nun die Liebe immer dies b
ist, sagte sie, auf welche Art und in welcher Handlungsweise gehen ihm nun diejenigen nach, deren Betrieb und Anstrengung man eigentlich Liebe zu nennen pflegt? Weißt du wohl zu sagen, was für ein Werk dieses ist? – Dann würde ich ja, sprach ich, dich, o Diotima, nicht so bewundern deiner Weisheit wegen und zu dir gehen, um eben dieses zu lernen. – [2] So will ich es dir sagen, sprach sie. Es ist nämlich eine Geburt in dem Schönen, sowohl dem Leibe als der Seele nach. – Man muß weissagen können, sprach ich, um zu wissen, was du wohl meinst, und ich verstehe es nicht. – So will ich es dir c
denn deutlicher sagen. Alle Menschen nämlich, o Sokrates, sprach sie, sind fruchtbar sowohl dem Leibe als der Seele nach, und wenn sie zu einem gewissen Alter gelangt sind, so strebt unsere Natur, zu erzeugen. Erzeugen aber kann sie in dem Häßlichen nicht, sondern nur in dem Schönen. Es ist aber dies eine göttliche Sache und in dem sterblichen Lebenden etwas Unsterbliches, die Empfängnis und die Erzeugung. In dem Unangemessenen aber kann dieses unmöglich erfolgen; und un- d
angemessen ist das Häßliche allem Göttlichen, das Schöne aber angemessen. Eine einführende und geburtshelfende Göttin also ist die Schönheit für die Erzeugung. Deshalb, wenn das Zeugungslustige dem Schönen naht, wird es beruhigt und von Freude durchströmt und erzeugt

und befruchtet; wenn aber Häßli-
chem, so zieht es sich finster und
traurig in sich zusammen und wen-
det sich ab und schrumpft ein und
erzeugt nicht, sondern trägt mit Be-
schwerde seine Bürde weiter. Darum
beeifert sich, wer von Zeugungsstoff
und Lust erfüllt ist, so sehr um das
Schöne, weil es ihn großer Wehen
e entledigt. [3] Denn die Liebe, o So-
krates, geht gar nicht auf das Schöne,
wie du meinst. – Sondern worauf
denn? – Auf die Erzeugung und Ge-
burt im Schönen. – Mag sein, sprach
ich. – Ganz gewiß, sagte sie. – War-
um aber auf die Erzeugung? – Weil
eben die Erzeugung das Ewige ist
und das Unsterbliche, wie es im
Sterblichen sein kann. Nach der Un-
207a sterblichkeit aber zu streben mit dem
Guten ist notwendig zufolge des
schon Eingestandenen, wenn doch
die Liebe darauf geht, das Gute im-
mer zu haben. Notwendig also geht
nach dieser Rede die Liebe auch auf
die Unsterblichkeit.

[4] Dies alles lehrte sie mich, als sie
über die Liebe mit mir redete, und
fragte mich auch einmal: Was meinst
du wohl, o Sokrates, daß die Ursache
dieser Liebe und dieses Verlangens
sei? Oder merkst du nicht, in wel-
chem gewaltsamen Zustande sich alle
Tiere befinden, wenn sie begierig
sind, zu erzeugen, geflügelte und
b ungeflügelte, wie sie alle krank und
verliebt erscheinen, zuerst wenn sie
sich miteinander vermischen, und
dann auch bei der Aufziehung des
Erzeugten, wie auch die schwächsten
bereit sind, dieses gegen die stärk-
sten zu verteidigen und dafür zu
sterben; und wie sie sich selbst vom
Hunger quälen lassen, um nur jenes
zu ernähren, und so auch alles ande-
re tun? Denn von den Menschen
könnte man sagen, sie täten dies mit
Überlegung; aber welches der Grund
sein mag, warum auch die Tiere sich c
so verliebt zeigen, kannst du mir das
sagen? – Und ich sagte wieder, ich
wüßte es nicht. – Da sprach sie: Ge-
denkst du denn je etwas Großes zu
leisten in Liebessachen, wenn du dies
nicht einsiehst? – Aber eben des-
halb, sprach ich, bin ich ja zu dir ge-
kommen, o Diotima, wie ich auch
schon sagte, weil ich weiß, daß ich
Lehrer brauche. Sage mir also den
Grund hiervon und von allem, was
sonst in der Liebe vorkommt. – [5]
Wenn du also glaubst, sprach sie,
daß die Liebe von Natur auf das ge-
he, worüber wir uns oft schon einver-
standen haben, so wundere dich nur
nicht. Denn ganz ebenso wie dort d
sucht auch hier die sterbliche Natur
nach Vermögen immer zu sein und
unsterblich. Sie vermag es aber nur
auf diese Art, durch die Erzeugung,
daß immer ein anderes Junges statt
des Alten zurückbleibt. [6] Denn
auch von jedem einzelnen Lebenden
sagt man ja, daß es lebe und dasselbe
sei, wie einer von Kindesbeinen an
immer derselbe genannt wird, wenn
er auch ein Greis geworden ist: und
heißt doch immer derselbe, unerach-
tet er nie dasselbe an sich behält,
sondern immer ein neuer wird und
Altes verliert an Haaren, Fleisch,
Knochen, Blut und dem ganzen Lei- e
be; und nicht nur an dem Leibe al-
lein, sondern auch an der Seele, die
Gewöhnungen, Sitten, Meinungen,
Begierden, Lust, Unlust, Furcht,
hiervon behält nie jeder dasselbe an
sich, sondern eins entsteht und das
andere vergeht. Und viel wunderli-
cher noch als dieses ist, daß auch die

208a Erkenntnisse nicht nur teils entste-
hen, teils vergehen, und wir nie die-
selben sind in bezug auf die Erkennt-
nisse, sondern, daß auch jeder ein-
zelnen Erkenntnis dasselbe begeg-
net. Denn was man Nachsinnen
heißt, geht auf eine ausgegangene
Erkenntnis. Vergessen nämlich ist
das Ausgehen einer Erkenntnis,
Nachsinnen aber bildet statt der ab-
gegangenen eine Erinnerung ein und
erhält so die Erkenntnis, daß sie die-
selbe zu sein scheint. Und auf diese
Weise wird alles Sterbliche erhalten,
nicht so, daß es durchaus immer das-
b selbe wäre, wie das Göttliche, son-
dern indem das Abgehende und Ver-
altende ein anderes Neues solches
zurückläßt, wie es selbst war. Durch
diese Veranstaltung, o Sokrates, sag-
te sie, hat alles Sterbliche teil an der
Unsterblichkeit, der Leib sowohl als
alles übrige; das Unsterbliche aber
durch eine andere. Wundere dich al-
so nicht, wenn ein jedes von Natur
seinen eigenen Sprößling in Ehren
hält. Denn der Unsterblichkeit we-
gen begleitet jeden dies Bestreben
und diese Liebe.

G [1] Über diese Rede nun, als ich sie
gehört, war ich verwundert und sag-
te: Wohl, weiseste Diotima, verhält
c sich dies nun in der Tat so? – Und
sie, wie die rechten Meister im Wis-
sen pflegen, sprach: Dessen sei nur
versichert, o Sokrates. Denn wenn du
auch auf die Ehrliebe der Menschen
sehen willst: so müßtest du dich ja
über die Unvernunft wundern in
dem, was ich schon angeführt, wenn
du nicht bedenkst, einen wie gewal-
tigen Trieb sie haben, berühmt zu
werden und einen unsterblichen Na-
men auf ewige Zeiten sich zu erwer-
ben. Und für diesen sind alle bereit
die größten Gefahren zu bestehen,
noch mehr als für ihre Kinder, und d
ihr Vermögen aufzuwenden und
jedwede Mühe unverdrossen zu
übernehmen und dafür zu sterben.
Denn meinst du wohl, sprach sie, Al-
kestis würde für den Admetos gestor-
ben sein oder Achilleus dem Patro-
klos nachgestorben oder euer Kodros
im voraus für die Königswürde seiner
Kinder, wenn sie nicht geglaubt hät-
ten, eine unsterbliche Erinnerung ih-
rer Tugend würde nach ihnen blei-
ben, die wir jetzt auch haben? Weit
gefehlt, sagte sie, sondern nur für die
Unsterblichkeit der Tugend und für
einen solchen herrlichen Nachruhm,
glaube ich, tun alle alles, und zwar je
besser sie sind, um desto mehr, denn e
sie lieben das Unsterbliche. [2] Die
nun, fuhr sie fort, dem Leibe nach
zeugungslustig sind, wenden sich
mehr zu den Weibern und sind auf
diese Art verliebt, indem sie durch
Kindererzeugen Unsterblichkeit und
Nachdenken und Glückseligkeit, wie
sie meinen, für alle künftige Zeit sich
verschaffen. Die aber der Seele nach, 209a
denn es gibt solche, sagte sie, die
auch in der Seele Zeugungskraft ha-
ben, viel mehr als im Leibe, für das
nämlich, was der Seele ziemt zu er-
zeugen und erzeugen zu wollen.
Und was ziemt ihr denn? Weisheit
und jede andere Tugend, deren Er-
zeuger auch alle Dichter sind und al-
le Künstler, denen man zuschreibt
erfinderisch zu sein. [3] Die größte
aber und bei weitem schönste Weis-
heit, sagte sie, ist die, welche in der
Staaten und des Hauswesens Anord-
nung sich zeigt, deren Name Beson-
nenheit ist und Gerechtigkeit. Wer
nun diese als ein Göttlicher schon b
von Jugend an in seiner Seele trägt,

der wird auch, wenn die Zeit heran-
kommt, Lust haben, zu befruchten
und zu erzeugen. Daher geht auch,
meine ich, ein solcher umher, das
Schöne zu suchen, worin er erzeugen
könne. Denn in dem Häßlichen wird
er nie erzeugen. Daher erfreut er sich
sowohl an schönen Leibern mehr als
an häßlichen, weil er nämlich erzeu-
gen will, als auch, wenn er eine schö-
ne, edle und wohlgebildete Seele an-
trifft, erfreut er sich vorzüglich an
beidem vereinigt und hat für einen
solchen Menschen gleich eine Fülle
c von Reden über die Tugend und dar-
über, wie ein trefflicher Mann sein
müsse und wonach streben; und
gleich unternimmt er, ihn zu unter-
weisen. Nämlich indem er den Schö-
nen berührt, meine ich, und mit ihm
sich unterhält, erzeugt und gebiert
er, was er schon lange zeugungslustig
in sich trug, und indem er anwesend
und abwesend seiner gedenkt, er-
zieht er auch mit jenem gemein-
schaftlich das Erzeugte. So daß diese
eine weit genauere Gemeinschaft
miteinander haben als die eheliche
und eine festere Freundschaft, wie
sie auch schönere und unsterblichere
Kinder gemeinschaftlich besitzen.
Und jeder sollte lieber solche Kinder
haben wollen, als die menschlichen,
wenn er auf Homeros sieht und He-
d siodos und die anderen trefflichen
Dichter, nicht ohne Neid, was für
Geburten sie zurücklassen, die ihnen
unsterblichen Ruhm und Angeden-
ken sichern, wie sie auch selbst un-
sterblich sind. Oder, wenn du willst,
sagte sie, was für Kinder Lykurgos in
Lakedaimon zurückgelassen hat, Ret-
ter von Lakedaimon und, um es gera-
deheraus zu sagen, von ganz Hellas.
Geehrt ist bei euch auch Solon, weil
er Gesetze gezeugt, und viele andere
anderwärts unter Hellenen und Bar-
baren, die viele und schöne Werke e
dargestellt haben und vielfältige Tu-
genden erzeugt, denen auch schon
viele Heiligtümer sind errichtet wor-
den um solcher Kinder willen, der
menschlichen Kinder wegen aber nie
jemandem.

H [1] Soweit nun, o Sokrates, ver-
magst wohl auch du in die Geheim- 210
nisse der Liebe eingeweiht zu wer-
den; ob aber, wenn jemand die
höchsten und heiligsten, auf welche
sich auch jene beziehen, recht vor-
trüge, du es auch vermöchtest, weiß
ich nicht. Indes, sprach sie, will ich
sie vortragen und es an mir nirgend
fehlen lassen. Versuche nur zu fol-
gen, wenn du es vermagst. Wer näm-
lich auf die rechte Art diese Sache
angreifen will, der muß in der Ju-
gend damit anfangen, schönen Ge-
stalten nachzugehen, und wird zu-
erst freilich, wenn er richtig beginnt,
nur *einen* solchen lieben und diesen
mit schönen Reden befruchten, [2]
hernach aber von selbst innewerden,
daß die Schönheit in irgendeinem
Leibe der in jedem andern verschwi- b
stert ist und es also, wenn er dem in
der Idee Schönen nachgehen soll,
großer Unverstand wäre, nicht die
Schönheit in allen Leibern für eine
und dieselbe zu halten, und wenn er
dessen innegeworden, sich als Lieb-
haber aller schönen Leiber darstellen
und von der gewaltigen Heftigkeit
für *einen* nachlassen, indem er dies
für klein und geringfügig hält. [3]
Nächst dem aber muß er die Schön-
heit in den Seelen für weit herrlicher
halten als die in den Leibern, so daß,
wenn einer, dessen Seele zu loben
ist, auch nur wenig von jener Blüte

zeigt, ihm das doch genug ist und er
c ihn liebt und pflegt, indem er solche
Reden erzeugt und aufsucht, welche
die Jünglinge besser zu machen vermögen,
damit er selbst so dahin gebracht
werde, das Schöne in den Bestrebungen
und in den Sitten anzuschauen,
um auch von diesem zu sehen,
daß es sich überall verwandt ist,
und so die Schönheit des Leibes für
etwas Geringeres zu halten. [4] Von
den Bestrebungen aber muß er weiter
zu den Erkenntnissen gehen, damit
er auch die Schönheit der Er-
d kenntnisse schaue und, vielfältiges
Schöne schon im Auge habend,
nicht mehr dem bei einem einzelnen,
indem er knechtischerweise die
Schönheit eines Knäbleins oder irgendeines
Mannes oder einer einzelnen
Bestrebung liebt, dienend sich
schlecht und kleingeistig zeige, sondern
auf die hohe See des Schönen
sich begebend und dort umschauend,
viel schöne und herrliche Reden
und Gedanken erzeuge in ungemessenem
Streben nach Weisheit, bis er,
hierdurch gestärkt und vervollkommnet,
eine einzige solche Erkenntnis
erblicke, welche auf ein
Schönes folgender Art geht. Hier
aber, sprach sie, bemühe dich nur,
e aufzumerken, so sehr du kannst.

I [1] Wer nämlich bis hierher in der
Liebe erzogen ist, das mancherlei
Schöne in solcher Ordnung und richtig
schauend, der wird, indem er nun
der Vollendung in der Liebeskunst
entgegengeht, plötzlich ein von Natur
wunderbares Schönes erblicken,
nämlich jenes selbst, o Sokrates, um
deswillen er alle bisherigen Anstren-
211a gungen gemacht hat, welches zuerst
immer ist und weder entsteht noch
vergeht, weder wächst noch schwindet,
ferner auch nicht etwa nur insofern
schön, insofern aber häßlich ist,
noch auch jetzt schön und dann
nicht, noch in Vergleich hiermit
schön, damit aber häßlich, noch
auch hier schön, dort aber häßlich,
als ob es nur für einige schön, für andere
aber häßlich wäre. [2] Noch
auch wird ihm dieses Schöne unter
einer Gestalt erscheinen, wie ein Gesicht
oder Hände oder sonst etwas,
was der Leib an sich hat, noch wie eine
Rede oder eine Erkenntnis, noch
irgendwo an einem andern seiend,
weder an einem einzelnen Lebenden,
noch an der Erde, noch am
Himmel; sondern an und für und in b
sich selbst ewig überall dasselbe seiend,
alles andere Schöne aber an jenem
auf irgendeine solche Weise
Anteil habend, daß, wenn auch das
andere entsteht und vergeht, jenes
doch nie irgendeinen Gewinn oder
Schaden davon hat, noch ihm sonst
etwas begegnet. [3] Wenn also jemand
vermittels der echten Knabenliebe
von dort an aufgestiegen jenes
Schöne anfängt zu erblicken, der
kann beinahe zur Vollendung gelangen.
Denn dies ist die rechte Art,
sich auf die Liebe zu legen oder von c
einem andern dazu angeführt zu
werden, daß man von diesem einzelnen
Schönen beginnend jenes einen
Schönen wegen immer höher hinaufsteige,
gleichsam stufenweise von einem
zu zweien, und von zweien zu
allen schönen Gestalten, und von
den schönen Gestalten zu den schönen
Sitten und Handlungsweisen,
und von den schönen Sitten zu den
schönen Kenntnissen, bis man von
den Kenntnissen endlich zu jener
Kenntnis gelangt, welche von nichts
anderem als eben von jenem Schö-

nen selbst die Kenntnis ist, und man
also zuletzt jenes selbst, was schön
d ist, erkenne. [4] Und an dieser Stelle
des Lebens, lieber Sokrates, sagte die
Mantineische Fremde, wenn irgend-
wo, ist es dem Menschen erst lebens-
wert, wo er das Schöne selbst schaut,
[5] welches, wenn du es je erblickst,
du nicht wirst vergleichen wollen mit
köstlichem Gerät oder Schmuck oder
mit schönen Knaben und Jünglin-
gen, bei deren Anblick du jetzt ent-
zückt bist und wohl gern, du wie vie-
le andere, um nur den Liebling zu
sehen und immer mit ihm vereinigt
zu sein, wenn es möglich wäre, we-
der essen noch trinken möchtest,
sondern nur anschauen und mit ihm
verbunden sein. Was also, sprach sie,
sollen wir erst glauben, wenn einer
e dazu gelangte, jenes Schöne selbst
rein, lauter und unvermischt zu se-
hen, das nicht voll menschlichen
Fleisches ist und Farben und anderen
sterblichen Flitterkrames, sondern
das göttlich Schöne selbst in seiner
Einartigkeit zu schauen? [6] Meinst
212a du wohl, daß das ein schlechtes Le-
ben sei, wenn einer dorthin sieht
und jenes erblickt und damit um-
geht? Oder glaubst du nicht, daß
dort allein ihm begegnen kann, in-
dem er schaut, womit man das Schö-
ne schauen muß, nicht Abbilder der
Tugend zu erzeugen, weil er nämlich
auch nicht ein Abbild berührt, son-
dern Wahres, weil er das Wahre be-
rührt? [7] Wer aber wahre Tugend
erzeugt und aufzieht, dem gebührt,
von den Göttern geliebt zu werden,
und wenn irgendeinem anderen
Menschen, dann gewiß auch ihm,
unsterblich zu sein.

[8] Solches, o Phaidros und ihr übri- b
gen, sprach Diotima und habe ich
ihr geglaubt, und wie ich es glaube,
suche ich es auch andern glaublich
zu machen, daß, um zu diesem Be-
sitz zu gelangen, nicht leicht jemand
der menschlichen Natur einen besse-
ren Helfer finden könnte als den
Eros. Darum auch, behaupte ich,
sollte jedermann den Eros ehren und
ehre ich auch selbst alles, was zur Lie-
be gehört, und übe mich darin ganz
vorzüglich und ermuntere auch an-
dere dazu und preise jetzt und im-
mer die Macht und Tapferkeit des
Eros, so sehr ich nur vermag. Willst c
du nun, o Phaidros, so nimm diese
Rede dafür an, daß sie als eine Lobre-
de auf den Eros gesprochen; wo
nicht, so nenne sie, wie und wonach
du sie nennen willst.

Cicero

Aus »De oratore« und »Orator«

Zu Kapitel IV 4

MARCUS TULLIUS CICERO, geboren am 3. Januar 106 v. Chr. in Arpinum, Redner, Politiker und Philosoph in Rom, am 7. Dezember 43 v. Chr. von den Häschern des Antonius ermordet.

»De oratore«, ein Dialog in drei Büchern über den Redner, entstand im Jahre 55 v. Chr. Cicero will hier nicht technische Anweisungen zur Erlernung der Redekunst geben, sondern zeigen, daß das Rednerideal das Ideal des Menschen ist, der sein Leben der Gemeinschaft widmet. – Der »Orator ad Marcum Brutum«, eine an den jüngeren Freund Marcus Brutus gerichtete Schrift über den Redner, aus dem Jahre 46 v. Chr. bemüht sich wiederum um das Idealbild des Redners, in Abwehr gegen das Aufkommen des Attizismus, den Cicero als Verarmung empfindet.

1. *De oratore* II, § 193–194, übers. von Raphael Kühner, Stuttgart 1858

Eine der Methoden des Redners, die Zuhörer zu seiner Meinung zu bewegen, ist, *permotiones animorum,* bestimmte Gefühlsregungen hervorzurufen. Solche Einwirkung auf die Gefühle aber ist nur möglich, wenn der Redner selbst echt bewegt ist, wenn seine Worte einer tiefen inneren Anteilnahme entspringen.

Thema: Auch das Erdichtete muß, soll es sein Ziel erreichen, von echter innerer Bewegung und Glut getragen sein.

193 Doch, wie gesagt, um dies an uns nicht wunderbar zu finden, so frage ich: Wo kann mehr Erdichtung herrschen als in Versen, auf der Bühne, in den Schauspielen? Und doch habe ich hier oft gesehen, wie mir die Augen des Schauspielers aus seiner Maske hervorzuglühen schienen, wenn er von seinem Lager herab die Worte sagte:

Ihn verlassend wagst du nach Salamis zu kommen ohne ihn?
Scheust nicht des Vaters Anblick?

Niemals sagte er das Wort Anblick, ohne daß mir der erzürnte Telamon aus Trauer über den Tod des Sohnes zu rasen schien. Aber wenn derselbe in einer zum Klagetone umgewandelten Stimme die folgenden Worte sagte:

Den hochbejahrten, kinderlosen Greis
Hast du zerfleischt, beraubt, gemordet.
Dich hat nicht des Bruders Tod,
Nicht der kleine Knabe, dir zur Obhut anvertraut, gerührt,

schien er sie weinend und in tiefer Trauer zu sagen. Wenn nun ein Schauspieler solche Stellen, obwohl er sie täglich vortrug, doch nicht richtig ohne Rührung vortragen konnte, wie?, meint ihr, Pacuvius [der Tragödiendichter] habe sie in ruhiger und gelassener Stimmung niedergeschrieben? Das war unmöglich.
Denn oft habe ich gehört, und man 194
sagt, es stehe auch in den Schriften des Democritus und Plato, niemand könne ohne innere Feuerglut und ohne den Anhauch der Begeisterung ein guter Dichter werden.

2. *De oratore,* III § 178–181

Crassus will zeigen, daß eine rhythmische Gliederung und Gestaltung der Rede (besonders am Ende von Perioden, sogenannten Clauseln) nicht künstlich aufgezwungen ist, sondern, wie alles Schöne, zugleich auch von Natur notwendig ist. Dazu unternimmt er diesen Exkurs.

Thema: Das Nützlichste ist zugleich das Schönste

Gliederung: [1] Wie überall, so ist in der Rede das Nützlichste von größter Würde und Anmut. [2] Das Weltall ist nach feinsten notwendigen Gesetzen geordnet und so am schönsten. [3] Auch in den einzelnen Gebieten der Natur ist nichts zufällig und doch alles schön. [4] Auch bei Menschenwerken ist die Schönheit eine Folge der Nützlichkeit und besteht dennoch in sich selbst. [5] Ebenso ist es mit der Schönheit der Rede.

[1] Aber so wie in den meisten Dingen, so hat auch in der Rede die Natur selbst die bewunderungswürdige Einrichtung getroffen, daß die Din-

ge, die den größten Nutzen in sich schließen, zugleich auch die meiste Würde, ja oft auch die meiste Anmut haben. [2] Zur allgemeinen Erhaltung und Wohlfahrt, sehen wir, ist das Weltall und die Natur so eingerichtet, daß der Himmel rund ist, daß die Erde in der Mitte schwebt und durch ihre eigene Schwerkraft gehalten wird, daß die Sonne sich herumschwingt, in das Sternbild des Steinbocks tritt und von da wieder allmählich nach der entgegengesetzten Seite aufsteigt, daß der Mond durch seine Annäherung und Entfernung das Licht der Sonne empfängt, daß die fünf Planeten in ungleicher
179 Bewegung und ungleichem Umlauf dieselben Bahnen vollenden. Diese Anordnung ist von solcher Wichtigkeit, daß das Ganze bei der kleinsten Veränderung nicht mehr zusammenhängen könnte, und von solcher Schönheit, daß sich ein schönerer Anblick nicht einmal denken läßt. [3] Richtet jetzt eure Gedanken auf die Gestalt und Bildung der Menschen oder auch der übrigen Geschöpfe, und ihr werdet finden, daß kein Teil des Körpers ihnen ohne Not gegeben, und daß die ganze Gestalt auf künstliche Weise und nicht durch Zufall vollendet ist. Wie? An den Bäumen, an denen der Stamm, die Äste, die Blätter endlich nur die Bestimmung haben ihren natürlichen Zustand zu erhalten und zu bewahren, ist doch nirgends ein Teil,
der nicht schön wäre. [4] Was ist an 180
einem Schiffe so notwendig als der Bord, der hohle Schiffsraum, das Vorderteil, die Segelstangen, die Segel, die Mastbäume? Und doch haben diese Dinge auch für das äußere Ansehen eine solche Schönheit, daß sie nicht bloß zur Sicherheit, sondern auch zum Vergnügen erfunden zu sein scheinen. Säulen tragen Tempel und Hallen; und doch ist ihr Nutzen nicht größer als ihr erhabener Anblick. Jenen herrlichen Giebel des Capitols und der anderen Tempel hat nicht Schönheit, sondern die Not selbst gebaut. Denn man war nur darauf bedacht gewesen, wie das Wasser von beiden Seiten des Daches abfließen könnte; aber von der für den Tempel nützlichen Einrichtung war die Schönheit des Giebels die Folge, ohne den, wie es scheint, das Capitolium, auch wenn es im Himmel aufgestellt würde, wo kein Regen fällt, kein würdiges Ansehen haben würde. [5] Auf gleiche Weise ist es bei allen Teilen der Rede der Fall, daß mit dem Nutzen und ich möchte beinahe sagen mit der Notwendigkeit, die Lieblichkeit und Anmut in unmittelbarer Verbindung steht.

3. *Orator,* § 8–10, übers. von Julius Sommerbrodt, Stuttgart 1870

Cicero will noch einmal gegen den heraufziehenden puristischen Attizismus sein Rednerideal darlegen und betont in seinem Prooemium, daß dieses Rednerideal, wie alles Vollkommene, in dieser Welt nicht vollkommen verwirklicht ist. Es kommt zu einem Exkurs.

CICERO

Thema: Die Ideen als Ur- und Vorbilder in der Kunst wie in allem Werden

Gliederung: [1] Alles sinnliche Schöne wird übertroffen vom geistig geschauten Urbild der Schönheit. [2] Dies Urbild der Schönheit ist das Vorbild des bildenden Künstlers wie des Redners. [3] Diese Urbilder – Platons Ideen – sind ewig und unzerstörbar und Urform aller irdischen Erscheinungen.

8 [1] Ich bin der Meinung, daß in keinem Gebiet etwas so schön ist, daß es nicht an Schönheit von dem Urbilde der Schönheit übertroffen würde, nach welchem man wie nach einem leibhaftigen Antlitz ein Abbild gestaltet; dieses Urbild kann aber weder mit dem Auge, noch mit dem Ohr, noch überhaupt mit irgendeinem Sinne wahrgenommen werden; wir erfassen es nur mit dem Gedanken und im Geiste. Wenn daher auch die Bildwerke des Phidias und die erwähnten Gemälde das Vollkommenste sind, was man in der Art sieht, so sind wir doch im Stande,
9 Schöneres uns zu denken. Und als jener berühmte Künstler des Zeus oder der Athene Standbild schuf, hatte er nicht ein wirkliches Modell vor Augen, dem er es ähnlich zu gestalten suchte, sondern in seinem eigenen Geiste ruhte ein Ideal der Schönheit, auf das er seinen Blick fest gerichtet hielt, so daß dieses als Muster seine Künstlerhand leitete.

[2] Wie es also in den Formen und Figuren (der bildenden Künste) etwas Vollkommenes und Hervorragendes gibt, nach dessen in der Seele ruhendem Bilde der nachahmende Künstler sich in dem richtet, was er leibhaftig vor unserem Auge darstellt, so sehen wir mit unserem geistigen Auge ein Ideal der Beredsamkeit, dessen Verwirklichung durch die Rede wir mit unserem leiblichen Ohre zu hören wünschen.

[3] Diese Urbilder der Dinge nennt 10
Plato, der tiefsinnige Schöpfer und Meister nicht nur in der Philosophie, sondern auch in der Beredsamkeit, *Ideen* und sagt von ihnen, daß sie nicht entstehen, daß sie ewig seien und dem Gebiet der geistigen Wahrnehmung angehören; alles übrige habe Anfang und Ende, verfließe und entschwinde und verharre nicht längere Zeit in einem und demselben Zustande. Was also Gegenstand wissenschaftlicher Forschung sein soll, muß alles auf die Urform seines Wesens, auf das Ideal zurückgeführt werden.

Horaz

Aus »Ars poetica« und »Augustus-Epistel«

Zu Kapitel IV 7

QUINTUS HORATIUS FLACCUS, geboren am 8. Dezember 65 v. Chr., neben Vergil der bedeutendste römische Dichter augusteischer Zeit, im Jahre 38 in den Kreis um Maecenas aufgenommen, am 27. November 8 v. Chr., wenige Monate nach Maecenas, gestorben.

1. *Ars poetica* (Ep. II 3), übers. von C. M. Wieland, 2. Aufl. Leipzig 1790

Die »Ars poetica« oder »Epistula ad Pisones« entstand wahrscheinlich 17/16 v. Chr. Sie bringt in assoziativem Stil Regeln für junge römische Dichter und Gedanken zur Situation der römischen Dichtung. Die Adressaten (Pisonen) sind nicht mit Sicherheit zu identifizieren.

Thema: Natur und Kunst

Gliederung: [1] Die Kunst darf die Gesetze der Natur nicht willkürlich mißachten. [2] Rechte Stoffwahl, dem eigenen Vermögen entsprechend, ist Voraussetzung für richtige Gestaltung. [3] Die Dichtersprache bedarf sorgfältiger Wortwahl, eigentümlicher Wortstellungen und Neubildungen. [4] Worte unterliegen der Vergänglichkeit alles Menschlichen. [5] Die alten griechischen Dichter sind Vorbild für die rechte Gestaltung des jeweiligen Stoffes. [6] Neben dem Schönen, das auf genauer Befolgung der äußeren Kunstregeln beruht, muß ein Gedicht auch ergreifen. [7] Solches Ergreifen ist nur möglich, wenn der Künstler selbst ergriffen ist. [8] Bei Neuerfindung eines Stoffes besteht die Schwierigkeit darin, individuelle Charaktere zu formen. [9] Ein bereits behandelter Stoff soll nicht wortgetreu wiedergegeben, sondern wirklich neu gestaltet werden. [10] Die Charaktere müssen natürlich und ihrem Alter entsprechend gezeichnet sein. [11] Nützen und Erfreuen sind Ziele des Dichters; der Nutzen wird erreicht durch knappe Belehrung und Festhalten am Wahrscheinlichen. [12] Der Sänger als Bringer der Kultur und Erhalter des Gemeinwesens.

1 [1] Wofern ein Maler einen Venus-
kopf / auf einen Pferdehals setzte,
schmückte drauf / den Leib mit
Gliedern von verschiednen Tieren /
und bunten Federn aus, und ließe
(um / aus allen Elementen etwas an-
zubringen) / das schöne Weib von
oben – sich zuletzt / in einen grau-
senhaften Fisch verlieren, / sich
schmeichelnd, nun ein wundervolles
Werk / euch aufgestellt zu haben:
5 Freunde, würdet ihr / bei diesem
Anblick wohl das Lachen halten? /
Und gleichwohl werden Werke die-
ser Art / in einem andern Fach uns
oft genug / zur Schau gebracht.
Denn, glaubet mir, Pisonen, / ein
Dichterwerk, von schlechtverbunde-
nen / Ideen, die wie Fieberträume,
durch-/einander schwärmen, so daß
weder Kopf noch Fuß / zusammen-
paßt – und eine Malerei / von jenem
Schlag sind trefflich einerlei. / Wie?
ist den Malern und Poeten nicht /
10 von jeher frei gestanden, alles was sie
wollen, / zu wagen? – Freilich, auch
wir machen Anspruch / an diese
Freiheit, und verlangen keinem / sie
abzustreiten. – Nur nicht, daß man
paare / was unverträglich ist, nicht
13 Schlang und Vogel, / nicht Lamm
und Tiger ineinander menge!
38 [2] Ihr, die ihr schreiben wollt, vor al-
len Dingen / wählt einen Stoff, dem
ihr gewachsen seid, / und wäget
wohl vorher, was eure Schultern /
vermögen oder nicht, eh ihr die Last /
zutragen übernehmt. Wer seinen 40
Stoff so / wählte, dem wird's an Ge-
danken / und Klarheit nie, auch nie
an Ordnung fehlen; / und unter
manchem Vorteil, der durch Ord-
nung / gewonnen wird, ist sicher kei-
ner von / den kleinsten: daß man
immer wisse, was / zu sagen ist, doch
vieles, was sich auch / noch sagen lie-
ße, jetzt zurückbehalte / und für den
Platz, wo man's bedarf, verspare.
[3] Auch Sprach- und Versebau und 45
Rhythmus sei / dem wohl empfoh-
len, der ein echtes Werk / zu schaf-
fen wünscht. Er kann nicht leicht zu-
viel / Bescheidenheit und Vorsicht in
der Wahl / der Wörter zeigen. Öf-
ters wird ein Vers / vortrefflich, bloß
wenn ein alltäglich Wort / durch ei-
ne schlaue Stellung unverhofft /
zum neuen wird. Wo neuentdeckte
Dinge / zu sagen sind, da ist's mit 50
Recht erlaubt / auch unerhörte Wör-
ter zu erfinden, / wenn diese Freiheit
mit Bescheidenheit / genommen
wird. Auch können neue Wörter /
und Redensarten, die vor kurzem
erst / aus griechischem Quell auf un-
sern Grund und Boden / geleitet
worden sind, mit Sparsamkeit / ge-
braucht, ein Recht auf gute Auf-
nahm fordern.
[4] Was kann der Römer einem Plau-
tus und / Caecil gestatten, das Virgil 55
und Varius / nicht wagen dürften?
Oder soll mir übel / genommen wer-
den, wenn ich etwas Weniges / er-

werben kann, da Ennius und Cato /
die Sprache mit so vielen neuen
Wörtern / bereichern durften? Im-
mer war's und bleibt's / erlaubt, ein
neugestempelt Wort / von gutem
Korn und Schrot in Gang zu brin-
60 gen. / So wie von Jahr zu Jahr mit
neuem Laube / der Wald sich
schmückt, das alte fallen läßt: / so
lässet auch die Sprache unvermerkt /
die alten Wörter fallen, und es spros-
sen neue / ins Leben auf, und füllen
63 ihren Platz. / Wir sind uns selbst
und alles Unsrige / dem Tode schul-
dig.

73 [5] In welcher Versart Taten edler
Helden / und Könige zu singen sich
gezieme, / hat uns Homer gezeigt. –

99 [6] Ein Dichterwerk sei schön, sei
fehlerfrei, / dies ist sehr viel, allein
noch nicht genug; / um zu gefallen,
sei es lieblich auch / und stehle sich
ins Herz des Hörers ein, / um, was
der Dichter will, aus ihm zu machen.

101 [7] Ein lachend oder weinend Ange-
sicht / bringt, wie wir's ansehn, au-
genblicklich auch / ein Lächeln oder
einen traur'gen Zug / in unsers.
Willst du, daß dein Unglück mich /
zu Tränen rühren soll, mein guter
Peleus, / und Telephus, so mußt du
selber weinen! / Sind deine Reden
105 deiner Lage nicht / gemäß, so werd
ich – gähnen oder lachen. / Zu ei-
nem trauernden Gesichte ziemen
sich / auch traur'ge Worte. Ruhig
oder zürnend, / mutwillig oder
ernsthaft, immer sei die Sprache /
der Leidenschaft, der Stimmung an-
gemessen, / die erst aus Miene und
Gebärde spricht. / Denn jeder
Wechsel unsers Glücks erregt / zu-
erst im Innern eine Leidenschaft: /
Zorn, der zum Widerstand das Blut
110 erhitzt, / die Arme ausstreckt – oder
Traurigkeit, / die hoffnungslos zur
Erde, wie zum Grabe, / uns nieder-
zieht; und dies, bevor die Zunge /
der Seele Dolmetsch wird und ihre
Regung / in Worte ausbricht. Dies
ist allezeit / Gang der Natur. Ver-
fehlt der Dichter ihn, / legt seinem
Peleus in den Mund, was nicht / zu
seiner Lage paßt: so darf's ihn nicht
befremden, / wenn Ritterschaft und 113
Fußvolk überlaut / ihm, statt zu wei-
nen, an die Nase lachen.

[8] Bringst du hingegen etwas auf die 125
Bühne / das nie versucht ward, wa-
gest eine neue / Person zu schaffen –
gut! so gib ihr Selbstbestand, / und
wie sie sich im ersten Auftritt zeigt, /
so führe sie sich selber ähnlich, bis /
zum letzten fort! – Es ist vielleicht
nichts Schwerers / als aus der Luft ge-
griffnen Menschenbildern / das eigne
Individuelle geben, / was jeden
täuscht, und den Erdichteten / uns
anverwandt und unsersgleichen
macht: / Du wirst daher mit minde-
rer Gefahr / ein Schauspiel aus der
Iliade ziehen, / als dich an was ganz 130
Neuerfundnes wagen.

[9] Ein Sujet, das der ganzen Welt
gehört, / wird wieder Eigentum,
wenn du dich weder / auf einem
Plan, der zum Gemeinplatz schon /
geworden, tummelst, noch, wie ein
getreuer / demütger Übersetzer
Wort für Wort / dem Griechen nach-
trittst; noch, um nachzuahmen, / in
eine Enge dich zusammendrückst, /
woraus du weder ohne Scham zu- 135
rück, / noch, ohne größern Fehler,
vorwärts kannst.

[10] Nun hör auch du, der auf dem 153
Schauplatz uns / zu unterhalten
wünscht, was ich und was / das Pu-
blikum mit mir von dir verlangt. /
Wofern's um Hörer dir zu tun ist,

die / des Vorhangs Fall erwarten,
155 und solange bleiben, / bis uns der
Sänger zuruft: Plaudite! / so mußt
du jedes Alter richtig zeichnen / und
jedem den Charakter und die Farbe,
/ die ihm gebührt, genau zu geben
wissen.

333 [11] Des Dichters Zweck ist, zu be-
lustgen oder / zu unterrichten, oder
beides zu verbinden / und unter ei-
ner angenehmen Hülle / uns Dinge,
die im Leben brauchbar sind, zu sa-
335 gen. / Lehrt er, so sei er kurz! Was
schnell gesagt wird, faßt / der lern-
begierge Geist geschwinder auf /
und hält es fester. Wie die Seele voll
ist, läuft / das Überflüßge ab. Was
bloß zur Lust / erdichtet wird, sei
stets der Wahrheit ähnlich, / und
um je weiter sich die Phantasie / von
ihr entfernt, je stärker sei die Täu-
schung! / Ein Märchen soll nicht for-
dern, daß ihm alles / geglaubet
340 werd, und nicht den Knaben, den /
die Lamia aufgegessen, wieder frisch
/ und ganz aus ihrem Leibe ziehen!

406 [12] Indessen, daß du über deine Lie-
be / zur Muse mit der goldnen Leier
391 nicht errötest, / so denke was von ih-
rem Ursprung / an die Kunst der
Dichter war. Ward nicht von Or-
pheus / dem heiligen Seher, dem die
Götter ihre / Mysterien offenbarten,
weil er Thrazens / halbtierische Be-
wohner aus dem Wust / der Wild-
heit zog und menschlich leben lehr-
te, / gesagt, er habe Tiger zähmen,
wütge Löwen / durch seiner Lieder
Reiz besänftgen können? / Ward
von Amphion, des Thebanschen
Schlosses / Erbauer, nicht gesagt, er 395
habe Felsen / und Wälder seiner Lei-
er süßen Tönen, / wohin er wolle,
folgsam nachgezogen? / Im Helden-
alter war's der Weisen Amt / ein ro-
hes Waldgeschlecht aus ihren Grüf-
ten / zu ziehn und an Geselligkeit
und Furcht / der Götter, Zucht und
Ordnung zu gewöhnen. / Sie stiftete
der Ehe keuschen Bund / sie legte
Städte an und gab Gesetze: / Und
weil die Zauberkräfte des Gesangs /
zu allem diesem ihr behilflich waren,
/ so stieg des Sängers Ansehn in den 400
Augen / des Volkes, und ein Glau-
be, daß er näher / den Göttern wäre,
goß was Göttliches / um seinen
Mund, und seine Lieder wurden /
Orakel des Vergangnen und der Zu-
kunft. / Nun kam Homer, der über
alle ragt, / und bald nach ihm Tyr-
taeus, dessen Lieder / den schönen
Tod fürs väterliche Land / im Vor-
derreihn der Schlacht mit Eifersucht
/ zu suchen Spartas Männerseelen
spornte. / In Versen gab den Fragen-
den der Gott / zu Delphi Antwort;
in der Musensprache / wies uns Py-
thagoras des Lebens Weg. / Zu ihren
süßen Weisen neigte sich / das Ohr 405
der Könige, und endlich schloß / des
Jahres Arbeit sich mit ihren Spielen.
/ Den Göttern angenehm, den Men-
schen hold, / und mit des Krieges
und des Friedens Künsten / gleich
freundlich sich verschwisternd, ist
fürwahr / die Kunst der Musen edler
Schüler wert.

2. *Augustus-Epistel* (Ep. II 1), 119–138 (Übers. wie 1)

Diese Epistel wurde an Augustus im Jahre 14 v. Chr. gerichtet, nachdem der Kaiser um einen Brief über literarische Fragen gebeten hatte. Sie beginnt mit einem Lob des Staatsmannes und führt über eine Kritik an der Situation der Dichtkunst in Rom zu einem Preis des Dichters innerhalb des Staates.

Thema: Leidenschaft und Sendung des Dichters

Gliederung: [1] Die Leidenschaft des Dichters ist auf Verse, nicht auf äußere Güter gerichtet. [2] Sein Nutzen für den Staat: Erziehung der Kinder und Bildung der Jugend. [3] Seine religiöse Aufgabe: die Götter versöhnen und ihren Segen herabflehen.

119 [1] Ein Dichter – überhaupt ein Versemann / hat selten eine andre Leidenschaft / als seine Lust an Versen. Die allein / beherrscht ihn ganz, darauf geht all sein Dichten / und Trachten. Schlimme Zeiten, Geldverlust, / Vermögensabfall, all dies kränkt ihn wenig. / Laß seine Sklaven ihm auf einen Tag / entlaufen, laß sein Haus ihm niederbrennen, / er lacht dazu. In seinem Leben kommt / ihm kein Gedanke, seinem Mündel oder / Miterben heimlich einen Streich zu spielen.
[2] Er lebt von Erbsenbrei und schwarzem Brot, / taugt freilich nicht ins Feld, doch ist er drum / nicht gänzlich ohne Nutzen für den
125 Staat. / Denn (zugegeben, daß auch kleine Dinge / zu Großem helfen können) ist es nicht / der Dichter, der des Kindes frühes Lallen / zu Sprache bildet? Der von pöbelhaften Reden / sein zartes Ohr entwöhnt, dann allgemach / durch Lehren, die der Reiz der Harmonie / und Dichtung freundlich macht, sein Herz der Tugend / gewinnt, von Eigensinn und Neid und Zorn / den Knaben
heilt, mit edeln Taten ihn / vertrau- 130
lich macht, der gegenwärtgen Zeit / verworrnes Rätsel durch der ältern Welt / Beispiele ihm entwickelt, und in Not / und kranken Tagen Trost und Lindrung schafft? / Von wem sonst sollte mit dem keuschen Knaben / das unberührte Mädchen beten lernen, / wofern die Muse nicht den Dichter gab? / [3] Er macht das Volk im Chor zum Himmel flehn, / Er ist's, der sie den gegenwärtgen Gott / mit Schaudern fühlen macht,
der die Gesänge / sie lehrt, wodurch 135
auf dürres Land der Segen / aus Wolken strömt, die Krieg und böse Seuchen / verjagen, steten Fried und reiche Ernten / uns bringen! Denn durch Lieder werden uns / die Himmelgeister hold, durch Lieder wird / der
unterirdschen Mächte Zorn gestillt. 138

Vitruv

Aus »Zehn Bücher über Architektur«

Zu Kapitel IV 6

VITRUVIUS POLLIO war Baumeister in Rom im ersten Jahrhundert v. Chr. Sein Werk »De architectura libri decem« wurde zwischen 25 und 23 v. Chr. verfaßt und Augustus gewidmet.

1. *Buch I 2,* übers. von Franz Reber, Stuttgart 1865

Thema: Das Ziel des Bauwerks: Symmetrie der Teile und Zweckmäßigkeit

Gliederung: [1] Die sechs Grundlagen der Baukunst. [2] Die Anordnung der Glieder eines Bauwerks nach Größenverhältnissen. [3] Die Aufteilung des benötigten Raumes nach seiner Bestimmung mit Überlegung und Erfindung. [4] Eurhythmie: das rechte Verhältnis der Glieder zueinander. [5] Symmetrie: das rechte Verhältnis eines Teiles zum Gesamtkomplex. [6] Angemessenheit auf Grund von Satzung: der Tempel muß stilistisch seinem Gott entsprechen. [7] Angemessenheit auf Grund von Gewohnheit: Einheit im Stil innerhalb eines Gebäudes. [8] Naturgemäße Angemessenheit: das Bauwerk als Ganzes und jedes seiner Teile soll seinem Zweck entsprechen. [9] Das Material muß sich nach den Gegebenheiten des Ortes und dem Zweck des Gebäudes richten.

1 [1] Die Baukunst aber beruht auf folgenden Grundlagen: auf der Anordnung, welche auf griechisch Taxis heißt, auf der Verzeichnung, welche die Griechen Diathesis nennen, auf der Eurhythmie, auf der Symmetrie, auf der Angemessenheit und auf der Verwendung, welche auf griechisch Oikonomia heißt.

[2] Die Anordnung ist eine maßvolle 2
und zweckmäßige Bestimmung der einzelnen Glieder eines Gebäudes

für sich und sein symmetrisches Zurechtlegen der Verhältnisse des Ganzen; sie bestimmt sich aus dem Größenverhältnisse, welches die Griechen Posotes nennen; das Größenverhältnis aber ist der aus den Gliedern des Werkes selbst genommene Maßstab, das entsprechende Ergebnis aus den einzelnen Teilen der Glieder des ganzen Werkes.

[3] Die Verzeichnung aber ist das passende räumliche Anbringen der Bestandteile und das Erzielen einer hinsichtlich ihrer Bestimmung gewählten Zusammenstellung der Bestandteile eines Gebäudes. Bezeichnungsarten, welche die Griechen Ideai nennen, gibt es folgende: Grundriß, Aufriß und perspektivische Ansicht. Der Grundriß ist die im verkleinerten Maßstab ausgeführte zusammenhängende Bezeichnung der Bodenfläche des künftigen Gebäudes vermittels Zirkel und Lineal, von welcher die Begrenzungslinien der Gelasse auf der Bodenfläche der Bauplätze entnommen werden. Der Aufriß ist das aufrechtstehende Bild der Stirnseite und eine im verkleinerten Maßstabe nach den Verhältnissen des künftigen Gebäudes gemalte Darstellung. Die perspektivische Ansicht ferner ist eine die Stirnseite und die zurücktretenden Seiten darstellende Zeichnung, bei welcher die Richtungen aller Linien einem Zirkelmittelpunkt entsprechen. Diese Verzeichnungen werden durch Überlegung und Erfindung geschaffen. Die Überlegung ist die eifrige, angelegentliche und unermüdliche Bemühung, einen mit Liebe sich vorgesetzten Gegenstand ins Werk zu setzen. Die Erfindung aber ist die Lösung dunkler Fragen und die Auffindung des Grundes einer neuen Sache durch die erregte Kraft des Geistes. Dies die Begriffsbestimmungen für die Bezeichnungen.

[4] Die Eurhythmie ist das Anspre- 3
chende im Aussehen und ein hinsichtlich der Zusammenstellung der Glieder behaglicher Anblick. Sie wird erzielt, wenn die Glieder des Gebäudes im richtigen Verhältnisse der Höhe zur Breite, der Breite zur Länge stehen und überdies alle ihren symmetrischen Gesamtverhältnissen entsprechen.

[5] Die Symmetrie ferner ist die aus 4
den Gliedern des Gebäudes selbst sich ergebende Übereinstimmung und das entsprechende Verhältnis eines nach den einzelnen Teilen berechneten [größeren] Teiles zum Totalanblick. Wie am Körper des Menschen nach dem Vorderarm, dem Fuße, der flachen Hand, dem Finger und den übrigen Teilen das symmetrische und eurhythmische Verhältnis sich bestimmt, so verhält es sich auch bei Gebäuden: so bestimmt es sich zunächst bei Sakralbauten entweder nach der Säulendicke oder dem Triglyphon [Dreischlitz] oder auch nach dem Embates [griechischer Meßschuh], an der Baliste nach der Bohrung, welche die Griechen Peritreton nennen, an den Schiffen nach dem Zwischenraume zwischen den einzelnen Ruderzapfen, welcher Diapektike genannt wird, und auch an den übrigen Werken wird so nach einzelnen Gliedern die Berechnung der symmetrischen Verhältnisse gefunden.

[6] Die Angemessenheit ist das tadel- 5
lose Aussehen eines aus erprobten Bestandteilen mit Rücksicht auf das anerkannte Herkommen aufgeführ-

ten Gebäudes. Diese ergibt sich durch Satzung, welche auf griechisch Thematismos heißt, oder durch Gewohnheit oder durch die Natur der Sache. Durch Satzung, wenn man dem blitzenden Jupiter und dem Himmel und dem Sonnengott und der Mondgöttin Tempel, die im Innern oben offen sind, Hypaithra, erbaut. Denn die Gestalten und Wirkungen dieser Götter sehen wir im offenen und lichten Weltraum gegenwärtig. Der Minerva, dem Mars und dem Hercules wird man dorische Tempel bauen; denn wegen der Mannhaftigkeit dieser Gottheiten ist es angemessen, ihnen prunklose Gebäude zu errichten. Für die Venus, Flora, Proserpina und die Nymphen der Quellen dürften die im korinthischen Stil erbauten Tempel die passenden Eigenschaften haben, weil bei den diesen Gottheiten geweihten Tempeln in Rücksicht auf deren zarte Wesenheit das Schlanke, Blumenreiche und der Blätter- und Spiralenschmuck die entsprechende Angemessenheit zu erhöhen scheint. Wenn man der Juno, Diana, dem Vater Liber und den übrigen Göttern, welche ähnlichen Wesens sind, ionische Tempel errichtet, so wird damit ihren die Mitte haltenden Eigenschaften Rechnung getragen, weil die festgestellte Eigentümlichkeit dieser Tempel sich sowohl von der strengen Sitte der Dorer als der Zartheit der Korinther ferne hält.

6 [7] Die auf Gewohnheit beruhende Angemessenheit kommt dadurch zum Ausdruck, daß man bei Gebäuden, die im Innern prächtig sind, ebenfalls entsprechende und glänzende Vorhallen anbringen wird; wenn nämlich die inneren Räume ein glänzendes Aussehen, die Zugänge aber ein gemeines und unansehnliches haben, so werden sie der Angemessenheit entbehren. Ferner, wenn man bei dorischen Unterbalken [Architrav oder Epistyl] im Gesimse den Zahnschnitt meißeln wird oder wenn man bei Säulen mit Polster-Capitälen und ionischen Unterbalken im Fries den Dreischlitz [Triglyphon] herausarbeitet, so wird, indem man die Eigentümlichkeiten des einen auf einen anderen Baustil überträgt, der Anblick gestört werden, indem einmal vorher eine andere Zusammensetzung der Ordnung durch den Gebrauch sich festgestellt hatte.

[8] Naturgemäß aber wird die Ange- 7
messenheit dann sein, wenn überhaupt für alle Tempel die gesundesten Gegenden und passenden Brunnenquellen an den Orten ausgewählt werden, an welchen die Heiligtümer angelegt werden sollten; insbesondere aber für die Tempel des Aesculap, der Salus und derjenigen Gottheiten, durch deren Heilmittel die meisten Kranken hergestellt werden sollen. Denn wenn die kranken Körper von einem ungesunden an einen gesunden Ort gebracht werden und ihnen dazu der Gebrauch von Gesundbrunnen dargeboten wird, so werden sie schneller genesen; und so wird bewirkt werden, daß die Gottheit aus der natürlichen Beschaffenheit des Ortes ein größeres und durch Verdienste erhöhtes Ansehen erhalte. Ferner wird es natürliche Angemessenheit sein, wenn für Schlafgemächer und Bücherzimmer die Fenster im Osten angebracht werden, für Bäder und Wintergemächer im Südwesten, für Gemäldezimmer und für

diejenigen Teile, welche eine gleichmäßige Beleuchtung nötig haben im Norden, weil diese Himmelsgegend durch den Lauf der Sonne weder erhellt, noch verdunkelt wird, sondern [in bezug auf das Licht] den ganzen Tag über verläßlich und unveränderlich ist.

8 [9] Die Verwendung aber ist die zweckmäßige Verteilung des Materials und des Raumes und eine sparsame und berechnete Mäßigung des Aufwandes bei Bauwerken. Diese wird so beachtet, wenn fürs erste der Baumeister das nicht verlangt, was nicht gefunden oder beschafft werden kann, außer um hohen Preis. Denn nicht allerorts gibt es Grubensand, noch Bruchsteine, noch Tannen, noch hochstämmige Fichten, noch Marmor; sondern an einem Orte findet sich dieses, an dem anderen jenes Material, und das Zusammenbringen desselben ist schwierig und mit großem Aufwand verbunden. Man muß aber, wo es keinen Grubensand gibt, Flußsand oder angeschwemmten Meersand gebrauchen. Auch den Mangel an Tannen und hochstämmigen Fichten umgeht man durch die Anwendung der Zypresse, Pappel, Ulme und Pinie, und diesem ähnlich wird auch das übrige ausfindig zu machen sein. Der Standpunkt der Verwendung wird ein anderer sein, wenn mit Rücksicht auf den Gebrauch von Familienvätern [Vermietung], oder wenn mit Rücksicht auf Geldreichtum oder mit Berücksichtigung der Würde eines öffentlichen Amtes die Gebäude verschieden angelegt werden. Denn anders dürften städtische Häuser errichtet werden müssen, anders diejenigen, in welchen die Feldfrüchte von den ländlichen Besitzungen aufgehäuft werden [Magazine], nicht in gleicher Weise die Häuser der Kapitalisten, anders für reiche und üppige Leute; den Machthabern aber, durch deren Gedanken der Staat gelenkt wird, werden sie nach ihrem Bedürfnisse eingerichtet werden, und überhaupt ist der Aufwand bei den Gebäuden allen Personen angemessen zu machen

2. *Buch III 1* (Übers. wie 1)

Thema: Der menschliche Körper als Vorbild für Maß, Zahl und Symmetrie

Gliederung: [1] Ein Tempel beruht auf Symmetrie seiner Teile zueinander und zum Ganzen. [2] Die symmetrischen Verhältnisse der Teile des menschlichen Körpers zueinander. [3] Solche Symmetrie ist auch bei Bauwerken, besonders bei Tempeln anzuwenden. [4] Maße und Zahlen sind vom menschlichen Körper abgenommen.

1 [1] Die Anlage der Tempel beruht auf den symmetrischen Verhältnissen, deren Gesetze die Baukünstler aufs sorgfältigste innehaben müssen. Diese aber entstehen aus dem Ebenmaße [Proportion], welches von den

Griechen Analogia genannt wird. Proportion ist die Zusammenstimmung der entsprechenden Gliederteile im gesamten Werke und des Ganzen, woraus das Gesetz der Symmetrie hervorgeht. Denn es kann kein Tempel ohne Symmetrie und Proportion in seiner Anlage gerechtfertigt werden, wenn er nicht, einem wohlgebildeten Menschen ähnlich, ein genau durchgeführtes Gliederungsgesetz in sich trägt.

2 [2] Denn die Natur hat den Körper des Menschen so gebildet, daß das Angesicht von dem Kinn bis zu dem oberen Ende der Stirn und den untersten Haarwurzeln den zehnten Teil [der ganzen Körperlänge] ausmacht; das gleiche ebensoviel die Fläche der Hand vom Handgelenk bis zum Ende des Mittelfingers, der Kopf vom Kinn bis zum höchsten Punkte des Scheitels den achten Teil, ebensoviel vom unteren Ende des Nackens aus, vom oberen Ende der Brust bis zu den untersten Haarwurzeln den sechsten, von der Mitte der Brust bis zum höchsten Scheitelpunkte den vierten Teil. Von der Höhe des Gesichtes selbst aber ist vom Kinnende bis zum unteren Ende der Nase ein Dritteil, ebensoviel beträgt die Nase von ihrem unteren Ende bis zu dem in der Mitte der Augenbrauen; von diesem Endpunkte bis zu den untersten Haarwurzeln, wo die Stirne gebildet wird, ist gleichfalls ein Dritteil. Der Fuß aber mißt den sechsten Teil der Körperhöhe, der Vorderarm den vierten, die Brust gleichfalls den vierten Teil [von einer Achsel zur anderen]. Auch die übrigen Glieder haben ihre Maßverhältnisse, deren sich auch die alten angesehensten Maler und Bildhauer bedient und dadurch großen und endlosen Ruhm erlangt haben.

In ähnlicher Weise aber müssen die 3
Glieder der Tempel in Hinsicht auf die Gesamtmasse der ganzen Größe in den einzelnen Teilen Maßverhältnisse haben, die sich einander in vollkommenster Übereinstimmung entsprechen. Der Mittelpunkt des Körpers ferner ist von Natur der Nabel. Denn wenn ein Mensch mit ausgespannten Händen und Füßen auf den Rücken gelegt wird und man den Zirkelmittelpunkt in seinen Nabel einsetzt, so werden, wenn man die Kreislinie beschreibt, von den beiden Händen und Füßen Finger und Zehen von der Linie berührt. Ebenso, wie die Figur eines Kreises an dem Körper dargestellt wird, so wird auch die eines Quadrates an ihm gefunden. Denn wenn man vom unteren Ende der Füße bis zur Scheitelhöhe mißt und dieses Maß auf die ausgespannten Hände überträgt, so wird man dieselbe Breite wie Höhe finden, wie dies bei Flächen ist, die nach dem Winkelmaß quadratisch gemacht sind.

[3] Wenn daher die Natur den Kör- 4
per des Menschen so gebildet hat, daß die Glieder seiner ganzen Gestalt in bestimmten Verhältnissen entsprechen, so scheinen die Alten mit Grund es so festgesetzt zu haben, daß sie auch bei der Ausführung von Bauwerken ein genaues Maßverhältnis der einzelnen Glieder zu der ganzen äußeren Gestalt beobachten. Wie sie daher bei allen Bauwerken Ordnungsvorschriften überlieferten, so taten sie es besonders bei den Tempeln der Götter, bei welchen Werken Vorzüge und Mängel ewig zu sein pflegen.

5 [4] Ebenso haben sie die Grundmaße, welche bei allen Bauwerken notwendig zu sein scheinen, von den Gliedern des Körpers hergenommen, wie den Zoll [Finger], Palm [Handfläche], Fuß, die Elle [Ellenbogen, Vorderarm], und haben sie, eine vollkommene Zahl, welche die Griechen Teleion nennen, zu Grunde legend, eingeteilt. Als vollkommene Zahl aber haben die Griechen festgesetzt, was man zehn nennt, denn von den Händen ist die Zehn-Zahl der Zolle [Finger] und von den Zollen der Palm und von dem Palm der Fuß erfunden. Wie aber nach den Gliedern der beiden Handflächen zehn die vollendete Zahl ist, so billigt auch Plato diese Zahl als die vollendete, deshalb, weil die Zehnheit aus den einzelnen Fingern, welche bei den Griechen Monades heißen, entsteht. Sobald ihrer aber elf oder zwölf geworden sind, so können sie, weil sie dieselben überschreiten, keine vollkommene Zahl mehr sein, bis sie zu einem anderen Zehner gelangen, denn die einzelnen Dinge sind Teile jener Zahl ...

7 Nicht minder haben sie auch deshalb, weil der Fuß den sechsten Teil der Höhe des Menschen ausmacht und folglich durch eine Anzahl von sechs Fuß die Höhe des Körpers bestimmt wird, diese Zahl als die vollkommene aufgestellt und wahrgenommen, daß auch die Elle aus sechs Palmen [Handbreiten] und 24 Zollen bestehe. Mit Bezugnahme darauf scheinen es auch die Staaten der Griechen getan zu haben, daß sie, wie die Elle aus sechs Palmen besteht, bei der Drachme, deren sie sich als Münze bedienen, in gleicher Weise sechs Kupfermünzen, wie etwa die Asse, welche sie Obolos nennen, und im Anklang an die Zolle Viertel-Obolen, welche die einen Dichalka, andere Trichalka nennen, vierundzwanzig auf eine Drachme eingeführt haben.

8 Unsere Ahnen aber haben zuerst die alte Zahl angenommen, und zehn Kupfermünzen auf einen Denar eingeführt, und daher behält der Denar bis auf den heutigen Tag seine Benennung; auch nannten sie den vierten Teil, weil er aus dritthalb Ass bestand, Sestertius. Nachdem sie aber später wahrnahmen, daß beide Zahlen, sowohl sechs als zehn, vollkommen seien, fügten sie beide in eine zusammen und machten Sechzehn zur vollkommensten. Als Beleg dafür stellten sie den Fuß hin; denn wenn man von der Elle zwei Handbreiten wegnimmt, so bleibt ein Fuß von vier Handbreiten übrig, die Handbreite aber hat vier Zoll, und so geht daraus hervor, daß der Fuß sechzehn Zoll und der Denar in Kupfer ebensoviele Asse habe.

9 Wenn man also einig ist, daß die Zahl nach den Gliedern der Menschen erfunden worden sei und daß von den gesonderten Gliedern ein der gesamten Körpergestalt entsprechendes Maßverhältnis eines bestimmten Teiles besteht, so folgt daraus, daß wir diejenigen bewundern müssen, welche auch bei der Errichtung der Tempel der unsterblichen Götter die Glieder ihres Werkes so geordnet haben, daß durch Proportion und Symmetrie ihre Gliederung gesondert und im Ganzen betrachtet sich einheitlich entwickelte.

Seneca

Aus »Briefe an Lucilius«

Zu Kapitel IV 3

LUCIUS ANNAEUS SENECA wurde 5/4 v. Chr. in Corduba (Spanien) geboren und starb im Jahre 65 n. Chr. durch eigene Hand, von seinem ehemaligen Schüler und Freund Nero dazu getrieben. – Die Briefe an Lucilius (»Epistulae morales ad Lucilium«), von denen 124 erhalten sind, entstanden um das Jahr 63, nach Senecas Verbannung vom Hofe Neros, und beschäftigen sich aus stoischer Sicht mit ethischen Fragen.

1. *Der 58. Brief,* §16–21, übers. von Otto Apelt, Leipzig 1923

Thema: Idee und Bild im Kunstwerk

Gliederung: [1] Die ersten drei Formen des Seins bei Platon. [2] Urbilder der Natur und der Kunst. [3] Unterschied zwischen dem Urbild (Idee) und der Form realisierter Gestalt (Eidos) im Kunstwerk.

16 [1] Nun kehre ich zu dem, was ich dir versprochen, zurück und lege dir das Platonische Fachwerk des Seienden in seiner sechsfachen Gliederung dar. Die *oberste* Stelle unter dem Seienden *(quod est)* nimmt das ein, was weder durch Gesicht noch Betastung noch sonstige sinnliche Auffassung wahrgenommen wird, sondern nur denkbar ist. Der allgemeine Begriff, wie z. B. der Mensch im allgemeinen, ist kein sichtbarer Gegenstand, wogegen der besondere Mensch dies ist, wie z. B. Cicero und Cato. Der Begriff Tier wird nicht gesehen, sondern gedacht, die einzelne Art aber,

17 Pferd und Hund, wird gesehen. Als
zweite Art des Seienden stellt Plato
dasjenige Wesen hin, welches alles
überstrahlt und überragt. Ihm
kommt vorzugsweise das Sein zu, wie
er sagt. Der Name ›Dichter‹ hat zwar
eine allgemeine Bedeutung, denn er
wird auf alle angewendet, die Verse
machen; doch schon bei den Grie-
chen diente er fast ausschließlich zur
Bezeichnung eines einzigen: ist vom
Dichter die Rede, so denkt man an
Homer. Was ist also [bei Platon] dies
oberste Wesen? Nichts anderes als
Gott, der an Größe und Macht alles
18 hinter sich läßt. Die *dritte* Gattung
umfaßt das eigentlich Seiende, un-
zählig im einzelnen, aber unserem
Auge nicht wahrnehmbar. ›Was ist
es also?‹ fragst du. Es ist, sozusagen,
Platos eigentliches Handgerät. Er be-
dient sich dafür des Namens ›Ideen‹.
Aus ihnen stammt alles her, was wir
sehen, ihnen verdankt alles seine Ge-
staltung. Diese Ideen sind unsterb-
lich, unwandelbar, jeder Verletzung
unzugänglich. Vernimm also, was
die Idee sei, das heißt, was sie nach
19 Platos Ansicht sei: ›Die Ideen sind
die ewigen Vorbilder alles dessen,
was in der Natur im Werden begrif-
fen ist.‹ [2] Ich füge dieser Definition
eine Erläuterung bei, die dir die Sa-
che klarer machen soll. Nimm an,
ich wollte ein Bild von dir anferti-
gen. Du bist dann das Musterbild zu
meinem Gemälde, dem mein Geist
die Züge entlehnt, die ich meinem
Werke beilege. So wäre denn hier
deine Gesichtsform, die für meine
Nachahmung führend und maßge-
bend ist, die Idee. Solcher Urbilder
hat die Natur eine unzählbare Men-
ge, Menschen, Fische, Bäume, nach
denen denn alles Schöpferwerk der
Natur sich richtet. [3] Die *vierte* Gat- 20
tung ist die Gestalt [εἶδος]. Was es
mit dieser Gestalt auf sich habe, das
zu erkennen, erfordert besondere
Aufmerksamkeit, eine Schwierigkeit,
die du nicht mir zur Last legen
darfst, sondern dem Plato. Jede fei-
nere Unterscheidung hat eben ihre
Schwierigkeit. Eben erst führte ich
vergleichsweise den Maler ein. Er
wollte den Vergil in Farben wieder-
geben, hielt also den Blick scharf auf
ihn gerichtet. Vergils Antlitz war die
Idee, das Urbild für das werdende
Werk. Was der Künstler ihm ent-
nimmt und auf sein Werk überträgt,
ist die Idee. Was ist also der Unter- 21
schied zwischen beiden (Ideen und
Eidos)? So fragst du. Das eine ist das
Urbild, das andere die dem Urbild
entlehnte und auf das eigene Werk
übertragene Form. Das erstere ahmt
der Künstler nach, die letztere ist
sein eigenes Werk. Eine Statue hat
ein gewisses Gepräge. Das ist die Ge-
stalt [εἶδος]. Aber auch das Urbild
selbst hat ein gewisses Gepräge, das
dem Auge des Künstlers vorschweb-
te, als er seine Natur gestaltete: das
ist die Idee. Verlangst du noch eine
weitere Unterscheidung, so ver-
nimm: die Gestalt ist in dem Werk
selbst, die Idee ist außerhalb des
Werkes, und nicht bloß dies, son-
dern sie liegt auch *vor* demselben . . .

2. *Der 58. Brief,* § 25–28

Thema: Der Nutzen dieser Betrachtung

Gliederung: [1] Wie können mich die platonischen Ideen zu einem besseren Menschen machen? [2] Sie führen vom Vergänglichen, der Gestalt, auf die unsere Begierde gerichtet ist, zum Unvergänglichen, zur Idee.

25 [1] ›Was habe ich von diesen Spitz-
findigkeiten?‹ Fragst du mich so,
dann antworte ich: nichts. Aber wie
ein Metallstecher seinen überan-
strengten und ermüdeten Augen zu-
weilen eine Erholung und Pause
gönnt und ihnen, wie man sagt, mit
einer Augenweide aufwartet, so müs-
sen wir unserem Geist zuweilen eine
Abspannung gönnen und ihm durch
gewisse Erfrischungsmittel seine
Kraft wieder zurückgeben. Aber die-
se Mittel müssen auch ihrerseits dem
Geist etwas zumuten. Auch aus dem
eben von mir Behandelten wirst du
26 bei einiger Achtsamkeit etwas ent-
nehmen, was dir heilsam sein kann.
Aus jeder Untersuchung, mag sie der
Philosophie auch noch so fern liegen,
suche ich etwas herauszuziehen und
es nutzbar zu machen. Was nun den
von uns hier behandelten Gegen-
stand anlangt, was scheint wohl we-
niger danach angetan, veredelnd auf
unseren Charakter zu wirken, als er?
Wie können mich die platonischen
Ideen zu einem besseren Menschen
machen? Was soll ich aus ihnen ent-
nehmen, das meinen Begierden Ein-
halt tun könnte? [2] Und doch! Wie
hoch ist schon das anzuschlagen, daß
Plato alle dem, was den Sinnen
27 dient, was uns reizt und verführt, das
wahre Sein abspricht. Also all diese
Dinge gehören nur unserer Einbil-
dung an und tragen nur für einige
Zeit ihr Antlitz zur Schau, nichts von
alledem ist dauernd und fest.
Gleichwohl sind sie Gegenstand un-
serer Begierde, als ob sie von dauern-
dem Bestand wären und wir sie im-
mer haben würden. Schwächliche
und vergängliche Geschöpfe, befin-
den wir uns in einer nichtigen Umge-
bung: geben wir also unserem Geist
die Richtung auf das, was ewig ist.
Geben wir uns der bewundernden
Betrachtung jener in erhabener Höhe
schwebenden Urformen aller Dinge
hin sowie der Bewunderung Gottes,
der unter ihnen waltet und Sorge
trägt, wie er das, was er nicht un-
sterblich machen konnte, weil die
Materie es verhinderte, doch vor dem
Tode schütze und der Vernunft den
Sieg verschaffe über die Schwächen
des Leibes. Denn ihren Bestand ver- 28
danken alle Dinge nicht etwa einer
ihnen zuteil gewordenen Ewigkeit,
sondern dem fürsorgenden Schutz
des Allwalters; wären sie unvergäng-
lich, so bedürften sie keines Beschüt-
zers. Der Meister, der ihnen ihre Ge-
stalt gab, erhält sie auch durch die
Kraft, mit der er über die Materie
siegt. Blicken wir mit Verachtung
herab auf alles, was so wenig Wert
hat, daß es zweifelhaft bleibt, ob es
überhaupt sei . . .

3. *Der 65. Brief,* § 1–14

Thema: Über Ursache und Materie. Das Herstellen des Künstlers; äußeres und inneres Bild

Gliederung: [1] Einführung: Es geht um eine Streitfrage. [2] Theorie der Stoiker: Kunst als Nachahmung der Natur. In beiden ist etwas, woraus etwas entsteht (Materie) und etwas, wodurch es entsteht (Ursache). [3] Aristoteles' Theorie: 4 Ursachen: Materie, Schöpfer, Form, Zweck, exemplifiziert am Entstehen des Kunstwerks. [4] Platon hat noch eine 5. Ursache: das ewige, unveränderliche Urbild, nach dem etwas geschaffen wird. Das Musterbild des Künstlers kann außer ihm oder in ihm sein. [5] Parallelität zwischen Schaffen der Kunst und Schöpfung der Natur. [6] Die Vielzahl der Ursachen bei Platon und Aristoteles sind nur Teile der einen wirkenden Ursache, der Vernunft, und zwar in der Natur wie in der Kunst.

1 [1] Den gestrigen Tag teilte ich mit meinem Unwohlsein: den Vormittag nahm dieses für sich in Anspruch, den Nachmittag gönnte es mir. Das erste, was ich meinem Geiste zumutete, war etwas Lektüre. Da er sich dafür empfänglich erwies, so wagte ich Höheres von ihm zu fordern oder vielmehr ihm zu erlauben. Ich brachte etwas zu Papier, und zwar mit größerer Anstrengung als gewöhnlich; denn es galt einen widerspenstigen Stoff zu bändigen, dem ich den Sieg nicht einräumen wollte. Inzwischen stellten sich Freunde ein, die entschiedenen Einspruch erhoben und
2 mich wie einen ungeduldigen Kranken mit Gewalt zurückhielten. An die Stelle des Griffels trat nunmehr die Unterhaltung, von der ich dir denjenigen Teil mitteilen will, der noch strittig ist. Wir haben dich zum Schiedsrichter erkoren. Es gibt dabei mehr zu tun als du glaubst. Es kommen dabei drei Punkte in Frage.

[2] Du weißt, unsere Stoiker nehmen zwei Urgründe für alles Werden in der Natur an, die Ursache und die Materie. Die Materie für sich ist träge, empfänglich für alles, aber ruhend, solange nicht jemand sie in Bewegung setzt. Die Ursache aber, also die Vernunft, gibt der Materie die Form, läßt sie die von ihr [der Vernunft] gewünschten Wandlungen durchlaufen und läßt mancherlei Erscheinungen aus ihr hervorgehen. Es muß also etwas geben, aus dem etwas entsteht, sodann etwas, wodurch
es wird. Dies letztere ist die Ursache, 3
das erstere die Materie. Alle Kunst ist Nachahmung der Natur. Was ich also von dem Weltganzen sagte, das gilt auch von den durch Menschenhand herzustellenden Werken. Zur Herstellung einer Bildsäule gehörte einerseits die Materie, die dem Künstler die Möglichkeit seiner Betätigung gab, andererseits der Künstler, der der Natur ihre Form gab. Bei einer Bildsäule also ist die Materie das Erz, die Ursache ist der Meister. Ebenso steht es mit allen Dingen: sie bestehen aus dem, was bewirkt wird, und aus dem Bewirkenden.

[3] Nach der Meinung der Stoiker 4

gibt es nur *eine* Ursache, nämlich die
bewirkende. Aristoteles dagegen
nimmt die Ursache in dreifachem
Sinn: ›Die erste Ursache‹, sagte er,
›ist die Materie selbst, ohne die
nichts hervorgebracht werden kann;
die zweite der Werkmeister, die drit-
te die Form, die jedem Werke wie ei-
ner Bildsäule ihr eigentümliches Ge-
präge gibt.‹ Aristoteles bezeichnet
sie mit dem Ausdruck εἶδος [Gestalt,
Eigenart]. ›Dazu‹, sagt er, ›kommt
noch eine vierte Ursache, der *Zweck*
5 des ganzen Werkes‹. Über ihre Be-
deutung sei folgendes gesagt: Das
Erz ist die erste Ursache einer Bild-
säule. Denn sie wäre überhaupt nicht
entstanden, wenn nicht das vorhan-
den gewesen wäre, aus dem sie ge-
gossen oder hervorgebracht ward.
Die zweite Ursache ist der Künstler.
Denn jenes Erz hätte nicht zur Ge-
stalt einer Bildsäule geformt werden
können, wenn nicht geschickte Hän-
de dabei im Spiele gewesen wären.
Die dritte Ursache ist die Form.
Denn diese Statue würde nicht Dory-
phoros [Speerträger] oder Diadume-
nos [Jüngling, der sich das Haupt mit
der Siegerbinde schmückt] genannt
werden, wenn sie nicht dieses beson-
dere Gepräge erhalten hätte. Die
vierte Ursache ist der Zweck der Her-
stellung überhaupt. Denn ohne ei-
nen solchen wäre sie überhaupt nicht
6 in Angriff genommen worden. Und
der Zweck, was ist er? Das, was den
Künstler veranlaßt hat, was für sein
ganzes Schaffen bestimmend war.
Und zwar ist das entweder Geld,
wenn er es bei der Herstellung auf
den Verkauf abgesehen hatte, oder
Ruhm, wenn er sich einen Namen
machen wollte, oder ein religiöser
Antrieb, wenn er dem Tempel damit
ein Geschenk machen wollte. Also
auch das ist eine Ursache für die Ent-
stehung des Werkes. Oder glaubst
du nicht, zu den Ursachen des ferti-
gen Werkes sei auch das zu rechnen,
ohne dessen Vorhandensein das
Werk überhaupt nicht in Angriff ge-
nommen worden wäre?

[4] Plato fügt dem noch eine fünfte 7
Ursache hinzu, das Urbild, das er
selbst Idee genannt. Das ist nämlich
dasjenige, was dem Auge des Künst-
lers bei Herstellung des beabsichtig-
ten Werkes vorschwebt. Es macht
aber für eine Sache nichts aus, ob
dies Musterbild *außer ihm* ist, so daß
er die Augen nach ihm hinrichtet,
*oder in ihm, so daß er es selbst mit
seinem Geiste erfaßt und sich zum
Ziel gesetzt hat.* Diese Urbilder aller
Dinge trägt die Gottheit in sich, sie
umfaßt in ihrem Geist alles, was ins
Werk zu setzen ist, nach Zahl und
Maß: sie birgt in sich die ganze Fülle
der Formen, die Plato Ideen nennt,
diese unvergänglichen, unveränderli-
chen, ewig frischen Urbilder. So ver-
gehen denn zwar die Menschen, aber
die Idee der Menschheit, nach wel-
cher der Mensch geschaffen wird, sie
bleibt, und während die Menschen
leiden und zugrunde gehen, bleibt 8
sie jeden Leides ledig. Es gibt also
nach Plato der Ursachen fünf: *aus*
was, das *durch* was, das *in* was, das
nach was, das *um wes willen.* Das
letzte Ergebnis aus alle dem ist das
daraus zustande gekommene Werk.

[5] So ist bei einer Bildsäule, um bei
diesem einmal eingeführten Beispiel
zu bleiben, das *aus was* das Erz, das
durch was der Künstler, das *in was*
die Form, die ihr angepaßt wird, das
nach was das Urbild, das der Schaf-
fende nachahmt, das *um wes willen*

der Zweck, den er mit seinem Werke
9 verfolgt; das Ergebnis von alle dem
ist eben die Bildsäule. Das alles fin-
det sich dem Plato zufolge auch bei
dem Weltganzen: Der Schaffende,
das ist Gott; das, woraus es wird, das
ist die Materie; die Form, das ist die
Beschaffenheit und Ordnung der
Welt, die vor unseren Blicken liegt;
das Musterbild, das ist die Idee, nach
der Gott dies herrlichste aller Werke
in seiner ganzen Großartigkeit schuf.
Und endlich der Zweck dieser Schöp-
10 fung. Was ist, fragst du, das Abse-
hen Gottes? Das Gute. So sagt we-
nigstens Plato: ›Welche Ursache hat-
te Gott, die Welt zu schaffen? Er ist
voll Güte; wer aber gut ist, für den
gibt es niemals und nirgends einen
Grund zum Neide. Daher gab er der
Welt die denkbar beste Gestalt.‹
Fälle also jetzt als Richter dein Urteil
und verkünde, wer deinem Dafür-
halten nach das Wahrste sagt, nicht
wer es wirklich sagt. Denn dies liegt
so hoch über uns wie die Wahrheit
11 selbst. [6] Diese Häufung von Ursa-
chen, die sich bei Aristoteles und
Plato findet, umfaßt entweder zu
viel oder zu wenig. Denn wenn sie
als Ursache der schaffenden Tätigkeit
alles das hinstellen, was vorhanden
sein muß, um eine Sache zustande
zu bringen, so haben sie zu wenig
genannt. Auch die Zeit gehört dann
zu den Ursachen: nichts kann ohne
die Zeit entstehen. Ebenso der
Raum: gibt es keinen Ort, wo es ge-
schieht, so wird es überhaupt nicht
geschehen. Nicht minder die Bewe-
gung: nichts entsteht ohne sie, nichts
vergeht ohne sie. Keine Kunst, keine
Veränderung ist ohne Bewegung. Al- 12
lein wir suchen jetzt eine erste und
allgemeine Ursache. Diese muß eine
einfache sein; denn auch die Materie
ist einfach. Fragen wir also nach der
Ursache, so lautet die Antwort: *die
wirkende Vernunft, und dies ist die
Gottheit.* Denn alles das, was ihr
aufgezählt habt, ist nicht eine Viel-
heit einzelner Ursachen, sondern
hängt von der einen ab, nämlich der
wirkenden. Du erklärst die Form für
eine Ursache? Sie prägt der Künstler 13
dem Werke auf, sie ist ein Teil der
Ursache, nicht die Ursache selbst.
Auch das Urbild ist nicht Ursache,
sondern unentbehrliches Werkzeug
der Ursache. Das Urbild ist dem
Künstler so unentbehrlich wie Mei-
ßel und Feile; ohne diese kann die
Kunst nichts ausrichten. Doch sind
dies keine Teile oder Ursachen der 14
Kunst. ›Der Zweck‹, heißt es weiter,
›ist für den Künstler die Ursache,
sich an eine Arbeit zu machen.‹ Mag
er immerhin Ursache sein, er ist nicht
wirkende, sondern nur nebenherge-
hende Ursache. Deren aber gibt es
eine Unzahl. Wir aber fragen nach
der allgemeinen Ursache. Wenn jene
Philosophen aber das Weltganze als
vollendetes Werk eine Ursache nen-
nen, so entspricht das nicht ihrem ge-
wohnten Scharfsinn; denn es ist ein
großer Unterschied zwischen einem 17
Werk und der Ursache des Werkes.

Plutarch

Aus »Wie ein Jüngling die Dichter lesen soll«

Zu Kapitel IV 2

PLUTARCH (etwa 46–127 n. Chr.) war Philosoph, Naturwissenschaftler und Rhetor aus Chaeronea, wo er eine eigene Schule hatte. Eine unvollständige Liste mit 277 Werken Plutarchs ist uns überliefert.

Quomodo adulescens poetas audire debeat 15D–16E und 17F–18D, Plutarchs moralische Abhandlungen, übers. von J. F. S. Kaltwasser, Frankfurt 1783

Thema: Die Dichtkunst ist gefährlich und ihre Werke dürfen deshalb nicht ohne Anleitung gelesen werden

Gliederung: A. Die Dichter lügen. [1] Sollen die Jünglinge die schädliche Dichtkunst ganz meiden, oder muß man sie nur recht leiten? [2] Nicht alles verdammen, sondern nur das Schädliche wegschneiden. [3] Das Schöne aber muß mit der Philosophie verbunden werden, um das Angenehme mit dem Nützlichen zu verbinden. [4] Die Dichter setzen, um zu erfreuen, an die Stelle des Wahren das Wahrscheinliche. [5] Man kann dem Schädlichen entgehen, wenn man den Dichtern nicht blindlings glaubt.

B. Auch schön dargestellt bleibt Schändliches schändlich. [1] Die Dichtung ist wie die Malerei nur eine nachahmende Kunst. [2] In der Malerei ist bei Nachahmung des Schändlichen nicht das Nachgeahmte, sondern nur die Vollendung der Nachahmung lobenswert. [3] Auch in der Dichtung wird das Schändliche durch treffliche Nachahmung nicht schön, sondern nur die Kunst der Nachahmung ist zu loben.

15D A [1] Sollen wir nun jungen Leuten, so wie Ulysses seinen Ithakern, die Ohren mit zähem Wachs verstopfen, und sie zwingen, auf dem Kahne Epikurs [also wie dessen Anhänger, die Verächter der Dichtkunst] eilends vor der Dichtkunst vorüberzufahren; oder sollen wir vielmehr ihr Urteil durch die Vernunft einschränken und durch eine vorsichtige Leitung es verhüten, daß sie nicht durch das Angenehme zum Schädlichen hinge-
E rissen werden? [2] Dryas' Sohn, der starke Lykurgus [Ilias VII 130] zeigte gewiß keinen gesunden Verstand, daß er, weil viele in der Trunkenheit Ausschweifungen begingen, die Weinstöcke überall ausrottete, anstatt, daß er die Wasserquellen hätte näher hinzuleiten und den rasenden Gott, wie Plato sagt [Nomoi 773 d], durch einen Nüchternen bezähmen und zurechtweisen sollen; denn die Vermischung des Weins mit Wasser benimmt ihm alles Schädliche, ohne zugleich das Nützliche mit wegzunehmen. Also dürfen auch wir nicht
F die Dichtkunst, gleichsam den Weinstock der Musen, ausrotten oder vertilgen, sondern nur, wo das Fabelhafte und Theatralische derselben mit ausgelassener und mutwilliger Frechheit sich erhebet, die geilen Ausschößlinge abschneiden und die weitere Ausbreitung verhindern. [3] Wo hingegen die Dichtkunst ihre Schönheiten der Weisheit widmet, und ihr angenehmer und hinreißender Ausdruck nicht leer und unfruchtbar ist, *da müssen wir die Philosophie hinzubringen, und beide miteinander verbinden.* Denn so wie der neben den Weinstöcken wachsende Alraun dem Weine seine Kraft mitteilet, und einen sehr sanften Schlaf verursacht, ebenso *gibt auch die Dichtkunst, wenn die Fabeln derselben mit den Lehren der Philosophie verbunden werden, jungen Leuten eine leichte und angenehme Lektüre.* Der künftige Philosoph darf also die Gedichte nicht fliehen; er muß vielmehr die Philosophie auf 16A
die Gedichte anwenden, und sich gewöhnen, *in dem Angenehmen das Nützliche begierig aufzusuchen,* und wo dieses nicht ist, sie mit Unwillen verwerfen. Denn dies ist der Anfang der wahren Gelehrsamkeit. Sophokles aber sagt:

> Hast du bei einem Werk den Anfang gut gemacht,
> Das Ende wird gewiß nicht minder glücklich sein.

[4] Fürs erste muß also der Jüngling, den wir zu den Gedichten führen wollen, nichts so sehr in Gedanken und vor den Augen haben, als diese Worte:

Viel lügen die Dichter [Solon, fr. 21 D], teils mit Vorsatz, teils ohne ihr Wissen. *Mit Vorsatz lügen sie, weil sie glauben, daß sie durch die steife und ernsthafte Wahrheit, ihren Endzweck, zu gefallen und die Ohren zu ergötzen, nicht so gut erreichen können als durch die Erdichtung.* Eine B
wirkliche Begebenheit verstattet, so traurig auch der Ausgang sein mag, keine Veränderung; die Erdichtung hingegen läßt alles mit sich machen und die traurigen Umstände leicht in fröhliche verwandeln. Weder der Wohlklang einer Rede, noch die Tropen, noch der erhabene Stil, noch die passenden Bilder, noch die harmonische Verbindung haben so viel Reiz und Anmut als ein gut ausgearbeitetes Gedicht von mythologi-

schem Inhalt. Gleichwie ein ausge-
maltes Bild wegen der täuschenden
Ähnlichkeit weit besser in die Augen
fällt als ein bloßer Umriß, eben so
*macht auch in den Gedichten die
Wahrscheinlichkeit der Erdichtung
einen weit größeren Eindruck und*
C *wird weit mehr geachtet,* als die
schönste und künstlichste Rede, die
ohne Fabel und Unwahrheit ist. Da-
her war auch Sokrates, als er wegen
einiger Träume sich auf die Dicht-
kunst legte, als der eifrigste Verfech-
ter der Wahrheit ganz außer Stand
und ungeschickt, Unwahrheiten zu
erfinden; und fest überzeugt, daß
das kein Gedicht sei, wobei keine Er-
dichtung sich befindet, wählte er die
äsopischen Fabeln zum Gegenstande
seiner Gedichte [Platon, »Phaidon«
60 e ff]. Ich weiß wohl, daß es Opfer
ohne Tanz und Musik gibt, aber ich
wüßte kein Gedicht, das ohne Fabel
und Erdichtung wäre. Denn die Ge-
dichte des Empedokles und Parmeni-
des, des Nikanders Theriaka und des
Theognis Sentenzen sind nichts als
D Reden, die, um die niedrige Schreib-
art zu vermeiden, von der Dicht-
kunst die Erhabenheit und das Sil-
benmaß entlehnt haben.

[5] Wer nun alles das Schändliche
und Unanständige, das irgendein be-
rühmter und angesehener Dichter
18 von den Göttern, Halbgöttern oder
der Tugend vorbringt, für wahr an-
nehmen wollte, der würde gar bald
zu schädlichen Irrtümern verleitet
werden. Derjenige hingegen, der die
Zauberkraft der Dichtkunst mit der
Unwahrheit sich immer lebhaft vor-
stellet, und jedesmal zu ihr sagen
kann: Schaue Betrügerin, voll Ränke
wie die Sphinx, warum runzelst du
beim Scherz die Stirne? warum
nimmst du die Miene eines Lehrers
an, wenn du betören willst? – der E
wird weder einigen Schaden leiden,
noch etwas Unanständiges glauben.

B [1] Noch weit mehr aber müssen 177
wir den Jüngling, wenn wir ihm die
Dichter selbst in die Hand geben,
dadurch verwahren, daß wir ihm die
Poesie als eine nachahmende Kunst
beschreiben, die auf der einen Seite
mit der Malerei viel Ähnlichkeit hat.

[2] Er muß nicht allein jenen allge-
mein bekannten Satz wissen, daß die 18 A
Dichtkunst eine redende Malerei, die
Malerei aber eine stumme Dicht-
kunst sei, sondern wir müssen ihn
noch überdies lehren, daß man Ei-
dechsen, Affen oder des Thersites
Gesicht [Ilias II 213] auf Gemälden
nur wegen der Ähnlichkeit, nicht
aber wegen ihrer Schönheit, gerne
sieht und bewundert. Denn das, was
von Natur häßlich ist, kann unmög-
lich schön werden; die Nachahmung
aber findet Beifall, wenn sie eine Sa-
che, sie mag schön oder häßlich sein,
nach dem Leben vorstellt. Wollte sie
hingegen einen häßlichen Körper aus
dem Gemälde als schön vorstellen, so
würde sie dadurch den Wohlstand
und die Wahrscheinlichkeit verlet-
zen. Es stellen auch einige auf Ge-
mälden strafbare Handlungen vor,
wie Timomachus den Kindermord
der Medea, Theon den Muttermord
des Orestes, Parrhasius die verstellte
Narrheit des Ulysses, oder Chärepha- B
nes den unzüchtigen Umgang zwi-
schen Manns- und Weibspersonen.
Bei solchen Gemälden muß der
Jüngling vornehmlich belehret wer-
den, daß man nicht die Handlung,
die da vorgestellt wird, lobt, sondern
nur die Kunst, wenn sie den Gegen-
stand recht gut getroffen hat.

[3] Da nun auch die Dichtkunst gar
oft schändliche Handlungen, böse
Leidenschaften und Charaktere ab-
bildet, so darf der Jüngling derglei-
chen Schilderungen, die man wegen
ihrer Schönheit bewundert, weder
für wahr annehmen, noch als gut
und löblich billigen, sondern sie nur
insofern loben, als sie der Person,
wovon die Rede ist, entsprechen und
C sich für sie schicken. So wie wir das
Grunzen des Schweins, das Knarren
des Globen, das Heulen des Windes,
das Brausen des Meeres ungerne und
mit Widerwillen hören; wenn aber
jemand dies geschickt nachmacht (wie
Parmeno das Grunzen des Schweins
und Theodorus das Knarren des Glo-
bens), ein Vergnügen daran finden;
und wie wir einen kranken und sie-
chen Menschen als einen widrigen
Anblick fliehen, hingegen den Phi-
loktetes des [Malers] Aristophon und
die Iokaste des [Bildhauers] Silanion,
die abgezehrt und sterbend vorge-
stellt sind, mit Vergnügen betrach-
ten: ebenso muß man auch einen
Jüngling, der die Reden und Hand-
lungen liest, die dem Possenreißer
Thersites, dem Mädchenschänder Si-
syphus, dem Bordellwirt Batrachus
beigelegt werden, sorgfältig unter-
richten, daß er zwar die nachahmen- D
de Kunst und Geschicklichkeit lobe,
aber die Handlungen und Charakte-
re, der sie nachahmt, äußerst verab-
scheue und verwerfe. Denn es ist
nicht einerlei, etwas *schön* und etwas
Schönes nachahmen. Schön heißt
hier soviel wie treffend und passend;
zum Schändlichen aber paßt sich nur
das Schändliche.

Pseudo-Longinus

Aus der »Schrift vom Erhabenen«

Zu Kapitel IV 8

Die Schrift vom Erhabenen (»De sublimitate«) von einem unbekannten Autor aus dem 1. Jahrh. n. Chr. wurde fälschlich dem CASSIUS LONGINUS (213–273 n. Chr.) zugeschrieben; dieser war Rhetor und Philosoph in Athen und Palmyra.

De sublimitate Kap. I, II, VII, VIII, IX, XXXV, XXXVI; übers. von Renata von Scheliha, Berlin 1938

Thema: Erhabenheit des Kunstwerks verlangt Erhabenheit des Menschen

Gliederung: [1] Einführung; eine solche Schrift muß nicht nur zeigen, was das Erhabene ist, sondern auch, wie es anzueignen ist. [2] Das Erhabene erschüttert und entzückt, es übertrifft so alle nur rational angewandten Kunstmittel. [3] Das Erhabene ist nicht nur Veranlagung, sondern bedarf von Natur aus bestimmter Anweisungen und Regeln. [4] Das Erhabene unterscheidet sich vom künstlichen Schwulst dadurch, daß es über die Zeiten hin die Seelen der Menschen erhebt. [5] Fünf Quellen des Erhabenen auf dem Grunde der Sprache. [6] Nicht jede Leidenschaft ist erhaben, nicht jedes Erhabene leidenschaftlich, doch ist Leidenschaft ein wesentlicher Teil des Erhabenen. [7] Das Großartige (die Kraft zu bedeutenden Entwürfen) bedarf einer großen und edlen Gesinnung. [8] Interpretationsbeispiele aus der Dichtung. [9] Der Mensch wird ergriffen von dem, was göttlicher ist und über alles Begreifen geht. [10] Es muß eine Synthese zwischen dem fehlerlosen, aber kleinen Kunstwerk und dem übermäßigen, aber leider fehlerhaften von Natur Erhabenen gesucht werden.

I [1] Des Caecilius [eines Redelehrers] kleine Schrift vom Stil des Erhabenen erschien uns bei der gemeinsamen Betrachtung – du weißt es noch, mein lieber Postumius Terentianus [ein unbekannter Römer] – allzu eng für den umfassenden Plan zu sein, am wenigsten die entscheidenden Dinge zu berühren und auch nicht den vollen Nutzen, den der Schriftsteller am meisten erzielen soll, dem Lesenden zu gewähren; ferner, da für jede Kunstlehre zweierlei gefordert wird: als erstes, daß sie ihren Gegenstand bestimme, als der Anordnung nach zweites, dem Gehalt nach aber Gewichtigeres, daß sie aufweise, wie wir uns und durch welche Mittel gerade die behandelte Kunst wohl aneignen können, so sucht Caecilius zwar das Wesen des erhabenen Stils durch zahllose Beispiele, als ob er für Ungebildete schriebe, darzutun, das andere aber, auf welche Weise wir die uns eigene Natur zu irgendeiner Steigerung des Sinns für Größe antreiben können, hat er unerklärlicherweise, als wäre es nicht nötig, übergangen. Dennoch ist es wohl geziemend, diesen Mann nicht so sehr der Unterlassungen wegen anzuklagen, als eben seinen Einfall und seinen Eifer zu loben. [2] Da du mich nun aufgefordert hast, auch wir sollten – ganz dir zur Freude – eine erläuternde Schrift über das Erhabene verfassen, so laß uns zusehen, ob das Ergebnis unserer Betrachtung Männern, die in der Öffentlichkeit wirken, dienlich scheint. Du selbst, mein Freund, wirst im Verein mit mir alle Einzelheiten, wie es deiner Natur entspricht und zukommt, mit äußerster Wahrheitsliebe abwägen, denn wahrhaft schön antwortete einer auf die Frage, was wir mit den Göttern gemeinsam haben: das Handeln nach Recht und Wahrheit. Da ich an dich schreibe, Lieber, der du um das Geistige weißt, fühle ich mich fast enthoben, erst weitläufig vorauszuschicken, daß eine gewisse Höhe und Erlesenheit der Sprache den erhabenen Stil bestimmt, und daß die größten Dichter und Schriftsteller durch nichts anderes als durch ebendies den höchsten Preis gewannen und ruhmvoll ihr Zeitalter überragten. Das Übergewöhnliche nämlich überredet nicht, sondern verzückt die Hörer; überall ist, was Staunen erregt und erschüttert, stets mächtiger als das Überredende oder nur Gefällige, da wir unsern Überzeugungen meist gebieten können, jenes andere aber durch seine Macht und unwiderstehliche Wucht außerhalb der Gewalt jeden Hörers steht. Geschickte Erfindung, rechte Anordnung und Verteilung der Gegenstände wird nicht an einer, nicht an zwei Stellen, kaum aus dem gesamten Gewebe der Rede augenfällig. Das Erhabene aber, wenn es im rechten Augenblick hervorbricht, zerstreut alle Dinge nach Art eines Blitzstrahls und zeigt im Nu die gesammelte Kraft des Redners. Dies und ähnliches, so meine ich, könntest auch du, Terentianus, aus eigener Erfahrung lehren.

[3] Zuerst müssen wir danach fragen, II
ob es eine Lehre von der Kunst des Erhebens oder des Vertiefens gibt, da manche glauben, völlig täuschten sich, die derartiges unter künstliche Regel stellen. Denn man sagt, das Großartige sei mit einem geboren und komme nicht durch Lernen hinzu und die einzige Lehre dafür …

eben von Natur so zu sein. Schlechter, so meint man, stehen die natürlichen Schöpfungen da und in jeder Hinsicht schwächer, wenn sie nach Kunstlehren verknöchert werden. Ich aber behaupte, ein anderer Verhalt stellt sich heraus, wenn man beachtet, daß die Natur bei leidenschaftlichen und gehobenen Äußerungen meist eigengesetzlich, aber nicht willkürlich, durchaus nicht regellos zu sein liebt, und daß sie wohl als erstes, urformendes Element der Entstehung allem zugrunde liegt, daß aber nur die Regel die besondere Art und den glücklichen Augenblick eines jeden, ebenso die am wenigsten abirrende Übung und Anwendung zu bestimmen und mithinzubringen fähig ist, und daß das Erhabene noch viel mehr gefährdet ist, wenn es, ohne Einsicht ungestützt und unbeschwert sich selbst überlassen, dem Ungestüm und unwissendem Wagemut preisgegeben wird; bedarf es doch ebensooft des Zügels wie des Sporns. Denn gerade was Demosthenes vom allgemeinen Los der Menschen sagt: Der Güter größtes sei, im Glück zu sein, das zweite aber und nicht geringere sei die Wohlberatenheit, und wo diese fehle, da werde auch das erstere in jedem Falle mitzerstört, dies können wir ebenso auf die Gestaltung durch Worte anwenden, wenn wir Natur für Glück und Kunstfertigkeit für Wohlberatenheit setzen. Das Wichtigste aber ist: Daß eben manches, was der Rede eignet, allein der Natur entspringt, das können wir durch nichts anderes als durch das künstlerische Wissen erkennen. Wie gesagt, wenn der Tadler der Lernbegierigen dies bei sich bedenken würde, dann könnte er wohl, wie es mir scheinen will, die Betrachtung des vorliegenden Gegenstandes nicht mehr für überflüssig und unnütz halten ...

[4] Du mußt wissen, Bester, grad wie im täglichen Leben auch nichts als wahrhaft groß besteht, dessen Verachtung Größe verleiht, wie zum Beispiel Reichtum, Ehren, Ruhm, Herrschaft und alle anderen Dinge, die äußerlich nach viel aussehen, dem Verständigen aber kaum als übermäßige Glücksgüter erscheinen, da sie gering zu schätzen schon ein nicht alltägliches Glück ist – bewundert man doch mehr als die derartiges besitzen jene, die es besitzen könnten, aber aus Seelengröße darauf herabsehen –, ebenso muß auch bei den erhabenen Stellen in Dichtungen und Prosawerken darauf geachtet werden, daß sie nicht bloß den Anschein der Größe haben, behaftet mit vielerlei willkürlichen Zutaten, die, auseinandergelegt, nur als Schwulst befunden werden, den zu verachten vornehmer ist als zu bewundern. Denn von Natur wird unsere Seele durch das wahrhaft Erhabene emporgehoben, im stolzen Aufschwung von Freude erfüllt und hochgestimmt, als habe sie das, was sie vernimmt, selbst geschaffen. Wenn das, was ein kluger, in Dingen der Sprache wohlerfahrener Mann wiederholt hört, seine Seele nicht in eine hohe Stimmung versetzt und auch beim Überdenken in seinem Geist nichts mehr zurückbleibt als bloß Worte, die sogar, wenn er sie anhaltend prüft, zu Belanglosigkeiten herabsinken, dann kann das in Wahrheit nichts Erhabenes gewesen sein, weil es ja nur bei dem ersten Hören standhielt. Denn in Wirklich- VII

keit ist nur groß, was häufige Betrachtung fordert, Widerstand schwierig, ja unmöglich macht, was haftet und unauslöschlich im Gedächtnis bleibt. Ganz allgemein: Halte du für schön, für erhaben und echt, was allen Zeiten und Allen Genüge tut. Denn wenn Menschen von verschiedenen Bestrebungen, Lebensformen, Leidenschaften, Altersstufen und Denkweisen alle insgesamt eines und dasselbe über das Gleiche meinen, dann gewährt das übereinstimmende Urteil so verschiedener Geister ein sicheres und unbestreitbares Zeichen für die Echtheit des Bewunderten.

VIII [5] Man kann sagen, es gibt fünf Quellen, die für den erhabenen Stil am fruchtbringendsten sind. Während gleichsam als gemeinsame Wurzel diesen fünf Formen die Macht der Sprache zugrunde liegt, ohne die sie überhaupt nichts sind, ist die erste und wichtigste jener Quellen die Kraft zu bedeutenden Entwürfen, wie wir in den Bemerkungen über Xenophon bestimmt haben; die zweite ist: starke und begeisterte Leidenschaft. Diese beiden Elemente der erhabenen Äußerung erwirbt man vornehmlich durch Geburt; dagegen wohl schon durch Kunstübung diese übrigen: die eigenartige Bildung der sprachlichen Formen (in der doppelten Hinsicht auf Gedanken und Wortwahl), dann die edle Ausdrucksweise, wozu das Aussuchen der Worte, die Verwendung von Bildern und die kunstvolle Gestaltung gehört, endlich die fünfte Ursache des großen Ausdrucks, die alles Vorhergehende umschließt: die würdige und gehobene Zusammenfügung des Ganzen. [6] Also wollen wir den Inhalt jeder einzelnen dieser Formen betrachten und nur so viel vorausschicken, daß Caecilius einige dieser fünf Elemente nicht erwähnt hat, wie z. B. die Leidenschaftlichkeit. Tat er das aber, weil das Erhabene und das Leidenschaftliche eines seien und nach seiner Meinung völlig zusammengehören und miteinander verwachsen sind, dann geht er fehl. Denn es finden sich Leidenschaftlichkeiten, die dem Erhabenen fern und tief unter ihm sind, z. B. Jammer, Kummer, Furcht, und wiederum gibt es manch erhabenen Ausdruck ohne Leidenschaft, wie etwa, aus zahllosen Beispielen, diese kühnen Worte des Dichters über die Aloaden [vgl. Homer, Od. XI 314f]:

> Ossa trachteten sie auf Olympos
> zu türmen, auf Ossa
> Pelions Blättergewog, daß ein
> Aufgang wäre zum Himmel.

Darauf läßt er noch dies verstärkend folgen:

> Ja, und sie hättens vollendet.

Ebenso bei den Rednern: Die Preisreden, die Feier- und Prunkreden enthalten durchweg wuchtige und erhabene Stellen, Leidenschaft aber entbehren sie allzumeist, weshalb auch die leidenschaftlichen Redner nur sehr selten Preisredner, und wiederum die Lobredner selten leidenschaftlich sind. Wenn nun andererseits Caecilius meinen sollte, das Leidenschaftliche trage überhaupt nicht zur Erhabenheit bei, und er es aus diesem Grunde der Erwähnung nicht wert fand, so ist er völlig im Irrtum. Denn ohne Scheu würde ich sagen, daß nichts so großartig tönt, wie – an rechter Stelle – die edle Leidenschaft, jene, die infolge einer besonderen Aufregung und Eingebung gleichsam Begeisterung atmet und das Wort zur göttlichen Offenbarung macht.

IX [7] Da jedoch den wichtigsten Platz das zuerst Genannte – ich meine das Großartige – einnimmt, müssen wir, auch wenn dies eher verliehen als erworben wird, doch den Geist so weit als irgend möglich zur Größe aufziehen, ihn sozusagen stets mit edler Eingebung schwängern. Auf welche Weise? wirst du fragen. Ich habe schon an anderer Stelle geschrieben: *Die erhabene Sprache ist der Widerhall der großen Gesinnung.* Daher bewundert man auch das reine Denken ganz für sich, selbst wenn es nicht Laut wird, eben dieser großen Gesinnung wegen, wie etwa das Schweigen des Ajax in der ›Totenbeschwörung‹ groß und erhabener als jede Rede wirkt [Homer, Od. XI 543]. Zunächst ist also durchaus notwendig, den Grund dafür anzugeben, warum der wahre Redner nichts Niedriges und Unedles denken darf. Es ist doch nicht möglich, daß die ihr ganzes Leben hindurch Geringes, dem Sklaven Angemessenes denken und erstreben, irgend etwas der Bewunderung Wertes und aller Ewigkeit Würdiges hervorbringen. Groß ist füglich die Rede derer, deren Gedanken gewichtig sind. So drängt sich die übergewöhnliche Sprache gerade den Stolzesten auf. [8] Der dem Parmenion, als dieser gesagt: ›Ich hätte Genüge ... [Hier fehlen sechs Seiten. Es handelt sich wohl um den Feldherrn Philipps von Makedonien, den 330 Alexander aus Mißtrauen ermorden ließ.] ... der Abstand vom Himmel zur Erde. Und dies könnte man ebenso das Maß der Eris wie das des Homer nennen. Dem unähnlich ist das hesiodische Wort über die Finsternis, wenn wirklich der ›Schild‹ (267) dem Hesiod zuzuschreiben ist:

> Aus den Nüstern quoll ihr Schleim
> heraus.

Denn nicht furchtbar hat er das Bild gemacht, sondern ekelhaft. Der andere aber, wie gibt er dem Göttlichen Größe?

> Wie weit umdunstete Ferne ein
> Mann
> durchmißt mit den Augen
> Auf einer Bergwarte sitzend, den
> Blick
> über weinfarbnen Wogen,
> So weit schnellen mit wieherndem
> Haupt
> der Göttinnen Rosse

[Ilias V 770ff].

Deren Sprung mißt er durch einen weltweiten Abstand. Wer würde nicht bei solchem Übermaß der Länge mit Recht ausrufen: Holen die Rosse der Götter zweimal hintereinander zum Sprung aus, sie werden im Weltall keinen Raum mehr finden. Übergewöhnlich sind auch die Bilder beim Götterkampf.

> Ringsum dröhnte die Runde des
> Himmels und des Olympos.
> Und in der Tiefe erschrak Aidoneus, der Herrscher der Schatten.
> Zitternd sprang er vom Thron und
> schrie: nicht dürfe die Erde
> Ihm der Erschüttrer des Festen,
> Poseidon zerspalten,

Daß sein Haus nicht offen sich zeige vor Ewigen und Menschen
Schrecken erweckend, voll Moder und selbst von Göttern verabscheut

[Ilias XXI 388 und XX 61–65].

Siehst du nicht, Freund, die Erde von Grund auf geborsten, den Tartaros selbst entblößt, die ganze Welt von Aufruhr und Zwiespalt ergriffen und alles: Himmel und Unterwelt, Sterbliches und Unsterbliches damals bei jener Schlacht ineinander verstrickt in Kampf und Gefahr. Dies ist zwar furchterregend, aber doch, wenn nicht als Sinnbild begriffen, unfromm und wahrt nicht das gebührliche Maß. Homer scheint mir durch den Bericht über der Götter Wunden, Zwistigkeiten, Rachetaten, Tränen, Fesseln und vielfältige Leidenschaften die Menschen des ilischen Kampfes, soweit er vermochte, zu Göttern gemacht zu haben, die Götter aber zu Menschen. Uns Unseligen jedoch steht als Hafen aus den Übeln der Tod bevor, er aber hat nicht der Götter Wesen, ihr Unglück hat er ewig gemacht. Weit edler als die Verse über den Götterkampf sind jene, die das Göttliche in seiner Wahrheit als makellos und groß und unvermischt darstellen, wie z. B. die schon von vielen vor uns erörterten Verse über Poseidon:

Hohe Berge und Wälder erbebten –
Und auch die Gipfel · die Stadt der Troer · die Schiffe Achaias –
Unter unsterblichen Füßen Poseidons wie er einherschritt –
Über die Wellen nahm er die Bahn, rings unter ihm spielten
Ungetüme aus Tiefen der See, nicht blieb der Beherrscher
Unerkannt, das Gewoge zerteilte sich froh und sie flogen.

[Ilias XIII 18, XX 60, XIII 19,27 bis 29].

Ähnlich auch der Gesetzgeber der Juden – kein beliebiger Mann, da er die göttliche Gewalt, ihrer Würde gemäß, als von allem gelöst und unschaubar dargestellt hat; gleich zu Eingang der Gesetze schreibt er: ›Der Gott sprach.‹ Was? ›Es werde Licht und es ward, es werde Land und es ward.‹ Ich werde wohl nicht lästig scheinen, Freund, wenn ich noch eine Stelle des Dichters, aus dem menschlichen Bereich, anführe, damit man seine Art, sich in das Heldisch-Große zu versetzen, erkenne. Plötzlicher Nebel und undurchdringliche Nacht umfängt bei ihm die Schlacht der Helenen. Da ruft Ajax ratlos:

Vater Zeus, o errette vom Dunkel die Kinder Achaias,
Gönn uns freundliche Helle und laß mit Augen uns sehen ·
Dann in dem Lichte verdirb uns

[Ilias XVII 645ff].

Das ist wirklich die leidenschaftliche Sprache des Ajax: Nicht um das Leben fleht er (eine solche Bitte wäre für den Helden zu niedrig), sondern, in tatfremder Finsternis außerstande seine Tapferkeit für ein Edles einzusetzen und über dies Müßigsein in der Schlacht ergrimmt, bittet er, daß möglichst schnell Licht werde, damit er zumindest einen des Mutes würdigen Ausgang finde, wenn auch Zeus ihm entgegenstehe. Hier, in der

Ilias, stürzt Homer, ein treibender Sturmwind, mit in die Kämpfe und ihm widerfährt nichts anderes als daß er

Rast – wie es Ares tut, der die Lanze schwingt oder Feuer
Fressend tobt durch Gebirge in buschiger Tiefe des Waldes –
Schaum steht ihm vor dem Mund

[Ilias XV 605ff].

In der Odyssee aber zeigt er (auch dieses muß aus vielen Gründen mit betrachtet werden), daß einer großen Natur, wenn ihre Bahn sich neigt, im Alter die Freude an ausspinnender Erzählung eigen ist. Daß er die Odyssee als zweites Werk verfaßt hat, wird aus vielem anderen offenbar, ganz besonders aber daraus, daß er Erinnerungen an ilische Leiden wie als Nachklänge des troischen Krieges in die Odyssee hineingetragen hat, und beim Zeus, er widmet Trauerrufe und Worte der Klage – als sei dies schon längst beschlossen gewesen – den Helden. Es ist nicht anders: ein Nachgesang zur Ilias ist die Odyssee.

Dort liegt Ajax, wie Ares stark, und dort auch Achilleus
Und Patroklos dort – als Berater den Göttern vergleichbar
Dort mein geliebter Sohn

[Odyssee III 109ff].

Aus dem gleichen Grund stellt, wie ich glaube, die Ilias – geschrieben im höchsten Stand der Eingebung – in ihrem ganzen Umfang Handlung und Kampf dar, während die Odyssee meist erzählend gehalten ist, wie es der Altersweise entspricht. Daher könnte man Homer in der Odyssee einer sinkenden Sonne vergleichen, die auch ohne Glut sich gleich in ihrer Größe bleibt. Denn hier wahrt er nicht mehr, wie in jenen ilischen Gedichten, die gleichmäßige Spannung und es werden auch die erhabenen Stellen nicht so eingefügt, daß sie nirgends Stützen brauchen, noch ist das Ineinanderströmen der Leidenschaften das gleiche, noch sind es die überrraschenden Wendungen und der Ton der öffentlichen Rede, noch die Dichte der dem Wirklichen entnommenen Vorstellungen. Aber wie beim Meer, das in sich selbst zurückweicht, und innerhalb seines Bereichs sich entblößt, wird zum Schluß das Abebben der Größe sichtbar, und das Hin- und Widerschwanken in märchenhaften und unglaublichen Begebenheiten. Wenn ich dies sage, vergesse ich doch nicht die Stürme der Odyssee, nicht die Geschichte vom Kyklop und anderes dieser Art, ich spreche wohl vom Alter, aber vom Alter Homers. Nur das sei gesagt: In dieser Dichtung überwiegt das Märchen die Tat. Ich habe diese Abschweifungen hier gemacht, um zu zeigen, daß zuweilen, wenn ihre Zeit sich neigt, die große Natur am ehesten zum Ausspinnen von Geschichten hingezogen wird, Geschichten etwa wie die von dem Schlauch, oder von jenen, welche Kirke als Schweine füttert (quietschende Ferkel nennt sie Zoilos), oder die vom Zeus, der von den Tauben wie ein Junges aufgezogen wird, oder von dem Schiffbrüchigen, der zehn Tage ohne Nahrung bleibt und jene Unglaubwürdigkeiten beim Freiermord. Wie könnte man dies anders recht bezeichnen als Träumereien des Zeus? Dieser Zusatz über die Odyssee sei ferner gegeben, damit einleuchte, wie die nachlassende Leidenschaftlichkeit bei den großen Schriftstellern und Dichtern sich ins Schildern auflöst. Beispiel dafür sind etwa bei Homer die der Wirklichkeit nacherzählten Schilderungen aus dem Haus des Odysseus, sozusagen eine Art sittenschildernden Dichtens.

XXXV [9] Hinsichtlich Platons ist der Unterschied, wie schon gesagt, anders. Denn nicht nur durch die Größe der einzelnen Vorzüge, sondern auch durch deren Menge wird Lysias weit hinter ihn gerückt; gleichwohl übertrifft die Zahl der Fehler noch jene der Vorzüge, in denen dieser dem andern nachsteht. Was bedachten wohl jene Gottgleichen, da sie nach dem Größten des Schrifttums strebten, die Genauigkeit im einzelnen aber verachteten? Außer vielem andern dieses: *Die Natur hat uns nicht zu einem niederen Lebewesen, noch hat sie zu einem unedlen den Menschen erkoren, sondern* – uns wie zu einem hohen Fest in das Leben und die ganze Welt geleitend, damit wir Betrachter all des ihren und ehrgeizigste Wettstreiter seien – *hat sie sogleich eine unzähmbare Liebe unseren Seelen eingepflanzt für alles, was immer groß, und im Verhältnis zu uns, göttlicher ist.* Darum genügt für die Schau und das Überdenken menschlichen Trachtens nicht einmal das Weltganze, vielmehr verlassen die Gedanken gar oft die Grenzen des Raumes, und wenn jemand das Leben rings überblicken würde, wieviel Überfluß an allem Schönen und Großen es hat, dann wird er im Nu wissen, wozu wir geboren sind. Daher bewundern wir, von Natur irgendwie dazu getrieben, beim Gott, nicht die kleinen Bäche, seien sie auch durchsichtig und nützlich, sondern den Nil und die Donau und den Rhein und mehr noch den Ozean; und auch die von uns hier entzündete kleine Flamme, da sie doch das Licht rein bewahrt, ergreift uns weniger als die himmlischen Feuer, seien sie auch häufig verdunkelt; und wir halten sie nicht für bewundernswerter als den Krater des Ätna, dessen Ausbrüche Steine aus der Tiefe und ganze Felsbrocken heraufschleudern und zuweilen Ströme jenes erdentstammten reinen Feuers hervorgießen. Bezüglich all dessen ließe sich wohl sagen: Den Menschen ist das Nützliche oder auch Notwendige wohlfeil, bewundernswert dagegen stets, was über alles Begreifen geht.

[10] In Hinblick auf die, welche sich XXXVI
in den Reden groß erweisen, und bei denen Größe nicht unvereinbar mit der Anwendung und der Zweckbestimmtheit ist, ziemt sich hier, daß man als zusammenfassende Betrachtung aufstelle: So groß Geartete, wenn auch von Unfehlbarkeit weit entfernt, sind gleichwohl alle hoch über das Sterbliche erhoben; alles andere erweist den, der es nutzt, als Menschen, das Erhabene aber hebt nah an den hohen Sinn des Gottes; das Unanstößige wird nie getadelt, das Große aber wird bewundert: Wozu außerdem noch sagen, daß ein jeder dieser Männer so oft alle Fehlgriffe durch einen einzigen erhabenen und rechten Wurf ausgleicht und, was das Wichtigste: daß, würde einer alle Schnitzer des Homer, des Demosthenes, des Platon und anderer, soviel es nur Größte gibt, auflesen und auf eines häufen, er doch das

Wenigste, noch nicht einmal das allerkleinste Teilchen finden würde von dem, was diese Heroen allenthalben aufgestellt haben? Alle Zeitalter und Leben – nicht kann sie der Neid des Aberwitzes zeihen – brachten und gaben ihnen deshalb die Siegeszeichen, die bis heute unangetastet blieben, und werden sie ihnen wohl bewahren.

Solang Wasser noch fließt und hohe Bäume noch grünen.

[Aus Epigramm an Midas, Homer oder Kleobulos zugeschrieben]

Frei steht, gegen den, der schreibt, der fehlerhafte Koloß sei nicht stärker als der Doryphoros des Polyklet, außer vielem andern dies zu sagen: In der bildenden Kunst wird zwar die höchste Treue bewundert, in den Werken der Natur aber die Größe, der Mensch jedoch ist von Natur ein redendes Wesen. Bei den Bildwerken sucht man das Menschenähnliche, in der Sprache aber wie gesagt das, was über das Menschliche erhebt. Gleichwohl (denn zum Anfang unserer Denkschrift kehrt die Mahnung zurück), weil das Fehlerlose meist ein Werk des Kunstvermögens ist, das Überragende, wenn auch nicht dauernd sich Gleichbleibende, hingegen ein Werk der großen Natur ist, so ziemt sich, allenthalben der Natur die Kunst als Hilfe beizugeben. Denn aus beider Ineinanderwirken kann vielleicht das Vollkommene entstehen. Solches war nötig über die vorliegenden Fragen zu sagen. Freue sich aber jeder an dem, was ihn beglückt.

Lukian

Aus »De domo« und »Zeuxis oder Antiochos«

Zu Kapitel II 2

LUKIAN AUS SAMOSATA, geb. 120 n. Chr., war in seiner Jugend Prunkredner und wandernder Redelehrer (Attizist); später wandte er sich der Popularphilosophie zu (Dialoge, Menippeische Satiren, Diatribe). Er starb nach 180 n. Chr.

1. *De domo* § 6–9, »Lobrede auf einen schönen Saal«, übers. von C. M. Wieland, München und Leipzig 1911, Bd. 5

Thema: Das Schöne ist zweckmäßig und nützlich

Gliederung: [1] Die Schönheit dieses Saales läßt sich mit Gründen beweisen. [2] Solche Gründe sind: Lage zur Sonne, Symmetrie der Maße, Nützlichkeit der Fenster. [3] Schmuck der Decke hat kein Zuviel, keine übermäßige Pracht, darum ist er schön. [4] Am Vergleich von ehrbarer Frau und Hetäre: Die maßvolle Verwendung des Schmucks ist schön. [5] Zuviel des Schmucks macht nicht schön, sondern fürchterlich. [6] Durch den Schmuck soll eine bestimmte Wirkung erreicht werden. [7] Der Gesamteindruck: Eine ewig blühende Frühlingswiese.

6 [1] Die Schönheit dieses Saales ist nicht für Augen dieser Art, nicht für persische Prahlerei und königliche Ostentation berechnet; sie verlangt nicht bloß einen armen, sondern einen empfänglichen Zuschauer, einen, dessen Urteil nicht bloß in den Augen ist, sondern der das, was er

sagt, auch mit Gründen zu belegen weiß. [2] Denn daß er z. B. gegen den schönsten Teil des Tages, gegen die aufgehende Sonne liegt, und also, sobald seine Flügeltüren aufgetan werden, bis zum Überfluß mit Licht erfüllt wird – eine Richtung, welche unsere Alten auch den Tempeln zu geben pflegten; daß die Länge zur Breite und beide zur Höhe ein so schönes Verhältnis haben, und daß er mit Fenstern versehen ist, die man nach Erfordernis jeder Jahreszeit öffnen oder verschließen kann: wie sollte nicht alles das, da es so viel zur Anmut eines Gesellschaftssaales beiträgt, besonders angemerkt und gelobt zu werden verdienen?

7 [3] Nicht weniger wird ein Kenner an der Decke desselben bewundern, daß sie bei aller ihrer Schönheit nichts Entbehrliches, bei allen ihren Verzierungen nichts hat, das man anders wünschen möchte, und daß die Vergoldungen so schicklich und mit einer so weisen Ökonomie angebracht sind, daß sie die Schönheit des Ganzen erheben, ohne durch einen prahlerischen Anspruch auf Reichtum zu beleidigen. [4] So begnügt sich eine züchtige schöne Frau, um ihre Schönheit zu erheben, mit einem dünnen goldenen Kettchen um den Hals, mit einem leichten Ring am Finger, an ganz einfachen Ohrringen, mit einer Schnalle oder einem Bande, um den herabwallenden Teil ihrer Haare zusammenzuhalten; kurz, sie verlangt nicht, daß ihre Gestalt mehr durch ihren Schmuck gewinnen soll als ihr Kleid durch eine Verbrämung mit Purpur. Die Hetären hingegen, zumal die häßlicheren, glauben, sie können im Putze nie zuviel tun: ihre ganze Kleidung muß von Purpur, ihr ganzer Hals übergüldet sein; sie suchen die Augen wenigstens durch die Kostbarkeit ihres Schmuckes anzulocken und trösten sich durch erborgte Reize über das, was ihnen selbst abgeht. Sie bilden sich ein, ihr Arm werde durch den Glanz eines goldenen Armbandes weißer scheinen, hoffen den Mangel eines niedlichen Fußes durch vergoldete Sandalen zu verbergen und glauben, ihr Gesicht werde durch funkelnde Juwelen desto liebenswürdiger werden: wohingegen eine ehrbare Frau nicht mehr Gold an sich hat, als die Gewohnheit schlechterdings erfordert, und nicht erröten würde, sich auch ohne einen anderen Schmuck als ihre bloße
Schönheit sehen zu lassen. [5] Eben- 8
so ist die Decke dieses Saales, die man sich im Verhältnis zum Ganzen wie das Haupt an einem schönen Körper vorstellen kann, abgesehen davon, daß sie an sich selbst schön ist, zwar mit Gold verziert, aber nicht anders als wie der nächtliche Himmel mit Sternen, deren Funkeln bloß durch die Zwischenräume eine zugleich so angenehme und prächtige Wirkung tut; wohingegen er uns, wenn er lauter Feuer wäre, nicht schön, sondern fürchterlich vorkommen würde. [6] Überdies ist zu bemerken, daß das Gold hier weder müßig noch bloß zum Vergnügen den übrigen Dekorationen beigemischt worden ist, sondern auch über den ganzen Saal einen gewissen gelblichen Glanz reflektiert, der dem Auge wohltut; zumal wenn das Sonnenlicht darauf fällt und, indem es sich mit dem Golde vermischt, den angestrahlten Teilen einen neuen Feuerglanz gibt, dessen lebhafterer

Schimmer von den unbestrahlten auf das angenehmste absticht.

9 [7] Die Decke oder der Plafond dieses Saales verdiente also wohl einen Homer zum Lobredner, der sie ohne Zweifel hochgewölbt (*υψοϱοφον*), wie das Schlafzimmer der Helene, oder glänzend (*αιγηεντα*), wie den Olympos, genannt haben würde. Aber die ganze übrige Verzierung und besonders die Malereien an den Wänden, das schöne Spiel der Farben und die Lebhaftigkeit, die Wahrheit und den ungemeinen Fleiß, womit alles dargestellt und ausgearbeitet ist, wüßte ich, der Wirkung nach, die es auf das Auge ausübt, nicht besser als mit dem Anblick des Frühlings und einer blumenvollen Wiese zu vergleichen; ausgenommen, daß jene verblühen, welken und ihre Schönheit wieder verlieren, hier aber ein ewiger Frühling, eine immer blühende Wiese und ein unverwelklicher Flor zu sehen ist, woran das Auge sich weidet und ewig sich weiden kann, ohne daß ihm etwas von seiner Anmut durch den Genuß entzogen wird.

2. *Zeuxis oder Antiochos* § 4–7 (Übers. Wieland a.a.O., Bd. 3)

Lukian ist von seinen Zuhörern wegen der Originalität einer Vorlesung gelobt worden. Um zu zeigen, daß es nicht auf diese Originalität des Inhalts ankommt, erzählt er, wie der berühmte Maler Zeuxis aus Heraklea (Ende 5. Jahrh. v. Chr.) auf ein ähnliches Lob reagierte. Er beginnt mit der Beschreibung eines Bildes von Zeuxis.

Thema: Kunst ist nicht nur seltener Einfall der Erfindung

Gliederung: [1] Beschreibung eines Bildes von Zeuxis. [2] Das Bewunderungswürdige an diesem Bild ist die vollkommene Darstellung voneinander verschiedener Naturen. [3] Das wesentlich Künstlerische ist die Ausführung, die Darstellung, nicht das Überraschende eines neuen Sujets.

4 [1] Auf einem Rasen vom schönsten Grün liegt die Kentaurin mit dem ganzen Pferdeleib auf dem Boden, die Hinterfüße rückwärts ausgestreckt; der obere weibliche Teil hingegen hebt sich sanft in die Höhe und ist auf den einen Ellenbogen gestützt. Aber die Vorderfüße sind nicht ebenfalls gestreckt, als ob sie auf der Seite liege, sondern der eine scheint mit rückwärts gebogenem Hufe auf dem Knie zu ruhen, der andere hingegen ist im Aufstehen begriffen und stemmt sich gegen den Boden, wie es die Pferde zu machen pflegen, wenn sie vom Boden aufspringen wollen. Von ihren beiden Jungen hält sie das eine in den Armen und reicht ihm die Brust, das andere hingegen liegt unter ihr und saugt wie ein Fohlen. Über ihr zeigt sich von einer Anhöhe ein Kentaur,

der ihr Mann zu sein scheint, aber nur bis zur Hälfte des Pferdes sichtbar ist; er schaut freundlich lachend auf sie herab, indem er in der einen Hand den Welfen eines Löwen emporhält, als ob er seine Kleinen zum Scherz damit erschrecken wolle.

5 [2] Ich bin zu wenig Kenner, um von denjenigen Vollkommenheiten dieses Gemäldes sprechen zu können, die nicht einem jeden so unmittelbar in die Augen fallen, wiewohl sie alles, was die Malerkunst vermag, in sich begreifen, und ich muß es also den Jüngern der Kunst, deren Sache es ist, sich auf solche Dinge zu verstehen, überlassen, die Schönheiten dieser Art, die in diesem Meisterwerke vereinigt sind, wie *die ungemeine Richtigkeit der Umrisse, die meisterliche Mischung und verständige Wahl der Farben, die geschickte Schattierung, die schönen Verhältnisse aller Teile gegeneinander und die daraus entstehende Harmonie des Ganzen* nach Würden zu preisen. Was ich, meinesteils, an Zeuxis vorzüglich bewundere, ist, daß er in einem und demselben Vorwurf die höchste Vollkommenheit der Kunst auf eine mannigfaltige und so angenehm kontrastierende Art darzustellen gewußt hat. So ist, zum Beispiel, an dem männlichen Kentaur alles furchtbar und wild: sein struppiges mähnenähnliches Haar, sein überall zottiger Leib; seine breiten und fleischigen Schultern, das Rohe und Tierartige in seinem wiewohl lachenden Blicke, kurz alles trägt den Charakter dieser wunderbaren Pferd-
6 menschen. Die Kentaurin hingegen gleicht, soweit sie Pferd ist, der schönsten Stute von jenen thessalischen, die noch ungebändigt sind und keinen Reiter getragen haben; in der oberen Hälfte ist sie ein Weib von untadeliger Schönheit, die Ohren ganz allein ausgenommen, die etwas Satyrmäßiges haben; die Verbindung aber des menschlichen und des tierischen Teiles ist so kunstvoll, und der Übergang von einem zum anderen so unmerklich, oder vielmehr sie verlieren sich so sanft ineinander, daß man unmöglich sehen kann, wo der eine aufhört und der andere anfängt. Auch ist meines Erachtens nicht weniger bewunderungswürdig, daß die neugeborenen Jungen bei aller Zartheit ihres Alters schon etwas Wildes und Furchtbares haben, und das Gemisch von kindischer Furcht und Neugier, womit sie nach dem jungen Welfen hinaufschauen, indem sie zugleich gierig fortsaugen und sich so fest sie können an die Mutter anschmiegen.

[3] Als Zeuxis dieses Stück zum er- 7
stenmal öffentlich ausstellte, zweifelte er nicht, daß die Kunst und das Vollendete der Ausführung alle Zuschauer in Erstaunen setzen würde. Auch ließen sie es wirklich an lauten Zeichen ihrer Bewunderung nicht fehlen; was hätten sie beim Anblick eines so schönen Werkes weniger tun können? Aber was sie alle am meisten daran lobten, war gerade das, was meine vorbesagten Gönner an mir bewunderten, *das Seltsame der Erfindung,* der neue und noch von niemand bearbeitete *Einfall.* Wie also Zeuxis sah, daß die Neuheit des Vorwurfs ihnen keine Zeit ließ, auf die verständige und meisterhafte Behandlung acht zu geben, und daß der Fleiß, den er an jede besondere Partie verwendet hatte, bloßes Ne-

benwerk in ihren Augen war, sprach er zu einem seiner Schüler: Hülle das Bild wieder ein, Mikkion, und nach Hause damit! *Diese Herren loben gerade, was das Minderwertigste an einem Kunstwerk ist:* auf die Schönheit der Ausarbeitung, auf das, worauf der Künstler, wenn es ihm gelungen ist, sich am meisten zugute tut, legen sie keinen Wert; wenn's nur was Neues ist, alles übrige gilt ihnen gleichviel – also sagte Zeuxis, vielleicht mit mehr Empfindlichkeit als nötig war.

Philostratos

Aus »Leben des Apollonius von Tyana« und »Imagines«

Zu Kapitel IV 5

PHILOSTRATOS, geb. etwa 160–170 n. Chr., kam unter Septimius Severus nach Rom an den Hof von dessen Gattin Julia Domna. Nach ihres und ihres Sohnes Caracalla Tod (217) zog er als Sophist nach Athen, wo er zwischen 244 und 249 gestorben sein soll. Zur Frage der Zuordnung der Philostratos-Schriften s. Anm. 38.

1. *Leben des Apollonius von Tyana* II 22, VI 19, V 21, V 14, IV 7, II 20; übers. von E. Baltzer, Rudolstadt 1883

Das Werk, für den Kreis um Julia Domna bestimmt, verbindet Motive des Reiseromans mit einer Verherrlichung des Neupythagoreers Apollonius von Tyana aus dem 1. Jahrh. n. Chr.

Themen und Gliederung:
A. Kunst ist Nachahmen mit Geist (Phantasie, Vorstellungskraft) und durch das Innehaben einer Technik.

[1] Die Malerei ist Nachahmung in Farben. [2] Das Deuten von Wolkengebilden beruht auf unserer natürlichen Fähigkeit, Bilder zu gestalten (Vorstellungskraft). [3] Malerei ist Nachahmung mit Geist und Hand, d. h. mit einer Technik, die gelernt werden muß. [4] Die Nachahmung der Malerei kann auch durch Schwarz-Weiß, d. h. ohne Farben geschehen. [5] Zum Verständnis der Kunst müssen die Zuschauer dieselbe Fähigkeit wie der Künstler haben: Nachahmungsfähigkeit mit Phantasie.

B. Phantasie steht höher als Kunst. (Apollonius diskutiert mit Thespesion, einem Ägypter, über die Bilder der ägyptischen Götter, die zum großen Teil Darstellungen von Tiergestalten sind).

[1] Die gebührende Schönheit der griechischen Götterbilder wird dargestellt durch Phantasie. [2] Die Phantasie sieht mit dem inneren Auge und weit vollständiger als die Nachahmung. [3] Das Bild der Phantasie im Geiste ist weit eindrucksvoller als ein schlechtes äußeres Muster, das nachgebildet wird.

C. Die musikalische Kunst wirkt auf die Seele.

[1] Das Flötenspiel erhebt die Seele des Zuhörers. [2] Die Musik erfüllt und befriedigt den Hörer mit ihren Harmonien. [3] Der Spieler muß dazu eine bestimmte Technik lernen.

D. Die Kunst muß Wahrheitsdarstellung sein und eine ethische Aufgabe erfüllen.

[1] Gefahr der mythischen Dichtung: sie erzählt Ungehöriges. [2] Aesop ist wahrer als die Dichter, da er die Unwirklichkeit nicht zu verdecken sucht. Außerdem bessert er durch Ermahnungen.

E. Philosophie und Weisheit stehen höher als Kunst.

[1] Eine Stadt ist mehr durch erhabene Männer geschmückt als durch Hallen und Gemälde. [2] Die erhabenen Männer werden überall gesehen und sind nicht an einen Ort gebunden.

F. Beispiel der Darstellung eines phantastischen Werkes.

II 22 A [1] Während sie ziemlich lange im Tempel verweilten, bis die Ankunft der Fremden dem Könige gemeldet war, unterhielt sich Apollonius mit Damis[50] und sprach: ›Ist die Malerei auch etwas wert?‹ – ›Gewiß, wenn anders die Wahrheit etwas wert ist‹, entgegnete Damis. – ›Was tut denn diese Kunst?‹ frug Apollonius weiter. – ›Sie mischt die Farben, alle wie sie sind, Blau und Grün, Weiß und Schwarz, Hochrot und bleiches Grau.‹ – ›Aber‹, fragte er, ›zu welchem Zweck denn, doch nicht bloß der Farbenpracht wegen, gleich den geschminkten Frauen?‹ – ›Der Nachbildung halber‹, entgegnete Damis, ›um Hunde, Pferde, Menschen, Schiffe und alles, was sonst die Sonne sieht, ja die Sonne selber darzustellen, bald als Sonnengott in dem Viergespann, wie es hier im Osten aufsteigen soll, bald auch wie sie den Himmel durchstrahlt und dem Äther Färbung gibt und dem Haus der Götter.‹ – ›So ist die Malerei also Nachahmung‹, sagte Apollonius. – ›Was sonst‹, sagte Damis, ›sie wäre ja sonst nur lächerliche Farbenverschwendung ohne allen Sinn.‹ [2] ›Aber‹, sagte Apollonius, ›was wir am Himmel wohl sehen, wenn sich die Wolken zerteilen: Centauren und Bocks-Hirsche, ja sogar Wölfe und Rosse, sag', sind das Werke der Nachahmung?‹ – ›Es scheint so‹, sagte Damis. ›So ist Gott also wohl ein Tiermaler?‹ versetzte Apollonius, ›und vom Flügel-Wagen herabgestiegen, auf dem er sonst des Himmels und der Erde waltend einherfährt, sitzt er nun da, belustigt sich und malt wie Kinder im Sande.‹ – Damis errötete, daß sein Wort zu solchem Unsinn führte. Doch Apollonius ließ es ihn nicht weiter fühlen – denn er war im Disputieren nie bitter –, sondern sagte: ›Du wolltest also, Damis, wohl sagen, daß jene bedeutungslosen Figuren sich zufällig am Himmel bilden ohne Bezug auf Gott, daß aber *wir, von Natur an das Nachahmen gewöhnt, sie uns zu solchen Bildern gestalten.*‹ – ›Ja‹, sagte Damis, ›so wollen wir die Sache uns denken, so ist es wahrer und besser.‹ [3] ›So gibt es wohl, *Nachahmungen von zweierlei Art, eine, die mit Geist und Hand zugleich nachahmt, die Malerei, und eine andre, die nur im Geiste nachahmt?*‹ – ›Nicht eine doppelte‹, entgegnete Damis, ›sondern die Malerei ist nur eine höhere Stufe, da sie *mit Geist und Hand zugleich nachahmt,* die andere Kunst ist nur ein Teil von dieser, da sie im Geist wohl nachahmend auffaßt, ohne daß die Hand auch die Technik der zeichnenden Kunst versteht.‹ – ›Wohl‹, sagte Apollonius, ›weil man den Gebrauch der Hand etwa durch einen Hieb oder eine Krankheit verloren hat?‹ – ›Behüte Gott‹, sagte Damis, ›sondern weil man sich mit Griffel, Stift und Farben nie befaßt hat und die Kunst nicht versteht.‹ – ›Sagen wir also nicht beide, Damis, daß *dem Menschen das Nachahmen von Natur eigen, daß der Maler aber seine Kunst erst erlernt?* [4] Das gilt aber auch von der Plastik. Denn unter Malerei verstehst du, wie es scheint, nicht bloß die Kunst in Farben darzustellen – den älteren Malern genügte ja eine einzige Farbe, und erst in ihrer Entwicklung wandte diese Kunst vier und mehr Farben an –, sondern auch *das Zeichnen ohne Farbe nur mit Anwendung von Licht und Schatten gehört zur Malerkunst, denn auch dadurch läßt sich Ähnlichkeit, Charakter, Geist, Einfalt und Kühnheit recht gut darstellen,* obwohl solche Bilder der Farbe entbehren, keine Färbung der Haut noch des Haares oder Bartes andeuten und in ihrer einfachen Zeichnung den bräunlichen vom weißen Menschen nicht unterscheiden. Und doch, wenn wir einen dieser Inder in weißen Linien zeichnen, er wird dennoch schwarz erscheinen, denn die aufgestülpte Nase, das aufwärtsstehende gekräuselte Haar, die ungewöhnlich großen Kinnbacken und die Leidenschaft, die gleichsam um ihr Auge spielt, – sie geben der Gestalt ihre dunkle Färbung und lassen jeden Denkenden sofort den Inder erkennen. [5] Daher möcht' ich behaupten, daß *auch der Beschauer solcher Werke des Talents der Nachahmung nicht entbehren kann.* Niemand wird das Bild eines Rosses oder Stieres schön finden, wenn er sich nicht das lebende Tier, dem es gleicht, *vorstellen kann.* Niemand wird den Ajax des Timomachus[51], der ihn als Rasenden dargestellt hat, bewundern, wenn er nicht einigermaßen das Bild des Ajax, wie er wahrscheinlich nach Ermordung der Herden in Troja verzweifelt dagesessen und wie er dann sich zu töten beschließt, in seine Phantasie aufgenommen hat. Diese Kunstwerke des Porus aber wollen wir, Damis, nicht bloß als Werke der Ciselierkunst betrachten, denn sie gleichen Gemälden, noch auch bloß als Werke der Malerei, denn sie sind in Erz gearbeitet, vielmehr als Werke die ein Mann geschaffen, der Maler und Ciselierer zugleich war, ähnlich wie bei Homer die Kunst des Hephästus im Schilde des Achilles erscheint, – denn auch hier sind Tötende und Umkommende in Menge, und die Erde scheint von Blut gefärbt, obgleich sie von Erz ist.

VI 19 B [1] ›Frage nur‹, erwiderten sie, ›auf Frage folgt Antwort!‹ – ›Vor allem‹, sagte Apollonius, ›möchte ich über eure Götter Fragen an euch richten. Aus welchem Grunde habt ihr hierzulande dem Volke die Götter meist in so unpassenden, ja lächerlichen Bildern dargestellt? Meistens, sage ich, denn nur sehr wenige sind weise und göttergleich gestaltet: sie ausgenommen, scheint in den Tempeln mehr ein Kultus unvernünftiger und sonst geringgeachteter Tiere zu herrschen.‹ – Verdrießlich erwiderte Thespesion: ›Ei nun, *wie sind eure Bilder gestaltet?*‹ – ›*Auf das schönste*‹, entgegnete Apollonius, ›*und götterwürdigste, ganz so wie man Götter darstellen soll.*‹ – ›Du sprichst wohl‹, warf Thespesion ein, ›von dem Olympischen Zeus, vom Bilde der Athene, von der Knidierin und Argiverin und von denen, die sonst etwa in Schönheit und Jugendblüte prangen?‹ – ›Nicht bloß von diesen‹, entgegnete Apollonius, ›sondern ich meine ohne Beschränkung, daß auch bei den übrigen der Schönheitssinn gewahrt ist, ihr aber scheint die Götter eher zu verspotten als zu ehren.‹ – ›Sind denn‹, sagte Thespesion, ›die Phidias und Praxiteles vielleicht gen Himmel gefahren und haben dort die Götter konterfeit und nachgebildet? Oder was hat sie sonst zu ihrer Darstellung geführt?‹ – ›Etwas anderes‹, antwortete Apollonius, ›und etwas, das von Weisheit zeugt!‹ – ›Und was denn?‹ frug Thespesion weiter, ›du kannst doch nur von einer Nachahmung sprechen.‹ [2] ›*Die Phantasie* hat ihre Hand geleitet‹, fuhr Apollonius fort, ›und diese Künstlerin ist weiser als die Nachahmung, welche nur nach der äußeren Erscheinung schafft, die Phantasie aber erfaßt auch Vieles *mit innerem Auge,* und dies wird sie nach Maßgabe der Wahrheit darstellen. *Die Nachahmung wird oft durch Störung abgelenkt, diese kennt die Phantasie nicht,* und frei und unbeirrt geht sie auf das Ziel los. Wer einen Zeus erschaffen will, muß ihn mit Himmel, mit Jahreszeiten und Gestirnen erfassen können, wie es Phidias tat; wer eine Athene bilden will, der darf die Vorstellung von Kriegsheeren, von Klugheit und Künsten nicht missen, und wie die Göttin aus dem Haupte des Zeus entsprungen. Wenn du aber Habicht, Eule, Wolf oder Hund bildest und sie im Tempel statt eines Hermes, statt der Athene oder des Apollo aufstellst, so werden diese Tiere wohl im Bilde nachgeahmt sein, aber der Götter Ansehen wird dabei verlieren.‹ [3] ›Du scheinst‹, erwiderte Thespesion, ›ohne Prüfung uns zu beurteilen. Wenn in irgend etwas, so zeigt die ägyptische Weisheit sich gerade darin, daß sie in Darstellung der Götter nicht willkürlich verfuhr, sondern sie symbolisch und allegorisch behandelte, denn so gerade werden sie heiliger erscheinen.‹ – Lachend erwiderte Apollonius: ›O Menschenkinder, was habt ihr von eurer ägyptischen und äthiopischen Weisheit, wenn euch ein Hund, ein Ibis oder Bock heiliger, götterähnlicher erscheint; – denn so sagt – der weise Thespesion! Was liegt denn darin Heiliges oder Furchterweckendes? Meineidige, Tempelräuber und schmarotzender Pöbel werden solche Tempelbilder eher verachten als fürchten! Wenn die Götter durch Allegorie heiliger werden, so würden sie ja in Ägypten besser der Bilder überhaupt entraten, und ihr tätet besser, die Götterlehre überhaupt ganz anders zu behandeln. Man könnte ja Tempel bauen und Altäre errichten und festsetzen, was zu opfern sei, was nicht, und wann und wie lange, endlich was dabei zu sagen und zu tun; aber sich ein Bild von den Göttern zu machen, könnte man den Besuchern der Tempel überlassen! *Der Geist malt ja besser als die Kunst!* Ihr aber macht es den Göttern unmöglich, schön geschaut und schön gedacht zu werden.‹

V21 C [1] In Rhodus weilte damals der Flötenspieler Kanos, der berühmteste Meister in seiner Kunst. Diesen sprach Apollonius an und sagte: ›Was leistet ein Flötenspieler?‹ – ›Alles‹, erwiderte Kanos, ›was der Hörer will.‹ – ›Aber‹, entgegnete Apollonius, ›viele Hörer wollen lieber reich werden als die Flöte hören; machst du sie reich, die solches wünschen?‹ – ›Keineswegs, ob ich es auch möchte!‹ – ›Oder wie, gibst du der Jugend, die dich hört, Schönheit? Alle jungen Leute wollen ja schön sein!‹ – ›Auch das nicht, obwohl ich in meiner Flöte viel Anmut habe.‹ – ›Was meinst du also, werden die Hörer von deinem Spiel erwarten?‹ – ›Was anderes kann es sein‹, erwiderte Kanos, ›als daß es den Traurigen tröstet, den Fröhlichen froher, den Liebenden noch glühender, den Frommen noch gottseliger und sangreicher machen werde?‹ [2] ›Bewirkt das nun deine Flöte‹, frug Apollonius weiter, ›durch ihr Gold und Erz und ihr Bein vom Hirsch oder auch vom Esel, oder besitzt etwas anderes diese Macht?‹ – ›Etwas anderes ist es‹, entgegnete Kanos, ›und zwar *die Musik, die Tonart, der melodische Schmelz, der schöne Wechsel der Harmonien, sie geben dem Hörer die Stimmung und erfüllen ihn mit Befriedigung.*‹ [3] ›Ich verstehe‹, erwiderte Apollonius, ›wie deine Kunst das leistet, und warum du das Beherrschen aller Tonarten deine Schüler lehrst; und doch scheint mir noch mehr dazu zu gehören als du angabst, nämlich gute Lunge, guter Ansatz und gute Hand. Das erste, weil der Odemzug stark und rein sein muß ohne störende Nebenklänge; guter Ansatz, damit Lippen und Zunge leicht, die Flöte und das Antlitz des Spielers unentstellt bleibe; eine gute Hand aber ist auch viel wert, wenn die Handwurzel sich leicht schwingt und die Finger nicht träge sind, durch die Tonreihen zu fliegen, denn eine leichte Hand erleichtert die Übergänge in den Tonarten. Wenn du das alles leistest, o Kanos, dann spiele mit Zuversicht, Euterpe wird mit dir sein!‹

D [1] Apollonius richtete die Frage V14
an seine Gefährten: ›Ist denn überhaupt etwas an der Mythologie?‹ – ›Gewiß‹, entgegnete Menippus, ›die

Dichter preisen sie ja!‹ – ›Wofür hältst du den Aesop?‹ – ›Für einen Mythologen und Alleserzähler‹, entgegnete Menippus. – ›Welche Mythen aber sind weise?‹ – ›Die der Dichter‹, erwiderte jener, ›denn sie werden als Tatsachen besungen.‹ – ›Und die Mythen des Aesop[52], was sind sie?‹ – ›Frösche und Esel sind sie‹, entgegnete Menippus, ›und Narretei überhaupt, gut für alte Weiber und für Kinder!‹ – ›Mir scheinen‹, erwiderte Apollonius, ›in bezug auf Weisheit die Mythen des Aesop doch den Vorzug zu verdienen. *Die Mythen über die Heroen,* von denen die ganze Dichtkunst beherrscht wird, *verderben die Hörer, denn die Dichter erzählen von ungehörigen Liebschaften, Heiraten unter Geschwistern, von Gotteslästerungen,* Verzehren von Kindern und von unfeinen Geschichten und Händeln. [2] Endlich ist Aesop überhaupt wahrheitsliebender als die Dichter, denn diese bieten alles auf, um den Glauben an ihre Darstellungen zu erwecken, bei Aesop weiß jeder, daß nicht der Wirklichkeit entlehnt ist, was er sagt; aber eben darin beweist er seine Wahrhaftigkeit. Der Dichter überläßt es dem gesunden Sinn des Hörers, zu prüfen, ob es wahr sei, was er vernommen; wer aber, wie Aesop, offenbar Unwirkliches darstellt und daran Ermahnungen knüpft, der beweist, daß er sich der Fiktion nur zum Frommen des Hörers bediente. Der Dichter schließt seinen Chorgesang mit einem ›wunderbar ist Gottes Rat‹ oder so ähnlich, und tritt ab; Aesop aber gibt seinen Orakelspruch und führt seinen Hörer dahin, wohin er ihn haben wollte.

E [1] Da er nun sah, daß die Smyrnä- IV 1
er sich der Wissenschaft befleißigten, bestärkte er sie darin und begeisterte sie dafür und lehrte sie, auf die eigene Ausbildung mehr Wert zu legen als auf den äußeren Prunk der Stadt. Denn obwohl sie die schönste Stadt unter der Sonne, das Meer ihr Eigentum und ewiger Frühling ihr beschieden sei, so sei es doch erfreulicher, mit Männern geschmückt zu sein als mit Hallen, Gemälden und Gold! [2] Denn Bauwerke, sagte er, bleiben, wo sie sind, und werden nirgends auf Erden gesehen außer an dem kleinen Platze, wo sie stehen: Gute Männer aber werden überall gesehen und gehört und bringen der Stadt, wo sie geboren, Ruhm ein, so weit die Erde reicht. Schöne Städte dieser Art, fuhr er fort, gleichen dem Zeusbilde, wie Phidias es in Olympia geschaffen, – dort stehe es – so wie es der Künstler gewollt –, Männer aber kommen überall hin und gleichen dem homerischen Zeus, der, vom Dichter vielgestaltig dargestellt, bewunderungswürdiger ist als der elfenbeinerne des Phidias: jener ist an die Erde gebannt, dieser lebt überall im Himmel.

F. Außerhalb der Mauern aber sahen II 20
sie, wie sie erzählen, einen Tempel fast hundert Fuß hoch aus Perlmutterstein; darin aber solle sich ein Heiligtum befinden, geringer zwar, als die Größe dieses Säulentempels erwarten lasse, aber immerhin bewundernswert. Denn alle Wände sind voll eherner Bildwerke, welche die Taten des Porus[53] und Alexander darstellen. Da sieht man in Messing, Silber, Gold und schwarzem Erz Elefanten, Reiterei, Helme und Schilde; Lanzen aber und Speere und Schwerter alle von Eisen, und alles nach den

Linien eines schönen Bildes, als ob es von Zeuxis, Polygnotus oder Euphranor[54] wäre, welche gute Schattierungen, das Lebensvolle und Perspektivische liebten, – so zeigte es sich auch hier und zwar die verschiedenen Stoffe wie durch Farben verschmolzen. Angenehm überrascht auch der Sinn der Darstellung. Denn obgleich Porus diese Bilder erst nach dem Tode Alexanders aufstellte, so zeigen sie doch den siegenden Mazedonier, wie er den verwundeten Porus für sich gewinnt und ihm Indien, das er bereits sein nannte, zum Geschenk macht.

2. *Imagines* (Bildbeschreibungen), Proömium, Komos, Geburt des Hermes, übers. von Horst H. Herrig

Themen und Gliederung:
A. Anlaß und theoretische Grundlagen zur Interpretation der Kunstwerke in der neapolitanischen Sammlung.

[1] Malerei muß wie Dichtung gelehrt werden: beide entspringen der Weisheit. [2] Die Mimesis. [3] Wesen der Plastik. [4] Wesen der Malerei. [5] Anlaß dieser Schrift.

B. Der Hochzeitsfestzug (Komos)

[1] Die Situation: nächtliche Stunde vor einem Brautgemach. [2] Die Darstellung des schlafenden Komos. [3] Ohne Gesicht ist die Darstellung blind. Die Verteilung von Licht und Schatten. [4] Nicht die äußere Naturnähe, sondern die innere Übereinstimmung ist das Ziel der Malerei. [5] Die Bewegung und das Lärmen des Festzugs sind dargestellt.

C. Die Geburt des Hermes.

[1] Kurze Skizze des dargestellten Mythos. [2] Die Geburt: Bedeutung des Vorgangs und innere wie äußere Bewegung. [3] Die Darstellung der Gedanken der Beteiligten. [4] Die Erheiterung im Gesicht Apolls nach entdecktem Raub.

I 1,1 A [1] Wer die Malerei nicht liebt, verletzt die Wahrheit, fehlt gleichfalls gegenüber der Weisheit, soweit er sie nur auf die Dichter eingeschränkt wissen will – denn für beide Künste ist es doch bei der Hervorbringung der Taten und Gestalten der Heroen die gleiche Weisheit –, und er lobt dann auch nicht die Symmetrie, durch die ebenfalls die Redekunst zusammengebunden ist.

[2] Für den, der die Erfindungen der Götter überdenken will – etwa die herabscheinenden Gestirne und die Strukturen auf der Erde, wie z. B. die Jahreszeiten der Au den Farbton geben –, der also den Ursprung der Technik erforschen will, für solch einen Menschen ist die Mimesis (Nachahmung) die ehrwürdigste und der Natur verwandteste Entdeckung: – denn die Mimesis fanden weise Män-

ner; teils nannten sie die Mimesis Malerei, teils Plastik.

2 [3] Die Plastik hat nun zahlreiche Verfahrensarten; – zuerst das Bilden in Ton, dann die Mimesis in Erz, drauf das Behauen des marmorweißen Steines und des Marmors aus Paros, auch die Elfenbeinschnitzerei (gehört hierher) und (nicht zuletzt) beim Zeus: die Reliefkunst. [4] Die Malerei aber setzt sich aus Farben zusammen; doch sie arbeitet nicht nur in Farben allein, sondern sie ersinnt aus diesem einen Material mehr als die andere Techne aus ihren vielen. Denn die Malerei macht den Schatten sichtbar, und sie weiß einmal um den Blick des Zürnenden, ein andermal um den Gesichtsausdruck des Betrübten und Frohen. Auch versteht ein Plastiker am wenigsten den Glanz der Augen wiederzugeben, wie die Augen von Natur nun beschaffen sein mögen, – denn das frohfunkelnde, das lichtblaue und das schwarzglänzende Auge weiß nur die Malerei darzustellen; und gleichfalls versteht sie sich darauf, das blonde, feuerrote und goldglänzende Haar auf die Leinwand zu zaubern, und obendrein noch die Kleiderfarbe, das Funkeln der Waffenkammer, Gehöfte, Haine, Gebirge und Quellengrotten, und auch noch die Luft, in der dies alles ist.

3 Wie viele die Glanzstellung der schönen Künste schätzen, und wieviel Städte und Königreiche ihre Liebe darauf wenden, dies ist schon durch die anderen und den Aristodemos von Karias ausgesprochen worden; den Aristodemos von Karias[55] hatte ich auf Grund der Malerei vier Jahre zu meinem Gastfreund, – denn er schrieb über die Kunst des Eumelos[56] und wußte viel Grazie in seine Interpretation hineinzulegen. – Diese Rede nun soll nicht von Malern oder von ihrer Geschichte handeln, sondern ich will von Musterstücken der Malerei sprechen; es sind Vorträge, für die Jugend zusammengestellt, an Hand derer sie sich in der Kunst des Auslegens und des richtigen Ausdrucks üben kann.

4 [5] Folgendes war mir Anlaß zu diesen Vorträgen: Es war bei dem Agon [Wettkampf] in Neapel; – diese Stadt ist in Italien erbaut; die Neapolitaner sind von Herkunft Hellenen und griechische Stadtbürger, woher auch ihr Interesse an den Prunkreden rührt. – Mir nun, der ich meinen Prunkvortrag nicht in aller Öffentlichkeit halten wollte, bot sich als Publikum eine Schar Jünglinge an, die dem Landgut meines Gastfreundes einen Besuch abstatteten.

Außerhalb der Mauern machte ich also in der zum Meer gekehrten Villenstadt halt, wo eine Stoa, die nach Westen auf das tyrrhenische Meer blickte, mit vier oder – wie ich glaube – fünf Stockwerken gebaut war. Die Stoa funkelte von Mosaiken, wie sie der Luxus preist; am meisten prunkte sie aber mit einer Galerie aus harmonisch aufeinander abgestimmten Gemälden, die einer mit Verstand gesammelt hatte: denn die künstlerische Brillanz mehrerer Maler offenbarte sich in ihnen.

5 Ich hielt es nun für meinen Teil für richtig, die Kunstwerke zu loben; denn der noch jugendliche, erst zehn Lenze alte Junge des Gastfreundes, der schon Lust am Zuhören und Freude am Lernen bewies, war mit von der Partie. Dieser folgte mir nun

auf Schritt und Tritt. Als ich mich den Gemälden näherte, schien er mir eine Erläuterung der Gemälde notwendig zu haben. Damit ich nun nicht für unnobel gehalten würde, sprach ich: ›Na denn gut, wir wollen eine Prunkrede halten, sobald die Jünglingsschar gekommen ist.‹

Als diese angekommen war, fuhr ich fort: ›Der Knabe soll sich vor die Bilder stellen, achtgeben, und ihm soll das Studium der Rede angelegen sein, – ihr aber, ihr Jünglinge, folgt mir, indem ihr nicht nur Beifall nickt, sondern auch Fragen stellt, wenn ich etwas nicht klar und deutlich formuliere.‹

I 2,1 B [1] Der Komos, der Schutzgott, von dem die Menschen die Gewohnheit des ›Umzughaltens‹ haben, steht – wie ich glaube – vor den vergoldeten Türen eines Brautgemaches; die Türen sind nur mit Mühe wahrzunehmen, weil sie wie in Dämmerdunkel getaucht sind. Denn die Nacht ist nicht als Person gemalt, sondern als nächtlicher Zeitpunkt; sichtbar ist noch der Vorhof und das überglückliche Brautpaar, das auf dem Brautbett ruht.

2 [2] Der Komos gesellt sich, jugendlich-zart und noch nicht Ephebe, zur Jugend; sein Antlitz hat der Weingenuß gerötet und aufrecht stehend ist er durch den Rausch in Schlaf gesunken. Er schläft, das Antlitz auf die Brust geneigt, und seine Kehle sieht man nicht; die linke Hand hält er ans Ohrläppchen.

Die Hand wird angetroffen, wie sie sich scheinbar löst und in nachlässig-schläfriger Geste verharrt. So geht es gewöhnlich beim Einschlafen, wenn uns der hellwache Verstand von dem, was er vorher noch festgehalten hat, ins Vergessen enteilt, weil ihn der Schlaf umschmeichelt. Offenbar gleitet denn auch die Fackel aus der rechten Hand, die träger Schläfrigkeit verfallen ist. Der Komos fürchtet, daß die Glut der Fackel ihm auf den Oberschenkel fällt, und daher kreuzt er das linke vor das rechte Schienbein; auch hält er die Fackel nach links, die Hand vom bloßgelegten Knie wegführend, damit die Gluthitze der Flamme abgewendet wird.

3 [3] Die Maler bleiben dem Bildbetrachter die Gesichter des in der Jugendblüte stehenden Brautpaares schuldig, und ohne diese Gesichter sind die Bilder eigentlich blind! Vom Antlitz des Komos mußte man nur wenig wiedergeben, weil er seinen Kopf neigt und das Gesicht in dessen Schlagschatten liegt. Es ist beim dionysischen Umzug so Sitte – wie ich glaube – daß die Festschar mit unverhülltem Haupt in diesem Alter ihr fröhliches Schwärmen hält. All das Übrige des Körpers ist sorgfältig dargestellt, weil durch den Fackelschein der Leib vollständig umlichtet ist.

4 [4] Besonders lobenswert ist der Kranz aus Rosen, doch keineswegs durch seine Naturnähe – wenn es darauf ankäme, wäre der Siegespreis für die mit gelben und ultramarinblauen Farben gemalten Abbilder der Blüten nicht bedeutend –, sondern man muß vorwiegend das Flaumigweiche und Duftigzarte des Kranzes preisen. Höchstes Lob spende ich auch noch den Tauperlen auf den Rosenblättern, und behaupte: auch ihr Duft ist gemalt!

[5] Was hat es mit dem Übrigen des Festzuges auf sich? Was denn schon anders, als eben das ausgelassene

Tanzen und Singen? – Oder klingt dir das Beckengeklapper, der in den Ohren dröhnende Lärm und verworrene Gesang nicht entgegen?

Die Fackeln leuchten hervor, durch deren Licht die Festschar und die Dabeistehenden sehen können, auch das sehen können, was von uns nicht erblickt werden kann.

Viel lautes Gelächter ist herauszuhören; Dirnen, die gegen die übliche Manier gegürtet sind, ziehen mit Männern herum. Der dionysische Festzug räumt der Frau ein, sich als Mann zu produzieren, und dem Mann gestattet er, sich in ein weibliches Kleidungsstück zu hüllen und weibisch einherzutrippeln.

Die Kränze sind nicht mehr frisch, sondern das Heiter-Blühende ist ihnen genommen, weil sie durch das Schwärmen in Unordnung gerieten und auf dem Kopf zurechtgerückt wurden. Denn die Blumen in der freien Natur verbitten sich die Hand, die sie vor der Zeit welken läßt. Die Malerei bildet auch das Händeklatschen nach, das am meisten zum Festzug gehört; der rechte Handteller schlägt mit nach unten gebogenen Fingern gegen die linke hohle Hand, die unter der Rechten liegt, damit beide Hände nach Art des Zymbelschlagens zusammenklatschen.

26,1 C [1] Dies Kind da, das allerdings noch in den Windeln liegt, das die Rinder in den Erdspalt treibt, jenes, das die Geschosse des Apoll raubt, ist immer der bekannte Hermes. Sehr ergötzlich sind die Diebstähle des Gottes. Denn man erzählt von Hermes, daß er, als ihn Maja geboren hatte, das Dieben liebte und zu bewerkstelligen wußte; der Gott tat dies niemals aus Not, sondern aus spielerischem Vergnügen und heiterem Scherz. Wenn einer seine Spur verfolgen will, betrachte er die Vorgänge auf dem Bilde.

Er ist auf den Gipfeln des Olymp geboren, gerade unter dem Sitz der Götter. Homer singt bekanntlich, daß dort weder Regen zu spüren, noch der Wind zu hören ist, – daß dort niemals Schnee wegen der Außerordentlichkeit des Ortes fällt und daß das Göttliche geradezu frei sei von allen Leiden, an denen das Menschenlos teil hat.

[2] Dort also umsorgen die Horen 2
den neugeborenen Hermes. Jene sind jede einzeln gemalt, wie sie ihn mit Windeln umhüllen und die schönsten Blumen daraufstreuen, damit die Tücher wohl gekennzeichnet sind. Wie sie sich zu der Mutter des Hermes wenden, die noch daniederliegt, entschlüpft eben unser Hermes den Windeln und spaziert schon die Wiesenhänge des Olymp hinunter. Der Berg freut sich über ihn – sein Lächeln ist ganz menschlich! – und er bedenkt die Freude des Olymp, daß Hermes dort geboren ward.

[3] Was ist nun der Diebstahl? – Die 3
Rinder, die goldgehörnt und noch weißer als Schnee auf den Hängen des Olymp weiden – dem Apoll sind sie geweiht – die trieb Hermes unter Anstacheln in eine Erdspalte, nicht etwa, damit sie umkommen, sondern um sie einen Tag verschwinden zu lassen; denn dies bedeutet für Apoll eine schmerzliche Kränkung; – und als ob er keinen Teil hätte an den Vorfällen, taucht er flink wieder in seine Windeln unter.

Apoll kommt zur Maja und fordert die Rinder; sie aber glaubt ihm nicht und wähnt, der Gott treibe törichte

4 Possen. Will einer erfahren, was Apoll so sagt? Denn mir scheint nicht allein seine Stimme nur hörbar, sondern auch der Sinn seiner Worte offenbart sich in seinem Gesichtsausdruck. Scheinbar schickt er sich an, folgendes zu Maja zu sagen: ›Heillosen Schaden hat mir dein Sohn, den du eben geboren, zugefügt: denn die Rinder, die meine große Freude sind, hat er in eine Felskluft verschwinden lassen, und ich weiß nicht wo! Er wird die Tiere zugrunde gerichtet und in einer Schlucht zu Tode gestürzt haben.‹
Maja aber staunt und traut ihren Ohren nicht. [4] Während sie sich ge- 5
genseitig noch in Widerworten ergehen, steht Hermes schon hinter Apoll, springt behend ihm auf den Rücken, löst lautlos den Bogen und raubt ihn heimlich; er wird freilich entdeckt, doch nach vollendetem Raub wohlgemerkt!
Hier zeigt sich nun die künstlerische Brillanz des Malers: Denn er heitert den Gesichtsausdruck des Apoll auf und macht ihn lachen. Das Lachen ist daran abzulesen, wie sich der Ausdruck einer die Oberhand gewinnenden Freude auf dem Gesicht niederschlägt.

Plotin

Aus »Enneaden«

Zu Kapitel IV 8

PLOTIN wurde 205 n. Chr. geboren, sein Geburtsort ist unbekannt. Im 28. Lebensjahr wandte er sich der Philosophie zu, zunächst 11 Jahre lang in Alexandria. In seinem 40. Lebensjahr zog er nach Rom, wo er mit 50 Jahren philosophische Essays für seinen Kreis zu schreiben begann, die Porphyrius sammelte und in 6 »Enneaden« herausgab. 269/70 starb er, nachdem er sich kurz vorher aus Rom zurückgezogen hatte.

Enneade I 6, »Über das Schöne«, übers. von Richard Harder. Hamburg 1956

Thema: Das Schöne

Gliederung: [1] Die Universalität des Schönen. Die Frage: Was ist schön? [2] Es kann nicht nur im Wohlverhältnis, in der Symmetrie der Teile liegen, denn wenn das Ganze schön ist, müssen es auch seine Teile sein. [3] Auch seelische und geistige Schönheit kann nicht auf Symmetrie beruhen. [4] Was die Seele, die auf der Seite der Wesenheit steht, als sich verwandt erkennt, ist schön. [5] Diese Verwandtschaft besteht im Teilhaben an der göttlichen Formkraft, der Idee. [6] Das Schöne wird erkannt als die der inneren Einheit der Idee entsprechende Vielheit in der Materie. [7] Die *Schönheit der Farbe* ist die Idee des Lichtes, das als solche leuchtet und glänzt. Ihr reinster Ausdruck ist das Feuer. [8] Die *Schönheit der Töne* besteht in bestimmten harmonischen Verhältnissen, die als Idee die Töne formen und bewältigen. [9] Auch die Wahrnehmung des *geistigen Schönen* ruft, besonders bei liebebewegten Seelen, Erschütterung und Betroffenheit hervor, wie das sinnliche Schöne. [10] Die Erregung und Schwärmerei beim Anblick einer schönen Seele beruht auf der Schönheit der unfarbigen Seele selbst und dem Glanz ihrer Tugenden. [11] *Die Seele ist schön, insofern seinsmäßig sie seiend ist.* [12] Die Häßlichkeit der Seele besteht in fremden Beimischungen, der Hinwendung zu Leib und Stoff. [13] Die schöne Seele ist also die vom Irdischen reine Seele, wie auch alle Tugenden Freiheit vom Irdischen, dem Unreinen, der Lust, bereiten. [14] *Die schöne Seele* ist reine Form, reiner Geist, gottähnlich, *wahrhaft seiend und darum schön.* [15] Das wahrhaft Seiende ist schön und gut, das nicht wahrhaft Seiende häßlich und böse. [16] Die Bewältigung durch den Geist bzw. die Seele gibt den Körpern ihre Schönheit. [17] Das eigentliche Selbst, welches zum Guten strebt, erblickt an seinem Ziel die wahre Schönheit. [18] Diese Schönheit, Quelle aller irdischen Schönheit, erschüttert, erweckt wahre Liebe und ist eigentliches Ziel. [19] Der Weg zum Schönen ist Abkehr vom Hiesigen und Rückkehr dorthin, woher wir gekommen sind. [20] *Das Schöne wird mit einem inneren Gesicht geschaut* und nur von dem selbst Schönen. [21] Der Bereich des Schönen ist das Jenseits, die Ideen, das Geistige, das Gute, das Urseiende.

1 [1] Das Schöne findet sich die Fülle im Bereich des Gesichts; es findet sich auch im Bereich des Gehörs, bei der Fügung der Wörter und in der gesamten Musik (denn Melodie und Rhythmus ist auch etwas Schönes); es finden sich aber auch, wenn wir von dem Wahrnehmungsbereich nach oben fortschreiten, schöne Beschäftigungen, Handlungen, Zustände, Wissenschaften und endlich die Schönheit der Tugenden; und ob sich über all diesem noch etwas Schönes findet, wird sich herausstellen.
2 Was ist denn nun dasjenige, welches bewirkt, daß die Leiber dem Blick schön erscheinen und daß das Gehör die Töne als schön bejaht, und wie kommt weiterhin die Schönheit alles dessen zustande, was mit der Seele zusammenhängt? Sind alle diese Dinge vermöge ein und desselben schön, oder ist die Schönheit etwas anderes wo sie am Leibe, etwas anderes wo sie an einem andern ist? Und was ist die eine oder die verschiedenen? Gewisse Dinge sind nämlich 3
nicht bereits von ihrer Substanz her schön, sondern erst durch Teilhabe, wie die Leiber; andere sind an sich Schönheit, wie es das Wesen der Tugend ist. Denn dieselben Leiber erscheinen bald als schön bald als nicht schön; Leib sein muß also unterschieden sein von schön sein. Was ist nun das, was hier den *Leibern* beiwohnt? Das soll der erste Gegenstand unserer Untersuchung sein.
[2] Was ist es, das den Blick des Be- 4
schauers erregt, auf sich wendet und mitzieht und im Schauen sich ergötzen läßt? Wenn wir das finden, kann es uns vielleicht auch als Stufe dienen zur Betrachtung der sonstigen Schönheit. Ziemlich allgemein wird behauptet, daß ein Wohlverhältnis der Teile zueinander und zum Ganzen, und zusätzlich das Moment der schönen Färbung, die sichtbare Schönheit ausmacht; schön sein be-

deute, für die sichtbaren Dinge und überhaupt für alles andere, symmetrisch sein, Maß in sich haben. Für
5 die Verfechter dieser Lehre kann es
also kein einfaches, sondern notwendig nur ein zusammengesetztes Schönes geben; das Ganze ferner kann schön sein, seine einzelnen Teile aber können von sich aus nicht schön sein, sondern nur sofern sie zur Schönheit des Ganzen beitragen. Aber wenn denn das Ganze schön ist, müssen es auch die Teile sein; denn ein Schönes kann doch nicht aus häßlichen Bestandteilen bestehen, sondern die Schönheit muß alle
6 Teile durchsetzen. Die schönen Far-
ben ferner, wie auch das Licht der Sonne, da sie einfach sind und ihre Schönheit also nicht auf Symmetrie beruhen kann, bleiben für sich vom Schönsein ausgeschlossen. Und das Gold, wie kann es dann noch schön sein, und das Funkeln der Nacht . . . (?) Und bei den Tönen müßte ebenso das Einfache fortfallen; dabei ist doch vielfach der einzelne Ton unter denen die in dem schönen Ganzen sind auch seinerseits schön. Da nun ferner das nämliche Antlitz, ohne daß sich die Symmetrie seiner Teile ändert, bald schön erscheint, bald nicht, so muß man zweifellos das Schöne als etwas anderes ansehen, das erst über das Symmetrische kommt, und das Symmetrische muß seine Schönheit erst durch ein anderes erhalten.

7 [3] Wenn sie dann aber etwa weiter-
schreiten zu den schönen Beschäftigungen und den schönen Gedanken und auch hier die Symmetrie als Grund der Schönheit angeben wollten, – was kann man unter Symmetrie bei schönen Beschäftigungen, Gesetzen, Kenntnissen, Wissenschaften denn überhaupt noch verstehen? Wie können Lehrsätze symmetrisch zueinander sein? Sofern sie zueinander stimmen? Nun, auch die schlechten Sätze stimmen und passen zueinander: die beiden Sätze ›Selbstbeherrschung ist Torheit‹ und ›Gerechtigkeit ist Einfältigkeit‹ passen und stimmen völlig zueinander.
Jede Tugend ist Schönheit der Seele, 8
und zwar eine wahrere Schönheit als die vorher genannten Dinge. Aber in welchem Sinne sollen die Tugenden symmetrisch sein? Auch wenn die Seele mehrere Teile hat, können sie nicht wie Größen und Zahlen symmetrisch sein; denn nach welcher Proportion sollte eine Zusammensetzung oder Vermischung der Seelenteile statthaben? Und der Geist, worin sollte dann seine Schönheit bestehen, wenn er für sich allein ist?

[4] So heben wir nochmals an und 9
wollen zuerst bestimmen, was denn nun das Schöne an den Leibern ist. Es gibt nämlich etwas Schönes, das schon beim ersten Hinblicken wahrgenommen wird; dessen wird die Seele gewissermaßen inne und spricht es an; indem sie es wiedererkennt, billigt sie es und paßt sich ihm sozusagen an; wenn ihr Blick dagegen auf das Häßliche trifft, so zieht sie sich zurück, weigert sich ihm und lehnt es ab, denn es stimmt
nicht zu ihr und ist ihr fremd. Wir 10
behaupten nun, wenn die Seele das ist, was ihr wahres Wesen ist, und das heißt: auf der Seite der Wesenheit steht, die in der Welt die obere ist, so ist es das Verwandte oder auch nur die Spur des Verwandten, dessen Anblick sie erfreut und erschüttert;

sie bezieht das auf sich selbst und er-
innert sich ihres eigensten Wesens,
dessen was sie in sich trägt.
11 [5] Aber wie kann denn eine Ähn-
lichkeit der hiesigen schönen Dinge
mit den jenseitigen bestehen? Und
mögen sie auch, da es eine Ähnlich-
keit gibt, irgendwie ähnlich sein –
wieso kann aber das Irdische ebenso-
wohl schön sein wie das Jenseitige?
Das geschieht, so lehren wir, durch
Teilhaben an der Gestalt (Idee).
Denn alles Formlose ist bestimmt,
Form und Gestalt anzunehmen; so-
lange es daher keinen Teil hat an ra-
tionaler Form und Gestalt, ist es häß-
lich und ausgeschlossen von der gött-
lichen Formkraft; das ist das
schlechthin Häßliche; häßlich ist
aber auch das, was von der Form und
dem Begriff nicht voll bewältigt
wird, weil die Materie eine gänzlich
der Idee entsprechende Formung
nicht zuließ. Die Idee tritt also hin-
12 zu; das, was durch Zusammenset-
zung aus vielen Teilen zu einer Ein-
heit werden soll, das ordnet sie zu-
sammen, bringt es in ein einheitli-
ches Gefüge und macht es mit sich
eins und übereinstimmend, da ja sie
selbst einheitlich ist und das Gestal-
tete, soweit es ihm, das aus Vielem
besteht, möglich ist, auch einheitlich
sein soll; ist es dann zur Einheit ge-
bracht, so thront die Schönheit über
ihm und teilt sich den Teilen so gut
mit wie dem Ganzen; trifft aber die
Idee auf ein Einheitliches, aus gleich-
artigen Teilen Bestehendes, so teilt
sie die Schönheit dem Ganzen mit;
so als wenn die Schönheit bald,
durch die Kunst, einem ganzen Hau-
se mit seinen Teilen gegeben wird,
13 bald, durch eine Naturkraft, einem
einzelnen Stein. Der schöne Körper
also entsteht durch Gemeinschaft
mit der von den Göttern kommen-
den Formkraft. [6] Die Erkenntnis
dieses Schönen nun vollzieht dasjeni-
ge Vermögen der Seele, welches ihm
vorgeordnet ist; es ist vor allen beru-
fen, zu urteilen über die Dinge sei-
nes Bereiches, da ja überdies auch
die übrige Seele nachprüfend mit-
wirkt; vielleicht aber spricht auch
dies Vermögen allein schon das Schö-
ne an, indem es an der ihm zugängli-
chen Idee abmißt und diese Idee bei
ihrem Urteil benutzt, wie man an
der Richtschnur das Gerade mißt.
Aber wie kann denn die Idee, die am 14
Leibe ist, mit jener, die vor und über
dem Leibe ist, übereinstimmen?
Und wie kann der Baumeister das
Haus draußen nach der Idee des
Hauses in seinem Innern abstimmen
und es dann als schön ansprechen?
Nun, weil das äußere Haus, wenn
man die Steine ausscheidet, eine Tei-
lung der inneren Idee vermöge der
äußeren Masse der Materie bedeutet,
eine Sichtbarwerdung des Unteilba- 15
ren in der Vielheit. Erblickt nun die
Wahrnehmung die Idee an den Kör-
pern, welche die ihr entgegengesetz-
te, gestaltlose Wesenheit zusammen-
bindet und überwältigt, diese Form,
welche hervorleuchtend über den an-
deren Formen thront, so faßt eben
dies das Vielfältige geschlossen zu-
sammen, hebt es hinauf, bringt es
ein in das Innere als ein nunmehr
Unteilbares, und überliefert es ihm
als ein Übereinstimmendes, zu ihm
Passendes, Verwandtes; so wie einen
edlen Mann schon die aufleuchtende
Spur der Tugend an einem Jüngling
freundlich berührt, welche überein-
stimmt mit dem wahren Urbild in
seinem eigenen Innern.

16 [7] Die Schönheit ferner der Farbe ist ein Einfaches vermöge der Form, indem das Dunkel in der Materie bewältigt wird durch die Anwesenheit des Lichts, welches unkörperlich ist, rationale Form und Gestalt. Daher denn auch das Feuer als solches vor den andern Körpern schön ist; denn es hat den Rang der Idee im Verhältnis zu den andern Elementen, es ist das oberste seiner räumlichen Stellung nach und der feinste von allen Körpern wie es seiner Nähe zum Unkörperlichen entspricht; es nimmt allein die andern Körper nicht in sich auf, während die andern es aufnehmen (die andern Körper können erwärmt, das Feuer aber nicht abgekühlt werden): so ist dem Feuer denn auch primär die Farbe eigen, und die andern Körper entnehmen erst von ihm die Idee der Farbe; daher leuchtet und glänzt es, wie es einer Idee zukommt. Was aber nicht mehr obsiegt, dessen Leuchten verblaßt und es gehört nicht mehr zum Schönen, da es nicht voll an der Idee der Farbe
17 teilhat. [8] Was ferner die an den Tönen vorfindlichen Harmonien angeht, so lassen sie, indem die verborgenen Harmonien die sinnlichen erzeugen, auch auf diesem Gebiet die Seele des Schönen innewerden, indem sie ihr an einem andern das ihr Gleiche zeigen. Den sinnlichen Harmonien ist es eigentümlich, dem Maß unterworfen zu sein nicht in jedem beliebigen Zahlenverhältnis, sondern nur in demjenigen welches dienlich ist zur Erzeugung der Idee, zur Bewältigung.

18 Damit genug von den sinnlich schönen Dingen; Abbilder, gleichsam entsprungene Schatten, die in die Materie hinabgehen, verursachen es, daß sie wohlgeformt sind und ihr Anblick erschüttert.

[9] Das weiter hinauf liegende Schö- 19
ne, das zu erblicken der Wahrnehmung nicht mehr vergönnt ist, sondern ohne die Handhabe der Sinne sieht es die *Seele* und spricht es an: zu seiner Betrachtung muß man hinaufsteigen und die Wahrnehmung unten bleiben lassen. Wie über das sinnlich Schöne nicht sprechen kann, wer es nicht gesehen oder nicht als schön begriffen hat, also etwa ein Blindgeborener, so kann auch über die Schönheit geistiger Tätigkeiten nicht sprechen, wer nicht diese Schönheit geistiger Tätigkeiten und Wissenschaften und ähnlicher Dinge in sich aufgenommen hat, nicht über das Leuchten der Tugend, wer sich nie vor Augen gehalten, wie schön das Antlitz der Gerechtigkeit und Mäßigkeit ist – ›nicht Morgen- und nicht Abendstern ist so schön‹; vielmehr muß man sehend sein mit dem Vermögen, mit dem die Seele derartige Dinge schaut, und wenn man sie erblickt, weit mehr als bei dem sinnlich Schönen sich freuen, entzückt und gepackt sein, denn nun rührt
man an das eigentliche Schöne. Be- 20
troffenheit, süße Erschütterung, Verlangen, Liebe, lustvolles Beben, das sind Empfindungen die gegen jegliches Schöne eintreten müssen. Auch gegen das nicht sichtbare kann man sie erleben, es erleben sie auch eigentlich alle Seelen, aber stärker die liebebewegteren unter ihnen, so wie die leibliche Schönheit alle sehen, aber nicht alle in gleicher Stärke von ihr gestachelt werden, sondern einige in besonders starkem Maß, von denen man spricht, daß sie lieben

21 [10] Die nun also liebebewegt sind
auch gegen das Nichtsinnliche, die
muß man fragen: ›Was empfindet
ihr gegenüber dem, was man schöne
Tätigkeiten nennt, gegenüber den
schönen Sitten, dem zuchtvollen
Charakter, überhaupt bei tugend-
hafter Leistung und Gesinnung und
bei der Schönheit der Seelen? Und
wenn ihr euch selbst erblickt in eue-
rer eigenen inneren Schönheit, was
empfindet ihr, warum seid ihr dabei
in Schwärmerei und Erregung und
sehnt euch nach dem Zusammensein
mit eurem Selbst, dem Selbst, das
ihr aus den Leibern versammelt?‹
Das nämlich sind die Empfindungen
22 dieser echten Liebebewegten. Und
was ist es, woran sie solches empfin-
den? Nicht Gestalt, nicht Farbe,
nicht irgendeine Größe, sondern die
Seele, selbst unfarbig, in sich tra-
gend die unfarbige Selbstzucht und
den Glanz der andern Tugenden: in
euch selbst wahrzunehmen oder
beim andern zu schauen Großherzig-
keit, gerechten Sinn, lautere Selbst-
zucht, die Tapferkeit mit ihrem
grimmigernsten Antlitz, die Würde
und darüber erschimmernd die Ehr-
furcht, alles das in einem ruhigen,
von keiner Wallung und keiner Lei-
denschaft erregten Seelenzustand,
und über ihm leuchtend den Geist,
den gottgleichen – das ist es, was wir
23 bewundern und lieben; [11] aber
wieso nennen wir das schön? Nun, es
ist seinsmäßig seiend und stellt sich
so dar, und wer es gesehen hat, kann
es nicht anders nennen als das seins-
mäßig Seiende. *Was* aber ist es
seinsmäßig? Eben schön. Aber damit
ist noch nicht aufgewiesen, durch
welchen Zug seines Wesens es die
Seele liebreizend macht. Was ist es,
das aus allen den Tugenden gleich
wie ihr Licht hervorleuchtet? Laßt 24
uns denn einmal das Gegenteil ins
Auge fassen, das Häßliche in der See-
le, und es dem Schönen gegenüber-
stellen; denn es könnte wohl zu un-
serer Untersuchung beitragen, wenn
klar wird, was das Wesen des Häßli-
chen ist und weshalb. [12] Nehmen
wir also eine häßliche Seele, zuchtlos
und ungerecht, voll von Begierden,
von vieler Wirrnis, in Ängsten aus
Feigheit, in Neid aus Kleinlichkeit,
all ihre Gedanken, soweit sie über-
haupt denkt, sind irdisch und nie-
drig, verzerrt in allen Stücken, unrei-
nen Lüsten verfallen und so lebend,
daß sie das Häßliche an allem, das ihr
vom Körper widerfährt, als etwas
Lustvolles empfindet. Eben dies 25
Häßliche nun, müssen wir von ihm
nicht sagen, daß es ihr hinzutritt als
ein eingeschlepptes Übel? Denn es
entstellt sie, macht sie unrein und
durchsetzt sie mit viel Schlimmem,
daß ihr Leben und ihr Wahrnehmen
nicht mehr rein ist, sondern durch
die Beimischung des Übeln verdun-
kelt und reichlich mit Tod durch-
setzt, daß sie nicht mehr sehen kann,
was eine Seele sehen soll, und nicht
mehr die Ruhe hat, in sich selbst zu
verweilen, da sie immer nach außen,
zum Niedern, Dunkeln hingezerrt
wird. Da sie also, meine ich, verun- 26
reinigt ist, hin- und hergerissen wird
durch die Anziehung der Wahrneh-
mungsgegenstände, reichlich mit der
leiblichen Beimischung versetzt ist,
reichlich mit dem Stofflichen um-
geht und es in sich einläßt, so hat sie
durch die Vermischung mit dem
Niederen eine fremde Gestalt ange-
nommen. So tritt, wenn einer in
Lehm oder Schlamm eintaucht, seine

vorige Schönheit nicht mehr in Er-
scheinung, sondern man sieht nur
das, was von Lehm oder Schlamm an
ihm haftet; für den ist doch das Häß-
liche ein fremder Zusatz, und es ist
nun seine Aufgabe, wenn er wieder
schön sein will, sich abzuwaschen
und zu reinigen, dann ist er wieder,
27 was er war. So dürfen wir wohl mit
Recht die Häßlichkeit der Seele als
eine fremde Beimischung, eine Hin-
wendung zum Leib und Stoff be-
zeichnen, und es bedeutet also häß-
lich sein für die Seele: nicht rein und
ungetrübt sein wie Gold, sondern
mit Schlacke verunreinigt; entfernt
man nur die Schlacke, so bleibt das
Gold zurück und ist schön, sobald es
vom Fremden losgelöst nur mit sich
selbst zusammen ist; [13] so ergeht es
auch der Seele: löst sie sich von den
Begierden, die sie durch zu innige
Gemeinschaft mit dem Leib erfüllen,
befreit sie sich von den andern Lei-
denschaften und reinigt sich von
Schlacken der Verkörperung und ver-
weilt allein mit sich, dann hat sie das
Häßliche, das ihr aus einem fremden
Sein kommt, sämtlich abgelegt.
28 So ist denn also, wie es die Lehre der
Alten sagt, die Züchtigkeit und Tap-
ferkeit und jegliche Tugend und
auch die Weisheit selber eine Reini-
gung. Darauf deutet denn auch rich-
tig die verhüllte Lehre der Mysterien,
die vom nicht Gereinigten sagen,
daß er ›im Hades im Schlamm liegen
werde‹: das Unreine nämlich ist we-
gen seiner Niedrigkeit begierig nach
dem Schlamm, so wie die Säue, da
sie unrein am Leibe sind, am Unrei-
29 nen ihre Lust haben. Was ist denn
auch wahre Selbstzucht anderes als
keine Gemeinschaft pflegen mit den
Lüsten des Leibes, sie fliehen, da sie
unrein und des Reinen unwürdig
sind? Tapferkeit ferner heißt den
Tod nicht fürchten, der Tod aber ist
die Getrenntheit der Seele vom Lei-
be: davor fürchtet sich der nicht, der
es liebt allein (mit seiner Seele)
zu sein; und Seelengröße bedeutet
ja noch Verachtung der Erden-
dinge; und Weisheit ist Denken in
Abneigung gegen das Untere,
und führt die Seele zum Oberen
hinauf.
[14] Durch solche Reinigung wird die 30
Seele Gestalt und Form, völlig frei
vom Leibe, geisthaft und ganz dem
Göttlichen angehörig, aus welchem
der Quell des Schönen kommt, und
von wo alles ihm Verwandte schön
wird. Wird so die Seele hinaufge-
führt zum *Geist*, so ist sie in noch
höherem Grade schön. Der Geist
aber und was von ihm kommt, das ist
für sie die Schönheit, und zwar keine
fremde, sondern die wesenseigene,
weil sie dann allein wahrhaft Seele
ist. Deshalb heißt es denn auch mit 31
Recht, daß für die Seele gut und
schön werden Gott ähnlich werden
bedeutet, denn von ihm stammt das
Schöne und überhaupt die eine Hälf-
te des Seienden; [15] oder vielmehr
ist das wahrhaft Seiende das Schöne,
das nicht wahrhaft Seiende aber das
Häßliche, und das ist zugleich das
ursprünglich Böse: so ist auch ande-
rerseits Gutes und Schönes, Gutheit
und Schönheit identisch. Schön und
gut, häßlich und böse ist also auf
dem gleichen Wege zu untersuchen.
[16] Als das Erste ist anzusetzen die 32
Schönheit, welche zugleich das Gute
ist; von daher wird der Geist unmit-
telbar zum Schönen, und durch den
Geist ist die Seele schön; und das
weitere Schöne dann, in den Hand-

lungen und Tätigkeiten, kommt von der gestaltenden Seele her; und die Leiber schließlich, welche man schön nennt, macht die Seele dazu; denn da sie ein Göttliches ist und gleichsam ein Stück des Schönen, so macht sie das, was sie anrührt und bewältigt, schön, soweit es an der Schönheit teilhaben kann.

33 [17] Steigen wir also wieder hinauf zum Guten, nach welchem jede Seele strebt. Wenn einer dies gesehen hat, so weiß er, was ich meine, in welchem Sinne es zugleich schön ist. Erstrebt wird es, sofern es gut ist, und unser Streben richtet sich auf es als ein Gutes; wir erlangen es nun, indem wir hinaufschreiten nach oben, uns hinaufwenden und das Kleid ausziehen, das wir beim Abstieg angetan haben (so wie beim Hinaufschreiten zum Allerheiligsten des Tempels die Reinigungen, die Ablegung der bisherigen Kleider, die Nacktheit); bis man dann, beim Aufstieg an allem, was Gott fremd ist, vorübergehend, mit seinem reinen Selbst jenes Obere rein erblickt, ungetrübt, einfach, lauter, es, von dem alles abhängt, zu dem aufblickend alles ist, lebt, denkt, denn es ist Ursache von Leben, Denken und Sein; [18] wenn man dieses also erblickt – von welcher Liebe, welcher Sehnsucht wird man da ergriffen in dem Wunsch sich mit ihm zu vereinigen, und wie lustvoll ist die Er-
34 schütterung! Wer es nämlich noch nicht gesehen hat, strebt zu ihm als zum *Guten:* wer es aber erblickt, der darf ob seiner *Schönheit* staunen, er ist voll freudigen Verwunderns, einer Erschütterung, die ohne Schaden ist, er liebt wahre Liebe, er lacht des peinigenden Begehrens, überhaupt aller andern Liebe und verachtet, was er früher für schön hielt. So geht es denen, welchen die Erscheinung eines Gottes oder Daimons begegnet ist, sie können die Schönheit anderer Leiber nicht mehr wie sonst bejahen; was aber erlebt erst der, welcher das Schöne selbst schaut, an und für sich und in seiner Reinheit, nicht mit Fleisch und Körper ›befleckt‹, nicht auf Erden nicht im Himmel, sonst wäre es nicht rein, denn das alles ist fremde Zutat und Mischung und nicht ursprünglich, sondern stammt
erst eben von jenem Oberen. Sieht er 35
nun also Jenes, welches allen Dingen die Schönheit spendet, sie ihnen mitteilt, so daß es dabei in sich verharrt und seinerseits nichts empfängt, und verweilt er in der Schau dieses Hohen und genießt seiner und wird ihm ähnlich, was für eines Schönen bedarf er da noch? Denn dies selber, da es in höchstem Maße Schönheit ist und ursprüngliche Schönheit, macht die, welche es lieben, schön und macht sie liebenswert. Darum denn auch ›der größte, höchste Wettkampf der Seelen geht‹, um dessentwillen ja die ganze Anstrengung geschah, nicht verlustig zu gehen dieser herrlichsten Schau, welche den, der sie erlangt, selig macht, da er seligen Anblicks ge-
nießt. Wem es aber nicht glückt, der 36
ist wahrhaft unglücklich; denn nicht wer schöne Farben und schöne Leiber, nicht wer Macht, Ämter, den Königsthron nicht erlangt, ist unglücklich, sondern allein, wer dies eine nicht erlangt, dessen habhaft zu werden einer Königsthron und Herrschaft über die ganze Erde, über das Meer und den Himmel fahren lassen soll, ob er vielleicht, wenn er das al-

les hinten läßt und gering achtet und
sich jenem Einen zuwendet, es er-
blicken könnte.
37 [19] Aber welches ist nun der Weg,
welches das Mittel? Wie kann man
eine überwältigende Schönheit er-
schauen, die gleichsam drinnen
bleibt im heiligen Tempel und nicht
nach außen hinaustritt, daß sie auch
ein Ungeweihter sehen könnte? So
mache sich denn auf und folge ihr
ins Innere, wer's vermag, und lasse
das mit Augen Gesehene draußen
und drehe sich nicht um nach der
Pracht der Leiber wie einst. Denn
wenn man Schönheit an Leibern er-
blickt, so darf man ja nicht sich ihr
nähern, man muß erkennen, daß sie
nur Abbild, Abdruck, Schatten ist,
38 und fliehen zu jenem, von dem sie
das Abbild ist. Denn wenn einer zu
ihr eilen wollte und sie ergreifen, als
sei sie ein Wirkliches, so geht es ihm
wie Jenem – irgendeine Sage, dünkt
mich, deutet es geheimnisvoll an:
der wollte ein schönes Abbild, das
auf dem Wasser schwebte, greifen,
stürzte aber in die Tiefe der Flut und
ward nicht mehr gesehen: ganz
ebenso wird auch, wer sich an die
schönen Leiber klammert und nicht
von ihnen läßt, hinabsinken nicht
leiblich, aber mit der Seele in dunkle
Tiefen, die dem Geiste zuwider sind;
so bleibt er als Blinder im Hades (im
39 Dunkel) und lebt schon hier wie
einst dort nur mit Schatten zusam-
men. ›So laßt uns fliehen in die ge-
liebte Heimat‹ – so könnte man mit
mehr Recht mahnen. Und worin be-
steht diese Flucht und wie geht sie
vor sich? Wir werden in See stechen
wie Odysseus von der Zauberin Kirke
oder von Kalypso, wie der Dichter
sagt, und verbindet damit, meine
ich, einen geheimen Sinn: er war's
nicht zufrieden zu bleiben, obgleich
er die Lust hatte, die man mit Augen
sieht und der Fülle wahrnehmbarer
Schönheit genoß. Dort nämlich ist
unser Vaterland, von wo wir gekom-
men sind, und dort ist unser Vater.
[20] Was ist es denn für eine Reise, 40
diese Flucht? Nicht mit Füßen sollst
du sie vollbringen, denn die Füße
tragen überall nur von einem Land in
ein anderes, du brauchst auch kein
Fahrzeug zuzurüsten, das Pferde zie-
hen oder das auf dem Meer fährt,
nein, du mußt dies alles dahinten
lassen und nicht blicken, sondern
nur gleichsam die Augen schließen
und ein anderes Gesicht statt des al-
ten in dir erwecken, welches jeder
hat, aber wenige brauchen's. Und 41
was sieht dies innere Gesicht? Wenn
es eben erweckt ist, kann es den
Glanz noch nicht voll erblicken; so
muß die Seele das Gesicht gewöh-
nen, daß es zuerst die schönen Tätig-
keiten sieht, dann die schönen Wer-
ke, nicht welche die Künste schaffen,
sondern die Männer, die man gut
nennt. Und dann blick auf die Seele
derer, die diese schönen Werke tun.
Wie du der herrlichen Schönheit an-
sichtig werden magst, welche eine
gute Seele hat? Kehre ein zu dir
selbst und sieh dich an; und wenn du
siehst, daß du noch nicht schön bist,
so tu wie der Bildhauer, der von ei-
ner Büste, welche schön werden soll,
hier etwas fortmeißelt, hier etwas eb-
net, dies glättet, das klärt, bis er das
schöne Antlitz an der Büste voll-
bracht hat: so meißle auch du fort,
was unnütz, und richte, was krumm
ist, das Dunkle säubere und mach es
hell und laß nicht ab, ›an deinem
Bild zu handwerken‹, bis dir hervor-

strahlt der göttliche Glanz der Tugend, bis du die Zucht erblickst ›thronend auf ihrem heilig-reinen
42 Postament‹. Bist du das geworden und hast es erschaut, bist du rein und allein mit dir selbst zusammen, und nichts hemmt dich, auf diesem Wege eins zu werden, und keine fremde Beimischung hast du mehr in deinem Innern, sondern bist ganz und gar reines wahres Licht, nicht durch Größe gemessen, nicht durch Gestalt umzirkt in engen Grenzen, auch nicht durch Unbegrenztheit zu Größe erweitert, sondern gänzlich unmeßbar, größer als jedes Maß und erhaben über jedes Wieviel: wenn du so geworden dich selbst erblickst, dann bist du selber Sehkraft, gewinnst Zutrauen zu dir, bist so hoch gestiegen und brauchst nun keine Weisung mehr, sondern blicke unverwandt, denn allein ein solches Auge schaut die große Schönheit.
43 Wer aber die Schau unternimmt mit einem durch Schlechtigkeit getrübten Auge, nicht gereinigt, oder kraftlos, der ist nicht Manns genug, das ganz Helle zu sehen, und sieht auch dann nichts, wenn einer ihm das, was man sehen kann, als anwesend zeigt. Man muß nämlich das Sehende dem Gesehenen verwandt und ähnlich machen, wenn man sich auf die Schau richtet; kein Auge könnte je die Sonne sehen, wäre es nicht sonnenhaft; so sieht auch keine Seele das Schöne, welche nicht schön geworden ist. Es werde also einer zuerst ganz gottähnlich und ganz schön, wer Gott und das Schöne schauen
will. [21] Dann wird er im Empor- 44
steigen zuerst zum Geist gelangen und wird dort alle schönen Formen sehen und sagen, das sei die Schönheit: die Ideen; denn durch sie ist alles schön, sie die Erzeugnisse des Geistes und der Seinsheit; die Wesenheit aber jenseits des Geistes nennen wir das Gute, und sie hat das Schöne wie eine Decke um sich; sie ist also, ohne nähere Scheidung gesprochen, das Erste Schöne; trennt man das Geistige ab, so muß man den Ort der Ideen als das Geistige Schöne ansehen, als das Gute aber das Jenseitige, welches Quell und Urgrund des Schönen ist; oder man muß das Gute und das Erste Schöne gleichsetzen: nur muß in jedem Falle das Schöne in den jenseitigen Bereich gehören.

Chronologie

Homer 8. Jahrh. v. Chr.
Hesiod 8. Jahrh. v. Chr.
Sappho um 600 v. Chr.
Heraklit um 500 v. Chr.
Empedokles ca. 493–433 v. Chr.
Polyklet 2. Hälfte d. 5. Jahrh. v. Chr.
Xenophon ca. 430 – nach 355 v. Chr.
Platon 429–347 v. Chr.
Aristoteles 384–322 v. Chr.
Cicero 106–43 v. Chr.
Vitruv 1. Jahrh. v. Chr.
Horaz 65–8 v. Chr.
Dionys von Halikarnass 30–8 v. Chr. Lehrer in Rom
Seneca 5/4 v. Chr. – 65 n. Chr.
Quintilian ca. 35–100 n. Chr.
Dion von Prusa ca. 40–120 n. Chr.
Plutarch ca. 46–127 n. Chr.
Autor De sublimitate 1. Jahrh. n. Chr.
Lukian 120 – nach 180 n. Chr.
Philostratos ca. 160 – ca. 244 n. Chr.
Plotin 205–269/70 n. Chr.

Anmerkungen

1 *L. Venturi,* Storia della critica d'arte, Firenze 1918, S. 28.
2 *G. C. Argan,* Walter Gropius e la Bauhaus, Torino 1951, S. 53 u. 50 (deutsche Ausgabe: Frankfurt 1962).
3 *A. Malraux,* Psychologie der Kunst I – Das Imaginäre Museum, Reinbek 1957, S. 59.
4 *J. Walter,* Die Geschichte der Ästhetik im Altertum. Leipzig 1893; *E. Müller,* Geschichte der Theorie der Kunst bei den Alten, 2 Bde. Breslau 1834–37.
5 Œuvres complètes, Paris 1954. »Die Poesie berührt sich mit der Musik durch eine Prosodie, deren Wurzeln tiefer in die menschliche Seele hinabreichen, als es irgendeine klassische Theorie vermuten läßt.« – »Der Dandysmus ist das letzte Aufleuchten des Heroismus in den Zeiten des Verfalls.« – »In der Wirrnis dieser Zeiten können einige aus der Bahn geworfene, angewiderte, unbeschäftigte, aber an ursprünglicher Kraft reiche Menschen sich vornehmen, eine neue Art der Aristokratie zu gründen, die um so schwieriger zu zerbrechen ist, als sie sich auf die kostbarsten, unzerstörbarsten Fähigkeiten stützt, und auf die Himmelsgaben, welche durch Arbeit und Geld nicht zu erlangen sind.« – »Man sieht, daß in mancher Hinsicht der Dandysmus an den Spiritualismus und den Stoizismus grenzt.« – »Keine menschliche Rücksicht, keine falsche Scham, keine Genossenschaft, keine allgemeine Abstimmung werden mich zwingen, das kostbare Kauderwelsch dieses Jahrhunderts zu sprechen, noch die Tinte mit der Tugend zu verwechseln.«
6 Œuvres complètes, Paris 1952, S. 244. – »Keine frommen Gesänge mehr: den errungenen Vorsprung bewahren.« – »Ich! Ich, der ich mich Magier oder Engel genannt, mich von aller Moral losgesagt habe, ich bin dem Erdboden wiedergegeben, um mir eine Pflicht zu suchen und die runzelige Wirklichkeit zu umarmen! ... Gut, ich muß meine Einbildungskraft und meine Erinnerungen begraben! Schöner Ruhm eines Künstlers und Erzählers hinweggeweht.« – »... und es wird mir erlaubt sein, die Wahrheit zu besitzen in einer Seele und in einem Körper.«

7 Œuvres complètes, Paris 1958, S. 377. – »Die Dichtung muß die praktische Wahrheit zum Ziel haben.« – »Die persönliche Dichtung hat ihre Zeit der subjektiv bedingten Gaukeleien, der zufälligen Verrenkungen gehabt. Nehmen wir den unzerstörbaren Faden der unpersönlichen Dichtung wieder auf!« – »Das Plagiat ist notwendig. Es gehört zum Fortschritt dazu. Es dient unmittelbar der Redewendung eines Autors, bedient sich seiner Ausdrücke, es tilgt die falsche Idee und ersetzt sie durch die richtige.« – »Die Dichtung muß von allen gemacht sein, nicht von einem.« – »Die Dichtung muß die praktische Wahrheit zum Ziel haben. Sie spricht die Beziehungen aus, die zwischen den Grundprinzipien und den sekundären Wahrheiten des Lebens bestehen.« – »Muß ich in Versen schreiben, um mich von den anderen Menschen zu unterscheiden? Die Nächstenliebe ... möge entscheiden!«

8 *M. Nadeau,* Histoire du Surréalisme, Paris 1945, S. 72 (deutsche Ausgabe: Reinbek 1965).

9 Ein Gebilde aus Ringen mit Haken, auf die man Flaschen zum Trocknen stülpt, – so wie es in Gasthäusern benutzt wird. Duchamp montierte es als ›*ready-made*‹ auf einen Sockel und setzte es in eine Kunstausstellung.

10 Hier steht im Französischen der berühmte surrealistische Terminus *dépaysé,* das heißt aus der Heimat gerissen, in ein fremdes Land versetzt, also hier: ein aus seinem rationalen Zweckzusammenhang herausgenommener Gegenstand.

11 *G. Mathieu,* D'Aristote à l'abstraction lyrique. In: L'œil, Revue d'art, Nr. 52, Paris 1955.

12 *K. Bauch,* Anfänge der Neuzeitlichen Kunst. In: Tagung der Jungiusgesellschaft, Hamburg 1937.

13 *K. Schefold,* Griechische Kunst als religiöses Phänomen, Reinbek 1959, S. 13f.

14 *F. W. Schlikker,* Hellenistische Vorstellungen von der Schönheit der Bauwerke nach Vitruv, Diss. Würzburg 1940, S. 64.

15 Vgl. *H. Diels,* Die Fragmente der Vorsokratiker I, Nr. 40: Polykleitos.

16 *E. Sellers,* The elder Pliny's Chapters ..., 1896, S. XVIff; *Kalkmann,* Die Quellen ..., 1898, S. 69; *B. Schweitzer,* Xenokrates von Athen, 1932.

17 Vgl. u. a.: *S. Ferri,* Nuovi contributi esegetici al canone della scultura greca, in: Riv. del R. Istituto d'Archeologia e Storia dell'Arte VII, Fasc. I–III, S. 149; *L. Stefanini,* Ispirazione Pitagorica del canone di Policleto, in: Giorn. crit. della filos. ital. XXVIII, S. 3.

18 *Xenophon,* Das Gastmahl. Übersetzt von *G. P. Landmann,* Reinbek 1957, S. 8f. (Hervorhebungen sowie Ziffern und Buchstaben in den Klammern vom Verfasser).

19 *Platon.* Sämtliche Werke, Reinbek 1957ff, Bd. II, 178aff.

20 *Platon.* Sämtliche Werke, Reinbek 1957ff, Bd. IV,Phaidros 250d, 251d.

21 Übersetzung, wie auch, wenn nicht anders vermerkt, bei den übrigen Xenophon-Zitaten, aus Langenscheidts Bibliothek sämtl. griech. u. röm. Klassiker, Bd. 58–61, Berlin ca. 1930.

22 *Xenophon,* Hieron I 4ff, übersetzt von H. Christian, Stuttgart 1828.
23 *Xenophon,* Kyrupädie VIII 1, 40.
24 *A. Malraux,* Psychologie der Kunst I, a.a.O., S. 9.
25 »Es handelte sich für ihn nicht mehr darum, ein ästhetisches System zu verbessern, zu präzisieren, zu spezifizieren. Er wollte die unmittelbare und direkte Produktion, wie ein Stein, der sich vom Felsen löst, wie eine Knospe, die aufbricht, wie ein Tier, das sich fortpflanzt . . . er wollte einen neuen Körper mitten unter uns, der sich selbst genügt, einen Gegenstand, der seinen Platz ebenso hat, wenn er an den Tischecken hockt, wie wenn er im Hintergrund des Gartens hingepflanzt ist.«
26 »Mehr und mehr entfernte ich mich von der Ästhetik. Ich wollte eine andere Ordnung finden, einen anderen Wert des Menschen in der Natur. Er sollte nicht mehr das Maß aller Dinge sein, noch auf sein Maß alles beziehen, vielmehr sollten alle Dinge und der Mensch wie die Natur sein.« – »1915 haben meine Frau und ich die ersten aus den einfachsten Formen abgeleiteten Werke geschaffen, Gemälde, Stickereien und Papierklebearbeiten.« – »Diese Bilder sind in sich selbst bestehende Realitäten, ohne Bedeutungen und ohne gedanklichen Anspruch. Wir verwarfen alles, was Kopie oder Beschreibung war, um das Elementare und Spontane in voller Freiheit sich auswirken zu lassen.« – »Wir wollen die Natur nicht kopieren, wir wollen nicht reproduzieren, wir wollen produzieren. Wir wollen produzieren wie eine Pflanze, die eine Frucht hervorbringt, und nicht Vorhandenes wiedergeben.« – »Da es in dieser Kunst nicht die mindeste Spur von Abstraktion gibt, nennen wir sie konkrete Kunst. Die Werke der konkreten Kunst dürften von ihren Urhebern gar nicht mehr signiert werden. Diese Malereien, diese Skulpturen, diese Gegenstände, sollten in der großen Werkstatt der Natur namenlos bleiben wie die Wolken, die Berge, die Meere.« – »Ich liebe die Natur, aber nicht ihren Ersatz. Die naturalistische, illusionistische Kunst ist ein Naturersatz.«
27 Vgl. die Formulierungen bei *Cusanus,* De Beryllo VI 7, und *Dante,* Inf. X 103–105.
28 Natürliche und abstrakte Realität. In: *M. Seuphor,* Piet Mondrian, Köln 1957, S. 328.
29 Plastic Art and Pure Plastic Art, New York 1951, S. 32.
30 *L. Hautecœur,* Mystique et Architecture, Paris 1954, S. 287; *R. Assunto,* Die Theorie des Schönen im Mittelalter, Köln 1963.
31 Plastic Art and Pure Plastic Art, New York 1947, zit. nach *W. Hess,* Dokumente zum Verständnis der modernen Malerei, Reinbek 1956, S. 101.
32 *Robortellus,* Librorum Aristotelis de arte poetica explicationes, Basilea 1555, S. 45.
33 *Castelvetro,* Poetica d'Aristotele, Basel 1576, S. 11.
34 *Victorius,* Commentarii in primum librum Aristotelis de arte poetarum, Florentiae 1573, S. 60.
35 *W. F. Otto,* Gesetz, Urbild und Mythos, Stuttgart 1951, wiederabgedruckt in: Die Gestalt und das Sein, Darmstadt 1955, S. 25ff.

36 Ep. 90,14; 91,3,6.

37 Ep. 65,2,3; vgl. *E. Grassi,* Kunst und Mythos, Reinbek 1957.

38 Für die verschiedenen Philostrate und die Zuordnung der Schriften vgl. R. E. XX 1,194; Philostrat Nr. 10, Spalte 136–174. – Eine andere Zuordnung bringt *Gerth,* Zweite Sophistik, Nr. 212–214, R. E. Suppl. Bd. VIII, Sp. 764/65.

39 Zum Unterschied zwischen ›künstlerisch‹ und ›künstlich‹ vgl. *E. Grassi,* Kunst und Mythos, a.a.O.

40 *R. Motherwell,* The Dada Painters and Poets, New York 1951.

41 Vgl. *A. Breton,* Les manifestes du Surréalisme, Paris 1946; Le Surréalisme et la Peinture, Paris 1928; Le Surréalisme en 1947, Paris 1947.

42 *W. Gropius,* Aus dem ersten Manifest des Staatlichen Bauhauses Weimar, 1919; abgedruckt in: Bauhaus 1919 bis 1928, Stuttgart 1955, S. 16.

43 *W. Gropius,* in: Bauhaus, Zeitschrift für Gestaltung 4, S. 8.

44 *W. Gropius,* Ein Weg zur Einheit künstlerischer Gestaltung, im Katalog einer Ausstellung, zitiert nach: *Müller-Blaser,* Gestaltung, Frankfurt 1952.

45 Zitiert nach *W. Hess,* Dokumente ... a.a.O., S. 79.

46 Erstmals erschienen unter dem Titel »Über die moderne Kunst«, Bern 1945; wiederabgedruckt in: *P. Klee,* Das bildnerische Denken, Basel und Stuttgart 1956, S. 93.

47 *W. Kandinsky,* Über das Geistige in der Kunst, München 1912; Neudruck Bern-Bümpliz 1952, S. 23.

48 *W. Kandinsky,* Rückblicke 1901–1913, Baden-Baden 1955, S. 27; vgl. hierzu und zum folgenden auch: *W. Hess,* Die Große Abstraktion und die Große Realistik (Kandinsky), in: Jahrbuch für Ästhetik V 1960, S. 7ff.

49 *W. Kandinsky,* Essays über Kunst und Künstler, Stuttgart 1955, S. 208.

50 Damis von Ninive, Schüler und Begleiter des Ap. v. Tyana. Angeblicher Verfasser der Quelle, aus der Philostratos zu seiner Darstellung des Ap. v. Tyana geschöpft haben will.

51 Timomachos von Byzantion, Maler zur Zeit Caesars (vgl. Plinius, Nat. hist. XXXV 136). Caesar kaufte von ihm das erwähnte Ajax-Bild und eines der Medea für 80 Talente und weihte es im Heiligtum der Venus Genetrix.

52 Seit dem 5. Jahrh. v. Chr. hielt man den Aesop für den Verfasser von Fabeln. Er soll ein Sklave in Samos im 6. Jahrh. gewesen sein und gilt als Vater der Fabel überhaupt.

53 Indischer König, zunächst Alexanders erbittertster Feind, später sein treuester Anhänger und von ihm wieder als König von Indien eingesetzt. Es handelt sich also um einen indischen Tempel.

54 Der Maler Zeuxis von Heraclea in Lucanien kam als junger Mann um 430 v. Chr. nach Athen. Polygnotos aus Thasos, später athenischer Bürger (Freund des Sophokles?) malte zwischen 475 und 447 v. Chr. Der Maler

und Bildhauer Euphranor kam vom Isthmus und lebte in Athen; von Plinius auf das Jahr 364 v. Chr. datiert.

55 Maler zur Zeit Caracallas, malte in der Art des Eumelos und schrieb auch über berühmte Maler.

56 Maler eines Bildes der Helena, das auf dem römischen Forum stand, vor oder zur Zeit des Septimius Severus tätig.

Bibliographie

Allgemeine Bibliographien und Nachschlagewerke

Allan, D. J. A Survey of Work Dealing with Greec Philosophy from Thales to the Age of Cicero, 1945–1949. In: Philos. Quarterly I, 1950

Bibliographie für Ästhetik und allgemeine Kunstwissenschaft, bearb. von *Th. Ballauf* u. *G. Beyrott.* Stuttgart 1951ff

A Bibliography of Aesthetics and of Philosophy of the Fine Arts from 1900 to 1932, compiled and ed. by *W. A. Hammond.* New York 1933

Bursian, C. u. *W. Kroll* Jahresberichte über die Fortschritte der klassischen Altertumswissenschaft. Berlin 1875ff

Lesky, A. Geschichte der griechischen Literatur (mit Lit.ang.). Bern 1957/58

Marouzeau, J. L'année philologique, Bibliographie critique et analytique de l'Antiquité gréco-latine. Paris 1926ff

Pauly/Wissowa Realencyclopädie der klassischen Altertumswissenschaft (mit Lit.ang.). Stuttgart 1894ff

Schanz, M. Geschichte der römischen Literatur bis zum Gesetzgebungswerk des Kaisers Justinian. 4. Aufl. von *C. Hosius* (mit Lit. ang.). München 1927

Schmid, W. Geschichte der griechischen Literatur. 6. Aufl. München 1912–48

Schmied-Kowarzik, W. Sammelbericht über das ästhetische Schrifttum der Jahre 1913 u. 1914. In: Zeitschr. f. Philos. u. philos. Kritik 161, 1916; Nachtrag 1914, 1915 u. erster Teil 1916 ebenda 165, 1918

Turmakin, A. Bericht über die deutsche ästhetische Literatur aus den Jahren 1900–1905. In: Archiv f. system. Philos. II, 1905; für die Jahre 1905–1909 ebenda 16, 1910

Allgemeine Literatur

Alexander, S. Beauty and the other Forms of Value. London 1933

Baer, H. Grundriß eines Systems der ästhetischen Entwicklung, hrg. von G. Mehlis. Straßburg 1913

Barthel, E. Die Welt als Spannung und Rhythmus. Leipzig 1918

Berdyczewski Über den Zusammenhang zwischen Ethik und Ästhetik. Bern 1897

Bergmanns, E. Geschichte der Ästhetik und Kunstphilosophie, Ein Forschungsbericht. Leipzig 1914

–, Die Begründung der deutschen Ästhetik durch Alexander Gottlieb Baumgarten und G. Friedrich Meier. Leipzig 1911

Borinski, K. Die Antike in Poetik und Kunsttheorie vom Ausgang des klassischen Altertums bis auf Goethe und W. v. Humboldt. Leipzig 1914

Bosanquet, B. A history of Aesthetics. London 1922

Bray, L. Du beau; essai sur l'origine et l'évolution du sentiment esthétique. Paris 1902

Carrit, E. F. The theory of beauty. London 1914

–, What is beauty? Oxford 1932

–, Philosophies of Beauty from Socrates to Robert Bridges being Sources of Aesthetic Theory. Oxford 1931

Cornelius, H. Elementargesetze der bildenden Kunst. Grundlagen einer praktischen Ästhetik. 3. verm. Aufl. Leipzig 1921

Croce, B. Breviario di Estetica. Bari 1913

–, Grundriß der Ästhetik, Autor. dt. Ausgabe von Th. Poppe. Leipzig 1913

–, La prima forma della ‹Estetica› e della ‹Logica›. Messina 1924

Dahmen, Th. Die Theorie des Schönen. Leipzig 1903

Dohrn, W. Künstlerische Darstellung als Problem der Ästhetik. Hamburg 1907

Donahne, J. J. The Theory of Literary Kinds. Ancient Classifications of Literature. Iowa 1943

Falter, O. Der Dichter und sein Gott bei den Griechen und Römern. Würzburg 1934

Gassen, K. Der absolute Wert in der Kunst. Greifswald 1921

Geiger, M. Ästhetik. 2. Aufl. Berlin 1921

Greene, Th. M. Meaning in Music and other Arts. In: Journ. of Aesth. and Art Crit. 5, 1947

Häpke, G. Ästhetische Einfühlung und Kontemplation. Hamburg 1914

Hartmann, E. von Philosophie des Schönen. 2. Aufl. Berlin 1924

Hospers, J. Meaning and Truth in the Arts. Chapel Hill 1946

Howald, E. Eine vorplatonische Kunsttheorie. In: Hermes 1919

Keon, R. Mc The Philosophic Bases of Art and Criticism. Mod. Philos. 41, 1943

Kranz, W. Das Verhältnis des Schöpfers zu seinem Werk in der althellenistischen Literatur. Neue Jahrb. f. d. Klass. Altertum 53, 1924

Külpe, O. Grundlagen der Ästhetik, hrg. v. S. Behn. Leipzig 1921

Künzle, M. Ethik und Ästhetik. Freiburg 1910

Kuhn and *Gilbert* History of Aesthetics. 1940

Kulke, E. Kritik der Philosophie des Schönen. Leipzig 1906

Levi, G. A. Breve storia dell' estetica e del gusto. Milano 1925

Meumann, E. System der Ästhetik. Leipzig 1914

Moertl, L. Was ist schön? Eine ästhetische Studie. München 1913

Morris, Ch. W. Esthetics and the Theory of Signs. In: Journ. of Unif. Science 8, 1939/40
Müller, A. Über die objektive Schönheit in der lebendigen Natur. In: Jahrb. f. Ästhetik u. allg. Kunstwiss. 4, 1958/59
Müller, E. Geschichte der Theorie der Kunst bei den Alten, 2 Bde. Breslau 1834–37
Müller, J. Philosophie des Schönen in Natur und Kunst. Straßburg 1912
Newton, E. The Meaning of Beauty. New York 1950
Overbeck, J. A. Schriftquellen zur Geschichte der bildenden Kunst. Leipzig 1893
Perpeet, W. Das Problem des Schönen und der bildenden Kunst. In: Jahrb. f. Ästhetik u. allg. Kunstwiss. 3. Stuttgart 1958
Rostagni, A. Il sublime nella storia dell' estetica antica. Annali della R. Scuola Normale Superiore di Pisa s. II, Vol. II 1933
Rudner, R. The ontological status of the esthetic object. In: Philosophy and Phenomenol. Research II, 1950
Schoen, M. The Enjoyment of the Fine Arts. New York 1944
Schweitzer, B. Mimesis und Phantasia. Philol. 89, 1934
Sourian, P. La beauté rationelle. Paris 1904
Stichl, O. Der Weg zum Kunstverständnis. Berlin 1921
Thielicke, H. Das Verhältnis zwischen dem Ethischen und dem Ästhetischen. Eine systematische Untersuchung. Leipzig 1932
Tilney, C. F. The Lure of the Fine Arts. London 1931
Troll, W. Das Problem der Schönheit. In: Die Ganzheit in Philosophie u. Wissensch. Othmar Spann zum 70. Geburtstag. Wien 1950
Utitz, E. Geschichte der Ästhetik. 1932
Vischer, Fr. Th. Ästhetik oder Wissenschaft des Schönen. 2. Aufl. München 1922
Walter, J. Die Geschichte der Ästhetik im Altertum. Leipzig 1893
Wolff, E. G. Ästhetik der Dichtkunst. Zürich 1944
Wolf, K. L. Über das Schöne in Natur und Kunst. In: Jahrb. f. Ästhetik u. allg. Kunstwiss. 4, 1958/59
Ziehen, Th. Vorlesungen über Ästhetik. Halle 1923
Zimmermann, R. Geschichte der Ästhetik, 2 Bde. Wien 1858, 1865
Zink, S. Poetry and Truth. In: Philos. Review 54, 1945

Antike Autoren

HESIOD Opera omnia ed. *A. Rzach.* Leipzig 1902
–, Die Hesiodfragmente auf Papyrus ed. *R. Merkelbach.* Leipzig 1957
–, Glossen und Scholien zur hes. Theogonie ed. *H. Flack.* Leipzig 1876
–, Index Hesiodus ed. *J. Paulsen.* Lund 1890
Übersetzung: *Th. v. Scheffer.* Leipzig 1938
Risch, E. Zusammenfassender Literaturbericht 1939–1950. In: Glotta 33, 1954

Diller, H. Hesiod und die Anfänge der griechischen Philosophie. In: Antike und Abendland 2, 1946
Svoboda, K. Les idées de Pindar sur la poésie. In: Aegyptus 32, 1952
Yaginuma, S. God and man in ancient Greece, A note on Hesiod and others. In: Journal of Classical Studies I, 1953

SAPPHO Poetarum Lesbiorum fragmenta ed. *Lobel/Page*. Oxford 1955
–, Anthologia Lyrica ed. *E. Diehl*, fasc. 2. Leipzig 1935
–, Sappho ed *Treu* (mit Übers., Erläuterung u. Lit.). München 1954
Übersetzungen: *H. Rüdiger*, Griechische Lyriker. 1949 – *Eigenbrodt*, Sappho. Mainz 1952 – *E. Staiger*, Sappho, Griechisch und Deutsch. Zürich 1957
Literatur: Bursians Jahresberichte 191, 1922
Färber, H. Die Lyrik in der Kunsttheorie der Antike. München 1936
Jax, K. Die weibliche Schönheit in der griechischen Dichtung. Innsbruck 1933
Schadewaldt, W. Sappho. Welt und Dichtung, Dasein in der Liebe. 1950
Weigall, A. Sappho auf Lesbos. München 1951

HOMER Homeri opera ed. *Monro/Allan*, 5 Bde. Oxford 1902ff
–, Scholien ed. *W. Dindorf*, 4 Bde. Oxford 1875–77
–, Index Homericus ed. *A. Gehring*. Leipzig 1891
Übersetzungen: *J. H. Voss – Th. V. Scheffer*, Samml. Diederich 13 u. 14 – *R. A. Schröder*, Ges. Werke IV. Frankfurt 1952 – *W. Schadewaldt*, Odyssee. Reinbek 1958
Literatur: *A. Lesky*, Die Homerforschung in der Gegenwart. Wien 1952 – *H. J. Mette*, Homer 1930–1956. In: Lustrum I, 1957. Nachträge ebd. 2, 1958
Schadewaldt, W. Von Homers Welt und Werk. 3. Aufl. Stuttgart 1959
Theodorescu, St. Die formelhaften Wendungen bei Homer. Diss. München 1935, Bukarest 1941

VORSOKRATIKER Die Fragmente der V., Gr. u. Dt. ed. *H. Diels/W. Kranz*, 3 Bde. 6. Aufl. 1961
Übersetzung: *H. Diels*, Die Fragmente der Vorsokratiker. Reinbek 1957
Literatur: *E. L. Minar*, A Survey of Recent Works in Pre-Socratic Philosophy. In: Class. Weekly 47, 1953
Burnet, J. Early Greec Philosophy. 4. Aufl. 1930
Gigon, O. Der Ursprung der griechischen Philosophie. Basel 1945
Jaeger, W. Die Theologie der frühen griechischen Denker. Stuttgart 1953
Nestle, W. Vom Mythos zum Logos. Stuttgart 1942

EMPEDOKLES Empedocle. Studio critico, traduzione e commento delle testimonianze e dei frammenti da *Ettore Bignone*. Torino 1916
–, Antike Gestalt und romantische Neuschöpfung, von *W. Kranz* (mit Übers.). Zürich 1949
Reinhardt, K. Empedokles, Orphiker und Physiker. In: Class. Phil. 45, 1950

HERAKLIT Herakleitos von Ephesos, Gr. u. Dt. von *H. Diels*. Berlin 1901
–, Heraclitus, The cosmic fragments ed. with introd. and comm. by *G. S. Kirk*. Cambridge 1954
–, Worte tönen durch Jahrtausende, Gr. u. Dt. von *H. Quiring* (mit Literaturang.). Berlin 1959
Übersetzung: *Bruno Snell*. 4. Aufl. München 1944
Literatur: *R. Muth*. In: Anzeiger f. d. Altertumsw. 7, 1954
Gigon, O. Untersuchungen zu Heraklit. Leipzig 1935
Reinhardt, K. Parmenides und die Geschichte der griechischen Philosophie. Bonn 1916

PYTHAGOREER, KANON DES POLYKLET Die Fragmente der Vorsokratiker, Gr. u. Dt. ed. *Diels/Kranz*. 6. Aufl. Berlin 1961 (Bd. I, Nr. 40)
–, C. Plinii Secundi Naturalis historiae libri 37 ed. *Carolus Mayhoff*. Lipsiae 1906
–, Sexti Empirici opera ed. *H. Mutschmann*, vol. II: Adv. dogmaticos. Leipzig 1914; vol. III: Adv. mathematicos. Leipzig 1954
Cantor, M. Vorlesungen zur Geschichte der Mathematik I, 1880
Emch, A. Mathematical principles of esthetic forms. In: Monist II, 1900/01
Ferri, S. Nuovi contributi esegetici al ›canone‹ della scultura greca. In: Rivista dell'Istituto di Archeologia. Roma 1940
–, Note esegetiche ai giudizi di arte di Plinio il V. In: Annali della Scuola Normale di Pisa. 1942
Kalkmann Die Quellen der Kunstgeschichte des Plinius. Berlin 1898
Petersen, E. Rhythmos. 1917
Raven, I. E. Polyclitus and pythagoreanism. In: Class. Quat. 45, 1951
Schlikker, F. W. Hellenistische Vorstellungen von der Schönheit der Bauwerke nach Vitruv. Diss. Würzburg 1940
Schulz, D. Zum Kanon Polyklets. In: Hermes 83, 1955
Schweitzer, B. Xenokrates von Athen. Königsberg 1932
Sellers, E. The elder Pliny's Chapters on the History of Art, Transl. by K. Jex-Blake. London 1896
Stefanini, L. Ispirazione pitagorica del ›Canone‹ di Policleto. In: Giorn. Crit. della filos. ital. Roma 1949
Stenzel, J. Zahl und Gestalt bei Platon und Aristoteles. 1924
Wolf, K. L. und *H. C.* Über Symmetrie und Schönheit. In: Die Ganzheit in Philosophie und Wissenschaft. Othmar Spann zum 70. Geburtstag. Wien 1950

XENOPHON opera ed. *E. C. Marchant*, 5 Bde. Oxford 1900–1920
–, Opuscula ed. *J. Thalheim*. Leipzig 1910–1912
–, Hellenica ed. *C. Hude*. Leipzig 1930
–, Anabasis ed. *C. Hude*. Leipzig 1931

–, Memorabilia ed. *C. Hude.* Leipzig 1934
–, Lexicon Xenophonteum v. *F. W. Sturz,* 4 Bde. Leipzig 1801–1804
Übersetzungen: Langenscheidts Bibliothek sämtl. griech. u. röm. Klass. 58–61. Berlin ca. 1930 – Memorabilia/Oeconomicus v. *E. Müller.* Leipzig 1911 – Kyrupädie v. *C. Woyte.* Leipzig 1911 – Über die Reitkunst v. *E. Pollack.* Meißen 1912 – Das Gastmahl v. *G. P. Landmann.* Reinbek 1957
Kommentar: *O. Gigon* zum ersten Buch d. Memorabilien. Basel 1953; zum 2. Buch 1956
Literatur: Bursians Jahresberichte 178, 1919; 203, 1925; 230, 1931; 251, 1936
Arnim, H. V. Xenophons Memorabilien und Apologie des Sokrates. In: Hist. phil Mitt. d. Kgl. dän. Ak. d. W. VIII 1, 1923
Gemoll, W. Der Eros in den Symposien Xenophons und Platons. In: Philol. Wochenschrift 1934
Körte, A. Das Schlußkapitel von Xenophons Symposion. Leipzig 1926
–, Aufbau und Ziel von Xenophons Symposion. In: S. B. Aka. Leipzig 1927
Martin, J. Symposion, die Geschichte einer literarischen Form. In: Stud. z. Gesch. u. Kult. d. Altert. 1931
Münscher, K. Xenophon in der griechisch-römischen Literatur. In: Philol. Suppl. 13, 1920
Rudberg, G. Sokrates bei Xenophon. In: Uppsala Universitetes Arsskrift 1939

PLATON Opera omnia ed. *Iohannes Burnet,* 5 Bde. Oxford 1900ff
–, Scholia Platonica ed. *W. C. Green.* Haverford 1938
–, Lexicon Platonicum v. *F. Ast,* 3 Bde. Leipzig 1835–38
Übersetzung: Sämtliche Werke i. d. Übers. v. *Fr. Schleiermacher,* hrg. v. W. F. Otto, E. Grassi, G. Plamböck, 6 Bde. Reinbek 1957–59
Literatur: *O. Gigon,* Platon, Bibliogr. Einf. in d. Studium d. Philos. 12. Bern 1950 – *H. Cherniss,* Plato 1950–1957. In: Lustrum 4, 1959. Göttingen 1960
Abeken, W. De *μιμήσεως* apud Platonem et Aristotelem notione. Gott. 1836
Andreae, W. Die Staatsidee und Platons Kunstlehre. 1926
Atkins, J. W. H. Literary Criticism in Antiquity I. Cambridge 1934
Börner, W. Die Künstlerpsychologie im Altertum: Platon. In: Zeitschr. f. Ästh. u. allg. Kunstwiss. 7. Stuttgart 1912
Broos, H. J. M. Plato's beschouwing van kunst en schoonheid. Leyden 1948
Cassirer, E. Eidos und Eidolon, Das Problem des Schönen und der Kunst in Platons Dialogen. In: Vorträge d. Bibl. Warburg I, 1922/23
Collingwood, R. G. Plato's Philosophy of Art. In: Mind 34, 1925
Gadamer, H. G. Plato und die Dichter. Frankfurt 1934
Greene, W. Ch. Plato's view of poetry. In: Harv. Stud. in Class. Philol. 29. Cambridge 1918

Grube, G. M. A. Plato's Theory of Beauty. In: Monist 37, 1927
Grünwald, E. Die Dichter, insbesondere Homer, im platonischen Staat. Berlin 1890
Finsler, G. Platon und die aristotelische Poetik. Leipzig 1900
Gundert Enthusiasmos und Logos bei Platon. In: Lexis 2, 1949
Haushalter, B. Platon als Gegner der Dichter. Rudolstadt 1875
Hitzig, W. Platons Wertung der Kunst. Diss. Freiburg 1923
Königs, F. Über Platons Kunstanschauung. Saargemünd 1879
Krüger Einsicht und Leidenschaft, Kommentar zu Platons Symposion. 2. Aufl. Frankfurt 1948
Levi, G. A. La teoria dell' ἔρως nel Simposio di Platone. In: Giorn. Metafisica 4, 1949
–, Il bello nel Fedro platonico. In: Humanitas 7. Brescia 1952
Lodge, R. C. Plato's theory of art. London 1953
Lombard, A. La poésie dans la République et dans les Lois de Platon. Nancy 1903
Meyer, H. W. Das Verhältnis von Enthusiasmos und Philosophie bei Platon im Hinblick auf seinen Phaidros. Archiv Philos. 6, 1956
Perls, H. L'art et la beauté vues par Platon. Paris 1938
Rassow, H. Über die Beurteilung des homerischen Epos bei Platon und bei Aristoteles. Stettin 1850
Reber, J. Platon und die Poesie. München 1864
Ritter, C. Platon, 2 Bde. München 1910/23 (Bd. II, S. 797ff: Über Platons Stellung zur Kunst nach der Politeia und den zeitlich auf sie folgenden Dialogen)
Ruge, A. Die platonische Ästhetik. Halle 1832
Schuhl, P. M. Platon e l'art de son temps. Paris 1933
Stählin, F. Die Stellung der Poesie in der platonischen Philosophie. Diss. Erlangen. Nördlingen 1901
Staudinger, S. J. J. Das Schöne als Weltanschauung im Lichte der platonisch-augustinischen Geisteshaltung. Wien 1948
Stefanini, L. Il problema estetico in Platone. Torino 1935
Steven, R. G. Plato and the Art of his Time. In: Class. Quat. 27, 1933
Sträter, Th. Studien zur Geschichte der Ästhetik, Heft 1: Die Idee des Schönen bei Platon. Bonn 1861
Verdenius Platon e la poésie, Mnemosyne III, 12, 1944

Die Bibliographie über die Stellung Platons zur Musik und Redekunst wurde nicht berücksichtigt.

Zum Problem der Mania des Dichters:

Curtius, E. R. Europäische Literatur und lateinisches Mittelalter. 2. Aufl. Bern 1954 (S. 467: Der göttliche Wahnsinn der Dichter)
Delatte, A. Les conceptions de l'enthousiasme chez les philosophes présocratiques. Paris 1934

Dilthey, W. Dichterische Einbildungskraft und Wahnsinn. Ges. Schriften Bd. 6. Leipzig u. Berlin 1924, S. 90–102
Pöggeler, O. Dichtungstheorie und Toposforschung. In: Jahrb. f. Ästh. u. allg. Kunstwiss. V. Köln 1960
Snell, B. Aristophanes und die Ästhetik. In: Die Entdeckung des Geistes. 2. Aufl. Hamburg 1948

Zum Problem der Mimesis:

Keon, R. Mc Literary Criticism and the Concept of Imitation in Antiquity. In: Mod. Phil. 34, 1936
Koller, H. Die Mimesis in der Antike. Habilitationsschrift Zürich. Bern 1954
Nolte, F. O. Imitation as an aesthetic norm. Studies in honor of F. W. Shipley. Washington 1942
Quintilian Institutio oratoria ed. L. Radermacher. Leipzig 1959, Buch X 2
Stemplinger, E. Mimesis im philosophischen und rhetorischen Sinn. In: N. J. kl. A. 31, 1913
Tate, J. Imitation in Plato's Republic. In: Class. Quat. 22, 1928
–, Plato and Imitation. In: Class. Quat. 26, 1932
Verdenius Mimesis, Plato's Doctrine of Artistic Imitation and its Meaning to us. Leiden 1949

LUKIAN Luciani Samosatensis opera Graece et Latine ed. *J. Th. Lehmann,* 10 Bde. Leipzig 1822ff
Übersetzung: Sämtliche Werke mit Anmerkungen nach der Übers. v. *Ch. M. Wieland* bearb. u. erg. v. *H. Floerke.* München – Leipzig 1911
Literatur: Bursians Jahresberichte 272, 1941
–, *Le Morvau, A.* La description artistique chez Lucien. In: Rev. E. G. 45, 1932

ARISTOTELES Aristotelis Opera ed. Academica regia Borussica ex rec. *I. Bekkeri.* Berlin 1831
–, Metaphysik ed. *W. Jaeger.* Oxford 1957; rev. text with introd. and comm. by *W. D. Ross,* 2 Bde. Oxford 1924
–, De anima ed. *W. D. Ross.* Oxford 1956
–, Ethica Nicomachea ed. *I. Bywater.* Oxford 1894
–, De arte poetica ed. *I. Bywater.* Oxford 1897
–, Index Aristotelicus v. *H. Bonitz.* Berlin 1870
Kommentare zur Poetik: *G. F. Else,* Arist.'s Poetics: The Argument. Leiden 1957 – *A. Rostagni,* La poetica di Aristotele. 2. Aufl. Torino 1945 – *A. Gudeman,* Arist. Poetik. Berlin u. Leipzig 1934
Übersetzungen: Über die Seele v. *W. Theiler.* Darmstadt 1959 – Nikomachische Ethik v. *Fr. Dirlmeier* (mit Literaturang.). Darmstadt 1956 – Poetik v. *O. Gigon.* Stuttgart 1961 – Metaphysik v. *H. Bonitz,* Bonn 1848/49

Literatur: *M. D. Philippe,* Arist. Bibliogr. Einf. i. d. Stud. d. Philos. VIII. Bern 1948 – *P. Wilpert,* Die Lage der Aristotelesforschung. In: Zeitschr. f. d. philos. Forschung 1, 1946/47 – *L. Cooper/A. Gudeman,* A bibliogr. of the Poetics of Arist. New Haven 1928 – *M. T. Herrick,* Nachtrag zum vorigen. In: Am. Journ. of Philol. 52, 1931

Allan, D. J. The philosophy of Aristotle. Oxford 1952

Benard L'esthétique d'Aristote. Paris 1887

Bignami, E. La poetica di Aristotele e il concetto di arte presso gli antichi. Firenze 1932

Brinkschulte, E. J. Julius Caesar Scaligers Kunsttheoretische Anschauungen. Bonn 1914

Busnelli, G. La poetica di Aristotele e il concetto dell' arte. In: La civiltà cattolica 84. Roma 1933

Butcher, S. H. Aristotle's Theory of Poetry and Fine Arts. London 1923

Castelvetro Poetica d'Aristotele. Basel 1576

Cherniss, H. Aristotle's Criticism of Plato and the Academy. Baltimore 1944

Cooper, L. The Poetics of Aristotle, its meaning and influence. Boston 1923

Finsler, G. Platon und die aristotelische Poetik. Leipzig 1900

Galli, U. La mimesi artistica secondo Aristotele. In: Stud. Ital. 4, 1924

Goldstein, M. Grundzüge der aristotelischen Ästhetik. Gurahumorului 1927

Groothoff, H. H. Untersuchungen über die philosophische Wesensbestimmung der Kunst bei Plato und Aristoteles und ihre Bedeutung für die neuzeitliche Poetik und Philosophie der Kunst. Diss. Kiel 1951

Hitt, J. L. A study of πϱάξις in the maior works attributed to Aristotle, with an application of the findings to an interpretation of πϱάξις as used by Aristotle in the Poetics in reference to Greec tragic poetry. Diss. Princeton 1954

House, H. Aristotle's Poetics, A course of 8 lectures. London 1956

Jaeger, W. Aristoteles. 2. Aufl. Berlin 1952

Kommerell, M. Lessing und Aristoteles. 2. Aufl. Frankfurt 1957

Laurila, K. S. Ist Aristoteles in seiner Ästhetik Formalist oder Substantialist? In: Ajatus 6, 1933

Meyer, H. Natur und Kunst bei Aristoteles. In: Studien z. Gesch. u. Kultur des Altert. 10, 1919

Otto, W. F. Gesetz, Urbild und Mythos. Stuttgart 1951; wiederabgedr. in: Die Gestalt und das Sein. Darmstadt 1955

Owen, E. T. On Aristotle's explanation of aesthetic pleasure. In: Class. Phil. 1932

Puech, A. Esthétique et critique littéraire chez les Grecs: Aristote. Théorie générale du beau et de l'art. In: Revue des Cours et Conférences 33

Robortellus Librorum Aristotelis de arte poetica explicationes. Basilea 1555

Ross, D. Aristotle. 2. Aufl. London 1949

Rostagni, A. Aristotele e Aristotelismo nella storia dell'Estetica antica. In: Stud. Ital. 2, 1921

Svoboda, K. L'esthétique d'Aristote. Brünn 1927

Tracy, H. L. Aristotle on aesthetic pleasure. In: Class. Philol. 1946
Trench, W. F. Mimesis in Aristotle's Poetics. In: Hermath. 47, 1933
Turmakin, A. Die Kunsttheorie von Aristoteles im Rahmen seiner Philosophie. In: Mus. Helv. 1945
Webster, T. B. L. Plato and Aristotle as critics of Greek art. In: Symbolae Osloenses 29. Oslo 1952
Victorius Commentarii in primum librum Aristotelis de arte poetarum. Florentiae 1573

PLUTARCH Moralia ed Gr. *Bernardakis.* Lipsiae 1888–96
Übersetzung: *J. F. S. Kaltwasser.* Frankfurt 1793–1800
Collingwood, R. G. The place of Art in education. In: Hibbert Journ. 24, 1925/26
Davies, H. Art in education and life. Columbus, O. 1914
Dewey, J. Art and education. Merion, Pa., The Barnes foundation press 1929
Jones, R. M. The Platonism of Plutarch. 1916
Scazzocchio, L. S. Poëtica y critica literaria en Plutarco. Montevideo 1957
Schlaepfer, H. Plutarch und die klassischen Dichter, Ein Beitrag zum klassischen Bildungsgut Plutarchs. Zürich 1950
Hirzel, R. Plutarch. In: Das Erbe der Alten IV. Leipzig 1912
Jenckens, R. Plutarch von Chaeronea und die Rhetorik. Straßburg 1907 (bes. I, § 1: Plutarchs Stellung im Kampf um die Bildungsideale seiner Zeit)
Westaway, K. M. The Educational Theory of Plutarch. 1922

QUINTILIAN Institutionis oratoriae libri XII ed. *L. Radermacher.* Lipsiae 1959
Übersetzung: *H. Bender.* Berlin ca. 1930
Literatur: Bursians Jahresberichte 212, 1927; 222, 1928; 231,1931
Appel, B. Das Bildungs- und Erziehungsideal Quintilians nach der inst. orat. Diss. München 1914
Danysz, A. Les theories pédagogiques de Quintilian. In: Eos 1898/99
Gwynn, A. Roman education from Cicero to Quintilian. Oxford 1926
Jones, W. H. S. Quintilian, Plutarch and the early humanists. In: Class. Review 1907
Laing, G. J. Quintilianus the schoolmaster. In: Class. Journ. 15, 1919/20

SENECA Dialogorum libri XII ed. *E. Hermes.* Lipsiae 1905
–, Ad Lucilium epistularum moralium quae supersunt ed *O. Hense.* Lipsiae 1898
Übersetzung: Lucilius-Briefe v. *O. Apelt.* Leipzig 1924
Literatur: Bursians Jahresberichte 192, 1922
Cunningham, M. P. Note on poetic imitation. Class. Bulletin 1954
Holsinger, G. R. Jr. Seneca's use of Stoic themes, with an Index of ideas to books I–VII of the Epistulae morales. Diss. Ohio State Univ. 1952

Knoche, U. Der Philosoph Seneca. 1933

Lacy, Pl. de Stoic Views of Poetry. In: Am. Journ. of Philos. 69, 1948

Pohlenz, M. Die Stoa, Geschichte einer geistigen Bewegung, 2 Bde. (mit Literaturang.). 2. Aufl. Göttingen 1955/59

Richter, W. L. Annaeus Seneca, Das Problem der Bildung in seiner Philosophie. München 1939

Theiler, W. Die Vorbereitung des Neuplatonismus. In: Problemata I, Berlin 1930

CICERO Rhetorica ed. *A. S. Wilkins,* 2 Bde. Oxford 1902/03

Übersetzungen: Drei Bücher vom Redner *V. R. Kühner.* Stuttgart 1858 – Orator v. *J. Sommerbrodt.* Stuttgart 1870

Kommentare: De oratore v. *A. S. Wilkins.* Oxford 1892 – Orator ad Marcum Brutum v. *W. Kroll.* Berlin 1913

Literatur: Bursians Jahresberichte 162, 1913; 204, 1925; 208, 1926; 235, 1932 – *S. E. Smethurst,* Cicero's rhetorical and philosophical works, A bibl. survey. In: The Class. World 1957

Edinger, W. Ciceros Stellung zur Kunst (Dichtkunst, Bildkunst, Musik) in seinen rhetorischen Schriften. Diss. Innsbruck 1951

Labowsky, L. Die Ethik des Panaitios, Untersuchung zur Geschichte des ›decorum‹ bei Cicero und Horaz. Leipzig 1934

Leemann, A. D. Recente publikaties over Cicero (sinds 1904). In: Hermeneus 30, 1958

Philippson, R. Das Sittlichschöne bei Panaitios. In: Philol. 85, 1930

Poncelet, R. Cicéron, traducteur de Platon. Paris 1957

Ronconi, A. Aspetti di critica letteraria in Cicerone. In: Maia 10, 1958

Saltzmann Über Ciceros Kenntnis der platonischen Schriften. Cleve 1885

Seel, O. Cicero: Wort, Staat, Welt. Stuttgart 1953

Schuster, R. Cicero als Psychologe, Ein Beitrag zum literarischen Porträt der Antike. Diss. Leipzig 1957

PHILOSTRATOS Flavii Philostrati quae supersunt ed. *C. L. Kayser,* editio altera. Turici 1853

Übersetzung: Das Leben des Apollonios von Tyana v. *E. Baltzer.* Rudolstadt 1883

Literatur: Bursians Jahresberichte 108, 1901; 129, 1906; 149, 1911; 170, 1915; 272, 1941

Birmelin, E. Die kunsttheoretischen Gedanken in Philostrats Apollonios. Diss. Freiburg 1933 (auch in: Philol. 1933)

VITRUV Vitruvii de architectura libri X ed. *F. Krohn.* Lipsiae 1912

Übersetzung: Des Vitruvius zehn Bücher über Architektur, übers. u. durch Anm. u. Risse erl. v. *Fr. Reber.* Stuttgart 1865

Birnbaum, A. Vitruv und die griechische Architektur. In: Denkschr. d. Wiener Akademie 57, 1914

Jolles, J. A. Vitruvs Ästhetik. Freiburg 1906
Poppe, W. Vitruvs Quellen im zweiten Buch »De architectura«. Kiel 1909
Schlikker, F. W. Hellenistische Vorstellungen von der Schönheit des Bauwerks nach Vitruv. Berlin 1940
Watzinger, C. Vitruvstudien. In: Rhein. Mus. 64, 1909

HORAZ Qu. Horati Flacci opera, tertium recognovit *Fr. Klingner.* Lipsiae 1959
Übersetzungen: Horazens Briefe aus dem Lat. v. *Ch. M. Wieland.* Leipzig 1790 – Horaz deutsch v. *R. A. Schröder,* Ges. Werke V. Frankfurt 1952
Kommentar: Horaz, Briefe, erkl. v. *Kiessling* u. *Heinze* (mit Literaturang.). Berlin 1957
Literatur: Bursians Jahresberichte 196, 1923; 226, 1930; Suppl. Bd. 267, 1939 – *K. Büchner* u. *J. B. Hofmann,* Lat. Lit. u. Sprache in d. Forsch. seit 1937. Bern 1951, S. 127–143
Craig la Drière Horace and the Theory of Imitation. In: Am. Journ. of Philol. 60, 1939
Dahlmann, H. Varros Schrift de poematis und die hellenistisch-römische Poetik. In: Abh. Akad. Mainz, 1953
Klingner, Fr. Horazens Brief an die Pisonen. In: S. B. Leipzig 88, 1936
Kroll, W. Die historische Stellung von Horazens Ars Poetica. In: Sokrates 6, 1918
Latte, K. Reste frühhellenistischer Poetik im Pisonenbrief des Horaz. In: Hermes 60, 1925
Steidle, W. Studien zur Ars poetica des Horaz (Vv. 1–294). Diss. Würzburg 1939

PLOTIN Ennéades, texte établi par *Emile Brèhier.* Paris 1924ff
Übersetzung: Plotins Schriften v. *R. Harder,* mit gr. Text u. Anm., Bd. I. Hamburg 1956
Kommentar: De pulchritudine, m. lat. Übers., Noten u. Komm. v. *F. Creuzer.* Heidelberg 1914
Literatur: Bibliographie v. *B. Marien* in d. Übers. ins Ital. v. *Cilento.* Bari 1947–49
Börner, W. Die Künstlerpsychologie im Altertum (darin: Plotin). In: Zeitschr. f. Ästh. u. allg. Kunstwiss. 7, Stuttgart 1912
Bourbon di Petrella, F. Il problema dell'arte e della bellezza in Plotino. Firenze 1956
Brennan, R. E. The philosophy of beauty in the Enn. of Plotin. In: New Scholasticism 14t, 1940
Brenning, E. Die Lehre vom Schönen bei Plotin, im Zusammenhang seines Systems darg., Ein Beitrag z. Gesch. d. Ästh. Göttingen 1864
Cervi, A. M. Introduzione alla estetica neoplatonica. Roma 1951
Chiaradia, M. L'estetica di Plotino. Napoli 1937

Gregorovius, F. Grundlinien einer Ästhetik des Plotin. In: Fichtes Zeitschr. f. Philos. 26, 1855

Horst, K. Plotins Ästhetik, Vorstud. zu einer Neuunters. I. Gotha 1905

Keyser, E. de La signification de l'art dans les Ennéades de Plotin. Louvain 1955

Krakowski Une philosophie de l'amour et de la beauté, L'esthétique de Plotin et son influence. 1929

Lutoslawski, W. L'esthétique de Plotin en relation avec la conception classique du beau. In: Anz. d. Akad. d. Wiss. Krakau 1903

Müller, H. F. Zur Lehre vom Schönen bei Plotin. In: Philos. Monatsh. 12, 1876

–, Plotin und Schiller über die Schönheit. In: Philos. Monatsh. 12, 1876

–, Plotin über ästhetische Erziehung. In: Neue Jahrb. f. Pädag. 1915

Scharrenbroich, F. Plotini de pulchro doctrina. Diss. Halle 1898

Walzel, O. Plotins Begriff der ästhetischen Form. In: Neue Jahrb. f. d. klass. Altertum 37, 1916

PSEUDO-LONGINUS Libellus ›de sublimitate‹ Dionysio Longino fere adscriptus ed. *A. O. Prickard.* Oxford 1947

Übersetzung: De sublimitate v. *R. v. Scheliha.* Berlin 1938

Kommentar: On the sublime, with introd., transl., facs. and append. by *W. Rhys* Roberts. Cambridge 1935

Atkins, J. W. H. Literary Criticism in Antiquity, 2 Bde. London 1952

Mutschmann, H. Tendenz und Aufbau der Schrift vom Erhabenen. Berlin 1913

Otto, P. Quaestiones ad libellum *περὶ ὕψους* pertinentes. Fulda 1906

Wehrli, Fr. Die antike Kunsttheorie und das Schöpferische. In: Mus. Helv. 14, 1957

DIONYSIOS VON HALIKARNASSOS De compositione verborum ed. *Usener/Radermacher,* Leipzig 1904–1929

Literatur: Bursians Jahresberichte 125, 1905; 149, 1909

Geimüller, P. Quaestiones Dionysianae de vocabulis artis criticae. Diss. Leipzig 1908

DION VON PRUSA gen. CHRYSOSTOMOS Orationes, post *L. Dindorfium* ed. *Guy de Budé.* Leipzig 1916ff

Übersetzung: *W. Kraut* in d. Osiander-Schwab'schen Übersetzungsbibliothek d. gr. u. röm. Klassiker, N. F. 1–9. Ulm 1899

Literatur: Bursians Jahresberichte 108, 1901; 129, 1906; 149, 1911; 170, 1915

Arnim, H. v. Leben und Werke des Dion von Prusa, mit einer Einleitung: Sophistik, Rhetorik und Philosophie in ihrem Kampf um die Jugendbildung. Berlin 1898

Fotonachweis

A. Feininger, Das Antlitz der Natur, München 1957 Abb. 4, 5, 6, 7
Christian Zervos, L'Art des Cyclades, Paris 1957 Abb. 8, 16, 19
Max Wegner, Meisterwerke der Griechen, Fribourg 1960 Abb. 15, 17, 18
Foto Hirmer Verlag, München Abb. 9, 10, 11, 14, 22
Foto Sales, Metropolitan Museum of Art, New York Abb. 20
Ehem. Staatliche Museen Berlin, Antikenabteilung Abb. 12, 13, 21
Foto Doris Pfeiffer, Stuttgart Abb. 1, 2
Dr. F. Stoedtner, Berlin Abb. 23
Foto Gnilka, Berlin Abb. 3

Register

Personenregister

Sachregister

Stil und Ikonographie

Studien zur Kunstwissenschaft

Von Jan Bialostocki. 326 Seiten mit 64 einfarbigen Abbildungen, Personenregister (DuMont Taschenbücher, Band 113)

Schriften über Kunst

Von Conrad Fiedler. Mit einer Einführung von Hans Eckstein. 214 Seiten mit 48 einfarbigen Abbildungen, Bibliographie, Verzeichnis der Schriften von Conrad Fiedler (DuMont Taschenbücher, Band 50)

Kunst und Fortschritt

Wirkung und Wandlung einer Idee

Von Ernst H. Gombrich. 136 Seiten mit 62 einfarbigen Abbildungen, einer Bibliographie der Werke Gombrichs (DuMont Taschenbücher, Band 70)

Bildende Kunst als Zeichensystem 1

Ikonographie und Ikonologie

Theorie – Entwicklung – Probleme

Von Ekkehard Kaemmerling. 520 Seiten mit 89 einfarbigen Abbildungen, wissenschaftlichem Apparat und Register (DuMont Taschenbücher, Band 83)

Der Symbolbegriff in der Ästhetik und Kunstwissenschaft

Von Götz Pochat. 248 Seiten mit 43 einfarbigen Abbildungen und 23 Figuren im Text, Bibliographie (DuMont Taschenbücher, Band 134)

Kunst-Psychologie

»Wodurch Kunstwerke wirken«

Von Martin Schuster und Horst Beisl. 274 Seiten mit 9 farbigen und 80 einfarbigen Abbildungen und Zeichnungen, Literaturhinweisen, Register (DuMont Taschenbücher, Band 61)

Allegorie und der Wandel der Symbole in Antike und Renaissance

Von Rudolf Wittkower. 432 Seiten mit 250 einfarbigen Abbildungen, Register (DuMont Taschenbücher, Band 142)

DuMont Taschenbücher

Stand Herbst '83

Band 2
Horst W. und Dora Jane Janson
Malerei unserer Welt

Band 3
August Macke – Die Tunisreise

Band 4 Uwe M. Schneede
René Magritte

Band 6 Karin Thomas
DuMont's kleines Sachwörterbuch zur Kunst des 20. Jahrhunderts

Band 8 Christian Geelhaar
Paul Klee

Band 12 José Pierre
DuMont's kleines Lexikon des Surrealismus

Band 13 Joseph-Émile Muller
DuMont's kleines Lexikon des Expressionismus

Band 14 Jens Christian Jensen
Caspar David Friedrich

Band 15 Heijo Klein
DuMont's kleines Sachwörterbuch der Drucktechnik und grafischen Kunst

Band 17 André Stoll
Asterix – das Trivialepos Frankreichs

Band 18 Horst Richter
Geschichte der Malerei im 20. Jahrhundert

Band 22 Wolfgang Brückner
Elfenreigen – Hochzeitstraum

Band 23 Horst Keller
Marc Chagall

Band 25 Gabriele Sterner
Jugendstil

Band 26 Jens Christian Jensen
Carl Spitzweg

Band 27 Oto Bihalji-Merin
Die Malerei der Naiven

Band 29
Herbert Alexander Stützer
Die Etrusker und ihre Welt

Band 30
Johannes Pawlik (Hrsg.)
Malen lernen

Band 31 Jean Selz
DuMont's kleines Lexikon des Impressionismus

Band 32 Uwe M. Schneede
George Grosz

Band 33
Erwin Panofsky
Sinn und Deutung in der bildenden Kunst

Band 35 Evert van Uitert
Vincent van Gogh

Band 38 Ingeborg Tetzlaff
Romanische Kapitelle in Frankreich

Band 39 Joost Elffers (Hrsg.)
DuMont's Kopfzerbrecher
TANGRAM

Band 41 Heinrich Wiegand Petzet
Heinrich Vogeler – Zeichnungen

Band 43 Karl Heinz Krons
Gestalten mit Papier

Band 44 Fritz Baumgart
DuMont's kleines Sachlexikon der Architektur

Band 45 Jens Christian Jensen
Philipp Otto Runge

Band 47 Paul Vogt
Der Blaue Reiter

Band 48 Hans H. Hofstätter
Aubrey Beardsley–Zeichnungen

Band 50
Conrad Fiedler
Schriften über Kunst

Band 52 Jörg Krichbaum/
Rein A. Zondergeld
DuMont's kleines Lexikon der Phantastischen Malerei

Band 54
Karin Thomas /Gerd de Vries
DuMont's Künstler-Lexikon von 1945 bis zur Gegenwart

Band 55 Kurt Schreiner
Kreatives Arbeiten mit Textilien

Band 56 Ingeborg Tetzlaff
Romanische Portale in Frankreich

Band 57 Götz Adriani
Toulouse-Lautrec und das Paris um 1900

Band 58 Hugo Schöttle
DuMont's Lexikon der Fotografie

Band 59 Hugo Munsterberg
Zen-Kunst

Band 60 Hans H. Hofstätter
Gustave Moreau

Band 61
Martin Schuster/Horst Beisl
Kunst-Psychologie

Band 63 Hans Neuhaus
Werken mit Ton

Band 65 Harald Küppers
Das Grundgesetz der Farbenlehre

Band 66
Sam Loyd/Martin Gardner
Mathematische Rätsel und Spiele
Hrsg. von Martin Gardner

Band 67 Fritz Baumgart
»Blumen-Brueghel«

Band 68 Jörg Krichbaum
Albrecht Altdorfer

Band 69 Erich Burger
Norwegische Stabkirchen

Band 70 **Ernst H. Gombrich**
Kunst und Fortschritt

Band 71 José Pierre
DuMont's kleines Lexikon der Pop Art

Band 72 Michael Schuyt /
Joost Elffers / Peter Ferger
Rudolf Steiner und seine Architektur

Band 73 Gabriele Sterner
Barcelona: Antoni Gaudi

Band 74 Eckart Kleßmann
Die deutsche Romantik

Band 77 Wolfgang Hainke
Siebdruck

Band 78 Wilhelm Rüdiger
Die gotische Kathedrale

Band 79 Otto Kallir
Grandma Moses

Band 80 Rainer Wick /
Astrid Wick-Kmoch (Hrsg.)
Kunst-Soziologie

Band 81 Klaus Fischer
Erotik und Askese in Kult und Kunst der Inder

Band 83
Ekkehard Kaemmerling (Hrsg.)
Bildende Kunst als Zeichensystem 1

Band 84 Hermann Leber
Plastisches Gestalten

Band 85
Sam Loyd / Martin Gardner
Noch mehr Mathematische Rätsel und Spiele

Band 86 **Rudolf Arnheim**
Entropie und Kunst

Band 87 Hans Giffhorn
Kritik der Kunstpädagogik

Band 88 Thomas Walters (Hrsg.) / Gabriele Sterner
Jugendstil-Graphik

Band 89 Ingeborg Tetzlaff
Griechische Vasenbilder

Band 90 **Ernesto Grassi**
Die Theorie des Schönen in der Antike

Band 91 Hermann Leber
Aquarellieren lernen

Band 93
Joost Elffers / Michael Schuyt
Das Hexenspiel

Band 94 Kurt Schreiner
Puppen & Theater

Band 95 Karl Hennig
Japanische Gartenkunst

Band 96 Hans Gotthard Vierhuff
Die Neue Sachlichkeit

Band 98 Karl Clausberg
Kosmische Visionen

Band 99 Bernd Fischer
Wasserburgen im Münsterland

Band 100 Peter-T. Schulz
Der olle Hansen und seine Stimmungen

Band 101 Felix Freier
Fotografieren lernen – Sehen lernen

Band 102 Doris Vogel-Köhn
Rembrandts Kinderzeichnungen

Band 103 **Kurt Badt**
Die Farbenlehre van Goghs

Band 104 Wilfried Hansmann
Die Apokalypse von Angers

Band 105 Rolf Hellmut Foerster
Das Barock-Schloß

Band 106 Martin Gardner
Mathematik und Magie

Band 107 Joost Elffers / Michael Schuyt / Fred Leeman
Anamorphosen

Band 108 Götz Adriani / Winfried Konnertz / Karin Thomas
Joseph Beuys

Band 109 Bernd Fischer
Hanse-Städte

Band 110 Günter Spitzing
Das indonesische Schattenspiel

Band 111 Gerd Presler
L'Art Brut

Band 112 Alexander Adrion
Die Kunst zu zaubern

Band 113 **Jan Bialostocki**
Stil und Ikonographie

Band 114 Peter-T. Schulz
Der Kuckuck und der Esel

Band 115 Angelika Hofmann
Ton

Band 116 Sara Champion
DuMont's Lexikon archäologischer Fachbegriffe und Techniken

Band 117 **Rosario Assunto**
Die Theorie des Schönen im Mittelalter

Band 118
Michael Rain / Robert Polin
Wie man besser flippert

Band 119 Joachim Petsch
Geschichte des Auto-Design

Band 120 Gabriele Grünebaum
Buntpapier

Band 121 Renate Berger
Malerinnen auf dem Weg ins 20. Jahrhundert

Band 122 Horst Schmidt-Brümmer
Wandmalerei zwischen Reklamekunst, Phantasie und Protest

Band 123 Fritz Winzer
DuMont's Lexikon der Möbelkunde

Band 124 Walter Dohmen
Die Lithographie

Band 125 Ulrich Vielmuth / Pierre Kandorfer (Hrsg.)
Fachwort-Lexikon Film · Fernsehen · Video

Band 126 Christian Kellerer
Der Sprung ins Leere

Band 127 Peter-T. Schulz
Rapunzel

Band 128 Lu Bro
Wie lerne ich Zeichnen

Band 129 Manfred Koch-Hillebrecht
Die moderne Kunst

Band 130
Bettina Gruber / Maria Vedder
DuMont's Handbuch der Video-Praxis

Band 131
Anneliese und Peter Keilhauer
Die Bildsprache des Hinduismus

Band 132 Reinhard Merker
Die bildenden Künste im Nationalsozialismus

Band 133 Barbara Salberg-Steinhardt
Die Schrift:
Geschichte – Gestaltung – Anwendung

Band 134 Götz Pochat
Der Symbolbegriff in der Ästhetik und Kunstwissenschaft

Band 135 Karlheinz Schüssler
Die ägyptischen Pyramiden

Band 136 Rainer Harjes
Handbuch zur Praxis des Freien Theaters

Band 137 Nikolaus Pevsner
Wegbereiter moderner Formgebung

Band 139 Peter-T. Schulz
Guten Tag! Eine Gulliver-Geschichte

Band 140
Horst Schmidt-Brümmer
Alternative Architektur

Band 141
Herbert Alexander Stützer
Die Kunst der römischen Katakomben

Band 142 Rudolf Wittkower
Allegorie und Wandel der Symbole

Band 143 Martin Warnke (Hrsg.)
Politische Architektur

Band 144 Miriam Magall
Kleine Geschichte der jüdischen Kunst

Band 145 James F. Fixx
Rätsel und Denkspiele mit Seitensprung

DuMont Reiseführer zu Stätten der Antike:

Tempel und Stätten der Götter Griechenlands

Ein Begleiter zu den antiken Kultzentren der Griechen
Herausgegeben von Evi Melas. 225 Seiten mit 4 farbigen und 86 einfarbigen Abbildungen, 27 Zeichnungen, Karten und Plänen, 8 Seiten praktischen Reisehinweisen, Index (DuMont Kunst-Reiseführer)

»Die Verfasser der einzelnen Beiträge gelten als zuverlässige Fachleute und sind zum Teil auf dem Gebiet der Archäologie über ihr Land hinaus bekannt. In erster Linie kommen in dem Buch Vertreter der jüngeren Forschergeneration zu Wort. Dem Leser ist ein angenehm lesbares Studienbuch der antiken griechischen Kultur und Mythologie in die Hand gegeben.«

Wiener Zeitung

Hellas
Die Wiederentdeckung des klassischen Griechenland

Reisende und Forscher des 18. und 19. Jahrhunderts erkunden Athen, Delphi, Olympia, Mykene u. a.
Herausgegeben von Wolfgang Hautumm. Mit Texten von Richard Chandler, Ernst Curtius, Jacob Linckh, Fürst von Pückler-Muskau, Heinrich Schliemann, Friedrich Fischer u. a. sowie einer Geschichte der Griechenland-Reisen von Wolfgang Hautumm. 264 Seiten mit 89 einfarbigen historischen Abbildungen (DuMont Reiseberichte)

»In sorgsam aus der Überfülle des historischen Dokumentarmaterial ausgewählten Texten von Reisenden und Forschern des 18. und 19. Jahrhunderts werden unter anderem Athen, Delphi, Olympia und Mykene vorgestellt. Das Material wurde für das Buch so ausgewählt, daß der interessierte Laie einen Eindruck davon gewinnt, ›welche ungeheueren Veränderungen sich vor allem in den letzten 150 Jahren in der griechischen Geschichte vollzogen haben‹. Das Buch ist mit einem reichen zeitgenössischen Illustrationsmaterial ausgestattet.« *Fuldaer Zeitung*

Das antike Rom

Die Stadt der sieben Hügel: Plätze, Monumente und Kunstwerke, Geschichte und Leben im alten Rom
Von Herbert Alexander Stützer. 378 Seiten mit 23 farbigen und 159 einfarbigen Abbildungen, 39 Zeichnungen und Plänen, Bibliographie, Zeittafel, 31 Seiten praktischen Reisehinweisen, Register (DuMont Kunst-Reiseführer)

»Wer sich genauer mit der Antike beschäftigen will, findet hier nicht nur exakte und kenntnisreiche Beschreibung des Sehenswerten, sondern erhält ein lebendiges Bild vom Leben im alten Rom.« *Allgemeine Zeitung*